기독교상담

신명숙 저

CHRISTIAN COUNSELING

학지사

하나님의 사랑 속에서 잘 성장하고 있는 사랑하는 아들 한솔
그리고 딸 하늘에게 이 책을 바친다.

저 · 자 · 서 · 문

"문자는 사람을 죽이지만, 영은 사람을 살립니다." (고후3:6)

하나님의 영으로 하는 기독교상담은 사람을 살리는 일입니다. 인간이 창조된 이후 현재까지 많은 사람들이 알게 모르게 영적 · 정신적 도움을 주고받아 왔다고 할 수 있습니다. 기독교에서는 그것이 오랫동안 '영혼돌봄'이란 말로 표현되었고, 현대에 와서 '상담'이란 언어로 학문화되었습니다. 특히 목회자는 인간의 영적인 생명을 돌보기 때문에 '영혼돌봄'은 교회의 모든 사역에서 영향을 미치고 있습니다. 현대에 들어서면서 이제 좀 더 전문적인 영혼돌봄의 사역을 요구하게 되었고, 목회자뿐만 아니라 일반 평신도들 간의 영혼돌봄을 위해 평신도 차원의 영혼돌봄 전문가가 필요하게 되었습니다. 그러나 필자가 평신도나 상담전문가들과의 대화나 토의에서 수없이 들은 질문은 '기독교상담이 일반상담과 무엇이 다른가?'라는 것입니다. 이 근본적인 질문은 필자 자신의 물음이기도 합니다.

그런데 많은 사람들이 목회자와의 상담경험에 대하여 부정적으로 이야기합니다. 그들은 "목회자가 너무 바빠서, 또는 다가가기 너무 어려워서 상담받기가 힘듭니다."라고 말합니다. 또는 율법적으로 "기도를 더 열심히 하세요." "믿음이 부족해서 그렇습니다."라는 지극히 일방적이고 진부한 신앙생활에 대한 권고로 상담이 끝나는 경우가 대부분이라고 합니다. 사람을 살리기보다는 힘든 사람에게 또 다른 짐을 지우고 있지 않은지 모르겠습니다. 기독교상담은 선생이 학생에게, 건강한 사람이 병든 사람에게, 어른이 나이 어린 사람에게 율법적으로 '교과서와 같은 말'을 하거나, 또는 교훈적인 '성서말씀을 뽑아 주는 것'은 아닙니다.

새 언약의 일꾼인 기독교상담자 자신은 사람을 살리기 위해 아픈 내담자가 '되어야' 합니다. 즉, '이 상황에서 하나님이라면, 예수님이라면 어떻게 하셨을까?'라는 마음을 가져야 하는 것입니다. 상담자는 하나님, 예수님의 마음을 흉내 내는 것이 아니라 성령의 도움으로 그 마음을 갖는 것입니다. 그래서 마음 아파하고 괴로워하는 사람 위에 '군림'하는 것이 아니라 아프고 힘든 사람이 되는 것입니다. "어두움과 죽음의 그늘 아래에 앉아 있는 사람들에게"(눅1:79) 다가가서 그들의 손을 잡아 주고 복음의 빛으로 인도해야 합니다. 기독교상담자는 자신이 고통을 당했을 때 먼저 하나님으로부터 위로를 경험했기 때문에 온갖 환난 가운데에 있는 사람들의 고통에 함께 참여할 수 있고 위로할 수 있습니다(고후1:3-6). 그러므로 기독교상담은 모든 억압과 고통 그리고 죄의 종으로서의 굴레에서 해방될 수 있도록 이끄는 현대적 의미의 영적인 출애굽입니다.

기독교상담학자로서 필자는 성서를 읽거나, 책이나 신문을 읽을 때나 영상매체를 볼 때조차도 늘 관심은 영혼돌봄인 상담에 초점을 맞추어 왔습니다. 이 책은 이러한 관심 속에서 필자가 학위를 마친 후 학생들을 가르치고 연구하면서 얻어 낸 결과입니다. 그것은 기독교상담이란 무엇인가라는 질문에 대한 대답이라고 할 수 있습니다. 따라서 이 책의 목적은 교회와 기독교인들의 삶의 현장에서 기독교상담이 일반상담과 무엇이 다르고, 오랜 기독교 전통에서 잃어버린 것은 무엇이고, 지키고 보전해야 하는 것은 무엇인지, 즉 기독교상담의 정체성을 밝히는 것입니다.

이 책은 크게 두 부분으로 나뉩니다. 첫 번째 부분은 기독교상담의 이론에 관한 것입니다. 여기서 기독교상담의 정체성과 기독교상담의 뿌리라고 할 수 있는 교회역사 전통에 나타난 영혼돌봄의 특성과 현대 기독교상담의 흐름과 방향을 살펴볼 것입니다. 그리고 한국이라는 사회문화적 상황에서 어떻게 기독교상담을 해 왔고, 앞으로 어떤 방향으로 한국 기독교상담이 나아갈지 그 과제를 다룰 것입니다.

두 번째 부분은 기독교상담의 실제에 관한 것입니다. 여기서는 기독교상담 방법과 삶의 현장—청년, 여성, 병든 자, 기독교 사회복지 차원—에서 실질적으로 어떻게 기독교상담을 할 것인지 제시할 것입니다. 기독교상담이 일반상담과 무엇이 다른지 궁금해하고, 일반상담과 차이를 두면서 하나님의 돌봄을 실천하고자 하는 사람들에게 이 책이 자그마한 도움이 되기를 바랍니다.

이 책을 출판하기까지 격려해 주시고 관심을 가지고 기다려 주신 학지사의 김진환 사장님과 자신의 글처럼 성실하게 교정해 주신 편집부 직원께 감사드립니다. 그리고 필자의 책이 출판될 때마다 주저하지 않고 책 표지를 위해 귀한 그림을 제공해 주신 화가 김민숙 선생님께도 진심으로 감사를 전합니다.

2010년 5월

신명숙

차 · 례

✳ 제2부 기독교상담 실제

■ 제1부

기독교상담 이론

• 제1장 •

기독교상담의 정체성

-신학적 근거-

1. 기독교상담의 정의

기독교상담(christian counseling) 또는 목회상담(pastoral counseling)이란 말은 현대 일반상담에서 분류하고 있는 상담의 한 부분이다. 일반적으로 상담자가 누구인가에 따라 구분하는데, 상담자가 목회자일 경우에 목회상담, 상담자가 신앙인 평신도일 경우에 기독교상담으로 구분하고 있다. 그러나 목회상담이나 기독교상담 모두 기독교 가치관에 따른다는 입장을 취하고 있어 그 의미와 목적을 묻는 정체성이 일치한다. 따라서 여기서는 목회상담과 기독교상담을 구분하지 않고 둘을 포괄적으로 포함하여 기독교상담이라고 표현하기로 한다.

그러나 일반상담에서 분류하고 있는 기독교상담은 현대심리학의 발달 이전 교회의 역사와 함께 과거 2000년 전부터 이미 '영혼돌봄(cura animarum)'[1]의 차원에서 이루어져 왔다. 기독교상담의 근거가 되는 독일어

'Seelsorge'는 라틴어 'cura animarum'에 기인한 것으로서 'Seele'와 'Sorge'의 두 단어가 합해진 것이다. 직역하면 '영혼돌봄'이라는 뜻인데, 여기서 영혼(Seele)은 영적이고 정신적인 면과 육체적인 면(삶)을 통합한 전인적인 의미다. 'Seelsorge(영혼돌봄)'의 의미는 본래 성서적 언어가 아니다. 유일하게 신약성서 마태복음 6장 25절에만 '영혼(Seele)'과 '돌본다(sorgen)'는 의미와 연결되어 나타난다. 그곳에는 잘못된 돌봄에 대한 표상으로서 자기 자신의 영혼에 대한 걱정을 이야기하고 있다. 즉, 영혼을 돌보는 자는 하나님임을 강조한 것이다. 독일어 'Seelsorge'를 일반적으로 '목회'라고 번역하고 있는데, 여기서 Seelsorge로서의 목회는 예배, 설교 그리고 심방 등 전체적인 목회의 교역을 의미하기보다는 개인에게 생기는 여러 가지 문제들을 해결하기 위한 '대화'로서의 상담의 의미가 강하다. 그것은 대화와 관계된 일로서 교회의 구체적인 사역현장과 분명한 역사적인 사회상황에서 일어났다.

따라서 영혼돌봄 차원에서의 기독교상담은 교회 내적인 발전과 사회적인 변화과정을 고려하지 않을 수 없다. 그러나 1960년대 이후 적극적으로 '심리치료의 붐'[2]이 일기 시작하면서 전문적인 상담과 심리치료의 의의와 성과는 그 당시 주로 영적이고 선포적인 차원에서 이루어져 왔던 영혼돌봄 차원의 기독교상담[3]에 대하여 비판적인 시각을 갖게 하였다. 그리하여 심리학을 적극적으로 도입한 '새로운 기독교상담의 움직임'이 나타났다. 즉, 1960년대 말 서구 기독교상담의 흐름은 하나님 말씀을 개개인에게 전달하는 것에 목표를 두었던 투르나이젠(E. Thurneysen)과 아스무센(H. Asmussen)과 같은 선포적 기독교상담이 더 이상 자리를 차지하지 못하게 하였다. 따라서 일반 학문인 심리학을 기독교상담에 적극 활용하려는 새로운 움직임이 시작되었다. 이렇게 시작된 목회심리학(Pastoralpsychologie)은 기독교상담에 있어서 인간을 이해하고, 개개인을 각자의 창조된 특성 속에서 받아들이고, 개인의 가치를 인정하며, 신앙내용을 인격적이고 상황에 맞게 전달하고, 신학을 일반 학문과 연결시켜 대화하는 데 큰 도움을 주었다. 그 당시 이러한 기독교상담의 새로운 움직임의 대표적인 학자로는 *Pastoral Counseling*(New York/Nashville, 1949)의 저자 힐트너(S. Hiltner)가 있었다. 독일의 경우 이러한 흐름의 시작에 있어서 대표적인 학자로 *Therapeutische Seelsorge*와 *Seelsorge praktisch*(Göttingen, 1970)의 슈톨베르크(D. Stollberg), *Seelsorge als Gespraech. Zur Theorie und Praxis der seelsorgerlichen Gespraechsfuehrung*(Göttingen, 1972)의 샤휀베르크(J. Scharfenberg), *Perspektiven der Pastoralpsychologie*(Göttingen, 1974)의 리이스(R. Riess) 등이 있다.

이러한 새로운 기독교상담의 움직임은 현대사회의 위기 경향과 많든 적든 어느 정도 직접적인 관련을 맺고 나타나는 현상이며 동시에 교회 기독교상담의 이론과 실천에 커다란 도전이 되어 왔다. 인간 중심의 심리학을 도입한 기독교상담은 상담자가 내담자를 진실과 존중 그리고 공감으로 만나며, 한 인간에게 자신의 연약함과 허물 그리고 강한 면과 잠재력, 그 모든 것을 인식하게 하고, 이야기하게 하며, 수용하도록 대화문화를 형성하였다.

그러나 기독교상담의 이론과 실천이 그 밖의 다른 교역과 별 차이 없이 중복되는 것도 문제이지만, 심리학을 받아들인 새로운 기독교상담의 움직임이 일반상담과 심리치료의 장에 너무 국한된다면 또는 인생문제와 성공적인 삶을 향한 욕구로 찾아온 사람들이 점점 더 상담자와 심리치료자의 상담실로 옮겨가게 되면 그들이 상담을 통해 과연 구원과 치유의 경험을 할 수 있을지 그리고 이러한 의미들이 어떤 신학적인 가치가 있는지, 무엇보다도 인간 욕구충족에 치중하는 변화된 사회 상황에서 기독교상담의 과제는 무엇인지 자문하게 된다.

최근 한국에서도 일반심리학 이론을 기독교상담 관점에서 재조명하려는 시도[4]가 이루어지고 있다. 그러나 아직도 현실적으로 심리학을 적극적으로 활용하고 있는 기독교상담의 문제는 실천적 측면에서 다른 심리치료적이고 사회적인 도움과 차별성이 없다는 것이다. 특히 요즘 기독교상담자가 일반상담과 심리치료에 대한 지식이 얼마나 있으며 실제 상담과정에 얼마나 적용하고 있는가에 따라 기독교상담자의 능력을 평가하게 되는 경우가 종종 있다. 따라서 많은 기독교상담자가 기독교상담의 근본적인 원리보다는 일반상담자와 별 다른 차이 없이 심리치료에 의한 상담방법론을 터득하기에 급급하며 그 원리를 실제 상담에 적응하려고 애쓰는 것을 볼 때, 과연 기독교상담이란 무엇인가라는 질문을 하지 않을 수 없다. 물론 심리학이 기독교상담에 긍정적인 영향을 끼쳤지만 실천 현장 속에서 더 이상 자신의 독특한 윤곽을 가지고 있지 않은 기독교상담의 정체성에 관한 혼란이 지속되고 있다.

슈톨베르크는 교회 기독교상담의 일반적 특수성에 대하여 다른 세속적인 상담과 다른 목표를 내세우고 있다. 즉, 교회의 상담은 "신학적으로 규정할 수 있는 동기와 신학적으로 규정할 수 있는 목적을 갖는다".[5] 신학에 기반하고 있는 기독교상담은 인문과학과 그 학문의 인간이해에만 의존할 수는 없다. 기독교상담의 의미는 실천신학과 교회에서 다시 새롭게 발견되어야 한다. 즉, 마셔도 마셔도 갈증이 해결되지 않은 사마리아 여인처럼 일반상담으로는 여전히 인간의 갈증이 해결되지 않을 때 바로 기독교상담의 진정한 필요성을 발견할 수 있다.

그러므로 여기서는 일반상담과 구별되는 기독교상담의 진정한 의미는 무엇이며 무엇을 목적으로 지향하고 있는지 신학적 근거를 살펴봄으로써 기독교상담의 정체성을 찾아보고 기독교상담 과정이 일반상담과 다른 점은 무엇인가에 대한 답을 찾는 데 도움을 주고자 한다. 따라서 기독교상담의 정체성 형성을 위한 신학적 근거를 다음 세 가지 관점에서 전개하기로 한다. 첫째, '영혼돌봄'으로서 기독교상담의 성서신학적 근거를 살펴보기로 한다. 그 의미를 구체적으로 이해하기 위해 돌봄의 대상인 인간 '영혼'

의 이해와 더불어 '영혼돌봄'으로서 기독교상담의 성서적 의미를 파악해 본다. 둘째, 영혼돌봄으로서 기독교상담의 의미 속에서 추구해야 할 기독교상담의 목적은 전인적 인간 돌봄을 위한 삶의 도움으로서의 신앙의 도움, 죄로부터의 구원과 치유를 통한 하나님과의 관계 회복, 구속과 억압하는 세상으로부터의 해방으로서 영적인 사람을 위한 복음의 실천이라고 정리해 보기로 한다. 마지막으로 이러한 기독교상담의 목적을 이루기 위해 교회공동체가 해야 할 과제를 제시하면서 이 장을 마무리하기로 한다.

2. '영혼' 으로서 인간이해

일반상담과 구별되는 기독교상담의 정체성을 분명하게 제시해 주는 것은 무엇보다도 인간이해다. 인간이해가 기독교상담의 근거라고 할 때 우리는 기독교상담과 일반상담의 차이가 무엇인지 궁금해진다. 우선적으로 성서에 나타난 인간이해는 돌봄의 대상인 '영혼'으로서의 전인적인 관점이다. 그리고 그것은 일반상담에서는 중요하지 않은 하나님과의 관계를 포함한 전인적 인간이해다. 특히 소위 치료 형태의 차이인데, 일반상담은 인격의 부분적 관점에 초점을 두고 있다. 예를 들어, 행동주의 심리치료가 외적으로 나타나는 행동방식을 연구의 대상으로 하며, 인지적 접근 방법은 사건을 바라보는 관점에 초점을 두고 있다. 그러나 심리치료는 여전히 인간과 하나님과의 관계를 제외하고 있으며 인간의 전체로서의 영과 육 중 한 부분만을 받아들인다. 이로써 인간이 그 자신의 배움의 역사 그리고 그 자신의 태도와 사고 속에서 분석되지만 인간 존재의 네페쉬 성격(näfäsch-Charakter), 즉 하나님으로부터 나온 존재(Aus-Sein auf Gott)는 무시되고 있다. 그러므로 심리치료에는 인간과 하나님과의 관계, 하나님 앞에서의 죄, 삶의 모든 영역에서 작용하고 있는 신앙은 존재하지 않는다.

그렇다면 기독교상담에서 전인적 인간이란 구체적으로 무엇을 의미하는가? 이론적으로 전인적 인간이란 하나님과의 관계, 자기 자신과의 관계, 이웃과의 관계, 인간조직과의 관계, 창조된 세상과의 관계 속에 존재하며 그 속에서 다시 회복되는 것을 의미한다.[6] 인간을 전인적으로 이해하기 위해서는 하나님께 의존하는 존재라는 영역 속에서 인간을 해석하는 것이 중요하며 인간의 인식에 대한 물음은 하나님의 필요를 인식하는 것에 귀결된다. 따라서 성서가 인간에 대하여 어떻게 말하고 있는지 구체적으로 살펴봄으로써 기독교상담의 대상인 인간에 대한 이해를 궁극적인 관점에서 살펴보기로 한다.

기독교상담에서의 인간이해는 기독교상담의 어원인 '영혼돌봄(Seel-Sorge)'을 통해 좀 더 구체적으로 살펴볼 수 있다. 그렇다면 돌봄의 대상이 되고 있는 인간, 영혼(Seele)은 성서적인 관점에서는 무엇을 의미하는가?

첫째, 성서적인 인간관은 하나님의 주권 아래 육체와 정신 그리고 영혼에 의한 인간의 인격적인 전인성과 총체성을 말하고 있다.[7] 무엇보다도 그것은 그리스 철학에서의 이해와 근본적으로 다르다. 철학자 플라톤의 영향을 받은 심리학에서는 영혼을 영적인 존재이면서 불멸하며 인간 존재의 핵으로 보는 반면, 육(Leib)은 무가치하며 단지 육체에 존재하는 것으로 여기고 있다.[8] 그러나 인간은 이분법적으로 하나는 가치 있고 다른 하나는 무가치한 것으로 나누어지지 않는다. 구약의 관점에서 육체는 정신이나 영혼과 마찬가지로 하나님의 피조물이며 똑같은 가치를 지닌다. 영혼은 신적인 존재이거나 하나님의 유출이 아니라 피조물이다. 영혼은 육체와 마찬가지로 창조된 것이다. 이러한 사실에 대한 근거를 우리는 영혼 또는 인간이라고 번역되는 히브리 성서의 '네페쉬(näfäsch)'의 의미를 통해 정확히 알 수 있다.

히브리 성서에서는 하나님에 의해 창조된 인간을 네페쉬로 표현하고 있는데, 여기서 네페쉬란 '입김, 숨'[9]을 의미한다. 네페쉬는 호흡을 하며 살아 있는 것이다. 이 살아 있는 것은 하나님의 창조에 의해 이루어졌으며 그러므로 인간과 동물은 살아 있는 피조물이 되었다. 네페쉬는 생명의 소유자이며 생명의 유지와 구조 그리고 생명의 위태로움 또는 상실을 이야기할 때 언제나 주체로 나타난다. 따라서 네페쉬는 생명의 존속을 다룰 때 '영혼(Seele)' 으로서 인간에 대하여 말한다. 구약과 신약에서 육체와 영혼(Seele) 그리고 영(Geist), 마음, 이해, 양심으로 번역된 네페쉬의 개념은 항상 전인적 인간의 생동성과 하나님에 의해 허락된 생명의 선물로 묘사되고 있다.[10] 네페쉬의 또 다른 의미는 '목구멍, 입, 기관' 으로 "음식물을 받아들이고 배부르게 하는 기관" (시107)을 표현할 때 사용한 언어이며 배고픔과 갈증, 쇠약과 배부름, 고갈과 충족을 나타내기도 한다. 또한 네페쉬는 성욕과 공격성(렘2:24; 이26:9; 시27:12) 그리고 사랑의 감정을 느끼는 사람이다. 그리고 네페쉬는 하나님을 경외하는 사람(시86:4)이며, 울기도 하고(시119:28), 기뻐하기도 하며(시86:4), 기억을 하며(렘3:20) 그리고 하나님 앞에서 짐이 가벼워지게 된 사람(삼상1:5)이다. 그러므로 네페쉬는 초조함, 바람(창34:2 이하) 또는 요구와 같은 삶의 감정이다.[11]

이와 같이 네페쉬는 육적인 것에서 분리하거나 그것과는 대조적인 것으로 이해할 수 없다. 이러한 논리는 인간이 네페쉬를 소유하고 있는 것이 아니라 육적인 것과 영적인 것을 함께 지니고 있는 전인성의 네페쉬 그 자체라는 것이다. 그러므로 인간은 육체와 영을 소유하고 있는 것이 아니라 '살아 있는 영혼'[12] 그 자체다. 구약에서의 영혼이해는 인간 삶의 영적이고 감정적인 그리고 육적인 차원을 분리할 수 없고 함께 포함한다. 인간은 어떠한 경우라도 육체만으로 또는 영적인 것만으로 또는 육체와 영적인 것이 협력하여 공존하는 것이 아니라 육체와 영적인 것의 전체성과 하나라는 통일성 속에서 존재하는 것으로 이해될 수 있다. 이는 육체와 영이 인간에게 있는 서로 분리될 수 있는 두 가지 요소일 수 있다는 이원론적 이해가 아니라 육체와 영이 하나라는 통일체적 그리고 전인적 이해다.

둘째, 영혼은 우리 안에서 호흡하며 삶의 마지막에 하나님에게 다시 돌려주어야 하는 하나님 호흡의 한 부분이며,[13] 그 호흡(시6:3)은 하나님과의 관계 표현이다. 성서에 나타난 인간은 동물처럼 창조되지 않고 생명의 기운, 하나님의 영(Gottes Geist)을 불어넣어 사람이 되었다. "주 하나님이 땅의 흙으로 사람을 지으시고, 그의 코에 생명의 기운을 불어넣으시니 사람이 생명체가 되었다."(창2:7) 히브리어로 '루하(ruach)'인 하나님의 영을 통해 인간이 육과 영혼에 의해 온전한 생명체가 되는 것이다. 사람의 호흡은 직접적으로 하나님으로부터 온 것이다. 그러므로 하나님의 생명을 불어넣는 행위 속에서 육체와 영혼은 서로 직접적인 관계가 있으며 인간을 인간되게 하는 결정적인 요소를 지니게 된다.

인간이 다른 모든 피조물과 구별된다는 것은 인간이 다른 피조물과 완전히 다른 방법으로 하나님 앞에 있다는 것을 의미한다. 투르나이젠은 인간과 동물의 차이를 창세기 1장 26절 27절 말씀에서 좀 더 분명하게 설명하고 있다. 즉, 인간은 하나님의 형상대로 창조되었다는 것이다. 네페쉬는 '하나님 앞에서 책임 있는 인격체'로서의 사람이다. 하나님은 인간을 말씀을 '통해서' 창조하였을 뿐 아니라 말씀을 '위해서' 창조하였다. 하나님이 인간에게 요구함으로써 인간은 하나님의 말씀을 듣고 그를 인식하기 위해 창조되었다. 그러므로 투르나이젠은 영혼을 "말씀을 통해 하나님 앞에 불리워진 인격적 존재의 비밀"[14]로 보고 있다. 그러므로 네페쉬란 하나님의 호흡을 받은 인간 생명의 전인성으로 이해해야 한다. 네페쉬는 하나님으로부터 받은 살아 있는 인간 생명체이며 살아 있는 인간을 하나님과의 관계, 자신과의 관계 그리고 다른 사람과의 관계 속에서 완전하게 한다.[15]

이러한 의미는 신약에서 희랍어 프쉬헤(Psyche)에서도 분명하게 나타나는데, 그것은 네페쉬의 번역이다(고전15:45). 루터는 독일어 성경번역 중 신약에서 '프쉬헤(Psyche)'의 전체성에 대한 이해를 고려해서 프쉬헤를 '영혼(Seele)'으로 번역했을 뿐만 아니라 여러 부분에 '생명(Leben)'으로 번역하기도 했다. 프쉬헤는 구약적 사고를 받아들여 이 세상에서의 생명(막8:35-37)을 의미하며 이러한 관점에서 또한 나를 대신하고 있다(고전12:15; 롬16:4). 돌봄에 대한 예수의 말(마6:25 이하)에서 프쉬헤와 조마(soma)는 인간이 매일 음식과 옷에 대하여 걱정하는 대상으로서 비슷하게 표현되고 있다. 예수는 다른 창조물과 비교하면서 육적인 생명에 대해 지나치게 걱정하는 것을 반대하고 있다. "하나님께서 그의 창조물을 어떻게 돌보시는지 보아라."라고 예수는 말하고 있다. 하나님은 우리 인간에게 육체와 생명을 주셨고 또한 그것들을 돌보시는 분이다. 영혼은 하나님으로부터 선물받은 생명이며 그 생명은 곧 숨을 내쉬고 들이마시는 것이다. 생명의 이러한 근본적인 움직임에 예수는 그의 말씀에서 영혼의 유지와 상실의 원인을 찾으며 영혼의 지나친 삶에 대한 애착을 막는다. 즉, 누구든지 자기 목숨을 보존하려고 애쓰는 사람은 잃을 것이요, 목숨을 잃는 사람은 보존할 것이다(눅17:33). 그러므로 프쉬헤는 육적인 목숨을 내포하고 있으며 구약에서처럼 신약에서도 영(psyche), 몸(soma) 그리고 혼(pneuma)으로서 인간의 전인성을 강조하고 있다(데전5:23).[16] 영혼은 하나님이 나에게 선물한 것이며 매일 하나님과 나의 이웃 그리고 자신 앞에서 스스로 책임을 지는 생명이다. 영혼은 나에 의해 호흡하고 언젠가 나에 의해 끊어지게 될 생명이다.

셋째, 신약에서의 영혼이 구약에서와 다른 것이 있다면 그리스도 안에서의 영의 사람이다. 그것은 죽음을 넘어선 삶의 가능성이 그 중심을 이루고 있다. 구약에서 영혼은 항상 죽음을 넘어서는 생각할 수 없는 육적인 차원의 생동력이지만 신약에서는 새로운 생명이 죽음을 떼어낸 것이다. 프쉬헤는 두 가지 서로 상반된 의미를 갖고 있는데, 즉 지금 여기서 프쉬헤는 낡은 의미이지만 저기서는 새로운 의미로 설명된다. 새로운 프쉬헤, 즉 새롭고 영원한 생명은 죽을 몸에 있는 낡은 프쉬헤를 전제로 한다. 그러므로 프쉬헤는 하나님의 영(pneuma tou theou)과 육체(sarx) 사이에 존재한다.[17]

그러므로 바울은 '프뉴마(pneuma)'를 새로운 생명의 핵심적인 역할로 이해한다. 그에게 있어서 프쉬헤는 죽음으로 돌아가야 하는 것이지 영혼불멸한 존재는 아니다. 그러나 계속성은 프뉴마로 표현되고 있다.[18] 바울은 인간의 영을 하나님의 영으로서의 프뉴마와 대립시키고 있다(롬8:16). 하나님의 영인 프뉴마는 받을 수 있고 계속해서 줄 수 있는 창조력이 있다. 이것은 모든 사람에게 영향을 주어 죽음으로부터 깨어나게 하며 새로운 생명을 얻도록 작용한다(롬8:9-10).

하나님의 영, 즉 구약에서의 창조의 영은 그리스도 안에서 만나게 된다(롬8:9). 영의 힘으로 그리스도는 하나님의 아들이며 그 아들됨을 하나님의 영을 받아들인 사람들과 공유한다. 그리스도를 통하여 하나님의 영은 영향을 끼치게 되며 그리스도 안에서 새로운 생명을 얻게 된다. 이 새로운 생명을 우리는 성령의 열매로 표현하고 있으며(갈5:22 이하) 그것은 곧 사랑과 기쁨과 평화와 인내와 친절과 선함과 신실과 온유와 절제다.

그러므로 프뉴마는 하나님의 부름에 대한 명칭일 수 있으며 그것에 근거하여 하나님 앞에 인간이 책임 있게 서는 것이기도 하다.[19] 바울에 의하면 프뉴마는 하나님의 영이 그리스도 안에서 이 땅의 인간에게 은혜 속에서 새롭게 창조되어 전인성을 향하도록 하는 것이다. 신앙인이 하나님의 사랑에 의해 그리스도 안에 사로잡힐 때 진정한 영의 사람이 되는 것이다. 그러므로 보통사람과 영의 사람은 구분된다(고전2:14 이하). 즉, 프쉬헤로서만 존재하는 보통사람은 자신의 영이 하나님의 영에 의해 인도되지 않는 한 하나님의 말씀을 전혀 이해하지 못하며 육적인 삶을 살아가게 된다. 하나님의 부르심을 신뢰하지 못하면 인간은 자신의 목숨을 잃게 되고 영원한 고통을 얻게 된다.

그러므로 투르나이젠에 의하면 하나님 말씀으로만 진정한 인간이해가 가능하며 인간존재를 근본적으로 발견할 수 있기 때문에 진정한 인간이해는 오직 신앙 안에서 성서를 통해 가능하다고 강조하고 있다.[20] 인간을 영과 육으로 구분하여 차별을 두는 자연과학에 근거한 인간이해가 아니라 전체인 하나로서 육과 영으로서의 인간이다. 그것은 영과 육이 분리되지 않는 그리고 이 세상에 있는 동안 하나님과의 관계 속에서 살아가는 영의 사람이다.

3. '영혼돌봄' 으로서 기독교상담의 의미

지금까지 우리는 기독교상담의 어원인 '영혼돌봄' 에서 돌봄의 대상인 '영혼' 의 성서신학적 의미를 살펴보았다. 그렇다면 '영혼' 을 대상으로 하는 돌봄이란 무엇을 의미하는가? '영혼돌봄(Seelsorge)' 이란 용어를 직접적으로 사용한 흔적은 구약이나 신약 어디에도 나타나 있지 않다. 뮐러는 그러한 이유를 다음 두 가지로 제시하고 있다.[21] 즉, 인간을 영혼 깊숙이까지 구원할 수 있는 것은 외부로부터 오는 하나님에 의해서만 가능하기 때문에 한편으로는 영혼돌봄이 적으며, 다른 한편으로는 인간이 바로 자신의 모든 걱정을 하나님에게 맡길 때 영혼돌봄이 많아지게 된다(베전5:7)는 것이다. 이렇게 성서에서 '영혼돌봄' 이란 용어를 직접적으로 사용한 흔적이 없음에도 불구하고 성서에 나타난 영혼돌봄의 행위를 다음과 같은 표현을 통해 찾아볼 수 있다.[22]

- 영혼돌봄은 신약에서 위로로 나타나는데, 그 위로는 경고, 격려, 초청과 같은 것으로서 바울이 구체적으로 묘사하고 있다(데후2:16 이하; 고후1:5-7).
- 영혼돌봄은 그리스도의 몸인 지체들을 돌보는 것이다(고전12; 롬12; 엡4; 고후11:8).
- 선한 목자와 문과 양떼의 비유(요10:7-18)는 성서적인 영혼돌봄의 기

본 모델로서 잃어버린 자와 잘못된 길을 가고 있는 자, 약한 자를 따라 가서 하나님의 보호 속에서 그들을 받아들이는 영혼돌봄이다.

- 예수의 병든 자와 귀신들린 자와의 교제 속에서 치료적 또는 귀신추방의 영혼돌봄의 모델을 찾을 수 있다.
- 신약에서와 마찬가지로 구약에서의 예언적 말은 하나님이 자신의 백성을 돌보는 관점에서 영혼돌봄 차원의 언어로 이해해야 한다.
- 찬양과 비탄을 통해 인간에게 생명의 힘을 주고 있는 시편은 영혼돌봄을 위한 고갈되지 않는 저수지와 같다.

성서에서 '영혼돌봄'이란 용어의 직접적인 사용을 찾을 수는 없지만 성서에 나타난 영혼돌봄의 행위와 더불어 지금까지 살펴본 영혼(Seele)에 대한 성서적인 관점에서 그 의미를 종합해 보면 다음과 같다.

첫째, 영혼돌봄이란 육체적이고 정신적인 굶주림이 채워지도록 돕는 것이며, '욕망(출15:9), 열망, 바람, 요구, 동경(시35:25; 창23:8; 출23:9; 신24:15)' 등 네페쉬가 굶주리고, 배부르며, 마음 아파하며, 기뻐하고, 희망하며, 사랑하고, 미워하는 감정의 영역에 속하면서 무엇인가를 지향하는 것과 관련 있다. 인간적인 욕망은, 영적인 것과 반대로 다른 영역 속에서 하나님과 적대적인 육적인 것이 아니고 인간에게 속하는 생명력의 한 부분이다.[23] 그러므로 구약에 나타난 영혼돌봄이란 영혼을 육체에 비해 가치 있는 것으로 평가하는 그리스 철학에 근거한 심리치료가 아니라는 것이 분명하다. 성서적인 관점에서 영혼돌봄이란 인간의 영적인 존재만을 돌보는 것이 아니라, 인간의 육적이면서 영적인 존재를 위한 전인적인 돌봄의 관점으로서 이해될 수 있다. 그러므로 영혼돌봄과 육체돌봄은 근본적으로 분리될 수 없다.

둘째, 히브리적인 의미에서 영혼돌봄이란 '호흡의 도움' '비탄의 도움' 그리고 하나님에 대한 찬양이다. 인간이 자신의 호흡에 무리하지 않고 하나님의 호흡 리듬에 다시 들어가도록 돕는 것이며 더 이상 공기가 존재하지 않는 자기 안에 자신을 가두어 버리지 않도록 돕는 것이다.

셋째, 영혼돌봄은 인간이 하나님 아버지와 아들과 성령의 관계 속에서 육적인 자기와 이웃으로부터 영의 사람으로 되도록 이끄는 것이다. 즉, 하나님의 말씀을 전혀 이해하지 못하며 육적인 인생을 살아가는 프쉬헤로 존재하는 보통사람이 영의 사람이 되어 하나님에게로 다시 돌아오도록 돕는 것이다.

분명하게 영혼돌봄이란 단어를 제시하지 않더라도 위에서 언급한 영혼돌봄의 성서적 의미에서 우리는 영혼돌봄의 특성을 나타내 주는 결정적인 세 가지 차원을 찾아볼 수 있다.

먼저 첫 번째 차원은 하나님이 영혼돌봄의 주체라는 것이다. 사람이 자신을 위해 걱정하든지 또는 이웃을 돌보든지 상관없이 하나님은 인간을 돌보신다는 것이다(벧전5:7; 시121). 하나님인 주인이 아담과 그의 아내에게 가죽으로 치마를 만들어 입히신 것(창3:21)에서 알 수 있듯이 창조에서 이미 하나님의 돌봄이 시작되었다. 사람은 하나님의 돌봄 없이 존재할 수 없다. 이것에는 모든 것이 하나님의 행위이며 하나님의 영혼돌봄이라는 의미가 담겨 있다. 그것은 하나님이 자신의 목적을 다시 이루려는 돌봄이다. 구약 예언서에는 계속해서 우리에게 예언자들이 방임하지 말 것과, 사람에 대한 깊은 인식을 요구하고 있다. 하나님의 돌봄은 결국 아들을 통해 더 분명하게 나타난다. 하나님은 인간의 몸으로 내려오셔서 자신의 피조물의 운명을 함께 나누고(요1:14; 빌2:6 이하), 마침내 그들을 위해 십자가에 매달리기까지 하여 하나님으로부터 멀어진 피조물을 돌보신다.

영혼돌봄의 두 번째 차원은 사랑과 자비의 움직임이다. 염려가 아니라 긍휼과 자비로 영혼돌봄의 특성이 완성된다. 그러나 긍휼과 자비는 단순히 인간을 돌본다는 책임에 의해서만 일어날 수 없으며 인간의 고통을 바로 보고 마태복음 9장 36절에서와 같이 인간의 존재위기에 대한 충격과 동요가 일게 된 자만이 말할 수 있는 것이다.

하나님의 영혼돌봄의 세 번째 차원은 그 돌봄이 항상 구체적인 인간을 향해 있다는 것이다. 하나님은 하나님 자신을 돌보는 것이 아니라 인간을 돌보신다. 즉, 그의 돌봄은 인간을 향한 돌봄이다. 그 돌봄은 개개인의 필요와 상황에 근거한다. 하나님은 자신의 존재 자체를 돌보는 것이 아니라 그리스도 안에서 사랑의 하나님으로 계시되었기 때문에 그의 돌봄은 항상 인간으로서 있어야 할 인간존재 자체를 향해 있다.

4. '영혼돌봄'으로서 기독교상담의 목적

이러한 세 가지 관점의 성서적 인간이해를 토대로 영혼돌봄으로서 기독교상담의 목적을 구체적으로 살펴보기로 한다. 첫째, 전인적 인간 돌봄을 위한 삶의 도움으로서 신앙의 도움, 둘째, 죄로부터의 구원과 치유를 통한 하나님과의 관계 회복, 셋째, 영의 사람으로 인도하기 위한 복음의 실천, 즉 구속과 억압의 세상으로부터의 해방이다.

1) 전인적 인간 돌봄을 위한 삶의 도움으로서 신앙의 도움

하나님이 돌보시는 대상은 전인적 인간이지 인간의 영적인 차원만이 아니다. 구약에서의 네페쉬에 상응하게 영혼(Seele)이란 항상 구체적이고 육체적이며 실제적이다. 이것은 인간에게 있어서 영혼이란 인격으로부터 추상화한 영역이 아니라 항상 인간의 육체와 함께 생각해야 한다는 것을 의미한다. 영혼이란 육체에 매여 있으며 육체에 의해 결정되는 생명이다.[24] 영혼은 육체적인 실재와 관련을 맺고 있는 인격이다.

영혼돌봄은 인간의 영적 구원만이 아니라 내담자의 육체적이며 정신적인 어려움을 돌보는 것이다. 그러한 전인적 돌봄은 인간이 처해 있는 다음 네 가지 차원의 관계에서 분명하게 나타난다. 즉, 인간은 그를 창조하셨고 그에게 응답하도록 부르시는 창조주이신 위대한 '너(Du)'인 하나님과의 관계 안에 존재한다. 이 관계는 인간의 근본적인 관계다. 그다음으로 인간은 이웃이 되기 위하여 존재하는 인간적인 '너(Du)'인 이웃과의 관계 안에 있다. 더 나아가 인간은 같은 피조물인 이 세상, 즉 '그것(Es)'과의 관계 안에 존재한다. 인간은 이 세상을 경작해야 하며 보존해야 한다. 마지막으로 인간은 자기 자신과의 관계 안에 머물게 된다. 이러한 네 가지 차원의 관계 속에 있는 인간이 영혼돌봄의 현 주소다. 따라서 영혼돌봄은 인간의 이웃과 사회와의 관계를 도외시하지 않고 하나님과의 관계 속에서 인간을 수용하게 된다.

클라인벨(H. J. Clinebell)은 네페쉬의 이러한 의미를 좀 더 구체적으로 기독교상담에 접근시킨다. 그는 '전인건강'을 기독교상담의 통합적인 목표로 설정하면서 여섯 차원으로 설명하고 있는데, 이는 인간의 마음을 북돋아 주는 일, 인간의 몸의 생기를 회복시키는 일, 다른 사람과의 친밀한 관계를 갱신하고 강화하는 일, 자연과 생물권과의 관계를 심화하는 일, 조직사회와의 관계에서의 성장, 하나님과의 관계를 깊고 의미 있게 하는 일이다.[25] 슈톨베르크는 이러한 영혼돌봄에서 이웃과 사회와의 관계의 특성을 일반적으로 '세상적인(weltlich)' 특성과, 동시에 특이하게 하나님과의 관계의 '영적인(geistlich)' 특성으로 설명하고 있다.[26] 세상적인 것과 영적인 것은 영혼돌봄에서 선택해야 하는 사항이 아니라 구체적인 인간의 돌봄에서 함께 따라오는 분리될 수 없는 관점이다. 신앙적인 삶과 세속적인 삶이 서로 연결되지 못한다면 그것은 하나님 스스로 인간이 되셔서 이 세상에 오신 사건에 반대되는 일이며 이중적인 삶의 구조를 형성하게 되는 것이다.

그렇다면 어떻게 신앙적인 삶과 세속적인 삶과의 연결 속에서 영혼돌봄이 이루어질 수 있을까? 어떻게 신앙이 그리고 신앙을 위한 도움이 삶을 극복하기 위한 기독교상담적인 힘을 가지고 있는가라는 물음에 대해서 타케(H. Tacke)는 "삶의 도움으로서의 신앙의 도움"[27]이라고 해답을 보여 주고 있다. 신앙을 위한 도움으로서 영혼돌봄은 인간의 삶을 위한 도움으로서 신앙이 경험될 수 있다는 것을 의미한다. 신앙은 하나님과 인간 사이의 대화를 가능케 하는 중재자라고 말할 수 있는 관계 개념이다. 그러나 신앙 대신 경건의 현상을 관찰하려고 하는 것은 잘못된 것이다. 신앙이란 경건을 유지하려는 것도 아니며 인간의 습관적인 속성으로 이해할 수 없다. 신앙은 이러한 생각과 정반대의 움직임이며 하나님의 인간과의 관계와 인간의 하나님과의 관계를 연결하는 만남을 내재하고 있는 경험이라고 말할 수 있다. 신앙은 하나님이 인간을 허락하는 동력자관계를 생동감 있게 이행하는 것[28]이며, 기독교상담적인 신앙도움은 이 동력자관계를 인간으로 하여금 받아들이게 하는 것이다. 그 동력자관계는 신앙과 삶과의 연결 그리고 하나님과 인간과의 연결을 의미한다.

이러한 동력자관계 속에서 "신앙은 하나님을 발견하는 것이다."[29] 신앙적으로 도움을 주어 하나님을 발견할 때 인간의 삶에 도움이 되는 것이다. 즉, 세속적인 인간이 하나님의 신의에 의지하기 위해 자신을 포기하는 것을 배우는 것이다. 그러므로 신앙의 대화는 하나님과의 대화다. 그것은 하나님이 예수 그리스도 안에서 인간에게 응하시는 하나님에 대한 대화이며 예수 그리스도와의 연합이다. 인간적인 하나님이 대화를 하고 그리고 그러한 하나님으로 발견된다면 그것이 바로 신앙의 시간이다. 인간이 신앙 안에서 하나님을 발견하면 인간의 삶의 현실 속에서 그 효과가 나타난다. 생생한 하나님의 현존은 인간의 실생활 속에서 반영된다.

그러므로 하나님을 발견하는 것으로서의 신앙은 인간의 삶을 발견하는 것이다. 그것은 삶에서 하나님이 없는, 하나님을 멀리하는 것이 아니라 하나의 '성례전적인 조건(sakramentale Voraussetzung)'이다.[30] 그러므로 신앙 자체를 영혼돌봄을 위한 힘으로서 구하는 것이 중요하다. 그러나 신앙의 영향이 아니라 이미 신앙 자체가 기독교상담적인 요소를 지니고 있다. 영혼돌봄은 이미 신앙 안에서 이루어지고 있으며 단지 신앙을 통해서만 이루어지는 것이 아니다. 이러한 신앙의 영혼돌봄적 요소와 신앙의 힘으로 얻게 되는 기독교상담의 결과는 함께 살아가는 인간 삶의 장에서 찾을 수 있다.

영혼돌봄이 신앙관계에 근거해야 한다는 것의 목적은 신앙이 삶의 도움이라는 것이 증명될 수 있도록 신앙을 돕는 것이다. 신앙의 도움은 영적인 차원만을 강조하여 지나치게 병적이고 극단적으로 영혼돌봄의 직을 수행하는 것이 아니다. 그러나 아직 세속적인 일반상담이나 심리치료를 모방하고 변화하려는 기독교상담의 시도는 본래의 목적에서 빗나갈 수도 있기 때문에 기독교상담이 신앙에 근거할 때 삶에 도움이 된다는 것을 경험하는 것이 중요하다. 신앙이 단지 개념적인 의미로 교리적인 신학의 정의에 의해 경직되고 삶과 분리된다면 교리와 같은 형태 속에서 그리고 설교의 말씀 속에서 신앙의 가치가 종종 추상적이 되고 약화된다. 그러므로 신앙과 영적인 교류는 그리스도와의 내적인 인격적 관계에서 이루어진다. 신앙이 진정한 신뢰(herzliches Vertrauen)로 이해될 때 인간의 자기패쇄를 허물 수 있게 된다.[31] 신앙은 정신의 핵심부분에 있는 감동이다. 신뢰에 따라 움직이는 사람은 신앙을 중재하는 기독교상담을 경험하게 될 뿐만 아니라 신앙 자체의 기독교상담을 체험한다. 그러므로 진정한 신앙은 강요의 소리가 아니라 격려의 소리다. 신앙으로 초대하는 것은 인간의 걱정스러운 삶의 현실과 함께 그리스도에게 맡기는 인간의 예수 그리스도에 대한 신뢰다.

무미건조한 신학은 신앙을 삶과 관계가 없는 또는 삶과 적이 되는 것으로 만들기도 하며 신앙을 삶과는 분리되고 개념화된 형이상학적인 의미로 남게 한다. 그래서 인간을 이원론적인 인간(homo apatheticus)으로 규정하는 위험을 범하기도 한다. 또한 신앙이 도외시된 상담은 도움을 요청하는 사람에게 초점을 두지 않고 내담자의 문제에 초점을 두어 그 문제를 해결하기에 급급하다. 그러나 하나님의 열정이 있는 상황에서 삶과 분리되지 않은 신앙은 인간으로 하여금 공감적인 인간(homo sympatheticus)이 되게 한다. 인간을 향한 하나님의 열정(Pathos Gottes)과 긍휼은 기독교상담적인 신앙도움의 동기가 된다. 신앙 안에서 하나님의 사랑이 잃어버린 인간에게 향한다는 것을 경험할 수 있기 때문에 인간은 하나님을 사랑하고 그를 신뢰하게 된다.

기독교상담 대화에서 신앙과 신앙에 따른 인간의 행위와의 관계가 이루어진다. 이러한 관계 속에서 삶은 구체적으로 극복된다. 거기서 실제적으로 어떠한 기준을 가지고 인간이 어떻게 자신의 행동과 습관에 반대하여 어떤 것을 내놓을 수 있는지가 중요하다. 그러므로 기독교상담 대화의 과제는 일반적으로 몹시 압박하는 행동의 문제점을 갈등의 상황에서 표현하도록 돕는 것이다. 그것은 다시 인간의 죄와 하나님의 용서에 대한 삶의 극복에 해당하는 모든 성서적 말씀이 실제적인 기독교상담의 적용 속에서 바로 반영되어야 한다는 것을 의미한다. 그러나 죄에 대한 벌이 두려워 행동의 변화가 일어나는 것은 아니다. 태도의 변화는 특별히 그에게 향하신 하나님의 뜻과 일치된 행동을 찾고 확인하는 데서 시작된다. 고통에 처한 사람이 비참한 삶의 현실 가운데 누가 이 죽음의 몸에서 나를 건져 줄 것인지 질문한다. 그러나 신앙의 전환은 바로 "우리 주 예수 그리스도를 통하여 나를 건져 주신 하나님께 감사드립니다."(롬7:24)라는 고백과 함께 이루어진다.[32] 그리스도를 찾았기 때문에 비로소 아담은 숨을 쉴 수 있게 되는 것이다. 이제 인간은 그리스도와의 관계 속에 있기 때문에 신앙은 인간의 자아를 상대화시키며 인간을 인간적이게 한다.

그러므로 슈톨베르크는 교회 기독교상담의 특수성을 일반상담이나 심리치료와 같은 세속적인 상담의 틀과 구별하여 설명하고 있다.[33] 즉, 기독교상담은 신학적으로 분명한 동기와 의도를 가지고 있다. 그러나 심리치료자와는 달리 기독교상담자가 자신의 신앙에 대한 확신을 상담과정에 기능적으로 스며들게 해야 한다는 것은 아니다. 다른 말로 하면 기독교상담의 만남에서 기독교상담자의 신앙을 항상 그리고 절대적으로 말해야 하는 것은 아니다. 도움이 필요한 사람에게 기독교상담자는 대화의 상대자로서 신앙심을 마음대로 강요하는 역할을 하는 것이 아니라 기독교상담자의 신앙에 대해 확신하고 단지 도움의 역할을 하는 것으로서 존재한다.

따라서 삶의 고통에 처한 사람에게 '신앙의 도움을 통한 삶의 도움'으로서 기독교상담은, 설명할 수 없고 이해할 수 없는 고통의 한가운데서 견디어 낼 수 있는 격려와 동시에 체념하려는 것으로부터 저항하기 위한 힘 그리고 무엇보다도 "높음이나 기쁨이나 다른 아무 피조물이라도"(롬8:39) 우리가 끊을 수 없는 우리 주 예수 그리스도 안에 있는 하나님의 사랑에서 보호받고 있다는 것을 깨닫도록 돕는 것이다.[34)]

2) 죄로부터의 구원과 치유를 통한 하나님과의 관계 회복

최초의 아담은 하나님의 생명의 기운으로 이 세상에 태어났다(창2:7). 영혼의 네페쉬의 의미에서 언급했듯이 이렇게 사람의 호흡은 직접적으로 하나님으로부터 온 것이며 따라서 네페쉬는 우리 안에서 호흡하다가 삶의 마지막에는 하나님에게 다시 돌려주어야 하는 하나님 호흡의 한 부분이다. 이 호흡은 하나님과의 관계의 표현인데, 이 세상에서 숨쉬며 살아 있는 동안 인간은 하나님과의 관계 속에 머물러 있어야 하는 존재다. 그러므로 하나님의 형상대로 창조된 인간은 '하나님 앞에서 책임 있는 인격체'다.

따라서 이 세상에서 숨쉬며 살아 있는 동안 하나님과의 관계 속에 머물러 있어야 할 인간이 하나님으로부터 벗어나서 삶의 목적을 잃고 있는 경우 우리는 죄인이라고 말한다. 왜냐하면 '죄(Sünde)'란 히브리어 'ht'로서 그 의미는 목적을 잃는 것이기 때문이다. 그러므로 죄를 짓는 인간은 하나님과의 관계와 그것에 의해 세워진 규칙에서 벗어나는 것이다.[35)] 죄인으로서 인간은 하나님과의 관계를 유지하며 하나님에게 돌보시도록 하는 대신, 자신의 손으로 스스로를 돌볼 수 있다고 믿고 있는 것이다. 선한 목자의 돌봄에 의지하는 대신, 자신을 의지하고 모든 영역에서 자신과 자신의 복과 고통을 위해서 산다. 우리는 이러한 인간의 방황을 다음과 같이 설명할 수 있다. "하나님으로부터 멀어짐으로써 인간은 그가 어디서 왔는지 인간존재의 근원과 그리고 앞으로 어디로 가야 하는지 그 목적으로부터 떠난 것이다. 인간은 하나님을 부정함으로써 마치 하나님 없이 존재할 수 있고 하나님 없이 살아갈 수 있는 것처럼 생각한다. 하나님으로부터 멀어짐으로써 인간은 스스로 상처를 입는다. 더 이상 하나님인 당신(Du)과 연결되지 않고 인간적인 나(Ich)는 주인을 잃어버리고 있다."[36)]

인간 잘못의 결과는 그 잘못이 인간이 이룬 모든 관계에 적용된다. 즉, 근본 관계인 하나님과의 관계가 파괴되면 인간에게 죄는 생명을 결정하게 되며 그가 이룬 모든 영역을 사로잡는다. 인간이 하나님을 잃게 되면 그의 이웃, 일과 관련된 관계들 그리고 자기 자신 또한 잃게 된다. "하나님과 분리됨으로 인해 인간은 자기 자신뿐만 아니라 이웃과도 낯설게 되며 불신과 불안 그리고 시기와 폭력의 관계로 이끈다. 하나님에 반대하는 것은 또한 자연과의 관계도 파괴로 이끈다. 인간이 특권으로 하나님의 창조적인 의존 안에 있는 자연과의 관계를 결별하게 되면 자연에 대한 인간의 권한이 왜곡된다. 창조자에 대한 반란은 인간을 피조물에 의존하게 만든다. 자신의 생명권을 쥐고 있다고 생각함으로써 인간은 자신을 지배하는 주권, 다른 사람과의 공동체 그리고 인간 사이에서의 특수한 지위를 걱정하게 된다. 이것이 바로 죄인의 불행이다."[37)]

그러므로 심리치료에서 자기와의 관계를 표현하는 것이 중요하다면, 기독교상담에서는 하나님이 인간을 창조하신 본래의 관계, 즉 하나님과의 관계를 다시 세우는 것이 중요하다. 심리학에 근거한 일반상담에서 무엇보다 중요한 것은 자기실현을 위한 인간의 능력이다. 즉, 인간이 스스로 성장할 수 있고 결단할 수 있다고 믿는 것이다. 자기실현에서는 인간 내면에 있는 잠재능력의 활성화가 핵심이다. 자기실현화는 인간에게 자기 자신과 다른 사람에게 제한 없이 모든 것이 가능하다는 긍정적인 자율권을 부여하는 데 집중되어 있다. 그러므로 보렌(R. Bohren)은 '자기실현화'를 오히려 자신을 죽이는 규정이라고 비판한다. 왜냐하면 자기실현화는 인간을 단지 자신의 생각에 의해 움직이고 자기 스스로 재능을 가지고 있다고 여기는, 소위 스스로 하나님이 되어 버리도록 하기 때문이다.[38] 즉, 자기 스스로 자기정체성 확립을 의미한다. 이러한 자기실현에 대한 믿음의 전제 안에서는 인생에서 자기실현을 하지 못하고 자신의 정체성 확립에 도달하지 못하면 오로지 죄와 소외 현상만 존재한다.[39] 그 반대로 '자기실현화'에 대한 이러한 신앙의 결과, 인간이 신격화되며 자기정체성의 창조자가 된다. 인간은 단지 하나님과의 관계 안에서만이 자신의 정체성을 찾는다는 성서신학적 관점과는 달리 인간의 오만으로 자리 잡게 되어 인간은 하나님 없이도 자신의 존재를 만들어 갈 수 있다고 생각하게 된다. 그러나 기독교상담은 자기실현과 자기 찾기는 오로지 예수 그리스도 안에서의 하나님의 선물이며 인간의 자유의지에 의한 것이 아니라는 것을 강조한다. 오직 이 세상의 창조주와의 연합에 의해서만 구속과 억압하는 이 세상으로부터의 자유가 가능하다. 그러므로 예수 그리스도 안에서 주어진 새로운 정체성(갈2:20)이 삶에서 가치를 갖게 되고, 그것이 삶에서 나타나도록 구원과 치유를 통한 기독교상담의 도움이 필요하다.

하나님은 인간과의 본래의 관계를 다시 세우기 위해 예수 그리스도를 이 세상에 보내셨다. 그를 통한 인간의 구원과 치유를 위한 돌봄은 하나님을 잃어버린 인간을 향한 하나님의 고유한 돌봄이다. 그것이 의미하는 것은 예수의 비유에 잘 표현되어 있다. 잃어버린 자가 분리된 상태로부터 보호의 상태로 되돌아오도록 하는 것이다(눅15:1-10). 잃어버린 아들이 아버지의 품으로 되돌아오는 것이다(눅15:11-32). 구원을 위한 돌봄은 곤경과 불안 속에서 하나님의 사랑에 대하여 무감각해진 인간이 다시 하나님과의 연합 속에 존재하도록 하기 위해 기회를 열어 주는 것이다.[40)]

하나님의 구원이 모든 인간에게 적용되고 그가 창조한 모든 영역에서 이루어질지라도 하나님의 구원은 현세적이고 세속적인 행복과는 바꿀 수 없으며 동일화될 수 없다. 구원은 오히려 종말론적인 차원에서 생각해야 한다. 즉, 장차 미래 하나님의 심판 앞에서의 구원이다. 그래서 하나님은 복음을 통해 미래의 구원을 약속하고 있으며 그것을 이미 지금 복음을 통해 신앙 안에서 복음을 받아들인 자들에게 완성하고 있다.[41)] 이러한 관점에서 영혼돌봄 차원의 기독교상담은 다른 목적과 함께 구원의 기회를 제공하는 형태가 된다.

그러므로 심리학에 근거한 일반상담과 기독교상담과의 구별은 결정적으로 목적의 차이다. 정신적인 고통의 증세를 최소화하고 완화하는 것이 그 목적인 심리치료는 단순하게 삶의 도움이 되는 것이면 만족한다. 그것은 정신적인 문제를 치료하고 극복하도록 하는 것으로서 삶을 전적으로 방해하거나 삶에 의문을 던지게 하는 요소들을 제거하는 것이다. 고통의 원인을 밝히고 자기를 인식함으로써 환자는 자신의 문제에 대하여 깊은 통찰을 경험하게 되며 자신의 문제를 극복하도록 능력을 부여받게 된다. 그러나 기독교상담은 이러한 목적을 뛰어넘는다. 하나님과 멀어진 인간에 대한 하나님의 돌봄은 원초적으로 잃어버린 하나님과의 공동체를 다시 재건하는 데 그 목적이 있다. 예수 그리스도에 의한 새로운 돌봄은 인간적인 많은 일을 염려하는 것이 아니라(마6:25) 오직 중요한 한 가지 일인 구원을 돌보는 것(눅10:42)이다. 심리치료가 심리적인 또는 의학적인 치유에 머물러 있다면, 기독교상담은 그 차원을 넘어 인간을 구원한다는 것으로 그 특수성을 설명할 수 있다.[42)]

그러나 기독교상담자는 신앙은 항상 심리적인 내면을 지니고 있으며 하나님의 관계는 인격의 심리적인 구조와 관계되어 있다는 것을 기억해야 한다. 기독교상담에서는 깊은 자기수용과 인격분석이 필요하며 또한 하나님과의 관계가 약화되는 것은 인간의 부분 영역에서 순간적으로 찾아온다는 것을 분명히 인식해야 한다. 그러므로 내담자의 종교적인 기본을 파악하지 못한 상태에서 종교적인 유도는 감추어지게 된다. 이러한 관점에서 기독교상담은 심리치료의 도움으로 과거 성장과정에서 형성된 죄의식과 고통의 관계를 밝혀내고 인간에게 자신의 심리적이고 영적인 구조를 살펴보게 한다. 이로써 상담대화를 방해하고 경직된 신앙태도를 갖게 하는, 어린 시절에 형성된 삶의 방식과 내담자가 받아들일 수 없는 자기 모습을 인식하게 하여 다시 하나님과의 관계로 들어갈 수 있도록 도움이 되어야 한다.

3) 영의 사람으로 인도하기 위한 복음의 실천: 구속과 억압의 세상으로부터의 해방

앞에서 언급한 신약의 영혼이해는 구약에서 한 차원 높아진 죽음을 넘어선 삶의 가능성이 그 중심을 이루고 있다. 그러므로 영혼돌봄이란 하나님의 영인 프뉴마를 받음으로써 죽음으로부터 깨어나 새로운 생명으로 인간을 인도하도록 돕는 것이다. 즉, 하나님의 영이 그리스도 안에서 이 땅의 인간에게 은혜 속에서 새롭게 창조되어 전인성을 향하도록 하며 신앙인이 하나님의 사랑에 의해 그리스도 안에 사로잡혀 진정한 영의 사람이 되도록 이끄는 것이다. 따라서 이러한 의미의 영혼돌봄으로서 기독교상담은 예수가 인간의 삶의 한가운데서 인간을 억압하는 모든 것으로부터 해방시키기 위해 고통받는 사람에게 다가가고, 그들을 세상의 구속과 억눌림에서 자유롭게 함으로써 그리스도 안에서 새로운 영의 사람이 되도록 인간을 이끄신 그리스도의 복음을 지금 여기서 실천하는 것이다.

역사 속에 나타난 교회는 여러 다른 형태의 방법으로 하나님의 말씀을 전하고 가르치는 역할을 해 왔다. 이러한 여러 형태의 목회방법은 각각 다른 독특한 언어구조와 형태를 가지고 발전해 왔다. 설교가 여러 사람의 하모니로 이루어지는 합창이나 수업 중의 대화와 다르듯이, 서로 간의 대화와 형제자매 사이의 위로의 형태로 이루어지는 기독교상담은 설교의 그것과는 다르다. 설교가 하나님의 말씀을 일방적으로 전달하는 복음의 선포에 그 목적이 있다면, 영혼돌봄으로서 기독교상담은 예수 그리스도의 삶을 본받아 그 복음을 삶의 현장에서 실천하는 것이다. 요수티스(M. Josuttis)는 기독교상담의 목적을 밝히고 기독교상담에 새로운 자극을 줄 수 있는 주제를 세웠는데, 그것은 "기독교상담이란 인간 각자의 삶의 관계에서 구체적인 곤란으로부터의 해방을 목적으로 상담하고 치유하는 삶의 도움의 형태 속에서 이루어지는 복음의 실천이다."[43]라는 것이다. 클라인벨은 인간 해방의 개념을 무엇으로부터의 해방, 무엇을 향한 해방, 무엇을 위한 해방인가의 세 차원에 대하여 분명하게 제시하고 있다. 첫째, 개인과 인간관계, 인간집단과 조직사회 안에 있는 힘으로서 하나님이 주신 인간의 가능성을 제한하고 억누르며 말살시키는 힘 '으로부터'의 해방이다. 둘째, 해방은 충만한 삶을 '향한' 것으로서 남을 보살피는 일과 자신감을 갖게 하는 일, 창의적인 삶을 영위하도록 하는 것이다. 셋째, 해방은 사랑의 섬김으로 표현되는 영 안에서의 삶을 '위한' 것이다.[44] 따라서 기독교상담은 복음을 실천하기 위한 진정한 해방을 의미하며, 삶의 질을 직접적으로 변화케 하는 관여이며, 지금까지의 어려움의 징후 속에 처해 있는 삶의 조건들을 부숴 버리는 것이다.

요수티스는 진정한 해방을 위해 복음 자체에 근거한 기독교상담적인 힘의 상승을 의도한다. 즉, 복음 자체가 역동적으로 기독교상담에 영향을 미친다는 것이다. "복음은 기독교상담이 인간의 곤경과 질병, 두려움, 억압과 죄와의 만남 속에서 도달하게 되고 도달하려고 애쓰는 해방하는 힘 속에서 경험할 수 있는 실제다."[45] 복음에 의해 고쳐될 뿐만 아니라 복음의 완전한 현존 속에서 실천된 복음으로서 기독교상담적인 임무를 완성케 하는 실천이 기독교상담의 특별한 전권이라는 것을 인식해야 한다.

그러므로 이러한 실천은 복음의 증언이나 선포에서뿐만 아니라 복음의 실행 속에 있는 해방의 목적에 상응할 수 있다. "그러한 복음의 실천은 여러 형태로 완성되는데, 즉 병든 자의 돌봄과 치유, 권리 찾기를 위한 중재, 사회적인 곤경을 제거하고 감소시키는 과정에서 인간의 자유와 평등 그리고 형제애를 위한 정치적인 투쟁 속에서 이루어진다."[46) 요수티스는 기독교상담이 개인적이고 정신적인 갈등에 대한 호소를 뛰어넘는 행위의 장이 되기를 바란다. 결정적인 것은 사회적이고 정치적인 중요성을 가진 이러한 행동 속에 복음 자체가 직접적으로 현존하고 있기 때문이다. 요수티스에 의하면 기독교상담을 통해 제시된 복음은 언어적으로 전달될 뿐만 아니라 실제적으로 실현되어야 한다. 따라서 기독교상담은 '복음의 실천'이다. 복음의 목적은 선포의 형태 속에서뿐만 아니라 무엇보다도 실제적인 형태 속에서 인간의 삶을 변화시키고 노예관계를 끊어 버리려는 데 있다. 모든 삶의 영역에서 복음을 실천한다는 것은 요수티스에 의하면 복음의 특별한 기독교상담적인 표현방법이며 동시에 기독교상담의 핵심이다. 그러므로 "복음은 인간의 구체적인 어려움의 모든 차원에서 인간을 해방하기 위해 실천을 경험할 수 있게 하려고 한다."[47) 복음과 연관된 기독교상담만이 기독교상담에 맡겨진 특수성을 지시할 수 있다. 설교와 다른 점은 기독교상담이 '실천'으로 끝난다는 것이다. 이와 더불어 기독교상담의 현실적인 해방의 관점은 다른 어떠한 교회의 목회직에서도 도달할 수 없는 목적을 행하고 있다. 즉, "기독교상담은 해방의 행위다."[48)]

그 해방은 예수와 군중과의 만남에 관한 기사에 잘 나타나 있다. 그는 몰려든 무리를 목자 없는 양떼처럼 보시고 "그는 무리를 불쌍히 여기셨다." (막6:34) '그가 불쌍히 여기셨다'는 말은 단순한 느낌의 공감이나 동정이 아니라 이보다 더 강한, 자아 깊숙이까지 움직여 인간의 고난의 삶에 함께 들어가 자신의 마음을 뒤흔들어 놓는 공감이다. 이것은 단순한 느낌을 떠나 예수가 자신을 바쳐서 그들을 고통의 삶에서 해방시키기 위해 행한 움직임이며 운동이다. 이 움직임은 예수가 단순히 감정에 머무르는 것이 아니라 고통의 삶으로부터 해방시키기 위해 행한 정열적인 행위다. 그러므로 이러한 예수의 불쌍히 여김은 '자비(Erbarmen)'[49]라는 말로 표현된다. 자비라는 말은 희랍어로 한 사람이 그것을 필요로 하는 다른 사람을 옹호하고 그를 위해 존재하고 행동하는 태도를 의미하는 것으로서 예수는 나병환자, 나인성의 죽은 청년과 그의 모친, 광야의 굶주린 백성을 보았을 때 그러한 태도를 취하셨다. 예수는 사람들의 고통과 슬픔, 버림받고 어찌할 바를 모르는 모습과 억압받는 것에 마음 아파하셨고 그들의 모든 고통과 아픔을 자신의 것으로 받아들여 그것들로부터의 해방을 위해 스스로 고통의 짐을 대신 지셨다. 예수의 이러한 행동은 단순히 객관적인 차원에서의 공감과 동정이 아니라 그 스스로 고통에 찬 사람들의 현존에 관여한 운동이다. 이러한 예수의 영혼돌봄을 투르나이젠은 "완전한 섬김"[50]으로 표현하고 있다. 이렇게 예수 안에서, 예수를 통해, 하나님 자신이 영혼을 위한 돌봄을 하고 계시는 것이다. 따라서 기독교상담은 인간적인 방법으로 상담하는 것을 초월해서 그리스도를 통해 하나님의 영혼돌봄 안으로 들어가는 것이다. 이것이 곧 예수가 우리에게 보여 주신 인간의 영혼돌봄이며 기독교상담에서 이러한 복음의 실천은 계속되어야 한다.

그러므로 복음의 실천이란 말씀의 변형이 행동 속에서 결과로 나타나는 것이다. 하나님의 말씀은 동시에 행위로 이해되며 복음의 기독교상담적인 해방의 행위가 실현되는 인간의 행동은 하나님 말씀의 표현방법으로서 이해할 수 있다. 이것은 곧 인간의 영혼인 네페쉬가 하나님의 말씀을 '통해서' 뿐만 아니라 말씀을 '위해서' 창조된 '하나님 앞에서 책임 있는 인격체'라는 사실의 재확인이다. 예수는 차별 없는 하나님을 우리들에게 알려주셨고 예수의 복음은 이 세상에서 차별받고 억압받는 모든 사람을 모든 영역에서 자유롭게 한다. 그래서 예수의 복음은 그것이 선포되는 곳에서 모든 것을 변화시키는 폭발적이고 역동적인 힘을 가지게 된다. 그러므로 "말씀이 항상 행위이고 행위가 또한 항상 말씀이었던"[51] 예수의 영혼돌봄은 중요하다. "복음은 기독교상담이 인간적인 고통과 질병, 두려움, 억압과 죄와의 만남 속에서 도달하고, 도달하려는 해방하는 힘 가운데 경험할 수 있는 실제가 된다."[52] 복음의 실제적인 실현의 주체는 바로 기독교상담이다. 기독교상담은 그의 해방시키는 힘으로 복음을 능동적으로 현존하게 한다. 이러한 연결은 기독교상담과 복음을 일치시키는 것이다. 그리고 그 해방은 '삶의 도움'이 될 뿐만 아니라 '하나님 나라를 향한 부름'이다. 그러나 피퍼(H. Piper)는 오늘날 기독교상담이 이와는 반대로 '하나님 나라를 향한 부름'의 의미를 상실한 채 지나치게 삶의 도움에 치중하는 것에 대한 문제점을 지적하고 있다.[53]

그렇다면 해방을 위한 복음의 실천이 기독교상담에서 어떻게 행위로 나타날 수 있을까? 기독교상담에서의 복음은 선포가 아니라 대화다. 피퍼는 교회에서 이루어지고 있는 다른 교역과 비교해 볼 때 대화가 기독교상담이 지니고 있는 특성이라고 말하고 있다.[54] 타케에 의하면 그것은 하나님의 영혼돌봄이 화제가 되는 자유로운 대화의 틀 속에서 복음을 실천의 관점에서 전달하는 것이다. 타케는 이러한 기독교상담의 대화를 '성서에 근거한 기독교상담(die bibelorientiergen Seelsorge)'의 관점에서 복음을 전하고 인간의 삶과 대화하는 방법으로서 제시하고 있다.[55] 그것은 도움을 요청하는 사람과 인간을 찾고 있는 하나님의 두 음성이 밀접하게 대화하는 영혼돌봄의 대화다. 즉, 먼저 인간이 주제를 맡고 이 주제에 따라 해당되는 복음의 소리가 동반되는 대화다. 기독교상담의 대화는 신앙을 돕는 것이 목적이므로 상담과정에서 그 역할이 서로 교환될 수도 있다. 즉, 하나님의 영혼돌봄이 주제를 맡고 도움을 요청하는 사람의 소리에게 그것에 해당되는 것에 대하여 대답할 기회를 줄 수 있다. 이때 서로 대화를 가능케 하는 것은 인간의 돌봄이 하나님의 영혼돌봄과 연결되도록 하는 성령의 역사다.

인간에게 있는 불안과 걱정 그리고 희망을 마음에 호소할 뿐만 아니라 말로 터져 나오게 하기 위하여 성령의 언어적 도움이 필요하다. 말할 수 없는 정신적 아픔을 언어로 말하도록 성령도 우리의 약함을 도와주신다(롬 8:26). 기독교상담의 대화는 이전에 외로움으로 경직된 상황 속에 사로잡혔던 것을 말하도록 격려하는 것이 무엇보다도 중요하다. 도움을 요청하는 사람과 상담자는 대화과정에서 자신의 생각과 감정을 교환한다. 기독교상담은 무거운 짐을 지고 괴로워하는 사람이 말씀 속에서 자신으로부터 나와 자신만의 대화로 갇혔던 것을 이야기하는 것[56]을 전제로 이루어진다. 그러므로 이야기를 통한 기독교상담은 고통에 처한 사람의 능력과 고난과 약속을 함께 말해야 한다. 이야기들을 말하면 불안한 삶에 자극을 줄 수 있으며 불행의 베일을 벗겨 버릴 수 있다. 과거를 이야기한다는 것은 이야기하는 사람의 현재를 추적할 수 있는 치료의 가능성을 갖고 있다.

인간이 걱정하는 만큼 인간에 대한 하나님의 돌봄이 열린 대화의 과정으로 들어가게 된다. 인간의 삶에 대한 걱정과 하나님의 인간에 대한 걱정은 서로를 발견하게 되고 만나서 목적을 이루게 된다. 인간의 걱정하는 소리가 언어로 표현될 때 다른 사람과 약속하고 싶은 위로와 격려의 복음 소리가 나오게 된다. 중요한 것은 대화를 위한 복음과 복음을 위한 대화를 여는 것이다.

타케는 예수의 영혼돌봄이 모든 인간관계 속에 숨겨진 기회를 발견하고 상황에 적합하게 이용하려는 오늘의 기독교상담에 도움을 준다고 강조한다. "신약성서는 예수의 영혼돌봄의 대상자가 단 한 번 만남의 시간을 가짐으로써 인생이 바뀌게 되는 경험을 하는 사건들을 알려 주고 있다. 그들은 그들의 고통을 울부짖고 외치며 호소하도록 했으며 때로는 아무 말을 하지 않는 것도 인정했다. 예수는 그들의 특별한 어려움에 정당하게 대했으며 복음의 독특한 방법으로 어루만지시고 밝혀 주심으로써 그들의 삶을 존중

하셨다. 예수의 영혼돌봄은 개인적으로 그리고 매우 여러 사람들에게 말을 거는 것으로 시작된다. 그의 돌봄은 실제로 상황과 연관되며 걱정하고 있는 사람의 상황 속으로 들어갔다."[57] 그 상황들은 간음한 여인(요8:1-11), 삭개오 이야기(눅19:1-10), 라자로의 누이들의 비통함에 함께 눈물 흘리시는 예수 이야기(요11:28-37), 십자가에 못박힌 예수가 자기 어머니의 슬픔을 보고 제자들에게 어머니를 부탁하는 모습(요19:25-27) 등이다.

예수의 영혼돌봄에는 우리가 모방할 수 없는 자유가 있다. 그러나 그 자유는 이전에 형성된 틀에 박혀 규칙적으로 해 온 기독교상담과는 달리 걱정과 고통에 처한 인간을 진정으로 만나게 하는 동기를 기독교상담에 제공한다. 오늘의 기독교상담은 예수의 영혼돌봄을 설명하는 복음을 기독교상담 대화에 가져올 때만 예수의 영혼돌봄과 상응한다. 성서 이야기 외에 기독교상담은 이미 닫힌 상황을 이야기하게 하는 데 적합한 다른 이야기가 필요하다. 그래서 기독교상담자가 경청할 수 있다는 것이 중요하며 동시에 상담자가 내담자에게 들을 수 있는 어떤 것을 제공하는 것이 중요하다. 그러므로 기독교상담자는 하나님의 이야기와 인간의 이야기를 말해 주는 사랑의 소유자라고 할 수 있다.

5. '영혼돌봄' 으로서 기독교상담의 과제

지금까지 우리는 돌봄의 대상인 영혼이해를 근거로 하여 영혼돌봄으로서의 기독교상담의 목적은 신앙을 도움으로써 삶의 도움이 되게 하는 것이며, 잃어버린 하나님과의 관계를 회복하고 해방적인 차원에서 이루어지는 복음의 실천이라는 결론에 의해 기독교상담의 정체성을 찾기 위한 신학적 근거를 살펴보았다. 이제는 이러한 목적을 이루기 위해 우리가 해야 할 기독교상담의 과제를 제시하면서 이 장을 마치고자 한다.

첫째, 기독교상담의 정체성을 찾기 위해서는 무엇보다도 일반상담과는 달리 기독교상담이 이 세상의 삶의 상황에 근거한다는 '일반적인 특성'과 하나님과의 관계 속에서 이루어지는 영적인 차원에 근거한다는 '특별한 특성'을 가지고 있다고 전제해야 한다. 이러한 전제 속에서 신앙상담과 삶의 문제를 분리하여 상담하는 것이 아니라 신앙상담이 궁극적으로 삶에 도움이 된다는 것과 인간의 삶을 이해하기 위해 심리학적 도움이 필요하다는 것을 인식하고 상담하는 것이 중요하다.

그러나 성서적 인간론에 근거한 기독교상담은 자기실현을 최종 목표로 하고 있는 일반상담과는 분명히 다르기 때문에 기독교상담은 오히려 인간의 자율적인 의지에 의해서가 아니라 예수 그리스도 안에서 하나님의 은총에 의해서만이 자기실현과 자기를 찾을 수 있다는 것을 강조한다. 자신의 노력과 능력으로 자신을 찾는다고 이해할 때 자기실현은 불가능하다. 이러한 자기실현은 오히려 난관을 맞게 된다. 즉, 하나님과 함께하는 진정한 인간 존재를 놓치게 되며 인간으로 하여금 세상과 환경에 대한 구속과 표준, 충동과 요구를 하게 한다. 이러한 자기실현과 반대로 자신의 손으로 자기를 일으켜 세우려는 모든 시도를 포기하며, 자신의 정체성을 하나님에 의해 세워 나가며, 하나님으로부터 선물을 받을 수 있도록 하는 의지로 자기실현이 이해된다면 그 자기실현은 긍정적이다. 이 세상의 주인과의 연합을 통해서만 이 세상—필요조건, 표준, 억압, 충동의 대상—으로부터의 자유가 가능하다.

그러나 우리는 일반상담과 구별되는 이러한 기독교상담의 신학적인 의미의 중요성과 함께 그리스도 안에서 새롭게 형성된 정체성(갈2:20)의 효과가 삶 안에서 나타나고 표현되는 것을 어렵게 하는 방해물이 무엇인지 내담자에게 물어야 한다. 그 방해물은 내담자가 살아오면서 고정된 신념일 수 있으며 어린 시절 습득된 삶의 방식이 대화와 신앙을 방해하는 배경이 될 수도 있다. 따라서 기독교상담은 인간이 하나님 앞에 있는 존재일뿐만 아니라 자신의 감정적인 조건 속에 있다는 것을 받아들여야 한다. 이러한 감정적인 조건을 이해하기 위해 심리학이 필요하다. 신학적인 인간이해에서 볼 때 심리학의 인간이해는 부족한 면이 있지만 심리치료의 관점이 기독교상담을 보충해 줄 수도 있다. 즉, 인간을 이해하는 데 도움을 주는 성장과정에서 형성된 죄와 고통의 관계를 밝혀주거나 인간의 영적인 구조를 살펴보는 데 도움을 주기 때문에 심리학은 기독교상담에 많은 도움이 된다.

둘째, 영혼돌봄으로서 기독교상담은 단순히 관심과 도움의 차원을 넘어 하나님의 계속적인 파송으로서 제자화가 이루어져야 한다. 영혼돌봄으로서 기독교상담은 임의적인 인간의 임무가 아니라 예수의 사역과 영향에 근거하고 있으며 그 안에서 기독교 공동체에게 주어지고 위임되는 것이다. 이러한 위임에 대한 결정적인 성서 말씀은 바로 예수가 자신의 사역을 제자에게 위임하는 부분이다(마9:35-38; 10:1-11:1). 마태복음 9장 35절(가르치고, 설교하고, 치유하는)에 나오는 예수의 사역과 36절에 나오는 ‘불쌍히 여김’ 의 동기가 역시 제자들을 파송하는 목적이 된다.

인간의 고통으로 인해 예수는 제자들을 자신의 일을 함께할 동역자로 부르신다. 추수할 곡식은 많고 일할 일꾼이 적은 가운데 제자들의 부름과 파송은 필수적이다(마9:37). 예수에게 있어서 중요한 것은 그의 사역에 제자들을 동참시키는 것이다.[58)] 그러나 추수할 일꾼들을 얻는 것은 추수하는 주인, 즉 하나님 자신에 의해 이루어진다(마9:38). 예수 자신이 이 주인의 전권 속에서 일하신다. 그는 자신의 제자들을 추수할 일꾼으로 요청한 후에 그 제자들을 자신의 사역으로 끌어들인다. 권능(마10:1-4)과 파송(마10:5-11:1)에 의한 예수의 돌봄은 도움을 필요로 하는 사람들에 대하여 불쌍히 여기는 관심의 사역이다.[59)] 그러므로 영혼돌봄으로서 기독교상담이란 예수 그리스도를 통한 하나님의 계속적인 파송에 근거한다. 예수가 제자들을 자신의 임무에 동참하게 함으로써 그의 파송에서 이러한 몫을 이루는 것이다. 기독교상담이 예수 그리스도의 파송에 근거한다는 것이 바로 다른 인간적인 방향과 구별되는 것이다. 예수 그리스도의 파송에 근거한 제자화를 위해 기독교 가치관에서 상담하는 모든 상담자는 단순히 일반상담의 이론과 방법을 터득하는 것에 만족하기보다는 영혼돌봄으로서 기독교상담의 의미와 목적을 분명히 파악하고 훈련받는 것이 중요하다. 그러나 오늘날 신앙에 근거한 기독교상담을 눈에 띄게 회피하는 것은 기독교상담자 스스로 복음의 실천을 위한 하나님의 계속적인 파송의 과제를 잊고 내담자보다는 내담자의 문제에 초점을 두는 일반상담을 따르는 기독교상담이 되어 가고 있기 때문이다. 따라서 하나님의 계속적인 파송을 위한 제자화를 위해 삶의 고통 때문에 찾아온 내담자의 신앙만큼 상담자의 신앙이 중요하다.

셋째, 목회자 중심의 기독교상담이 아닌 하나님의 계속적인 파송을 위한 제자화를 통해 한 몸의 지체로서 하나님께 받은 위로를 함께 나누는 형제자매적인 공동체 형성[60]이 필요하다. 복음의 실천을 위한 기독교상담은 목회자 혼자 만들어 나갈 수 없다. 바울에 의해 설명된 몸과 지체와의 상호관계성처럼 예수 그리스도 안에서 계시된 하나님의 돌봄은 교회공동체 안에서 계속되어야 한다(고전12:12 이하). 고펠트(L. Goppelt)에 의하면 주의 만찬에 근거한 육체의 모습(고전10:17)은 예수 그리스도가 그의 제자들을 한 인격으로 만드시고 그가 제자들 안에서 살아 움직이게 되는, 즉 제자들과 예수가 매우 밀접하게 연결되어 있다는 표현이다.[61] 따라서 몸은 지체들의 생명체로서 교회공동체를 의미한다. 그것은 곧 각 지체들에게 영향을 미치는 그리스도 자신이다. 그러나 각 지체들은 서로 같이 걱정하고 돌봄 안에서 존재한다(고전12:25). 각 지체들의 공통적인 과제는 사랑에 의해(고전13:1-13) 서로 간의 신앙심을 일으키는 것(고전14:26; 엡4:12)이다. 인간을 둘러싸고 예수 그리스도 안에서 드러난 하나님의 돌봄은 교회공동체 안에서 그리고 교회공동체를 통해 계속해서 이루어지고 있다. 그 돌봄은 말씀의 임무이며 신앙의 열매와 생동감이다. 신약 교회공동체가 말하는 '돌봄'

이란 모든 교회 안의 공동체 지체를 통해서 그리고 모든 지체가 연결되어 한 몸을 이루는 각 지체들의 연합 속에서 일어나는 것이다.[62] 따라서 영혼돌봄은 만인사제주의 영역에서 일어난다. 상담 전문가와 목회자뿐만 아니라 형제자매로서 교회공동체 전체가 바로 영혼돌봄의 임무를 감당한다고 볼 수 있다.

이렇게 영혼돌봄으로서 기독교상담의 정체성은 일반상담과 구별되고 계속적인 하나님의 파송으로서 제자화를 통해 기독교상담을 할 수 있는 교회공동체를 형성할 때 더욱 명백하게 드러날 수 있다. 우리가 하나님으로부터 받은 위로를 통해 환난 속에 있는 또 다른 사람을 위로할 수 있도록 서로가 서로를 돌볼 때(고후1:4), 위에서 언급한 영혼돌봄으로서의 기독교상담의 목적에 상응하는 기독교상담이 더욱 구체적으로 이루어질 수 있으리라 기대해 본다.

미 주

1) 신명숙, "현대 독일 목회상담과 한국 목회상담의 전망", 속: 『한국교회와 신학실천』(대한기독교서회, 1999), 368; 교회 역사 속에 나타난 영혼돌봄에 대한 자세한 내용은 다음을 참조하라: W. A. Clebsch, Ch. R. Jaekle, *Pastoral Care in Historical Perspektive* (New York, 1975); Chr. Möller (Hg.), *Geschichte der Seelsorge I, II, III* (Göttingen/ Zürich, 1994).

2) 근대 이후 독일의 목회적 영혼돌봄과 상담운동의 역사에 대하여 다음을 참조하라: E. Hauschildt, "Seelsorgelehre", in: *TRE* (Walter de Gruyter/Berlin/New York, 2000), 54-74; I. Karle, *Seelsorge in der Moderne* (Neukirchen-Vluyn, 1996); K. Winkler, *Seelsorge* (Berlin/New York: de Gruyter, 2000). 근대 이후 미국의 상담운동의 역사에 대한 이해를 위해 다음을 참조하라: D. Stollberg, *Therapeutische Seelsorge. Die amerik. Seelsorgebewegung* (Müchen, 1969); E. Brooks, Holifield, *A History of Pastoral Care in America: From Salvation to Self-realization* (Nashville: Abingdon Press, 1983): 김정선, "기독교상담의 임상적 축과 목회적 축", 속: 장신목회상담학회(엮음), 『일반상담과 목회상담』 (예영커뮤니케이션, 2003), 412-416.

3) H. Asmussen, *Die Seelosrge. Ein praktisches Handbuch über Seelsorge und Seelenführung* (Müchen, 1934); E. Thurneysen, *Die Lehre von der Seelsorge* (Zürich, 1946).

4) 장신목회상담학회(엮음), 『일반상담과 목회상담』(예영커뮤니케이션, 2003); 한국목회상담학회(엮음), 「목회와 상담」 제3호 (2002, 가을); 김예식, 『생각 바꾸기를 통한 우울증 치료』(한국장로교출판사, 1998); 황헌영, "전쟁 관련 외상 후 스트레스 장애(PTSD): 대상관계론적 치료적 접근을 통한 목회상담학적 담론", 속: 「한국기독교신학논총」 제26집 (2002, 10) 등.

5) D. Stollberg, *Therapeutische Seelsorge*, 149.

6) H. J. Clinebell, 『현대목회상담신론』, 박근원 옮김 (대한예수교장로회총회출판국, 1990), 46-76.

7) W. Uhsadel, *Evangelishce Seelsorge* (Heidelberg, 1966), 26; E. Thurneysen, *Die Lehre von der Seelsorge*, 6 Aufl (Zürich, 1988), 45-47; W. H. Schmidt, Art. "Anthropologie 1. At.liche Anthropologie", in: *EKL* I(1986), 156-158: 인간의 영(Geist) 루하(ruha)는 '숨, 호흡' 또는 '바람' 그리고 '생명의 힘(창7:15, 22; 삼상30:12)'을 의미하며, 또한 '기분, 열정(1Reg 10:5, 21:5)', 무엇보다도 '무엇인가 이루는 능력(민24:2, 출31:1)'의 의미가 담겨 있다; R. Albertz, Art. "Mensch II. Altes Testament", in: *TRE* XXII (1992), 464-474: 그러나 인간에게 신적인 속성은 존재하지 않는다. 하나님의 생명의 기운으로서 루하는 단지 인간의 생생함을 표현하려는 것이지 신적인 존재를 의미하려는 것은 아니다.

8) W. Uhsadel, *Evangelische Seelsorge* (Heidelberg, 1966), 26; Th. Bonhöffer, "Seelsorge in Plotos Apologie. Einer Richtigstellung", in: *PTh* 75, 1986, 285 이하, 285; H. Girgensohn, Art. "Seelsorge", in: *EKL* III (1959), 901-914, 902.

9) H. W. Wolf, *Anthropologie des Alten Testaments* (Müchen, 1984), 29 이하; C. Westermann, Art. "näfäsche Seele", in: *THAT* II (1976), 71-95, 73.

10) W. Philipp, Art. "Seele", in: *EKL* III (1959), 895-901, 900.

11) W. H. Schmidt, "Anthropologie. 1. At.liche Anthropologie", 156-158, 157; C. Westermann, "näfäsche Seele", 71-96, 75-77.

12) W. H. Schmidt, "Anthropologie, I At.liche Anthropologie", 157; H. W. Wolf, *Anthropologie des Alten Testaments*, 26; E. Thurneysen, *Die Lehre von der Seelsorge*, 46; W. Uhsadel, *Evangelische Seelsorge*, 26.

13) Chr. Moeller, "Entstehung und Praegung des Begriffs Seelsorge", ders. (Hg.), *Geschichte der Seelsorge* (Göttingen/Zürich 1994), 11 이하.

14) E. Thurneysen, *Die Lehre von der Seelsorge*, 50 이하.

15) H. Eberhardt, *Praktishe Seel-Sorge-Theologie. Entwurf einer Seelsorge-Lehre im Horizont von Bibel und Erfahrung* (Bielefeld, 1990), 18.

16) *Die Bibel nach der Übersetzung M. Luthers* (Stuttgart, 1964); Chr. Moeller, *Entstehung und Prägung des Begriffs Seelsorge*, 12; H. Eberhardt, *Praktische Seel-Sorge-Theologie*, 51.

17) H. Eberhardt, *Praktische Seel-sorge-Theologie*, 51; W. Uhsadel, *Evangelische Seelsorge*,

29.

18) H. Eberhardt, *Praktische Seel-Sorge-Theologie*, 46-52.

19) E. Thurneysen, *Die Lehre von der Seelsorge*, 51.

20) E. Thurneysen, *Die Lehre von der Seelsorge*, 56, 181, 179: ders., *Der Mensch von heute und die Kirche* (Berlin, 1936), 7.

21) Chr. Moeller, "Entstehung und Prägung des Begriffs Seelsorge", 14.

22) 위의 책, 14 이하.

23) C. Westermann, "näfäsch Seele", in: *THAT* Bd. II (1976), 71-95, 77.

24) M. Seitz, "Überlegungen zum einer biblischen Theologie der Seelsorge", in: ders., *Praxis des Glaubens. Gottesdienst, Seelsorge und Spiritualität* (Göttingen, 1979), 84-96, 76.

25) H. J. Clinebell, 『현대기독교상담신론』, 51-60.

26) D. Stollberg, *Wahrnehmen und Annehmen. Seelsorge in Theorie und Praxis* (Gersloh, 1978), 42.

27) H. Tacke, *Glaubenshilfe als Lebenshilfe. Problem und Chancen heutiger Seeosorge* (Neukirchen-Vluyn, ^{3}1993).

28) 위의 책, 226.

29) H. Tacke, *Mit den Müden zur rechten Zeit zu reden. Beiträge zu einer bibelorientierten Seelsorge* (Neukirchener, 1989), 111.

30) H. Tacke, *Glaubenshilfe als Lebenshilfe*, 227.

31) 위의 책, 230.

32) 위의 책, 244.

33) D. Stollberg, *Therapeutische Seelsorge* (München, 1969), 149.

34) H. Tacke, *Glaubenshilfe als Lebenshilfe*, 241.

35) R. Knierim, Art. "ht" in: *THAT* I, 4. Aufl. (München, 1984), 541-549, 545.

36) E. Schlink, *Ökumenische Dogmatik. Grundzüge* (Göttingen, 1983), 123.

37) 위의 책, 124.

38) Rudolf Bohren, *Die Pfarrfrau auf der Suche nach Selbstverwirklichung in Pfarramt und Familie, DtPfar B1* 79 (1979), 8.

39) R. Sons, *Seelsorge zwischen Bibel und Psychotherapie* (Stuttgart, 1995), 171-172.

40) E. Schlink, 위의 책, 428.

41) E. Schlink, 위의 책, 427.

42) Werner Jentsch, "Proprium, Elemente und Formen der Seelosrge", in: Samuel Pfeifer (Hg.), *Seelsorge und Psychotherapie-Chancen und Grenzen der Integration* (Mörs, 1991), 35.

43) M. Josuttis, *Praxis des Evangeliums zwischen Politik und Religion* (Münschen, 1974), 109.

44) H. J. Clinebell, 『목회상담신론』, 54.

45) M. Josuttis, 위의 책, 110.

46) 위의 책.

47) 위의 책.

48) M. Jossutis, 위의 책, 114.

49) '자비' 에 대한 기독교상담적인 의미에 대하여 다음을 참조하라: W. Müller, *Begegnung, die vom Herzen kommt. Die vergessenen Barmherzigket in der Seelsorge und Therapie* (Mainz, 1993); 신명숙, "탈가부장적 목회상담의 상황화: 관계 구조적인 측면에서", 「신학사상」(한국신학연구소, 1999/여름), 216.

50) E. Thurneysen, *Die Lehre der Seelsorge*, 49-50.

51) M. Josuttis, 110.

52) 위의 책.

53) Hans-Christoph Piper, *Einladung zum Gespräch* (Vandenhoeck & Ruprecht, 1998), 61-62.

54) Hans-Christoph Piper, 위의 책, 64.

55) H. Tacke, *Glaubenshilfe als Lebenshilfe*, 32, 89-90, 89-115. 이에 관한 좀 더 자세한 내용은 다음을 참조하라: H. Tacke, *Mit den Müden zur rechten Zeit zu reden*; 신명숙, "삶의 이야기와 성서와의 대화", 「신학사상」, 2000. 12,

56) H. Tacke, *Glaubenshilfe als Lebenshilfe*, 89. 이외에 인간의 삶을 이야기의 구조로 설명하는 이야기 심리학을 활용한 미국 기독교상담 이론에 대하여 다음을 참조하라: D. P. McAdams, *The Stories We Live By* (New York, 1993); Charles V. Gerkin, *The Living Human Document: Re-Visioning Pastoral Counseling In a Hermeneutical Mode* (Nashville, 1984); John Patton, *Pastoral Care in Context: An Introduction to Pastoral Care* (Louisville, 1993); Edward P. Wimberly, *Recalling Our Own Stories: Spiritual Renewal for Religious Caregivers* (San Francisco, 1997); Andrew D. Lester, *Hope in Pastoral Care and Counseling* (Louisville, 1995).

57) H. Tacke, *Glaubenshilfe als Lebenshilfe*, 114.

58) Walter Grundmann, "Das Evangelium nach Matthaeus", *ThHK*, 6. Aufl. (Berlin, 1986), 284.

59) Ulrich LUz, "Das Evangelium nach Matthäus", in: *EKK* 1/2 (Zürich/Braunschweig/Neukirchen, 1990), 74.

60) K. Winkler, *Seelsorge*, 280-281.

61) L. Goppelt, *Theologie des Neuen Testament*, hg. v. Juergen Roloff (Göttingen, 1981), 475 이하.

62) M. Seitz, "Überlegungen zu einer biblischen Theologie der Seelsorge", in: ders., *Praxis des Glaubens. Gottesdienst, Seelsorge und Spiritualität* (Göttingen, 1979), 84-96, 94.

• 제2장 •

기독교상담의 역사적 이해[1)]

이 장에서는 기독교상담자에게 '과연 기독교상담의 역사가 필요한가? 그렇다면 왜 필요한가?'라는 질문에 대한 답을 찾아보고자 한다. 상담은 내담자의 삶과 신앙생활에서 당면한 문제와 필요 그리고 기대에 의해 이루어지지만 그 내담자의 시대적 상황과 사회문화를 생각하지 않고 상담할 수는 없다. 그래서 현존하는 모든 기독교상담은 그 시대에 맞추어진 기독교상담이라고 말할 수 있다. 그러나 기독교상담자들이 자신들이 실천하고 있는 것이 시대에 맞으면서 특별한 그 무엇을 가지고 있다는 것을 인식하기 위해서는 역사 속에 나타난 기독교상담의 사상과 활동을 고려해야 한다. 왜냐하면 기독교상담 사역은 어느 정도 생생한 역사의식에 의해 전달되고 형성되기도 하며 이를 통해 기독교상담자 자신의 정체성을 찾을 수 있기 때문이다.

역사를 통한 기독교상담자의 정체성이란 다음을 의미한다. 첫째, 기독교상담자로서 나의 정체성은 교회 전통에 완전히 부합하지는 않지만, 기독교

역사에 뿌리를 둔 전통에서 유사성을 발견하는 것이다. 둘째, 기독교상담자로서 나의 정체성은 완전히 다르게 살았던 그리고 자신의 입장과는 특별히 구별되는 행동방식에 대한 비판과 자기비판적인 성찰에 좌우된다. 이런 의미에서 기독교상담자로서 나의 정체성은 기독교 전통과 거리를 유지하면서 형성된다. 셋째, 기독교상담자로서 나의 정체성이란 항상 균형 잡힌 해석에 기초한 역사적 전승을 보여 줄 뿐만 아니라, 현재의 기독교상담을 위해서 의미 있게 재해석해야 하는 상황에 처해 있다.

그러므로 오늘날에는 전혀 이용되지 않을 수 있지만 경우에 따라서 많은 도움이 되며 동시에 꼭 필요한 역사의식이 주는 효과는 우리들에게 특별한 능력을 제공한다. 이 능력은 기독교상담자가 자신의 사역에 대한 역사 또는 자신의 상담방법에 대한 역사에 관심이 없다면 결코 배울 수 없는 것이다. 이러한 객관적이고 전문적인 정보는 상담을 요청하는 사람이 (직접적이든 간접적이든) 개인적인 신앙문제 때문에 고통스러울 때 도움이 될 수 있다. 역사를 내용적으로나 시대에 맞게 의식화한다는 것은 개인적이면서 그리고 개인을 넘어서 얻게 되는 경험의 보물창고로 새롭게 안내하는 것과 같다.

기독교상담자가 기독교상담의 역사를 살피게 되면 그는 자기만의 기독교상담의 입장을 체계적으로 세우는 데 더욱더 신중을 기하게 된다. 즉, 역사적 지식이 있는 기독교상담자는 현재 존재하는 기독교상담학적인 입장을 너무 빨리 자기의 입장으로 삼지 않게 된다. 그것은 역사적이고 개인적인 경험에서 검증된 확실한 실천적 결과를 가지고 있는 특별한 기독교상담의 개념을 찾으려고 노력하기 때문이다.

따라서 기독교상담의 역사적인 차원을 생생한 실존의 차원으로 끌어내고 과거의 시간과 인물을 뛰어넘는 현재와의 공통점을 발견하는 직관력을 깨우쳐 주는 것이 이 장의 목적이다. 그러므로 여기서 다음과 같은 물음과 함께 기독교상담 역사를 살펴보면 도움이 될 것이다. 기독교상담자로서 나는 누구인가? 현재 기독교상담의 현상은 역사 속에 나타난 영혼돌봄[2)]의 관점에서 볼 때 무엇이 일치하고 무엇이 변화되어야 하는가? 어떤 근본적인 전제와 목표설정이 오늘날 기독교상담에서 가시화되고 있는가? 역사 속에 나타난 영혼돌봄과 기독교상담이 어떤 영향력을 발휘하고 있으며 여기서 무엇이 현재 우리의 과제로 긴급하게 다가오는가?

1. 성서적 배경

기독교상담이란 용어는 성서적인 개념은 아니며 또한 성서에서 직접 사용하고 있지는 않다. 그러나 성서에 나타난 영혼돌봄의 차원에서 기독교상담의 의미를 찾아볼 수 있다.

기독교상담자와 모든 기독교상담의 원리는 하나님에게서 출발한다. 하나님은 인간을 창조하시고 치료자(출25:26)로서 그리고 그의 섭리(provindentia) 가운데 위로자(conservator)로서(행17:18) 포괄적인 의미에서 창조하신 피조물의 현실과 영혼을 유지하도록 돌보시는(벧전5:7) 자이며 위로의 하나님(Θεος πασ παρακλησεω)으로서 하나님의 위로를 통해 인간에 의해 행해진 기독교상담(영혼돌봄)의 근원이기도 하다(고후1:3 이하). 하나님은 육신이 되셔서(요1:14) 영혼돌봄의 기초자가 되셨다(요10:14). 이것은 영혼돌봄을 그들의 위치에서 행했던 구약성서의 예언자가 약속한 사실이다(사40:11; 렘31:10; 겔34:23, 37:24). 그분은 곧 예수 그리스도로 끝없는 공감과 영적인 교감(히4:15)으로 양들을 위해 살고 고통받으시고 돌아가셨다. 그래서 그분은 영혼의 목자이며 감독으로 불린다(벧전2:25). 하나님의 뜻을 위해 일하시는 하나님의 아들이 중보자(intercessor)로서 영혼을 돌보시는 반면(롬8:34; 딤전2:5; 요2:1) 성령(롬8:2)은 고통받는 사람들을 이루 다 말할 수 없는 탄식으로 대신해 주는(롬8:26) 보혜사(παράκλητος)(요14:16, 26)로 표현되고 있다. 예수 그리스도는 그의 제자들에게(그리고 그들과 함께 모든 믿는 사람들에게) 목자와 영혼돌봄의 직무를 위임하셨다(요21:15 이하; 엡4:11 이하; 벧전5:2-4).

기독교상담은 성서적인 관점에서 종말론적으로 전제된, 불완전하지만 시도적인 차원이다. 그리고 그것은 목자이신 예수 그리스도의 격려하고 치유하며 위로하고 가르치면서 고통에 공감하는 삶을 모방하는 것이며 그리스도 몸의 지체와 함께 공감하면서 구체화된다(갈6:1 이하; 롬12:4-6, 15; 고전12:26). 바울은 자신과 가깝게 지낸 모든 교회를 염려할 때(고후11:28) 돌봄(η μέριμνα)의 용어를 사용했다. 그리스도의 몸으로서 교회 존재의 형태는 지체들이 상호 간에 돌보는 것(μεριμνωσιν, 고전12:25)으로 확인될 수 있다.

2. 고대교회

고대교회의 영혼돌봄의 발달적 특징은 영혼을 치료한다는(ίατρεíατωνψυχων) 의미에서 하나님과 멀어질 때 병이 들기 때문에 영혼의 병을 고치는 영적인 지도력은 의술과 비슷하다. 크리소스토무스(J. Chrysostomus)는 영혼을 돌보는 사람을 영혼의 의사(ψυχων ίατρος)라고 말하고 있으며 출애굽기 15장 26절과 마태복음 9장 12절에 근거해서 이그나티우스(Ignatius) 이후로 예수 그리스도를 의사로 자주 표현하고 있다. 그래서 무엇보다도 죄를 영혼의 질병으로 진단했으며 성서말씀의 명상과 위로의 말을 통해 그리고 사제의 중보기도를 통해 때에 따라서는 훈육으로 치료를 했으며 결국 종말론적으로 죽음을 극복함으로써 완성되는 치유과정이 이루어졌다.

1) 콘스탄틴 황제의 기독교 공인시대까지

임박한 종말을 기대하는 긴박감이 없어지고 기독교인들 숫자가 증가하면서 지금까지 들어 보지 못했던 새롭고 유일한 용서와 은혜의 복음이 개개인에게 자연적으로 약화되었다. 그리고 단순히 외형적 조직들이(교회직분에서 수직 계급적 사고방식의 도입, 조직의 강압적 간섭, 책임소재의 분할, 도덕적이고 교회 전통적인 규범의 확립 등) 근본적으로 다른 이교적 사상들과 완전히 차별화되었던 신앙이해 대신 확고한 자리를 차지해 버렸다.

이러한 상황에서 무엇보다도 교회 내에서 회개가 얼마나 중요한 것인지에 대한 논쟁 그리고 회개를 어떻게 시행할 것인지에 대한 논쟁이 중요한 주제가 되었다. 고대교회에서 '이전에 고백한 죄의 고백은 반복할 수 없다.'는 주장과 '그러한 죄의 고백도 반복할 수 있다.'는 주장에 대해서 신학자들과 기독교를 옹호하는 사람들이 오랫동안 강도 높게 논의했다는 사실은 그러한 문제에 대하여 특별히 그리고 전체적으로 불확실한 태도를 취했던 고대교회의 한 단면이라고 말할 수 있다.[3)]

어쨌든 모든 사람들에게 방탕한 생활 후에 또는 죽음을 앞두고 새롭게 출발할 가능성을 열어 주는 행동규정으로서 회개 그러나 동시에 오직 단 한 번만의 행위를 통하여 교회의 구성원으로 인정받는 길이라는 회개는 심지어 중세교회 때까지, 즉 일생 동안 계속되는 대표적인 교회의 관습인 개인의 고해성사에 이르기까지 어렵고 문제가 많은 규정이었다. 여기서 이 문제에 대한 하나의 대안으로 볼 수는 없지만 새롭게 생긴 경향은 지금까지 공동체와 관련된 문제를 다루는 영혼돌봄에서 개개인의 문제를 다루는 개인별 영혼돌봄의 경향이 뚜렷하게 나타났다는 사실이다.

그러한 영혼돌봄의 차이와 변화의 경향은 교회사에 나타나는 특별한 목회자들의 경우, 즉 기독교인과 교회직분자로서 고독했고 특별한 능력을 가지고 있었던 그들에게, 교회 규정적인 면에 집착하기보다는 보다 경험적인 측면에 더 가깝게 접근하려는 시도였다고 볼 수 있다. 동시에 그렇게 경향이 변화된 것은 그리스도 공동체 개개인이 어떻게 살아야 될 것인지 그리고 어떤 신앙태도를 가져야 될 것인지에 대한 문제가 그 당시 대표적인 성직자들이 목회현장에 있을 때 무엇보다 가장 중요한 문제로 인식한 결과라고 추측할 수 있다. 위에서 말한 새로운 경향, 곧 교회사에 나오는 뛰어난 목회자라 할 수 있는 사람들이 보여 주는 특별한 역할은 점점 더 분명하게 나타나게 된다.

(1) 참회를 통한 영혼돌봄: 터툴리안

죄를 용서하는 문제에 있어서 어떤 때는 융통성을 발휘하고 또 어떤 때는 교회의 엄격성의 잣대를 들이대는 불안정한 교회 또는 교회직분자의 모습은 특히 교부인 터툴리안(Tertullian, 160~220)의 신학적 사고의 변화과정 속에서 그리고 그의 삶의 길에서 아주 분명하게 드러난다. 그는 200년경에 쓴 그의 책 『참회에 관하여(*de Poenitentia*)』에서 매우 설득력 있는 그림을 우리에게 소개하고 있다.[4)]

> 사람들은 보통 세례받을 때 해야 되는 첫 번째 회개에서는 하나님을 두려워할 줄 안다. 그것은 회개에 대한 자각을 꽤 오랫동안 지속시켜 주어서 무엇보다도 죄짓는 일을 멀리하게 만든다. 따라서 기독교인이라면 누구라도 두 번째 회개할 기회가 있다는 것을 염두에 두어서는 안 된다! 그렇지 않다면 그것은 마치 구사일생으로 난파선에서 구출된 사람이 또다시 바다로 나갈 시도를 하는 것과 같은 것이다.
>
> 그러나 악마는 상상을 초월할 정도로 간악하고 기독교인들을 끊임없이 유혹한다. 따라서 하나님의 율법을 위해서 죄에 대한 벌이 따라야 마땅하기 때문에 교회공동체로부터의 단호한 출교로 위협한다. 그러나 은혜가 풍성한 하나님은 한 번 더 마지막 기회를 주신다. 하나님은 교회를 통하여

(이제 정말 마지막으로 주어지는!) 두 번째 회개에서 사람들에게 용서를 선포하는 것이다. 그렇게 하나님은 다시 한 번 세상에서 난파당한 사람에게 구원의 널빤지를 던져 주시는 것이다. 물론 이 하나님의 놀라우신 은혜를 갚는 길이란 세상을 떠나 순결한 삶을 사는 일이다.

슈트레커(G. Strecker)는 터툴리안의 고백을 요약해서 다음과 같이 말하고 있다. "여기서 보면 교회에서 원래는 단 한 번뿐인 회개가 확정된 제도로서 존재했음을 알 수 있으며 그것은 두 번째 구원계획(planca salutis)이다. 그 두 번째 구원계획이란 세례 때 받은 구원의 상황을 다시 회복시키는 것이다. 교회에서의 회개는 일종의 충족시키는 힘을 가진 행위(opus)였다고 말할 수 있다. 왜냐하면 죄인들은 하나님과 교회를 만족시키기(satisfactio) 위해서 회개하고 기도하면서 또한 금식하고 눈물을 흘리면서 평신도와 순교자들 그리고 전체 교회공동체 앞에서 공개적으로 자기 자신을 낮추기 때문이다."[5)]

이와 같이 터툴리안의 신앙생활에서 보여 준 인상적인 변화들은 2세기 다른 중요한 인물, 곧 헤르마스(Hermas)에게서 좀 변화된 입장으로 또다시 나타난다. 터툴리안은 전체적으로 헤르마스가 목회적 관점에서 쓴 문헌에 근거하고 있는데, 그래서 그는 후에 헤르마스가 간음문제에 아주 강한 윤리적 입장을 취하고 있다고 해서 '간음문제의 목회자(apogryphus Pastor moechorum)'라고 불렀다.[6)]

그러나 목회적인 입장에서 보면 『헤르마스의 목자(*Hirt des Hermas*)』는 그 당시에 나온 가장 흥미 있는 저서라고 볼 수 있다. 그의 책(140년경에서 2세기 말에 나온 것으로 추정되는)은 여러 세기를 걸쳐 특히 기독교 교회에 강한 영향력을 미쳐 왔는데, 그것은 자세하게 의도된 일종의 회개를 촉구하는 설교다.[7)] 세상의 종말이 또다시 가까워졌다. 이 세상과 육체적으로 멀리 떨어진 그리스도의 대리자로서 '교회'는 이제 현실화되고 끝이 없는 위협에 어떻게 대처해야 할 것인가? 예언하는 목자의 형상을 가진 '회개의 천사들'은 세례의 은총을 받았음에도 불구하고 너무 빠르게 편한 길로 빠져 버리는 신앙인들에게 무엇을 계시하고 있는가? "교회와 성령으로 현존하는 그리스도의 대리자로서 '교회'와 '목자'가 선포해야 하는 것은 이방인들과 유대인들이 말하는 지혜와 윤리와는 완전히 다른 것이다."[8)]

또한 이 책에 의하면 신앙인들은 매우 가까이 다가온 세상의 종말에서 선물로 받은 세례의 은총을 의심해서는 안 된다. 세상의 종말 앞에서 회개할 수 있는 마지막 기회가 온 것이다. 물론 세례를 갑자기 서두르는 것은 위기를 낳는다. 본회퍼(T. Bonhöffer)는 이 상황을 다음과 같이 평가하고 있다. "여기서 가까이 임박한 세상의 종말에 대한 기대감이란 더 이상 개인이 가지고 있는 근본적인 문제를 표현하고 있는 것이 아니라 교회 교육적인 차원에서 나온 생각이다. 그 시대의 차원에서 보면, 긴박하게 서두르는 것은 도덕적인 사회구조에서 권위적인 강요일 수 있다."[9)]

(2) 신앙적 세상 적응으로서 영혼돌봄: 클레멘스

『헤르마스의 목자』에서는 기독교인들이 세상과 강하게 대립되어 있다는 인상을 받는 반면에, 알렉산드리아의 클레멘스(Klemens von Alexandria, 215†)는 기독교인들이 이 세상에 나쁘게 순응할 수 있을 뿐 아니라 신앙적으로 세상에 적응할 수 있다는 사실을 제시하고 있다. 그 당시 사회가 기독교 신앙을 미신이고 무식한 것의 산물에 불과한 것이라고 비판할 때, 그는 의도적으로 기독교 신앙을 자기 시대 정신사의 한 부분으로 만들었다.

클레멘스는 기독교 신앙과 삶이 가진 '특수성'을 아주 명확하게 제시한다. 즉, 우리들은 감정의 조절을 통해서 무욕과 평안(Apathie)이라는 육체를 가지고 세상을 살아가지만 하나님과 가까이 있는 상태에 이르러야 한다. 세상의 재물은 하나님의 선물이기 때문에 우리들은 그것을 잘 사용해야 한다. 이러한 입장은 기독교인들이 서로 교제를 나누는 데 직접적으로 좋은 결과를 가져왔다. 이것에 대해서 본회퍼는 "클레멘스의 영혼돌봄은 인도주의라는 사상의 전통에서 그렇게 심하게 억압하거나 투쟁하지 않았다."[10]라고 비유적으로 평가하고 있다.

알렉산드리아에 있었던 신학 교리학교에서 가르친 클레멘스 영혼돌봄의 의도는 자기 시대에 기독교인들이 신앙에 맞추어 잘 적응하게 하는 것인데, 특히 그의 의도는 성서에 나오는 부자청년이 양심의 갈등을 겪는 장면에 대한(막10:17-27) 설교에 잘 나타나 있다.[11] 기독교 신앙과 부는 공존할 수 있을까? 여기서 후에 나타나게 될 기독교 사회적인 질문들이 제기되기 시작한다. 클레멘스 저서의 편집자이기도 한 바흐트(M. Wacht)는 클레멘스에 대해서 다음과 같이 평가하고 있다. "기독교인의 실존과 부는 공존할 수 있는가라는 질문은 클레멘스에게 있어서 신학적인 문제일 뿐만 아니라 그 자신 스스로가 그 문제에 대한 입장을 표명해야 될 심각한 영혼돌봄의 책임감에서 제기된 것으로 보인다."[12] 클레멘스 스스로도 기독교인 부자들에게 "그들은 부자가 될 수 있지만 그들은 자기들의 재화로부터 아주 자유인이 되어야 한다."라고 언급함으로써 아주 구체적으로 상담을 전개하고 있다. "따라서 똑똑하고 부자이며 권력이 있는 당신은 하나님의 사람을 당신 위에 두어야 합니다. 그는 세상과 싸우는 법을 가르칠 것이며 당신이 소유한 인생의 배를 인도해 줄 것입니다. 당신은 적어도 한 사람을 두려워하시오. 단 한 사람만을 두려워하라는 말이요. 상상해 보시오. 만약에 그 사람이 진실되게 말하고 당신에게 엄격하게 충고하며, 그럼에도 불구하고 당신에게 친절하게 도움을 준다면 당신은 단지 한 사람의 말을 들으시오!"[13]

이와 같이 목회상담적으로 동반된 '적응'이 기독교 밖의 세계와 화해를 이룬 것은 일종의 영혼돌봄의 발전을 보인 것이라고 할 수 있다. 그러나 이후에 이러한 선교자적인 시도도 4세기 초에 끝난다. 다시 말하면 기독교가 국가 종교가 되었던 것이다. 그러나 또한 위와 같은 발전적 경향도 목회영역에서 일어난 '반대운동'으로 그 영향력이 상쇄되었다. 즉, 약 300년경에 소위 은둔자, 세상을 등진 사람들이라고 불리며 동시에 아주 경건하게 사막과 같은 황무지에서 완전한 수행생활을 하는 사람들이었던 사막교부들의 영향력이 시작된다. 그들로부터 전승되어 온 삶의 방식과 그들의 말은 소위 '사막교부들의 어록(Apophthegmata patrum: 생략해서 'AP'라고 쓴다)' 속에 남아 있는데, 그 모음집이 이미 5세기부터 읽히기 시작했고 후에는 광범위하게 퍼지기 시작했다.[14)]

(3) 영적인 목회자와의 절대적인 관계를 통한 영혼돌봄: 안토니우스

클레멘스에게 가장 중요한 예문으로서 성서에 나오는 부자청년 이야기가 사막교부들에게 와서는 해석하는 관점이 어떻게 변화되었는지가 가장 중요하고 대표적인 비교점이 되었다. 다시 말해서 성서에 나오는 똑같은 부자청년 이야기를 근거로 해서, 은둔자 안토니우스(Antonius, 가장 나이가 많고 잘 알려진 사막교부, 356†)는 우리 인간에게 위협이 되는 모든 부로부터 그리고 자기 시대의 사회를 피해서 사막으로 숨었다. 수많은 사람들이 그의 삶을 따르고 그의 삶을 자기들이 찾았던 삶과 신앙의 모형 그리고 목회자의 대표적인 모형으로 삼았다. 그의 이야기에 나타나는 독특한 영혼돌봄의 특성은 다음과 같다.

첫째, 클레멘스와 아주 비슷하게 여기서도 영적인 아버지 모형을 가진 인물과의 절대적인 관계가 내담자에게 제시된다. "우리의 교부들은 '만약 어떤 사람이 한 사람을 믿고 그에게 자기를 완전히 맡긴다면, 그렇게 될 경우 그는 하나님의 율법에 너무 매일 필요가 없으며, 오히려 그는 자기의 모든 것을 자기의 영적인 아버지에게 맡기는 것이 좋다. 왜냐하면 그가 자기의 영적인 아버지에게 완전히 순종할 경우 그는 하나님 앞에서 결코 죄에 빠지지 않기 때문이다.'라고 말했습니다."[15)]

둘째, 세상의 고통과 회개가 강조된다. 이 세상의 수많은 고통들이 사람들의 감정을 강하게 자극하고 완전한 회개의 마음으로 이끈다. 사막교부들

의 어록이 "우리들의 교부 안토니우스가 화나고 우울한 심정으로 사막 가운데 앉아 있었을 때"[16]라는 말로 시작하는 것은 결코 우연이 아니다.

따라서 본회퍼는 사막교부들의 내적인 감정과 그들이 취한 영혼돌봄의 행동에 대해서 다음과 같이 결론짓고 있다. "실제적으로 가장 중요한 가능성, 곧 하나님의 마음과 비슷해지기 위한 근본적 가능성이란 회개다. 그러한 근본적인 행동을 거부하는 사람은 자기 주위 사람들에게서 금방 하나님의 평화를 빼앗으려는 사기꾼으로 전락할 뿐이다."[17] 따라서 사막교부들의 어록은 사람들이 죄를 보상받을 가능성을 높이기 위해 죄 많은 자신의 존재를 생각하면서 '항상 울 것'을 권면하고 있다.

셋째, 바른 신앙을 찾기 위한 고된 수행과정을 통한 개인의 개성화과정, 곧 신앙적으로 자기의 본질을 찾는 과정은 겉으로 보기에 흑암에 싸인 세력과의 격렬한 투쟁을 일으키게 한다. 그것은 그 당시 그러한 신앙경험을 표현하는 형식, 즉 그들이 특별히 강조하는 악마들과의 싸움이라는 모습 속에 나타난다.[18] 본회퍼는 그것을 목회심리학적인 관점에서 설명하고 있다. "하늘의 세력과 악마의 세력 사이에서 본질적인 '나'의 무기력과 약함 그리고 절대 의존성은 이 땅에 사는 누구에게나 닥치는 운명 같은 경험이다. 그것은 개인을 절대적인 고독에 빠뜨리는 경험이며 그 경험에서 누구도 남을 도울 수 없다."[19] 그러나 이 경험은 동시에 신앙인에게 있어서 '대표적인 경험'이라고 말할 수 있다. 사악한 세속에 사는 기독교인들은 막막한 광야에서 악의 세력과 투쟁을 벌이는 사막교부들과의 만남을 통해 그들로부터 신앙적 위로를 얻을 수 있었다.

넷째, 사막교부들이 주는 목회상담적인 권면은 대부분 짧고 많은 뜻을 가진 격언에 내포된 교훈의 형식을 가지고 있다. 그러나 그러한 권면은 사실 사막교부들에게서 목회상담적인 도움을 얻으려고 하는 수많은 사람들의 기대에서 나온 형식이다. "아버지, 어떻게 해야 제가 구원을 얻을 수 있습니까? 저에게 한 말씀만 해 주십시오!"[20] 그것에 대한 대답이란 이미 존재했던 격언처럼 나온다. "아빠스(수도원장을 가리킴: 옮긴이) 그레고리우스가 말했다. 하나님은 세례받은 모든 사람에게 세 가지를 요구했다. 온 정성을 다한 바른 신앙, 진실을 말하는 것, 몸의 순결, 바로 이 세 가지다."[21)]

이렇게 초기 기독교 은둔자들은 초기 기독교 이념을 유지하면서 세상으로부터 그리고 이 세상과 항상 강하게 관련을 맺는 교회로부터 벗어나서 금욕생활을 하면서 영적인 완성을 추구하였을 뿐만 아니라 사막으로 그들을 찾아온 사람들에게 영적인 조언자와 지혜의 선생으로서의 역할을 하였다. 겉으로 나타난 상황에 의해 강제적으로 영혼돌봄을 강화할 뿐만 아니라 점차 참회의 일회성을 주장하는 엄격주의와는 거리를 두면서 참회에 대해 목회 발전이 지속적이고 활발하게 이루어진 것이 특징이었던 기독교인 수행이 실질적으로 영혼돌봄이 완성되기 위한 중요한 기준이 되었다.

2) 기독교 공인시대 이후

이제 기독교 영혼돌봄은 박해받았던 환경에서 벗어나서 국가종교의 틀 속에서 존재하는 영혼돌봄이 되었다. 위로하고 신앙을 강하게 하는 영혼돌봄의 성격은 점차로 교회 구성원들뿐만 아니라 그 시대 시민들이 사회 공동체에 잘 적응할 수 있도록 만드는 교육의 과제를 떠맡게 되었다. 교회와 국가는 점차 상호 간에 쌍벽을 이루는 조직의 구조로 성장하게 되었다. 그것은 일종의 조직 상호 간의 평형점이라고 말할 수 있는데, 이것은 후에 한편으로는 두 조직 사이에 권력투쟁을 야기시키며, 다른 한편으로는 두 조직이 역할 분담을 하게 만든다.

시대가 변화하면서 영혼돌봄의 다양한 형식들이 자리를 잡아갔으며, 그 형식들은 나름대로 자기만의 독특한 문제에서 대표가 되기도 하며 또한 그러한 영혼돌봄의 접근방법들은 뒤에 오는 세대에 많은 영향을 끼친다.

국가와 교회가 공존하던 초기에 있었던 내부 논쟁의 특징은 사회적으로 매우 다양한 차이점들을 다루는 새로운 형태의 영혼돌봄이라고 할 수 있다. 이러한 영혼돌봄은 개개인의 내적인 생활상담(vita contemplativa)과 개개인의 외적인 생활상담(vita activa)의 관계를 어떻게 이끌어 갈 것인가라는 문제, 교회직분과 영혼돌봄을 하는 '목자'의 영적인 능력을 어떻게 조화롭게 다룰 것인지에 대한 문제와 관련이 있다. 왜냐하면 "본질적인 의미에서 영혼돌봄이란 … 이집트지역의 수사들이 말한 것처럼 고대교회의 해석에 따르면 소유할 수 없는 영적 은사의 사건이다. 목회자는 결국 그 자신이 죄의 용서를 체험하고 새로워진 '영적인 인간'인 단지 한 개인일 뿐"[22]이었기 때문이다.

어쨌든 주로 교회공동체와 관련된 영혼돌봄의 경향에서 일반 개개인의 문제에 집중하게 되는 영혼돌봄의 변화는 점점 더 가속화되기 시작한다. 동시에 목회자의 교회직분에 대해서 점차 여러 다양한 생각이 나타나게 되었으며 교회 내에서 기독교상담자로서 직분의 중요성과 불가피성이 인정받게 되었다. 이 시대에 대표적인 목회자들을 찾는다면 동방교회에서 목회적으로 뛰어난 세 사람, '카파도키아 사람들'이라고 부르는 캐자레아의 바질리우스(Basilus von Cäsarea), 니사의 그레고르(Gregor von Nyssa) 그리고 나치안츠의 그레고르(Gregor von Nazianz)다. 그들은 우리가 현대에 와서 '목회상담'이라고 부르는 영혼돌봄을 했으며 각기 독특한 강조점을 가지고 후대의 기독교 공동체에 많은 영향을 주었다.

(1) 영적인 구원과 교회의 사회봉사와의 연결을 통한 영혼돌봄(절제된 생활): 캐자레아의 바질리우스

바질리우스는 일반적으로 동방 수도원의 아버지로 불리며 교회가 삼위일체론을 수립하는 데 결정적인 역할을 한 대표적인 신학자이기도 하다. 그 외에도 그는 목회상담자였다. 그는 갑바도기아의 대주교로서 교회공동체 구성원들의 영적인 구원문제를 교회의 사회봉사와 연결시켜 영혼돌봄을 시도한 사람이다.

그리고 그는 수도자로서의 경험을 배경으로 기독교인들의 삶의 자리에서 절제된 생활을 요구했다. 그는 근본적인 회개 없이는 그 어떤 기독교인의 삶도 그리고 예수를 따르는 진정한 길도 없다고 생각했으며 이러한 생각을 바탕으로 '고해성사제도'를 도입했다.[23] 다른 한편으로 그는 가난한 사람을 돌보며 병원을 세웠다. 그는 기독교인들의 사회봉사 의무, 곧 기독교인들의 사회적 양심을 일생 동안 강조했다.

> 그는 항상 반복해서 영혼이 파괴되는 것을 육체적인 질병에 비유했다. "죄를 고백하는 것은 병을 발견하는 것과 같다. 마치 사람들이 자신의 모든 육체적인 병을 일일이 다 일반 사람들에게 알리지 않는 것처럼 그리고 우리의 병을 가장 훌륭한 사람에게 알리는 것이 아니라 의사에게 알리는 것처럼 우리의 죄도 오직 그것을 치유할 수 있는 사람에게 알려야 한다."[24]

한편으로는 세상을 극복하려 하고 다른 한편으로는 세상을 변화시키고자 했던 바질리우스가 가진 열정은 영혼의 인도자 그리고 교회정치가로서 바질리우스 자신의 삶 자체를 역동적으로 변하게 만들었다. 그는 기독교인들이 재화에 집착하는 것에 대해서 항상 비판하였는데, 우리는 그의 목회적인 동기를 볼 때 그것을 이해할 수 있다. 그는 성서에 나오는 젊은 부자 이야기를 부자에 대한 경고성 메시지로 선포하는 데 반복해서 이용하고 있다. 여기서 그는 도덕적인 요청을 넘어 심리학적인 연관성 또는 심리적인 놀라운 직관력을 보여 주고 있다. 그는 '부유한 사람들에게'라는 설교에서 다음과 같이 말하고 있다.

> "오로지 먹는 것과 입는 것을 위한 것이 아닌 재화는 대부분의 사람들에게 욕망의 대상일 뿐이다. 여기서 문제가 되는 것은 악마가 조종하는 계략

이다. 그 교묘한 마귀의 계략은 결국 부자들로 하여금 불필요하고 남아도는 것도 반드시 필요한 것으로 인식시켜 애써서 구하도록 하여 자기들의 삶에 계속적으로 욕망을 가지도록 수천 번씩 부자들을 현혹시켜 낭비하게 만든다. 그것은 마치 술중독자의 경우와 같다. 곧 사람들이 그들에게 포도주를 주면 줄수록 그들은 더욱더 술에 중독이 되는 것과 같은 것이다. 그래서 벼락부자들도 가지면 가질수록 더 많은 것을 가지려고 한다. 그들은 재산을 늘리는 만큼 더 많은 병들을 키우는 셈이다. 결국 그들의 노력은 허사가 된다."[25)]

'비기독교적인 세상의 분쟁은 결국 병적인 탐욕스런 행동과 관련이 있다.'는 바질리우스의 기본적인 생각은 다음에 다룰 나치안츠의 그레고르에게서도 나타난다.

(2) 교회훈련을 통한 영혼돌봄: 니사의 그레고르

니사의 그레고르(바질리우스의 형제, 330~395)는 바질리우스의 업적을 지지하고 계승하였으며 특별하게 심화시켰다. 그의 가장 큰 관심사는 이제는 국가라는 제도권에 수용된 기독교 공동체 안으로 어떻게 기독교인 개개인을 수용할 것인가에 있었다. (본회퍼가 편지형식의 고대문서에 근거하여 설명하고 있는 것처럼) 다음의 편지에서 그 내용이 분명하게 드러나고 있다.[26)]

"일찍이 자신의 개인적인 이성과 욕망 사이에서 그리고 그에 따른 타락의 결과 때문에 엄청나게 고통당하고 있는 한 기독교인이 있었다. 그는 그 때문에 영혼돌봄이 절대로 필요한 사람이었다. 그의 악한 행위들이 세세하게 나열되고 조목조목 드러나게 되었다. 그것에 따라서 벌이 내려졌는데, 그것은 그가 오랫동안 회개하면서 다시 교회공동체에 복귀하기 위한 것이었다. 즉, 회개 당사자가 다시 교회예배에 참여하고, 설교를 듣고, 같

> 이 기도하고, 마침내 성찬식에 참여하는 것을 허락받기까지는 일 년이라는 세월이 걸렸다. "진정한 회개가 이루어진 경우에 있어서, 다시 말해서 삶이 확실하게 변화되었다는 것이 확실하게 드러났을 경우에 책임 있는 목회자는, 만약 그가 전체 교회공동체의 상황을 진심으로 걱정하고 있다면 회개한 사람에게 설교 듣기의 제한기간을 단축시켜 줄 수 있으며, 회개 후에는 보다 빨리 교회 회중기도에 참여시키며 성찬식에 참여할 수 있도록 허락할 수 있다."[27]

이러한 집중적이고 확대된 '교회훈련'의 형식에는 여러 가지 면이 있다. 이것은 죄를 스스로 회개하도록 권면하는 영혼돌봄의 형식에서 이제는 교회가 주는 벌칙이 나타났다는 것을 의미한다. 교회가 그렇게 공개적인 행동양식을 보이기 시작한 것은 그 당시 기독교인들의 삶이 그 시대 일반 사람들의 생활 형태에 새롭게 그리고 사회적으로 동화되어 갔다는 사실을 보여 준다. 그러므로 그러한 교회의 행동은 한편으로는 매우 효과적인 처리방법이었다. 성찬식에 참여할 수 있다는 마지막 허락은 심리적인 영역에서 여러 '치유적인' 과정 중 마지막 과정을 의미한다. 다른 한편으로 보면 이때 영혼돌봄은 상당히 독자적인 강제력과 적용력을 가지고 있으면서 동시에 어떤 상황에서는 교육적으로 매우 효과적이고 확실한 안내 역할[28]을 담당하게 된다. 그렇게 공개적으로 그리고 오랫동안 회개의 과정을 권면받은 기독교인은 내적으로나 외적으로 하루가 다르게 믿음 안에서 새롭게 되며 어떤 삶의 목표에 도달할 수 있을지 분명히 인식할 수 있게 된다.

(3) 영혼 돌보는 자의 자기성찰의 중요성: 나치안츠의 그레고르

그레고르는 바질리우스와 같이 공부한 친구다. 기독교상담 역사에서 그는 특별히 '인내력을 시험하는' 대표적인 목회자라고 할 수 있다. 그는 그의 공적인 교회직분이 요구하는 과도한 중압감과 하나님께 순종해야만 하는 갈등이 일어날 때면 나중에 본래의 자리에 돌아와야 했지만 언제나 공적인 직분에서 벗어나 하나님께 순종하는 것을 택했다.[29)]

그가 맡은 과제는 어렵고 힘들었다. 그는 "나는 소나 양을 돌보는 일이나 또는 사람들의 영혼을 돌보는 일이 옛날이나 지금이나 결코 단순한 일이라고 생각한 적이 한 번도 없다."라고[30)] 고백하고 있다. 여기서 그가 경험하는 중압감은 점차 그가 생각하는 이상적 목회관과 깊은 연관성을 가지고 있다. '목회자는 일반 기독교인들에게 매일 매일 현장의 삶에서 온전함과 하나님께 절대 순종하는 모습의 삶을 모범적으로 보여 주어야 한다.'는 것이 그의 생각이었다. 그래서 격동의 상황 속에서는 반복해서 사막의 수도원으로 피해 버리고 새롭게 자기성찰의 시간을 가졌다. 하나님과 신앙 선배인 교부들에 대한 순종을 지켰지만, 교회공동체의 요구와 기대 때문에 그는 다시 공적인 교회제도 속으로 돌아와야 했다.

이러한 목회경험의 바탕 위에서 최초의 목회신학이 탄생한 것이다. 그의 목회신학의 틀 중에서 영혼돌봄의 핵심이 두 가지 나타난다. 그중에 하나는 모든 영혼돌봄의 활동이 매우 강하게 의학 모형을 추구하고 있다는 사실이다. 그때까지 강한 위계질서 가운데 있는 정치가의 직분 모형이 목회자의 직분에 영향을 미쳤는데, 이제 더 이상 목회자의 역할은 정치적인 직무와 비교되지 않는다. 이제 목회자의 직무는 주로 치유의 행위로 여겨졌다. 여기에 대해서 본회퍼는 다음과 같이 말하고 있다. "우리가 곤고한 이 세상에 살면서 하나님과 멀어질 때 근본적으로 병이 들기 때문에 영혼의 병을 고치는 영적인 지도력은 의술과 유사하게 여겨졌다."[31)] 나치안츠의 그레고르의 영혼돌봄에 나타난 또 다른 특징은 인간적인 특징들이 받아들여지기 위하여 인간적인 경험들이 목회신학의 틀 가운데서 유형화되어 나타난다는 사실이다. 즉, 개개인은 결코 다른 사람과 똑같이 행동하지 않는다는 생각이 반영되어 있다. 따라서 목회자는 겉으로 보기에 똑같아 보이는 사람들의 생각이나 행동에 대해서 아주 다양한 방법으로 접근해야 한

다. 인도주의적인 관점에서 다양성을 인정하는 목회의 과제는 결코 쉬운 것이 아니다.[32]

영혼돌봄의 관점도 여러 다양하고 특수한 경우를 염두에 두게 된다. 이러한 관점은 목회의 사회봉사 영역에서 드러난다. 나치안츠의 그레고르는 그가 가장 소중하게 여기고 있던 가난한 사람들과 일반 사람들이 사랑으로 교제할 것을 부탁했다. "이웃의 불행에서 배우십시오! 당신이 만약 곤궁한 사람에게 아주 조금이라도 준다면, 그것이 유용한 사람들에게는 결코 적은 것이 아닙니다. 하나님의 뜻과 일치하는 한 그것은 하나님이 보기에도 결코 적은 것이 아닙니다. 당신에게 큰 재능이 없다면 선한 뜻을 보여 주십시요! 당신이 아무것도 가진 것이 없다면 당신의 눈물을 선물하시기 바랍니다! 마음에서 나오는 자비는 불행을 당한 사람에게 큰 위안이 됩니다. 진정한 동정은 고통을 감소시키는 데 큰 힘이 됩니다."[33]

영혼돌봄의 기본적 개념으로서 지금까지 강조했던 특징들은 자연스럽게 후대의 교회역사에 영향을 끼치면서 특히 서구교회의 기독교상담에 중요한 의미를 갖게 했다. 사람들은 이와 같은 기독교상담의 역사적 유산을 가지고 후대의 각각 다양한 시간과 환경에서 또 다른 중요한 점을 발견하고 강조함으로써 그 이론들을 더 적절히 보완하게 된다. 그래서 점차 그 시대의 (이교도적인 그러나 또한 교회교리적인) 세계관과 세상 극복방법과 같은 문제들과의 지적인 논쟁이 고대교회에서 강조했던 신앙과 연관되고 신앙을 촉구하는 영혼돌봄과 연결된다. 이러한 시도를 하는 가운데 매우 주목할 만한 주제는 목회자를 위한 영혼돌봄 또한 목회자 자신의 영혼을 위한 기독교상담이었다. 그러한 주제 외에 일반 사회생활을 하는 기독교인들과 수도원 공동체의 생활질서에 관한 문제가 가장 중요한 기독교상담의 주제로 떠올랐다.

3. 중세교회

중세기에 나타난 영혼돌봄의 특성은 이 세상에서 모든 영적인 수단과 세상적인 수단을 동원해서 기독교 신앙을 끝까지 전하는 것 그리고 사랑과 자비에 대한 강조다. 수고하고 세상에 시달린 사람들에게 무조건적으로 신앙의 규칙들을 적용하고 현실세계와 완전히 구별되는 구조 속에서 이루어지는 신앙훈련, 즉 수도원 담 안에서 이루어지는 예수를 닮고자 하는 신앙이 중요시되었다. 따라서 신앙의 모범이 되는 사람들과 그들의 교훈들에 대한 관심이 발전하여 문헌으로 소개되었다. 이 문헌들은 영혼돌봄의 지혜가 들어 있는 내용이었다. 구체적으로 중세교회의 영혼돌봄의 특성을 초기, 전성기, 후기로 나누어 고찰해 보면 다음과 같다.

1) 중세 초기

(1) 수도원의 베네딕트 규칙에 의한 영혼돌봄: 누르시아 베네딕트[34)]

중세 초기에는 무엇보다도 수도원이 영혼돌봄의 장이었으며 수도원의 베네딕트 규칙에 의한 영혼돌봄이 그 특징이다. 그 규칙에 의하면 가장 시급한 돌봄(cura)은 영적으로 병든 형제에 대한 돌봄이다(마25:36, 40). 그러므로 수도원에서 좋은 목자(요10:14)의 모델을 본받은 '아빠스'라고 불리는 아버지 같은 수도원장이 학자이며 동시에 영혼의 안내자로서의 역할을 한다. 누르시아 베네딕트(Benedikt von Nursia, 480~560)는 영적인 삶을 완성하기 위해 그 과정 중에 있는 형제를 어려움으로부터 보호하고 걱정하며 그들과 공감하는 그리스도의 대리자다. 따라서 수도원장은 뛰어난 인격의 사람으로 개인적인 성향이 강한 개개인의 사람들을 영혼돌봄을 통해 하나의 공동체가 되도록 엮는 책임을 진다.

특히 베네딕트 규칙은 고대 교회신학과 중세기 수도원의 영혼돌봄에 큰 영향을 주었다. 이 규칙은 베네딕트에 의해 이루어진 것으로 오랜 시간 동안 교회사적으로 볼 때 지금까지 나타난 다양한 기독교 삶의 철학과 연결되어 있다. 이 규칙이 가지는 중요한 의미는 이들이 삶의 질서를 규정하는 근본적인 규칙들로 구성되어 있으며 우리들의 삶에서 유연하면서도 생생하게 삶의 기본철학을 형성했다는 사실이다. 동시에 그 수도원 규칙이 개인의 실제적인 삶을 결정짓는 전형적인 공동체 모습을 제시했다. 그러므로 이 수도원 규칙에 의한 영혼돌봄의 목표는 삶에서 비롯되는 모든 슬픔과 불평을 공동체에서 경험하는 하나님을 찬양하는 태도로 바뀔 수 있도록 인도하는 것이다.

(2) 목회규칙에 의한 영혼돌봄: 대 그레고르

두 번째로 나타나는 중세 초기 영혼돌봄의 특징은 그레고르(Gregor dem Großen, 540~604)의 『목회규칙서(*liber regulae pastoralis*)』[35]에 나타난 영혼돌봄이다. 이 목회규칙은 영혼돌봄의 직분에 필연적으로 따르는 무거운 중책을 강조하며 목자직에 대하여 언급하는 성서(겔34; 요10)와 연관하여 개개인의 다양한 삶의 상황을 고려한 결의론(사회적 관례, 법률, 교회와 성전의 율법에 비추어 양심의 문제나 도덕의 문제를 해결)을 긍정적인 의미에서 제시하고 있다. 목회규칙은 겸손 속에서 영적, 정신적, 육체적 고통에 처한 사람들에게 성서적인 위로를 주며 죄의 파멸적인 힘과 은총을 깨닫게 되는 죄인의 인격을 구분하는 의지를 필요로 한다.

『목회규칙서』의 핵심은 특별히 성서가 말하는 목자의 이미지와 교회직분자에 대한 관심이었다. 특히 장기적으로 아주 효율적인 영혼돌봄을 위해 교회직분에 의한 교회교권 사용을 강조하고 있다. 그레고르는 '영혼을 돌보는 일(cura animarum)'을 최고의 예술로서 이해하고 있기 때문에 교권을 잘못 사용하는 것에 대한 책임성을 강조하면서 영혼을 책임지는 성직자 자신의 자기성찰을 끊임없이 요구하였다. 그래서 사람들은 다음과 같이 말하고 있다. "교권을 가진 사람의 끊임없는 자기성찰이 그레고리에게 영혼돌봄을 위한 훈련에서 결정적인 핵심 문제가 된다."[36)]

그러므로 그레고리에 의하면 자기성찰을 강조하는 모범적인 교회직분자의 자세가 영혼돌봄의 원동력이 되며 여러 다양한 상황들과 개개인의 성향 그리고 다양한 갈등에 대하여 목회적, 심리학적인 감각을 잘 발휘할 수 있도록 이끈다고 본다.[37)]

2) 중세 전성기

(1) 그리스도의 자비로움에 의한 영혼돌봄: 베른하르트 폰 클레보

중세 전성기 영혼돌봄의 특성은 우선 엄격한 수행을 강조하는 수도원 생활방식의 틀에서 시작되었다. 그것은 모든 세상 걱정과 근심으로부터 자유롭게 하는 데 큰 공헌을 하였다. 특히 이러한 영혼돌봄을 강조한 사람은 베른하르트 폰 클레보(Bernhard von Clairvaux, 1090~1153)다. 그에게 있어서 영혼돌봄은 자기부정과 세상부정의 단계를 넘어서 그리스도의 신비적인 연합과 신비적인 관점에 도달하게 되는 영적인 성장의 길을 가기 위한 동행이다. 또한 그는 우리가 수고하고 무거운 인생 짐을 진 사람들의 모든 것을 이해하고 받아들이는 그리스도의 사랑을 가지고 만날 것이며, 그때 그들이 그리스도의 자비로움을 느낄 수 있도록 하라고 기독교인들에게 간곡하게 요청하면서 그리스도의 사랑과 자비로움에 의한 영혼돌봄의 중요성과 효력을 강조한다.

폰 클레보에 의하면 자비는 구원받을 수 없는 조건이 있는 곳에서 필수적이다. 이와 같은 영혼돌봄의 이해 그리고 그에 따른 영혼돌봄 행위의 특징에서 가장 중요한 것은 상대방에 대한 진정한 감정적 동참이다. 물론 이것은 잘못한 사람 또는 이방인을 대상으로 무조건적으로 긍정하고 받아들여야 된다는 기독교적 보상주의와도 연관된 생각이라고 볼 수도 있다.

그러나 그는 마지막에 비참한 결과를 가져온 십자군전쟁을 독려하는 설교까지 하면서 강력한 종속과 복종의 질서를 요구했으며 성지 탈환을 위한 십자군전쟁을 일종의 하나님과 악마가 싸우는 대전투의 격전장으로 보았다.

(2) 참회를 통한 영혼돌봄

그 밖에 중세 전성기에 들어서 나타난 영혼돌봄의 특성은 참회다. 특히 개인별 참회가 점점 더 큰 의미가 되었다. 개인별 참회는 켈트족 교회에서 서구 유럽 교회까지 유래된 것이며 스콜라 신학에 의해 영향을 받고 나중에 치유에 꼭 필요한 참회예식으로 확대되기 위해 더 강조되었다. 사제는 회중의 공개 없이 죄의 용서에 대하여 말하고 참회할 것을 강요한다. 그것은 돈으로 배상할 수도 있다. 고회의 핵심은 참회능력이다.

1215년 일 년에 한 번씩 성례전과 관련하여 의무적인 참회를 하도록 했다. 참회는 교회의 은총의 수단으로서 토마스 아퀴나스는 이것을 교리적인 사고에 의해 설명한다. 원죄와 행위로 인한 죄는 그리스도의 고통에 의해 용서되었는데, 그것은 성례전에 의해 효능을 발휘한다. 따라서 참회는 그러한 성사다. 토마스는 영혼돌봄을 주로 교회권적인 개념으로 사용하였으며 따라서 영혼돌봄은 본래적인 의미에서 오직 주교의 의무가 되었다.

3) 중세 후기

(1) 은거와 침착의 훈련으로서 영혼돌봄: 마이스터 에카르트

신 플라톤 신비주의로 표현된 중세 후기 영혼돌봄의 특성은 은거와 침착의 훈련이다. 따라서 다른 것을 바라고 행동하는 모든 신앙행위는 거부된다. 마이스터 에카르트(Meister Eckart, 1260~1328)에 의하면 안전보장에 대한 욕구로 다른 것을 바라는 신앙행위는 결국 겉치레의 허영과 형식 그리고 허무한 마술에 의해 피폐하게 되고 단지 심리적인 안정을 얻는 데 도움이 될 뿐이다.

에카르트는 아는 것만 많은 '지식의 대가'가 아니라 실제로 그렇게 살았던 '행동의 대가'였으며 인간에 대한 지식이 아주 풍부한 사람이었다. 그의 설교는 매우 실제적이었다. "우리 인간이 가진 가장 큰 약점을 극복하기 위해 늘 부지런히 자기를 관리하고 자기의 가장 큰 약점이 어디에 있는지 늘 주의 깊게 점검한다면 그 사람은 진정으로 좋은 점을 많이 소유한 사람이 될 것입니다."[38)]

선한 행동을 하는 모든 영혼은 결국 하나님과 하나가 되려고 한다. 그래서 선한 행동을 하는 모든 영혼이 지향하는 영혼돌봄은 하나님을 찾는 것이다. 이와 같은 '신비적 하나됨'이 에카르트의 영혼돌봄의 핵심 사상이고 목적이다.

(2) 신앙의 내면성을 강조하는 영혼돌봄: 토마스 아 켐피스

또한 중세 후기에 나타난 영혼돌봄의 특성은 일상생활에서 신앙의 내면성을 강조한 것이다. 토마스 아 켐피스(Thomas a Kempis, 1380~1471)는 삶에 위로를 주는 하나님과의 가까움에 대해서 그리고 우리를 평안하게 하거나 또는 괴롭게 만드는 내면의 생각들과 행동들에 대해서 잘 표현하고 있다. 4권으로 된 그의 책 『그리스도를 본받아(*vier Bücher der Imnitatio Christi*)』에는 다음과 같은 글들이 나온다.[39)] "내적이고 신적인 위로는 외적인 위로와 결코 비교될 수 없다." "먼저 슬며시 한 가지 생각이 들어온다. 그리고 나서는 한 가지 영상이 떠오르고 그 생각이 마음에 들게 되고 나쁜 유혹이 생긴다. 결국 우리의 의지는 '그래.'라고 응답하게 된다. 이렇게 해서 우리가 처음부터 악한 원수와 대적하지 않으면 그가 시간이 지남에 따라 점차 우리 모두의 주인이 되는 것이다."

특히 중세 후기의 영혼돌봄은 신앙인들을 겸손(humilitas)의 훈련을 통해 7가지 죽음의 죄와, 무엇보다도 자신을 과장되게 나타내는 교만(superbia)과 나태함과 우울(tristitia)에 대하여 무장하는 것이 핵심 목표이기도 했다. 나중에 종교개혁자들에 의해 비판을 받아 문제가 되긴 했지만, 죽어 가는 사람을 위한 영혼돌봄에 참회를 활용한 것은 스콜라 철학적인 은총론의 부수 현상과 목회적인 조작으로 이해할 수 있다.

4. 종교개혁 시대

종교개혁을 기점으로 교회목회의 본질적인 분야로서 영혼돌봄이 새롭게 강조되면서 영혼돌봄에 대한 입장도 달라졌다.[40] 종교개혁자들은 중세교회의 영혼돌봄과는 어떻게 다르게 제시하고 있는지 루터, 츠빙글리, 부처, 칼빈의 순서대로 살펴보기로 한다.

1) 양심이 주는 위로의 영혼돌봄: 루터

마틴 루터(Martin Luther, 1483~1546)는 교회목회의 입장에서 중세기의 영혼돌봄을 현대적인 영혼돌봄으로 바꾸었다. 그것은 다음과 같은 문제제기에서 출발한다. 무엇이 사람들에게 갈등을 유발하게 만드는 것인가? 그리고 그와 같은 상황에서 신앙태도를 양심에서 자유롭게 만드는 것은 무엇인가? 루터의 영혼돌봄에 있어서 핵심단어와 목표로 삼고 있는 말은 '위로받은 양심'이다. 루터는 이것을 중심으로 다양한 영혼돌봄의 역사와 그 영향력을 받아들이면서 혁신적인 종교개혁의 과정 속에서 더욱 심화시키고 종교개혁 정신과 상반되는 영혼돌봄의 전통을 비판한다.[41]

신학적 훈련을 받은 가톨릭 수도자로서 종교개혁자 루터는 그 당시 자연스럽게 가톨릭교회가 가지고 있었던 고해신학과 고해성사제도의 전통 속에 있을 수밖에 없었으며[42] 동시에 영혼돌봄의 이론과 실제에 대한 루터의 입장도 특별한 독일교회의 역사적 상황과 연관될 수밖에 없었다.[43] 게르만 민족에게 기독교가 확대 선교되면서 '회개와 고해성사를 통한 영혼돌봄'이라는 주제가 매우 특별하게 강조된다. 프랑케 왕국 정치지도자들 아래에서, 특히 독일 황제 칼 대제(Karl der Groß) 때 매일 매일의 기독교인들의 생활 속에서 진부하지만 오래된 참회제도가 활성화되기 시작했고 그래서 사제 또는 수도자 앞에서의 개인고해성사제도가 도입되었다.

수도원 규칙들이 영혼돌봄에 그리고 일반 사람들의 신앙생활에 도입되면서 소위 '회개목록서'라는 것을 통해 죄가 되는 것들이 아주 구체적으로 제시된다. 예를 들면, 성직자와 평신도의 폭력사용, 엄청난 성적 문란행위, 절제되지 못한 폭식 그리고 이방인들의 종교예식과 관습을 따르는 것 등이 나와 있다. 개인과 사회의 행동양식을 더욱더 확대하여 보편적이고 일상적이며 동시에 영적인 규칙들이라고 생각되는 수도원 규칙에 억지로 종속시키기 위해서 정치와 교회의 경직된 감시구조 아래에서 실행되게 되는데, 이것 때문에 그 당시 영혼돌봄은 부정적인 인상을 받게 된다. 개별적인 죄들에 대해서 그 죄의 경중에 따라 다양하고 긴 회개기간의 벌이 내려지며, 거기에 특별금식과 자선 기부금이 부과되며 또는 고향으로부터의 추방이나 수도원 고행훈련도 따르게 되었다. 이렇게 일반 대중에 대한 '기독교식으로 길들이기'가 시작되었다.

그 후 '교황제 교회의 확립'이라는 맥락 속에서 1215년에 영혼돌봄에 매우 중요한 결과를 가져온 제4차 라테란 세계교회공의회가 열리게 되었다. 이 세계교회공의회는 모든 신도들에게 일 년에 한 번씩 그리고 견진성사 때 반드시 사제 앞에서 고해성사를 받도록 엄격하게 규정했다. 사람들은 대중들을 관습적, 도덕적으로 적응시키고 순응시키며 그리고 일반적 삶을 성례전화시키는 도구로서 이러한 회개와 참회제도가 교회의 목회 또는 영혼돌봄이라고 생각했다.

바로 이러한 상황 속에서 루터는 교회의 목회와 영혼돌봄에 대해서 신학적인 관점에서 비판하면서 기존 교회의 현상에 반대하기 시작한다. 그는 특히 아우구스틴(Augustinus)의 영향을 많이 받았으며 그의 회심경험은 우리에게 잘 알려져 있다.[44] 특히 루터는 수도원에서 공부할 때 튜빙겐 신학자인 가브리엘 비엘(Gabriel Biel, 1495†)의 저서에 아주 강한 영향을 받았다. 여기서 그는 '하나님과의 관계에서 사람의 의지가 결정적으로 중요한 요소가 된다.'라는 가브리엘 비엘의 근본사상을 받아들이게 된다. 그 당시 전통적으로 강한 교회의 회개신학의 맥락 속에서도 이러한 학문적인 신앙적 배경을 바탕으로 가브리엘 비엘이나 루터는 이제 내담자의 심리적 과정을 엄밀하게 관찰하는 것을 영혼돌봄의 특별한 과제로 인식하게 되었다.[45] '포괄적인 모든 참회'라고 말하는 '콘트리치오(contritio)가 개개인의 개별적인 감정상태 안에서 고통스럽지만 자세하고 면밀하게 분리되기 시작했다. 루터는 그가 존경하는 선생인 요한 폰 스타우피츠(Johann von Staupitz, 1469~1524)가 '진정한 회개는 하나님에 대한 사랑에서 시작되고, 예수 그리스도와 연결되며 그리고 깊은 위로를 동반한 확신에 이르게 된다.'라고 그를 납득시키기 전까지는 '자기학대'라는 특별한 형태를 경험한다.

이것을 바탕으로 루터의 새로운 종교개혁적인 돌파구가, 곧 루터가 생각하는 새로운 형태의 고해제도와 영혼돌봄이 나타나게 된다. 결국 참회제도에서 엄중한 자기비판(Selbstgericht)과 그 잘못된 행동의 대가로 치루어야만 하는 '공동체에서의 소외'라는 규칙은 폐기된다. 이제 기존의 참회제도는 새로운 특성을 필요로 했다. '만인제사장주의'를 추구하는 가운데 사제와 평신도의 차이는 상대화되기 시작했다. 기독교 영혼돌봄에서 기독교인 개개인이 가지고 있는 양심의 기능이 새롭게 정의되기 시작했고, 이제 양심이 주는 위로가 새로운 주요 신학적, 신앙적 과제로 떠오르게 된다.

영혼돌봄의 실제에 있어서 루터가 가장 중요하게 생각했던 것은 좌절하고 아무 희망이 없는 고달픈 인생의 상황에서 사람들을 '이끌어 내는 일(Emporziehen)'이었다. 그는 사람들로 하여금 세상에서 고통당하지만 세상을 극복하는 그리스도를 정면으로 회상하도록 하며 그러한 그리스도와 인간 자신을 신앙적으로 동일시하도록 한다. 루터는 사랑하는 아들을 잃은 한 부부에게 다음과 같은 말로 위로한다(약 1531년경). "당신들이 그렇게 슬퍼하고 눈물을 흘렸을 때, 당신들의 아들은 아름답게 이 세상에서의 마지막을 마쳤으며 그리고 그리스도 안에서 영원히 잠들었으며, 의심할 여지 없이 당신의 아들은 그리스도가 주는 영원한 안식 가운데 있게 되었고, 이제 그의 품 안에서 부드럽고 평안하게 잠들었습니다. 당신들은 그 사실로 위로받아야 되고, 더욱이 기쁨으로 하나님께 감사드려야 합니다." 루터에게 가장 큰 영혼돌봄의 위로는 가장 높은 위로자이신 예수 그리스도와 연관시키는 것이다.[46)]

이러한 그리스도 중심적인 루터의 위로에 대한 이해는 기독교 역사에 큰 영향을 미치게 된다. '그리스도와 동일시함으로써 위로받을 것'이라는 종교개혁자 루터의 권면은 이미 1519년에 나온 '위로를 주는 14개의 말씀'에 나타나 있다.[47)] 거기에 중병에 걸린 프리드리히 선제후에게 보낸 글이 나온다. 루터는 거기서 다음과 같이 쓰고 있다. "나는 당신의 육체 때문에 그리스도가 나를 부르고, '보십시오. 내가 병들어 누워 있습니다.'라고 외치는 당신의 소리를 들었다는 것을 숨길 수 없습니다. 그 병과 같은 몹쓸 악을 없앨 수 있는 것은 우리 기독교인들이 아니라 우리의 주님 그리고 우리의 구원자이신 예수 그리스도입니다."[48)]

그러나 시대가 변하면서 위로의 적절한 시간이 언제이고 무엇이 올바른 위로인가라는 질문은 처음 루터가 제기한 위로의 개념과 부딪치면서 항상 새롭고 계속해서 개신교 기독교상담의 틀 속에 나타나고 있다.

2) 예수 그리스도와 같은 목자로서 영혼 돌보는 자의 자세: 츠빙글리

종교개혁 운동이 확대되면서 새로운 영혼돌봄 운동이 다양한 전통들과 연결된다. 종교개혁가 훌트리히 츠빙글리(Huldrych Zwingli, 1484~1531)의 영혼돌봄 행동양식에 가장 상이한 형태가 나타나게 된다. 즉, 기독교인이란 반드시 공동체의 도움을 통해서 그리고 모든 가능한 수단을 가지고 교육적으로 뒤받침되는 이상적인 사상에 도달했을 때 자기의 삶을 가장 훌륭하게 사는 것이다. 츠빙글리에 의하면 루터와 마찬가지로 영혼돌봄의 직과 설교 직무의 근원은 성서다.

츠빙글리는 1524년 '목자(Der Hirt)'라는 제목의 글에서 올바른 개혁교회의 목회자 그리고 영혼 돌보는 자에 대한 모범을 제시하고 있다.[49)] 이러한 의도에서 츠빙글리는 마태복음 11장 28절 말씀을 실천적 영혼돌봄의 핵심으로 제시하면서, 성서에서 말하는 진정한 목자상의 대표자로서 예수 그리스도를 제시하고 있다.[50)] 츠빙글리에 의하면 교회직분자들은 사회의 모든 악습을 막는 파수꾼의 역할을 하는 사람들이다. 이 파수꾼의 직분이란 개개인에서 시작하여 점차로 공동체 전체를 살피는 일이다. "살펴져야 하고 평가되어야 합니다. 왜냐하면 하나님은 예레미아 24장과 29장에서 읽을 수 있는 것처럼, 죄짓는 세상을 경고하기 위하여 자기의 예언자들을 적절한 때에 보내시기 때문입니다. 그들이 경고한 다음에 그들이 변화되고 나아지는 것 외에는 그들을 도울 수 있는 것이 아무것도 없습니다. 왜냐하면 아무 변화가 없을 때 매일 모든 민족이 망가질 때까지 보다 더 큰 악이 문 앞에 도사리고 있기 때문입니다."[51)]

츠빙글리에 의하면 우리가 이 목표를 이루기 위해서는 영혼돌봄에 필요한 모든 수단이 동원되어야 한다. "그것은 마치 목자가 양들을 약간 때리는 것, 마치 손과 발로 살짝 양들을 치는 것, 휘파람을 불면서 양들을 모는 것, 만약에 양들이 약하면 억지로 끌고 가는 것, 그리고 약한 양들이 튼튼해질 때까지 우리 안에 머무르게 하는 것과 같습니다. 목자는 자기 주인을 위해, 다시 말하면 주인의 어린 양들이 깨끗하고 건강하게 자라고 수가 늘어날 수 있도록 그 모든 일을 합니다. 동시에 목자는 하나님의 양들을 늘리고 훈련시키기 위해서 모든 일을 사랑으로 해야 하는 것입니다."[52)]

사회와 교회에 대한 츠빙글리의 비판도 자기 시대의 목회자를 비판한 '잘못된 목자란 누구인가'라는 글에 나타난다. "따라서 오! 잘못된 목자들이여, 만약 당신들 마음속에 하나님이 계신다는 생각이 조금이라도 있다면 그리고 만약 당신들 마음속에 사람을 사랑하는 마음이 한 방울이라도 있다면 당신들은 하나님을 위해서 그리고 우리 사회를 위해서 저 불쌍한 사람들을 돌보아야 합니다. 특히 높은 지위에 있는 주교들이여, 당신들은 그렇게 오랫동안 사람들이 하나님 말씀에 굶주리도록 만들었고, 당신들도 지기 힘든 인생의 짐을 그들에게 지웠습니다. 그들을 그 감옥에서 빼내고 당신들만의 욕심과 사치를 위해서 모든 세상을 혼란스럽게 만들지 마십시오."[53)]

루츠(S. Lutz)는 츠빙글리의 영혼돌봄의 핵심을 다음과 같이 정리하고 있다. "츠빙글리의 활동 전체를 한마디로 말한다면 넓은 의미에서 그리스도를 선포하는 것이라고 이해할 수 있다. 영혼돌봄이란 그리스도를 선포하는 것으로서 목사직분의 전체이지 목회의 여러 사역 중에 있는 한 부분이 아니다. 영혼돌봄은 복음으로부터 자극을 받아서 모든 목회사역과 활동 그리고 말하는 가운데 나타나는 사건이거나 또는 아무것도 일어나지 않는 것, 이 둘 중에 하나다."[54)]

츠빙글리는 사려 깊은 목회자가 해야 될 영혼돌봄을 위한 교육의 목적에 대해서 1523년에 쓴 그의 글 '어떻게 우리는 멋있는 청소년들을 교육시킬 것인가'에서 아주 분명하게 말하고 있다. "따라서 청소년은 바른 시기에 순수하고 그리고 가능하면 하나님과 같이 훌륭한 사람이 되기 위하여 노력해야 하는 것을 알아야 합니다. 하나님은 모든 사람을 쓰십니다. 사람 스스로가 먼저 자기 스스로를 망치지 않는다면 그는 아무에게도 상처를 주지 않습니다. 그래서 모든 사람에게 도움이 되기를 원하며, 모두에게 모든 것이 되기를 원하고, 모두에게 악으로 대하지 않는 사람은 하나님과 가장 비슷한 사람입니다. 이것은 우리의 능력을 살펴볼 때 매우 어려운 과제입니다. 그러나 마가복음 9장 23절에 나오는 말씀처럼 신앙인에게는 모든 것이 가능합니다."[55]

종교개혁적인 관점에 의하면 이와 같은 영혼돌봄의 교육과정에서 가장 중요한 것은 항상 교회공동체를 세우고 그 공동체가 조직된 집합체로서 영혼돌봄의 차원에서 활동하고 영향을 끼칠 수 있도록 영적으로 조직하는 것이다.[56]

3) 만인사제직에 근거한 성령 안에서 하나님 형상 회복으로서 영혼돌봄: 부처

마틴 부처(Martin Buccer, 1491~1551)는 자신의 저서를 통해서 종교개혁이 추구해야 할 목회학 또는 영혼돌봄이란 주제를 보다 심화시켰고, 여기에 이론적인 것을 보완하여 최초로 종교개혁 신학에 근거한 영혼돌봄의 이론을 발전시켰다. 종교개혁적인 목회학 개념의 출발점으로서, 다시 말하면 개혁교회 영혼돌봄 이론의 출발점이라고 말할 수 있는 것은 특히 1538년 출판된 마틴 부처의 저서 『진정한 영혼돌봄에 대하여(*Von der waren Seelsorge*)』에 잘 나타나 있다.[57]

그의 저서에는 종교개혁 정신에 근거한 영혼돌봄과 목회의 범위 그리고 새로운 방향이 제시되고 있다. "진정한 주교와 목회자란 어떤 사람인가에 대한 입장과 그들에 의한 영혼돌봄 또는 목회가 변질되었다. 따라서 그것은 빨리 새롭게 되어야 한다. 그러나 지금 교황주의자들은 그 모든 것들을 헛되고 우상적인 것으로 만들어 버렸다…. 따라서 교회사역 곳곳에 그렇게 많은 결함들이 나타나게 되었다는 사실은 결코 놀랄 일이 아니다. 주님은 우리가 부실하게 된 그 교회사역들을 바르게 인식할 뿐만 아니라 그것들을 우리에게 꼭 필요한 것으로 개선시키기를 원하신다. 그런데 하나님이 우리를 통하여 자신의 나라를 세우고 그 나라를 풍성한 열매를 맺는 민족에게 주시지 않는다면 우리는 아무것도 할 수 없다."[58] 예수 그리스도의 구원 사역 안에 있는 한 기독교인으로서 그것에 대한 자신의 입장과 역할을 분명하게 인식하는 것이 부처에게는 무엇보다도 중요했다. 그와 동시에 포괄적인 (신자와 비신자 모두에 대한) 목회자 직분 속에서 그리고 올바른 성서적 근거에서 자신이 섬기는 직분과 섬기는 자인 것을 받아들이는 일임을 인식하는 것 또한 중요했다. "이 경우 수많은 기독교인들이 있다. 그들 모두가 각자 그리스도의 몸이다. 따라서 한 사람은 그리스도 안에서 다른 사람을 위해 존재한다. 곧 그것이 진정한 그리스도적인 존재이고 그리스도적인 존재는 항상 사랑이 넘치고 진실하여야 한다. 이 속에 있는 그리스도의 모든 영이 그들을 깨우고 모든 사람들과 지체들을 공동체로 이끌어 준다."[59]

부처에 의하면 교회공동체 안에서 기독교인 개개인들은 주인이 되시는 '머리(그리스도)'의 도구이며 그들은 "무엇보다도 다섯 가지 영혼돌봄의 사역"[60]을 위하여 보내심을 받은 사람들이다. 부처가 말하는 다섯 가지 영혼돌봄의 사역을 요약하면 다음과 같다. 첫째, 타락한 생활이나 잘못된 예배에 의해서 하나님으로부터 멀어진 사람들을 교회공동체로 인도하는 일이다. 둘째, 예전에는 교회공동체의 일원이었지만 지금은 잘못된 생활이나 잘못된 교리 때문에 신앙의 길에서 벗어난 사람들을 다시 불러 모으는 일이다. 셋째, 교회공동체 안에서 죄를 진 사람들이 그 죄에서 벗어날 수 있도록 돕는 일이다. 넷째, 그들이 믿던 기독교에 신물을 느끼며 신앙적으로 약해지고 병든 사람들을 강하게 하고 내적으로 건강하게 만드는 것이다. 마지막 다섯째, 어렵게 교회공동체의 구성원이 된 사람들을 타락하지 않도록 보살피며 그들이 선한 행동을 하도록 돕는 일이다.[61]

이와 같이 개개인이 가진 내적인 그리고 외적인 문제와 갈등을 정확하게 분류하는 가운데 일반적으로 교인들을 교육시키는 직무를 영혼돌봄의 차원에서 분담하는 역할은 교회공동체에게 일반적이면서 영적인 성장을 가져왔다. "모든 기독교인 개개인은 다른 사람들을 돕고 최선을 다해서 그들이 악을 피하고 선한 일을 하도록 권면해 주어야 한다. 무엇보다도 교회공동체 내에서 다른 사람에 대해서 최고 권한을 가진 사람은 집안의 책임자로서 또한 최고의 학자로서 모든 사람들의 지도자가 될 수 있도록 노력해야 한다."[62]

종교개혁에서 말하는 만인사제론은 개혁교회 영혼돌봄의 이론에 결정적인 역할을 하게 된다. 이때 개혁교회 구성원들은 의식적으로 강하게 예정론의 영향을 받은 상태에서, 동시에 실제적으로 성령의 역사를 체험하게 된다. 이제 질서정연한 기독교 도시에서의 이상적인 시민상을 만들기 위한 교회훈련 조항들이 영혼돌봄의 수단으로 실천되기 시작한다.[63]

실천신학자 프리드리히(R. Friedrich)는 부처의 영혼돌봄의 핵심적인 출발점에 대해 다음과 같이 말한다. "루터가 우리 사람들의 마음에 예수가 있다는 것을 말했다면, 부처는 우리 믿는 사람들의 내면에서 역사하는 성령에 대해서 말한 것이다. 부처의 영혼돌봄의 신학은 초기 기독교 신학의 입장에 가깝다. 곧 그의 영혼돌봄의 신학은 아우구스틴의 신학전통 속에서 인간의 본래 모습을 '하나님 형상(imago Dei)'으로 이해하며 세례받은 기독교인의 사명이란 이 하나님 형상을 새롭게 하는 데 있다고 보았다. 따라서 부처는 하나님의 형상으로 사람을 새롭게 하는 것이 현재 기독교인들의 과제라고 강조했고, 그 속에서 이루어지는 성령의 역사를 보고자 했다. 부처에 의하면 그렇게 함으로써 모든 기독교인들은 내적으로 성장하며 동시에 교회는 '종교개혁적인 교회'가 된다고 믿는다."[64] 실천신학자 슈츠(W. Schütz)도 부처의 저작들에 대해서 다음과 같이 평가하고 있다. "부처의 신학 전체가 새롭고 훌륭한 영혼돌봄의 신학적 틀을 가지고 있다. 그의 목회신학의 핵심은 고해성사가 아니며 오히려 갈등 속에 있는 인간의 양심을 위로하는 것이다. 부처가 말하는 핵심은 교회 구성원들이 가장 어려울 때 서로 섬기고 권면하고 도와야 한다는 그리스도의 몸으로서 모범적인 신학적 교회의 상을 말하려는 것이다."[65]

4) 교회 구성원 형성을 위한 교회훈련으로서 영혼돌봄: 칼빈

요한 칼빈(Johann Calvin, 1509~1564)은 기독교의 오랜 전통, 곧 '영혼돌봄이란 교회공동체의 구성원이 되도록 만드는 과정임'을 새롭게 주장하였다. 여기서 선택된 기독교인이 내적으로 성장하는 교회공동체에 참여하는 모습은 구원의 필수적인 과정으로서 관찰될 수 있어야 하지만, 동시에 그 과정은 일관성 있게 그리고 엄격하게 관리되어야 한다.

요한 칼빈의 영혼돌봄의 신학에 있어서 가장 중요한 것은 사람들을 영혼돌봄이 있는 교회의 구성원으로 만드는 일이다. 여기서 전체적으로 볼 때 목회신학 그리고 각 교회 구성원의 영혼치유에 대한 교회의 책임의식과 신학적 돌봄 등이 나타나고, 더 자세하게 보면 그것은 교회가 세세하게 개인을 간섭하는 목회적 돌봄의 틀이라고 할 수 있다. 물론 이와 같은 시도들에 대한 평가는 당연히 여러 의견으로 갈린다.[66] 어쨌든 칼빈이 가장 중요하게 생각하고 있는 것은 교회 구성원들의 영혼에 대한 강력한 지도력이다. 따라서 칼빈은 참회제도가 교인들에게 직접적으로 영향을 줄 수 있는 수단으로서 중요한 가치가 있다고 인정하고 있다. 무엇보다도 칼빈에게 있어서 모든 영혼돌봄은 교회훈련이란 차원에서 실행된다. 다시 말하면 사람들이 그것을 거부할 경우 또는 잘못된 행동을 했을 경우에 경고를 받거나 그에 상응하는 벌을 그 차등에 따라 받게 된다는 것이다. 칼빈의 목회활동들 가운데 칼빈의 목회실천에서 고정된 제도라고 볼 수 있는 심방은 반드시 두 사람, 곧 목사와 장로에 의해서 진행되는데, 이것은 교회 구성원들에 대한 일종의 시험과 감시의 성격을 가지고 있는 제도다. 또한 정중하게 성만찬에 참여하는 것도 하나의 감시장치와 연관된다. 또한 규칙적으로 병자나 감옥에 갇힌 사람을 방문하는 것도 목회자의 중요한 직무 중 하나다. 교회 활동의 모든 것이 목회이고 영혼돌봄이다. 확고한 신학적 체계와 교회론에 기반을 둔 칼빈의 목회 또는 영혼돌봄은 기독교인들이 자기의 삶을 행복하게 영유하는 것이야말로 그들이 교회의 교육체계 속에서 하나님에 의해서 선택받고 발전하는 하나의 증거라고 생각했다.[67)]

실천신학자 숄(H. Scholl)은 이와 같은 칼빈의 영혼돌봄에 대해서 다음과 같이 평가하고 있다. "칼빈의 영혼돌봄에서 가장 중요한 관점은 개개인에 대한 영혼돌봄이 교회공동체와 분리되지 않는다는 사실이다. 규칙적인 예배, 세례자를 위한 교육 그리고 개개인에 대한 사회적인 구제활동 등이 성숙하고 책임성 있는 성만찬을 중심으로 하는 교회공동체에 의하여 진행된다. 따라서 영혼돌봄의 활동이 곧 교회공동체 활동이라고 말할 수 있다."[68)] 숄은 칼빈의 영혼돌봄의 영향을 "신론과 예정론 그리고 교회론으로 이루어진 영혼돌봄"[69)]이라고 규정한다. 다시 한 번 그는 칼빈의 영혼돌봄에서 '영혼돌봄과 기독론'이 결코 분리될 수 없음을 강조하고 있다. "칼빈에게 있어서 원칙적인 의미의 교회훈련이란 그 어떤 교회권력의 수단이 아니고 오로지 영혼돌봄에 도움이 되는 수단이다. 우리는 신론의 핵심을 이루는 칼빈의 기독론이 특별한 영혼돌봄의 관점을 서술하고 있는 사실에서 그것을 분명하게 알 수 있다. 칼빈의 기독론 속에 영혼돌봄과 연관된 인간의 영혼관에 대한 뚜렷한 관점이 나타나 있다."[70)]

칼빈에 의하면 인간이 부딪치는 극단적인 현실상황에서 우리 인간도 인간의 육체와 본성을 가지고 있던 그리스도가 십자가 위에서 겪었던 '처절한 상황', 곧 엄청난 좌절과 두려움 그리고 완전히 하나님에게서 버림받았다는 느낌 등을 경험한다. 따라서 전체적으로 본다면 칼빈의 신학전통 속에 있는 영혼돌봄은 기독론에 그 신학적 근거를 두고 있다고 볼 수 있다.

지금까지 살펴본 종교개혁자들의 영혼돌봄은 적어도 겉으로 보기에는 삶의 위기에 빠진 사람들에게 적절한 삶의 행동방식을 말해 줄 수 있는 것처럼 보인다. 그러나 종교개혁 초기에 자유의 틀 속에서 자기구원을 이루어 가기 위한 '영적 절제'에 대한 복음적 요구가 얼마 지나지 않아 일종의 도덕적 '각성'으로 어떻게 변화되었는지 실천신학자 슈츠는 그의 글 '루터에게 있어서 신앙질의문답(Glaubensverhör)'에서 정확하게 지적하고 있다.[71] 16세기 전반기에 루터는 신앙이 타성화되고 황폐화되어 가는 공동체 신앙의 상황에서 그리고 성만찬에서 빵과 포도주가 일반 평신도에게 허용되기 시작하고 교회훈련이 필요한 상황에서 소위 말하는 '신앙질의문답'을 일종의 감시장치로서 공동체 구성원들에게 어쩔 수 없이 또다시 요구하게 된다. "그래서 교육적인 조치들, 교회교육, 윤리교육과 교회훈련의 기술 등이 새롭게 참회제도에 도입되었던 것이다."[72]

종교개혁교회에서 꿈꾸는 모범적인 인간상에 대한 도덕적 각성은—여기서 가장 중요한 것은 신앙생활의 조절자로서 개개인의 양심이 아주 중요한 요소인데—개혁교회의 정통주의 시대까지 이어지게 된다. 16세기 루터 교회에서뿐만 아니라 개혁교회가 설정한 교회규칙 체계들이 그것에 대한 확실한 증거라고 말할 수 있다. 그것에 대한 자세한 사항들은 하르델란트(A. Hardeland)의 저서 안에 '교회규칙에 따른 참회와 회개제도의 형성'과 '병자방문에 대한 교회규칙서'[73]라는 제목의 글에 제시되고 있다. "이제 교회훈련은 성례전 차원으로 높아졌다. 하나님은 교회직분자를 통하여 양육받은 사람을 돌보신다."(니더작센주 교회규칙)[74]

실천신학자 슈츠도 어떻게 참회제도가 신앙으로 이끄는 교회 교육과정의 필수적인 과정으로 갑자기 부각되게 될 수밖에 없었는지 설명하고 있다.[75] 일반 사람들이 성만찬에 참여하는 것과 연결하여 영혼돌봄과 신앙질의문답은 하나의 고정된 교회규칙이 되었다. 교회훈련과 연관하여 개개 기독교인에 대한 영혼돌봄이 이루어졌다.

이제 확실한 영혼돌봄의 역할규정에 따라서 영혼돌봄은 규정된 필수 조항으로서 모든 신앙생활의 문제에 적용되어야 하는 것으로 여겨졌다. 쾨스틀린(A. Köstlin)은 이미 이것에 대해서 다음과 같이 말하고 있다. "교회의 지도자가 의무를 다하고 말씀의 사역을 자신의 의무로 잘 이행한다면 그들은 구원의 말씀 사역을 확고하게 만드는 것이며, 그들이 그 사역을 주님의 뜻과 질서에 따른 직무로서 맡을 때 인간적인 조직이 그것을 돕는 한 영혼구원은 확실한 것이다."[76]

병자와 감옥에 갇힌 사람들에 대한 의무적인 영혼돌봄의 규정조차도 이 상황에서 반드시 교육적인 조치를 취하게 되었다. 하르델란트는 '혹독한 시련의 세월을 보내고 교회와 멀어져야만 했던' 어떤 병든 사람에 대하여 언급하면서 1585년 니더작센주 교회규칙에 대해서 다음과 같이 보고하고 있다. "여러 번 요청이 있을 경우에 목회자는 환자에게 가야 하는데, 증인으로 부목회자와 동반해야 하고 방문할 때 그 환자의 이웃도 같이 있어야 한다. 그리고 죄 많은 인생을 살아온 그를 강력하게 꾸짖어야 한다. 만약에 그 병든 사람이 권면을 받아들인다면 그리고 목회자가 자기의 죄를 병자가 뉘우치고 있다고 느끼게 되면 그때 그 병자는 목회자로부터 사죄의 선언을 듣고 성례전에 참여할 수 있다. 그러한 병자에게 위로하는 것을 거부할 경우 교회규정은 그것에 대해서 책임이 없다고 말할 수 없다. 왜냐하면 예수는 십자가 위에서 강도를 용서해 주었기 때문이다."[77]

이제 점차 기독교의 신앙은 교회공동체의 규범적인 틀인 세세하게 설명된 교회규정으로 만들어지게 되었다. 개신교 정통주의 시대에 들어서게 되고 가톨릭교회와 개신교 간에 있었던 30년전쟁으로 인해서 사회가 피폐하게 되자, 세세한 교회규정들은 어느 정도 영향력을 잃어버리게 되었다. 교회가 가진 규범이 붕괴되자, 그 상황은 이제 새로운 영혼돌봄의 형태를 요구하게 된다.

5. 경건주의와 합리주의 시대

이제 정신적으로 또는 영적으로 커다란 영향을 미쳤던 그리고 현재까지도 영향을 미치고 있는 두 가지 상반된 신학적 조류가 나타나게 된다. 즉, 하나는 경건주의, 다른 하나는 계몽주의와 합리주의다. 따라서 영혼돌봄도 이 두 가지 상반된 신학적 관점에서 나타나게 된다.

1) 경건주의: 신앙 공동체 형성에 의한 영혼돌봄

17세기 말 그리고 18세기 경건주의 시대의 개신교 영혼돌봄은 또다시 그 형식에 있어서 결정적인 변화과정을 경험하게 된다. 즉, 개인신앙에 대한 관심이 이전 시대와는 비교가 안 될 만큼 중요하게 여겨졌다. 목회자는 이제 '사람과 사람이 직접 만나는 방법으로' 기독교인들의 일반생활과 신앙생활에 영향을 주게 되었다. 경건주의에 의하면 사람들은 영적으로 깨어나고 거듭나야 하며 그 후에야 성화될 수 있다. 의미 없는 교회의 참회제도에서 나타나는 것과 같이 그 당시 기계적이며 인간미가 없는 거짓 또는 겉모양의 경건신앙은 이제 비판의 대상이 되었다. 그리고 복음에 대한 주관적 경험이 영혼돌봄의 중요한 관심사가 되었다. 여기서 특별한 공동체 형태가 생기게 되었는데, 그 속에서 기독교인 형제자매들이 집단적으로 모여 감정적으로 자신을 타인에게 개방하는 것을 원칙으로 하였으며 그 공동체에서 서로가 서로에게 권면하고 돕게 되었다. 신앙적 불일치와 불신앙이 이곳에서 가장 빨리 사라지고 바른 신앙으로 인도되었다. 공동체 구성원들은 서로 성화된 삶 그리고 다른 사람의 모범이 되는 삶으로 서로가 서로를 도우며, 동시에 그것으로 나타나는 외적인 영향에 의해서 신앙공동체를 구성하게 되었다.[78)]

이 경건주의 영혼돌봄이 표방하는 주요 핵심을 말할 때 항상 스페너, 프랑케, 친첸도르프 등 세 사람의 이름이 언급된다. 먼저 필립 야곱 스페너(P. J. Spener, 1635~1705)는 영혼돌봄의 사람으로서 새로운 영적인 관심을 가지고 종교개혁 사상의 가장 핵심이 되는 선언 중 하나인 '만인사제주의'를 강조하기 시작했다. 아우구스트 헤르만 프랑케(A. H. Franke, 1663~1727)는 자기 시대에 나타난 기독교의 타락상에 저항하여 새롭고 영적인 교회질서 모델을 제시하고자 한다. 마지막으로 니콜라우스 그라프 폰 친첸도르프(N. G. v. Zinzendorf, 1700~1760)는 경건주의 운동의 공동체인 '형제공동체(Brüdergemeinde)' 안에서 경건주의 영혼돌봄을 정립시킨다. 이 영혼돌봄은 더불어 함께하고 서로가 서로를 잘 파악하고 있는 소규모 집단에 영적으로 아주 중요한 의미를 부여하고 있다. 동시에 이 영혼돌봄은 강한 공동체 정신을 가지지만 개개인의 인격적인 중요성을 강조한다. 실천신학자 뢰슬러(D. Rössler)는 이 시대의 영혼돌봄을 다음과 같이 표현하고 있다. "이 시대의 영혼돌봄이란 삶과 신앙에서 일어난 개별적인 문제들과 더 나아가 크거나 또는 단순한 문제에 관한 '대화'라고 말할 수 있다."[79)]

(1) 영혼돌봄의 만인사제직화: 스페너

경건주의의 아버지라고 불리는 필립 야곱 스페너는 루터처럼 편지를 통해서 목회를 한 아주 뛰어난 '편지목회자'라고 할 수 있다.[80)81)] 그는 특히 그의 저작 『피아 데지데리아(*Pia Desideria*)』(경건한 요망)[82)]를 통해서 영혼돌봄에 많은 영향을 끼쳤다. 그는 교회개혁과 목회에 관한 일종의 '제안서'를 제시하고자 했으며, 이 책에서 제시한 여러 제안들을 통해서 교회상황이 훨씬 향상될 것으로 기대하고 있다.[83)]

종교개혁의 핵심 주장이었던 '만인사제주의'가 어떻게 새롭게 스페너 시대에 자극을 주고 있는지, 그의 저서 『피아 데지데리아』에서 매우 분명하게 잘 보여 주고 있다. "성서 자체를 매우 부지런하게 읽는 것, 특히 신약

성서를 읽는 것은 매우 중요한다. 집의 가장인 아버지가 성서를, 특히 신약성서를 소유하는 일과 매일 매일 성서를 조금씩 읽는 일 또는 읽어 보지 않은 성서구절을 다른 사람에게 읽어 주도록 부탁해서 듣는 일은 결코 어려운 일이 아니다."[84] "모든 기독교인들은 자신을 위해서, 자신에 관한 것을 위해서 기도하고 감사하고 선한 일을 해야 될 뿐만 아니라 주님의 말씀을 열심히 연구하고 다른 집안사람들에게 그가 받은 은혜를 가르치고, 그들을 책망하고, 권면하고, 회개토록 하고, 바른 길로 가게 하며, 그들의 삶을 관찰하고, 무엇보다도 그들을 위해서 기도하고 그들이 축복받을 수 있도록 도와야 한다. 이 모든 것들을 그들이 보게 되므로 모든 기독교인들은 자기 스스로 조심하고, 자기 자신을 그리고 자기 가까이에 있는 사람들을 바로 세우는 일에 최선을 다해야 한다."[85]

스페너에 의하면 가장 친밀한 공동체, 곧 가정에서도 한 사람이 다른 사람에게 사제 또는 목회자가 된다. "따라서 부부는 서로가 서로를 필요로 한다. 곧 그들은 영적인 영역에 있어서 서로가 서로를 세우는 것이고, 따라서 그들은 서로가 서로에게 훌륭한 본보기가 되며, 서로가 서로에게 배우며, 서로가 서로를 위해서 기도하고, 서로가 힘을 합하여 그들의 가정교회를 지키며, 그들이 가지고 있고 서로 나누고 있는 사랑은 하나님의 사랑과 신랑된 주님을 생각나게 만드는 사랑이 되도록 만들어야 한다."[86] 따라서 스페너는 결혼생활에서의 영적인 관계를 위와 같이 예를 들어 표현하고 있으며 영혼돌봄의 사역이 사제 또는 목회자에게만 국한된 것이 아니라 만인사제직의 논리에 따라 평신도에게로 확대된다.

스페너는 그 당시 교회규율과 교회훈련의 붕괴상황 그리고 그 당시 진행되던 교회 내 파행적인 참회제도에 대하여 '목회에 대한 두려움' '극단적인 혐오감' 등으로 반응했다. 스페너가 생각하는 핵심적 의도는 소위 말해서 공동체 내에 있는 '적극적인 참여자들'을 영적인 모임에 들어갈 수 있도록 후원하고 세우려는 것이었으며 그는 자신의 이러한 목회방침에 대해 확고한 신념을 가지고 있었다.

(2) 금욕적인 생활과 세상 것의 포기: 프랑케

아우구스트 헤어만 프랑케(A. H. Francke)는 무엇보다도 먼저 영적인 각성에 기반을 두었고, 이와 동시에 개인적으로 뛰어난 지적 능력을 가지고 있었으며, 조직적이고 엄격한 경건생활과 목회를 특징으로 하였다. 따라서 그의 목회는 특별히 그 당시 사회와 교회에 많은 영향을 주었다. 프랑케에게 가장 중요한 것은 스페너처럼 교회개혁이었으며 동시에 거의 황폐된 상태에 놓여 있는 교회를 다시 새롭게 세우는 일이었다. 이때 퇴락한 교회의 참회제도가 가장 큰 문제였다. 프랑케의 목회방향 속에는 개인과 공동체를 위한 철저하면서도 일관성 있는 그리고 엄격하게 훈련시키는 과제와 근본적으로 세계를 변화시킬 수 있다고 믿는 두 가지 관심이 서로 연결되어 있다. 다시 말하면 프랑케의 영혼돌봄에서 회개는 개인적 회심이 전제가 되지만 다른 한편으로 끊임없는 자기성찰과 신앙인의 자기훈련 이외에도 모든 주위 환경에 대한 포괄적인 변화를 강조하고 있다. 따라서 슈츠에 의하면 프랑케 영혼돌봄의 핵심이란 "개인적인 영혼돌봄과 세계갱신이라는 두 가지 축이라고 말할 수 있다. 여기서 땅 끝까지 복음을 전파하는 하나님의 도구를 키우는 온실로서 역할을 할 수 있는 세계적인 신학교를 세우는 계획이 세워지게 된다."[87)]

따라서 모든 경우를 반영할 수 있는 학습과정, 곧 가난한 사람과 고아들과 어린이들과 중·고등학생들과 대학생들 그리고 교사와 성직자를 위한 학습과정이 생기게 된다. 그래서 도시 할레(Halle)를 중심으로 교육시스템이 생기기 시작했다. 일정한 한 지역에 가난한 사람들, 중상층 가정들 그리고 귀족들의 '어린이교육'을 책임지는 학교에서부터 교사들을 위한 기숙사와 신학교가 집중적으로 만들어졌다. 이들은 세계적으로 다양한 개신교 교회들과 연계하는 에큐메니칼 정신을 바탕으로 한 학교교육을 지향했다.

신앙인들에 의한 사회현실 극복이라는 프랑케의 신앙적 교육목표는 금욕적인 요구와 세상 것의 포기라는 근본적인 태도를 바탕에 깔고 있는 듯하다. 다시 말하면 변화시켜야 될 세상에 있는 교육장에는 이들만의 독특한 감독체계가 있었다. 놀고 싶은 자연적 충동, 음악을 즐기는 것, 자유시간 등은 어린아이 교육에서부터 가능하면 제한되었다.

프랑케의 영혼돌봄은 이러한 상황에서 그리고 위와 같은 방법을 사용해서 그 당시 사람들이 요구하는 것을 채워 주었던 것이다. 곧 프랑케는 그가 목회할 당시 수많은 사람들이 힘들고 고통스러운 상황에서 그에게서 조언과 도움을 얻을 정도로 그는 독일에서 가장 뛰어난 목회자 중에 하나로 꼽힌다.

프랑케의 글들은 호평을 받고 광범위하게 읽혔다. 교회의 충격적인 상황을 고발하는 논문이라고 할 수 있는 1697년에 쓴 '참회제도의 오용에 관한 짧은 단편(Kuzer und einfältiger Entwurf von dem Mißbräuchen des Beichtstuhls)'이라는 글에서 그는 다음과 같이 말하고 있다. "이것은 참회제도와 그것을 오용하고 있는 실태에 관한 것입니다. 길을 내주시는 하나님을 찬양합니다. 그것은 오히려 모든 하나님의 종이 가지고 있는 두려움과 고통의 의자입니다. 그러나 그와 반대로 악마는 그것을 돈을 위해 일하는 사람들 그리고 자기 배만을 채우는 사람들을 위한 일종의 세관으로 만들어 버렸습니다."[88] "그러한 오용이 여기서 벌어지고 있습니다. 곧 사람들은 참회의 기도를 처음 배울 때 그 의미를 알지 못합니다. 그들은 단지 그 단어들을 달달 외워서 말할 뿐입니다."[89] "참회제도를 망치는 그 수단들을 없애기 위해서 사람들은 그들이 처음 교회에 나왔을 때 알았던 교회가 요구하는 규칙을 실천해야 합니다. 그렇지 않으면 우리는 적어도 교회 안에서 공적으로 죄를 지은 사람들을 용납하지 않기 때문에 우리는 위선적인 것을 참아야만 합니다."[90]

따라서 고해성사를 받는 사제나 목회자는 "사람들에게 외형적으로 단지 교리공부만 시켜서는 안 되고 그들 자신들이 가르친 대로 스스로 그렇게 행동해야 합니다…. 그리고 다른 목회자들과 상의해야 하고 다른 목회자들이 어떻게 하는지를 알아보아야 합니다. 마지막으로 목회자는 개개인이 처한 특별한 상황에 따라서 사람들을 다뤄야 합니다. 사람들은 회개하지 않거나 또는 전혀 회개의 기미를 보이지 않은 채로 성찬식에 참석해서는 안 됩니다. 그런 사람들은 거부되어야 합니다. 사람들은 그들의 죄 때문에 두려운 마음으로 교회에 나와야 합니다. 그리고 목회자는 그러한 사람들에게 위로를 전해야 하는 것입니다."[91]

프랑케는 1689년에 쓴 '성서가 말하는 삶의 규칙(SchriftmäßigeLeben-sregeln)'이라는 글에서 기독교인들이 이 세상에서 취할 완전한 행동 이외에 다음과 같은 말을 하고 있다. "만약 누군가가 당신에게 대적한다면 조심하십시오. 당신이 덩달아서 죄를 짓게 될 경우이기 때문입니다. 하나님의 영광이 나타나게 하고 이웃에게 최선을 다하도록 하십시오. 사람들은 매우 자주 다툽니다. 그리고 싸움이 일어날 경우, 누가 옳은가를 판단하는 것은 매우 중요한 일이 됩니다. 그러나 책임소재를 가려야만 할 경우에 흥분된 감정에 휩싸이지 말아야 합니다. 왜냐하면 그것은 육적인 격정에서 나오는 것이기 때문입니다. 만약 당신이 진리를 분명하게 그리고 선한 목적으로 제안했다면 평안하게 있으십시오. 더 큰 불화와 시비에 대응하면 당신은 이길 수 없습니다. 당신이 당신의 진리에 확신을 가지고 있지만 결코 싸울 생각이 없다는 것을 당신의 적이 알았을 경우에 당신의 적은 그 문제를 곰곰이 다시 생각해 볼 것입니다. 당신의 적은 당신으로부터 더 이상 직접 배우려 하지 않을지도 모르지만, 그는 당신이 보여 준 행동에서 온유함과 절제는 배울 것입니다."[92]

프랑케는 자기가 생각하는 '교회교육의 핵심가치'들을 1702년에 쓴 '진정으로 축복받고 현명해지기 위한 짧고 단순한 교회교육(Kuzer und einfältiger unterricht, wie die Kinder zur wahren Gottseligkeit und christlichen Klugheit anzuführen sind)' 이라는 논문에서 제시하고 있다. "영혼을 가꾸는 것 또는 감정을 다스리는 것, 이것이 유일한 수단입니다. 청소년 교육의 가장 큰 목적은 이 수단를 통해서 이루어지는 것입니다."[93] "진정한 마음교육은 피교육자의 의지와 이성에 대한 교육입니다. 우리들이 그 둘 중에 하나라도 무시한다면 아무것도 선한 것을 기대할 수 없습니다. 여기서 가장 중요한 것은 사람들이 본래 가지고 있는 아집이 깨지게 되는 것을 겪는 일입니다. 따라서 (교육과정에서) 그것을 관찰하는 것이 가장 중요한 것입니다. 청소년을 단지 똑똑하게 만들기 위해서 교육시키려는 사람은 선한 것이기는 하지만 충분하다고 말할 수 없는 인간의 이성을 다듬는 것에만 집중하는 사람입니다. 왜냐하면 그는 가장 훌륭한 것, 다시 말하면 '순종'을 가르치는 교육을 잊어버렸기 때문에 거기에서 그는 어떤 진정한 열매도 기대할 수 없습니다. 이제 그와는 반대로 우리의 고집이 멋대로 행동하려고 할 때 우리 인간의 이성은 구원의 가르침을 배워야 됩니다."[94] 따라서 여기서 우리들은 감성이 예민한 시절의 청소년들에게 심어 주어야 할 세 가지 덕목을 목표로 삼아야 합니다. 그것들은 근본적으로 그리고 항상 하나님의 축복으로 그들을 인도할 것입니다. 그것은 바로 '진리를 향한 사랑' '순종' '부지런함' 입니다. 그와는 반대로 청소년들이 온 힘을 다해서 피해야 되는 악덕이 있는데, 그것은 바로 다름 아닌 거짓말, 아집 그리고 게으름입니다."[95]

(3) 형제공동체에 의한 영혼돌봄: 친첸도르프

니콜라우스 그라프 폰 친첸도르프는 신앙적으로 그리고 신학적으로 성장하는 과정에서 그의 신앙 선배인 스페너나 프랑케와는 다른 자기만의 독특한 것을 강조했다. 그는 그것을 "우리 형제 공동체가 계속해서 주장하고 책임져야 할 신학적인 프로그램" 이라고 말한다. 그는 독창적인 조직형태와 신앙생활을 시작했으며 그것을 통해서 기독교 목회에 공간적, 시간적으로 그리고 광범위하고 지속적으로 영향을 끼치고 있다. 경직되고 권위적인 할레(Halle)의 교회구조와 지도자들과는 완전히 다르게 친첸도르프가 주도한 '형제공동체' 안에서는 이제 새롭고 특별한 '공동체 정신'이 분출되기 시작했다. 친첸도르프가 생각하는 새롭게 각성된 기독교란 처음부터 공동체 안에서 '가족의식'과 '형제자매와 같은 돌봄'이 덧붙여진 기독교를 말한다. 신앙인들 상호 간에 신앙적 돌봄이란 개개인이 가지고 있고 바꿀 수 없는 개별성과 특수성을 분명하게 인정하는 것에서 시작된다. 모든 의사전달은 매우 신중하게 구성된 조직에 기초를 둔다. 그러한 조직은 신분과 성별에 따라 구성된 '합창단', 문제와 과제별로 나누어진 '모임(Klassen)', 취미와 관심에 따라 나누어진 '동아리(Banden)'들로 구성되었다. 이렇게 해서 공동체 안에 다양한 조직문화가 생기기 시작했다. 목회적으로 보면 그 조직문화는 공동체 구성원들의 실제 생활에 도움이 될 뿐 아니라 그들의 신앙생활에 지속적이고 새로운 활력소를 불러일으켰다.

여기서 공동체를 구성하는 데는 지도력과 권위가 문제가 되는데, 그들은 그 문제를 그들의 공동체가 포괄적으로 그리고 절대적으로 그리스도와 관계되어 있는 공동체라는 강한 의식으로 해결하고 있다. '왕위에 오르신 하나님의 어린양'은 그들 공동체의 모든 사건들과 행동양식에 직접적인 영향을 주는 분으로서—심지어는 애매한 투표에서조차 주님의 뜻을 알려 주시는 분으로서—결정적인 역할을 하게 된다.

한편으로는 거룩한 모임의 정신을 그리고 다른 한편으로는 모든 구성원들이 그리스도와 관계되어 있다는 의식을 강조하고 또한 새롭게 인식시키고자 했던 이 경건주의 운동은 정신적인 독립성을 낳았으며, 이러한 독립성은 이 운동에 깊게 뿌리박힌 선교적 열정에서부터 교파문제 또는 교회정치문제까지 두드러지게 나타난다. 그것에 대해서 마이어(D. Meyer)는 다음과 같이 말하고 있다. "친첸도르프에게 있어서 목회 또는 영혼돌봄이란 자신의 교파적 정체성을 상대화시키는 것이고, 이 세상에 있는 모든 하나님의 자녀는 하나라는 세계교회일치적(에큐메니칼) 공동체성을 인정하고 활성화시키는 것이다."[96)]

이러한 방법으로 그들은 기독교인들의 생활방식을 정하고, 현실을 극복하려고 시도하며, 갈등을 해결하려고 할 때 단지 이성과 도덕적 잣대로 해결하려는 것이 아니라 '풍부한 관계 속에서' 체험된 감성 또는 경험들을 중요하게 여긴다.

2) 계몽주의와 합리주의 시대

(1) 대화를 통한 인간적인 만남의 영혼돌봄

경건주의 입장에서 보면 18세기 계몽주의와 합리주의 시대에는 자신들의 목회학과는 '상반되는' 목회학이 개신교에 나타났다고 본다. 이제 완전히 달라진 새로운 시대의 인간상은 지금과는 완전히 다른 목회적 돌봄을 요구하게 되었다. 목회자는 시대가 요구하는 지식과 일반 사회가 요구하는 윤리교사가 되었다. 인간은 자기가 만족하는 인생의 목적의식에 따라서 스스로를 찾으려고 했다. 이 말은 곧 사람들 개개인이 자신의 양심이 자유롭게 결정하는 것을 존중하기 시작했다는 것을 의미한다. 경건주의는 '개개인 영혼들을 압박'하는 일을 포기했다. 그 대신 이제 중요한 것은 종교문제에 있어서 자율적인 종교적 독립성을 향상시키기 위한 교육이다.[97)] 그러므로 이제 영혼돌봄은 방향을 제시하여 자신의 이성을 자율적으로 활용하도록 인간을 이끄는 것이 되었다.

이 시대에 와서 (이성에 기초하여 설명하는) 종교를 통해서 인간적인 인격을 형성시키는 데 도움이 되는 것은 더 이상 참회제도나 교회훈련이 아니라 '친절한 대화' 또는 강요하지 않는 '개인적 대화'였다. 이제 사람에게 도움이 되고 사람들에게 친근한 영혼돌봄의 모형이 구체적으로 거론되기 시작했다. 다시 말해서 인격을 존중하는 만남이 강조되었다. 우울한 감정

상태는 병으로 간주되었다. 영혼을 돌보는 사람은 영혼의 문제를 다뤄야 할 뿐 아니라 자신의 몸에 병이 있는지 살펴야 했으며[98] 또한 상담자로서 목회자의 자발성이 중요했다

요약해서 말한다면 이 시대에 있어서 개개인의 어려움을 상담하고 공동체에 도움을 주고자 하는 모든 활동은 하나의 기본자세를 가지고 있는데, 그것은 '인간에 대한 계속적인 교육'이라고 말할 수 있다. 이것은 근본적으로 하나님의 의도와 명령과 일치한다.[99]

계몽주의 신학에 있어서 목회학과 윤리 이론에 있어서 가장 대표적인 신학자는 베를린 지역의 교회 감독겸 종교국 평정관이었던 스팔딩(Johann Joachim Spalding, 1714~1804)이다. 그는 1748년에 쓴 자신의 유명한 책 『인간의 규정에 관한 연구(*Betrachtungen über die Bestimmung des Menschen*)』에서 그 책의 주제인 '윤리적 미덕'에 대해서 다음과 같이 쓰고 있다. "그럼에도 불구하고 이것은 항상 나의 주된 관심사다. 곧 나는 내 영혼이 추구하는 보다 높고 숭고한 충동들을 억제해서도 안 되고 무시해서도 안 된다는 사실이다. 내 속에서 내 스스로가 충분히 인식하고 있는 그 충동들은 합리적으로 움직여야 한다. 나는 내 속에 있는 선의를 보이려는 마음이 항상 더 강해지도록 그리고 어떤 방법을 통해서라도 그러한 경향이 충족될 수 있도록 노력하고 있다. 나 자신을 편안하게 만드는 인간의 행복이 내가 진정으로 추구하는 불변의 목표가 되어야 한다. 그리고 그 행복은 나 자신만의 독특한 행복이 되어야 한다. 내가 잘못이 없는 사람을 보호해 줄 때, 불행한 사람들을 도와줄 때 그리고 고통당하는 사람들이 그 고통을 헤치고 나온 것을 볼 때에 나는 내 마음속에서 느끼는 그 충만감을 위해서 완전히 헌신할 것이다. 그리고 나는 내 영혼이 가진 그런 부드러움에 대해서 명예롭게 생각할 것이다. 왜냐하면 내 영혼의 그러한 경향은 내 본성 깊은 곳에 본질적으로 존재하기 때문이다…. 그러한 경향이란 모든 사람에 대해 정의, 내 모든 행동에 있어서 바르게 처신하는 것, 조국과 선한 사람들에

대해 감사하는 것, 적들 앞에서 담대하게 행동하는 것 그리고 넓은 이해력을 가진 상식적인 사랑을 말한다. 그와 같은 경향들은 올바른 나의 내면에서 솟아나는 것인데, 그 속에 내 영의 자랑과 건강함이 있다. 그것이 가장 기쁘고 가장 오래가는 일이 되어야 한다. 나는 어디서든지 내가 바라보는 선함과 행복, 아름다움 그리고 질서들을 기쁘게 관찰하는 데 익숙해지기를 원한다." [100]

'계몽주의 시대의 영혼돌봄'에 대해서 특별한 관심을 가지고 연구하고 있으며 그것에 대해서 대단히 해박한 지식을 가지고 있는 사람은 신학자 슈츠다.[101] 그는 이 시대가 말하는 이상적인 기독교인의 삶에 대한 기본적인 입장에 대해서 다음과 같이 말하고 있다. "이 시대 영혼돌봄의 목적은 행복과 평안과 만족 그리고 충만감이다. 그러나 그것은 우리에게 익숙한 칸트의 행복론과 같은 천박한 행복론을 말하는 것이 아니다. 행복이란 이성을 가진 인간의 성취와 완성이며 동시에 행복이란 인간 자신의 도덕적이며 이성적인 자기실현이다. 평안과 만족은 삶의 의미를 찾는 인간이 지향하는 존재의 목적이다. 이 시대의 영혼돌봄에서 자주 말하는 개념들은 모든 신앙의 근본적인 행동으로서 보호받는 것과 존재로서의 용기, 의미 있는 삶의 성취 그리고 확신과 희망 등이다." [102]

(2) 인간애와 인간가치 중심의 영혼돌봄: 바움가르텐

스팔딩 외에 슈츠가 그의 책에서 특별하게 인용하고 있는 계몽주의 시대의 뛰어난 신학자는 할레의 프랑케 재단의 감독이며 할레 대학의 교수였던 지그문트 야곱 바움가르텐(S. J. Baumgarten, 1706~1757)이다. 그는 신학을 새로운 학문의 세계관에 기초해서 전개해야 된다고 주장하였다. 또 다른 이 시대의 뛰어난 신학자로 니마이어(A. H. Niemeyer, 1754~1828)를 들 수 있는데, 그는 프랑케의 손자이고 프랑케 재단의 책임자이면서 할레 대학의 신학과 교육학 교수였다. 위기에 빠진 부부상담을 한 바움가르텐의 보고서[103]

에 영혼돌봄에 대한 입장이 잘 나타나 있다. 바움가르텐은 기독교상담자로서 자기 보고서에서 위기에 처한 결혼생활에 대한 22개의 입장을 정리하고 있다. 그중에서 아무런 법적인 보호 없이 첫 번째 남편과 헤어졌고 두 번째 결혼생활도 파국을 맞은 불행한 여자에 대한 상담기록을 적으면서 그는 자기의 글 처음에 이 불행한 일의 초기 단계를 자세하게 서술하고 있다. "루치아는 1705년에 태어났다. 그녀의 아버지는 집안의 폭군으로서 아주 나쁜 사람이었다. 아버지는 아내와 아이들을 죽을 정도로 심하게 때렸고 결국 아내와 자녀들을 처참하게 방치해 놓았다. 루치아는 늘 배고픔과 고통이 따라다니는 매우 고통스러운 가정사를 겪어야 했다. 그녀가 14세가 되었을 때 부모가 시키지 않았는데도 이곳저곳으로 돌아다니기 시작했다. 결국 그때부터 그녀는 4년 동안 남의 집 하녀로 일하기 시작했다."[104)]

이러한 배경을 가지고 루치아는 23세 때 거의 자기 아버지와 똑같은 폭력적인 사람과 결혼을 한다. "이 결혼생활도 매우 불행했다. 그녀의 남편은 선천적으로 도둑질이 몸에 밴 사람이었다. 그가 수건이나 상자, 유리그릇 그리고 그와 비슷한 것들을 집으로 가져오는 경우는 한 번도 없었다. 그에게는 강도짓이 더 중요했다. 그러나 그녀의 남편은 루치아를 자기의 보호막을 만들기 위해서 루치아를 계속 잡아 두기를 원했다. 그러나 루치아는 그것을 거부했다."[105)] 그때부터 루치아의 남편은 자기 아내를 심하게 때리고 고문하기 시작했고, 그는 그 범죄행위 때문에 시 당국에 넘겨졌다. 그래서 그는 군복무를 해야 했으며 그의 구타행위가 조금 잠잠해지는 듯 보였다. 마침내 루치아가 첫 번째 남편과의 결혼생활을 끝내려고 마음먹자, 첫 번째 남편은 그녀를 거의 죽을 정도로 때렸다. 루치아는 이 일을 고해성사 때 목회자에게 알렸다. 루치아는 자기가 첫 번째 결혼을 파기하고 다시 결혼할 수 있는지, 어떻게 공적인 기관에 알려야 하는지, 어떻게 결정해야만 하는지에 대해서 자문을 구했다. 이와 같은 영혼돌봄의 상황에서 바움가르텐은 깊게 생각한 끝에 다음과 같이 판단했다. "루치아와 목회자는 공적인 기관에 알려야 할 의무는 없다. 그보다 중요한 것은 루치아를 목회적으로 돌보는 일이며 루치아의 주변이 잘 정리가 되어서 두 번째 결혼으로 새롭게 출발할 수 있도록 돕는 일이다."

바움가르텐은 계속해서 상담상황을 적고 있다. "루치아는 불확실한 외부상황에 처했을지라도 자기 문제에 대해서 간절히 기도하고 모든 것을 하나님의 선하신 손길에 맡겨 그분의 뜻에 맡겼다. 이때 루치아는 공적인 기관에 진실을 숨기지 않으면서 또한 루치아 자신이 지은 죄에 대해서 변명하지도 않으면서 또다시 죄를 짓는 일 없이 하나님의 인도하심을 분명히 보게 되었다."[106] 물론 이렇게 상담이 진행되는 동안 루치아가 성찬식에 거부당하지 않고 참석할 수 있었다.

바움가르텐의 영혼돌봄에서 나타나듯이 계몽주의 시대에는 인간애와 인간가치의 정신이 기독교의 표어가 되었다. 모든 신학은 인간적인 존재에 대한 물음에 답을 했고 영혼돌봄은 계몽과 도덕적인 개선을 목적으로 하는 일반적인 기독교인의 의무로 생각했다. 그러므로 심리학적인 사전지식이 영혼돌봄의 전제가 되었으며 영혼돌봄의 목표는 인간이 이성적인 결정을 잘하도록 하는 것이었다.

6. 근현세교회의 영혼돌봄과 심리치료의 등장

19~20세기는 기독교 영혼돌봄이 (어느 정도) 독립적인 학문으로서 신학의 다른 분야와 구별되고 학문적 정체성이 확립된 시기라고 말할 수 있다.[107] 영혼돌봄이 독자적 학문으로서 형성된 과정은 '실천신학(Praktische Theologie)'이라는 신학분야가 두드러지게 부각되기 시작하면서 이루어진다. 실천신학분야의 개척자라고 할 수 있는 슐라이어마허(F. D. E. Schleiermacher)와 니취(K. I. Niztsch)는 영혼돌봄을 신학의 한 분야로 자

리매김시켰다. 영혼돌봄은 그 시대가 실제적인 것을 요구하기 시작하는 실천적인 다른 신학분야의 영역과 맥을 같이하며 동시에 자기 자신의 학문적 역사를 구축하기 시작했다. 이제 실천신학적 관심에 대한 포괄적인 신학의 입장들은 매우 다양한 것들을 포함하게 되었다. 그 다양한 입장들은 각각의 시대가 안고 있는 문제들을 제기하게 된다. 동시에 그것들은 기독교 신앙의 입장에서 자기 시대에 맞는 위기상담에 대해 아주 분명한 인식과 범위의 가능성을 열어 놓았다. 이 시대에 다음과 같은 개괄적인 특성들이 나타난다.[108]

1) 시대적 특성

(1) 확장된 신학적 인간론

이 시대에 와서 신학적 인간론의 영역이 폭발적으로 확장되기 시작한다. 이제 인간론은 루드빅 포이어바흐(Ludwig Feuerbach), 칼 마르크스(Karl Marx), 프리드리히 니체(Friedirch Nietzsche), 지그문트 프로이트(Sigmund Freud)와 같은 철학적, 사회과학적 그리고 심리학적 지식의 대표자들의 종교비판과 연결된다. 따라서 영혼돌봄은 불가피하게 '하나님 앞에 서 있는 인간'이란 도대체 누구인가라는 질문에 답변을 해야만 했다.[109] '하나님 앞에 선 인간'이란 제목은 대표적인 인간의 행동양식을 표현하는 말이 되었다. 기독교인은 일반 사회 속에서 신앙과 연결된 미덕을 갖춘 '하나님 앞에 선 인간'으로 있다. 그러한 것을 목회적으로 의식하도록 만들고 지지하는 것은 매우 중요하게 되었다. 물론 또다시 시간이 지나감에 따라 그런 목회학적 입장은 점차로 비판받게 된다.

(2) 자연과학과의 관계 속에서 영혼돌봄

이 시대의 목회학에서 무엇보다도 전반적인 목회경험에 근거한 목회신학(Pastoraltheologie)이 나타나게 된다. 이러한 현상과 동시에 '영혼돌봄(Seelsorge)'이라는 하나의 차별된 분야가 신학 속에 편재되기 시작하며 점차로 이 학문은 확대된 인간과학의 영역(사회학, 심리학, 사회심리학 등의 학문처럼)으로 자리 잡기 시작한다. 그리고 또한 영혼돌봄과 일반 상담학은 다양한 형태에서 경쟁적인 입장에 놓이게 된다. 그러나 이와 같은 상황은 한편으로는 양 학문 간 공통적인 분야에서 협력관계로 나아가게 된다.[110] 그리고 다른 한편으로는 양 학문 간의 관계 설정에 있어서 차별성의 문제가 제기되었으며 이 관계 설정에 관한 문제는 시간이 가면서 계속해서 새로운 설명을 찾아야만 했다. 어쨌든 이제는 심리학에서도 심리적 과정에 경험적 이해의 차원에 대한 설명을 불가피하게 요구하게 되었으며 동시에 영혼돌봄에서도 심리학과 관계된 교육과정을 받아들이지 않을 수 없게 되었다. 따라서 영혼돌봄만이 가진 신학적인 독창성을 찾고 묻는 과제도 자연히 뒤따르게 되었다. 이제 이와 같은 맥락에서 '영혼돌봄과 심리치료'라는 주제는 '영혼돌봄의 이론'에서 빠질 수 없는 주제가 되었다. 그러나 이것과 더불어 영혼돌봄에서 일반 심리학의 이론과 신앙적 차원의 '신앙고백적인 독특성'과의 관계도 점차 대두되기 시작한 것이다.

(3) 신학의 한 영역으로서 영혼돌봄의 독립적인 정체성

이 시대에 와서 목회신학과 더욱더 분리되기를 원했던 영혼돌봄은 특히 '교육과정'에서 자기만의 정체성을 찾기 시작한다. 기독교인 개개인들이 가지고 있는 성격과 (공동체와의 관계에서 나타나는) 특징들이 특별히 부각되면 될수록 다양한 사람들이 가진 경험의 차이점들을 받아들일 수 있을 뿐만 아니라, 그것을 신앙의 영역에서 재인식할 수 있으며, 더 나아가 그 문제를 집중적으로 다룰 능력이 기독교상담자들에게 있는가에 대한 질문이 심각하게 제기되기 시작했다. 이제 영혼돌봄은 목회자가 어떻게 잘 목회사역에 적응할 수 있는가 그리고 어떤 목회자상을 추구할 것인가라는 주제를 넘어서서 특별한 신학의 영역이 되었다.

2) 대표적 학자들의 영혼돌봄

(1) 미성숙에서 인격의 재통합으로서 영혼돌봄: 슐라이어마허

프리드리히 다니엘 에른스트 슐라이어마허(F. D. E. Schleiermacher, 1768~1834)는 영혼돌봄을 학문화시킨 대표적인 사람이다. 그는 영혼돌봄을 목회사역 가운데 개별적인 교회사역의 한 부분으로 이해했다. 영혼돌봄의 목표는 인격의 재통합이다. 그러나 목회자는 교인에게 자신의 생각을 강요하지는 말아야 한다. 목회자는 후견인이 아니라 오히려 경청과 공감으로 대화를 시작해야 한다. 다른 사람에게 사건이 명백해지고 스스로 결정을 하도록 이끌었다면 그 대화는 성공한 것이다. 그것은 오직 목회자와 교인과 신뢰관계가 형성될 때 가능할 수 있다. 슐라이어마허는 후기에 와서 성숙의 원리를 고집했다. 그는 나중에 위로의 필요성을 더 이상 예외상황으로가 아니라 일반적인 인간적인 상황으로 설명한다. 즉, 사실상 모든 사람은 위로를 필요로 한다. 그러므로 영혼돌봄은 일반 사회적 판단을 하는 것을 도와주면서 여러 특별한 인간상황들에 집중하게 된다.

따라서 영혼돌봄은 전적으로 특별한 위기상황을 돕거나 또는 방황하는 사람들을 돕는 것이 아니다. 영혼돌봄은 오히려 엄격한 믿음에 기초하여 삶의 질을 향상시키고 신앙인들에게 영적인 분명함을 제시하는 것이다. 슐라이어마허가 말하는 영혼돌봄이란 일종의 특별한 관계작업이라고 말할 수 있는데, 여기서 말하는 관계작업이란 개인의 '미성숙성'을 깨닫게 만드는 일이다. 그렇게 영혼돌봄은 자신의 종교적 감성을 예배 속에서 표현하는 기독교 공동체에게 도움이 되게 하는 것이다. 그러므로 슐라이어마허는 다음과 같이 말하고 있다. "모든 공동체 구성원들은 하나님의 말씀과 직접 연결되어 있으며 그 말씀에 따라 자기 스스로 자기를 상담할 수 있다. 그뿐만 아니라 공동체 구성원들은 하나님 말씀 속에 나타난 규칙들과 믿음 속에서 하나님 말씀과 그 말씀 속에 나오는 개별적인 사건의 연속성을 이해할 수 있기도 하고 그렇지 못할 수도 있다. 그러나 공동체 구성원들이 목회자들에게 그에 대한 설명을 요구한다는 것은 스스로에 대한 신뢰심이 결여되어 있다는 표시다. 또한 그러한 행동은 먼저 종교교육을 시키는 목회자들의 가르침과 그들이 예배 중에 풀어 주는 하나님 말씀에 대한 설명이 그동안 충분하지 않았으며 그들이 지향했던 목표를 이루지 못했다는 것을 증명하는 것이다. 그러나 모든 사람은 그 자신이 해야 하지만 불안전한 상태로 남아 있는 활동을 보충해야 할 의무가 있다. 여기서 절대적인 기준이 나오게 된다. 목회자는 사람들이 목회자에게 그러한 요구를 할 때는 언제든지 공동체 구성원들의 영적인 자유를 향상시키는 데 노력해야 하며 그렇지 못할 경우 그들에게 그러한 요구를 들어줄 만한 능력이 없다는 것을 분명히 알려 주어야 한다."[111] 그러므로 "개개인들은 교회공동체의 구성원으로서 영혼돌봄의 대상이 될 수 있다. 영혼돌봄의 대상이 되는 그들은 외적인 또는 내적인 이유에서 자신 생활의 균형점을 잃어버린 경우다. 우리는 이러한 사람들과 관계하는 것을 좁은 의미에서 영혼돌봄이라고 부른다."[112]

따라서 슐라이어마허가 말하는 영혼돌봄은 개개인에게 존재하는 미성숙성을 최대한 줄이고 개개인의 영적인 자유를 촉진시켜 다시금 공동체의 일원이 되도록 하는 것이 목표라고 할 수 있다.

(2) 교회조직의 활성화를 통한 삶에서의 영적, 인격적 질서 확립으로서 영혼돌봄: 슈바이처

알렉산더 슈바이처(Alexander Schweizer, 1808~1888)에 의하면 영혼돌봄은 "각 사람의 내면의 삶에 상호적으로 참여하여 생기는 사랑의 증명"이다. 그러므로 목회자의 영혼돌봄과 평신도의 영혼돌봄은 구별은 되지만 분리되지 않는다. 슈바이처는 특히 영혼돌봄의 이론과 관련하여 다음과 같이 설명하고 있다. "교회의 목회직무 가운데서 모든 목회 이론이 염두에 두어 왔던 세 가지 중요한 것이 있다. 그것은 첫째, 교회공동체 구성원들의 상황을 '식별하고 인식하는 목회'로서 '사려 깊게 관찰하는 것', 둘째, 공동체 구성원들을 '치유하는 목회'로서 '직접적으로 영향을 주는 것' 그리고 마지막으로 목회윤리로서 '교회공동체 구성원들의 일반적인 생활관습에 대해서 영향을 주는 것'이다."[113]

'사려 깊게 살펴보는 영혼돌봄'에서 무엇보다도 중요한 것은 심방에 대한 기록에서부터 예배드리러 왔을 때의 관찰기록에 대해서 의무적으로 살피는 일이며 그것에 대한 조치를 취하는 것이다. 슈바이처가 볼 때 여기서 매우 중요한 역할을 하는 것은 영향력 있는 교회 조직체계다. "자세한 관찰기록이나 심방을 통해서도 '사려 깊게 살펴보는 영혼돌봄'의 과제를 충분하게 해결할 수 없다. 우리는 누가 병이 나서 누워 있으면서 심방을 바라는지, 또는 누가 분노하고 있는지에 대해서 모든 것을 알 수가 없다. 목회자가 가까이 가면 많은 것을 숨겨 버린다. 그래서 목회자는 다른 것에 대해서도 부정확하게 파악할 수 있을 뿐이다. 따라서 목회자는 개인적으로 직접 그것을 파악할 수 없을 뿐 아니라, 그가 파악한 것과는 반대로 보고 경험한 다른 사람을 통해서 간접적으로 알게 될 뿐이다. 그렇게 목회자가 한 발 늦은 것은 반드시 보충되어야 한다. 따라서 교회조직은 그러한 것을 보충하는 작용을 하는 적당한 기구를 설치해야 하며 목회자는 그것을 이용해야 하고 또한 활성화시켜야 한다. 그 기구나 조직은 아마도 그 외에 교회공동체의 또 다른 목적에도 유용하게 이용될 수 있다."[114]

'치유하는 영혼돌봄'에서 중요한 것은 무엇보다도 영적으로 영향을 주는 것과 특별한 삶의 정황에서(예를 들면, 이혼, 범죄에 대한 참회 등 그리고 빈민구호기관, 청소년 구호기관 등에서 이루어지는 것과 같은 그리고 죄짓거나 잘못되고 불행한 사람에 대한 '자발적인 영혼돌봄'처럼) 사람들을 도와주는 일이다. 따라서 "영혼돌봄이란 각 개인의 상황에 따라서 개개인을 각성시키고,

지탱시키며, 기독교의 영적인 삶을 향상시키고 새롭게 하기 위한 목회적 돌봄이다."[115] 그리고 "모든 기독교인들은 형제를 목회적으로 도와야 하는 도덕적 의무와 도덕적 권리를 가지고 있다. 그리고 그러한 의무와 권리는 영적인 직분을 위해서 긍정적인 것이 되었다."[116] 이러한 맥락에서 실제적인 면에서 볼 때 위의 말은 다음과 같은 것을 의미하는 것이다. "용서하고 해방하는 하나님 은혜에 대한 믿음을 새롭게 하는 것이란 죄에 대한 자각과 회개에 대한 의식을 깨우치게 하는 것인데, 이것이 바로 영혼돌봄이 주는 복음이다."[117]

마지막으로 '목회윤리'에 대한 슈바이처의 글은 바른 기독교상담자가 가져야 할 인격적 특징을 제시하며 강조하고 있다(예를 들면, 목회자의 직분과 인격이 하나가 되어야 하는 것과, 가정적이면서 사교적이며 서민적인 목회자의 삶과 그의 윤리적인 태도 등에 관한 언급이다.). 슈바이처는 목회윤리에 대해서 다음과 같이 결론짓고 있다. "목회윤리는 목회자를 자극시켜야 하는데, 목회윤리를 통해 목회자 자신이 소유한 영혼돌봄의 능력이 향상될 뿐만 아니라 교회공동체가 영혼돌봄의 영향을 점점 더 많이 받을 수 있게 된다."[118]

슈바이처가 말하는 영혼돌봄은 모든 삶의 영역에서 영적이고 인격적인 질서에 대한 사고라고 말할 수 있다.

(3) 시대상황과 현대적 인간이해에 근거한 하나님 말씀의 개별화로서 영혼돌봄: 칼 임마누엘 니취

칼 임마누엘 니취(Karl Immanuel Nitzsch, 1787~1868)에 의하면 위로적으로 접근해 들어가야 하는 사회심리학적인 상황을 특별한 방법으로 고려하고, 인간적이고 시간적이며 공간적인 필요와 수용 그리고 요구의 개별화에 상응하는 '하나님 말씀의 개별화'가 영혼돌봄의 목표이며, 복음적인 '위로의 가르침'인 하나님의 말씀을 올바르게 가르치는 것(딤후2:15)이 영혼돌봄의 가장 중요한 특징이다. 영혼돌봄의 실제에서 영혼돌봄을 개인 또는 사회윤리적인 문제 그리고 디아코니적인 과제와 분리하지 않는다. 교회적으로뿐만 아니라 일반적으로 인간 삶의 실제는 기독교적으로 사로잡혀야 한다는 것이다. 그는 종종 떠맡게 되는 기독교상담자의 '진단적이고' '치료적인' 능력의 차이를 마음에 새기라고 한다.

이제 영혼돌봄은 신학적으로 그리고 실제적으로 그 개념이 규정되어야 했다. "영혼에 대한 근본적인 돌봄 또는 특별한 영혼돌봄이란 교회의 직무에 속한 활동이다. 그것은 영적인 생활을 시작하고, 보존하고 그리고 완성시키려 하는 공동체 구성원 개개인을 위한 것이다. 또한 그러한 교회의 일은 원칙적으로 공동체 개개인의 상황과 필요에 따라서 제공되어야 하며 기독교상담자의 개인적인 인상에 의해 지지되어야 한다."[119] 중요한 것은 '각 개인의 규정이 공동체를 형성하며 공동체의 규정이 개개인에게 영향을 미칠 수 있다.'[120]는 것이다.

니취에 의하면 우리가 인식할 수 있는 일반생활과 교회생활의 여러 상황들이 교회적인 차원에서 나타났을 때 성서적인 원리들과 규정들이 현재 교회의 윤리적 과제 및 봉사의 과제와 분리되지 않으면서 드러나게 된다. 목회자는 그러한 상황에서 자신이 목회자라는 것을 인식해야 하며, 목회적 은사를 베풀 수 있는 능력과 교육시킬 수 있는 능력, 그리고 바른 '영혼의 의사로서 교회상황을 올바르게 판단할 수 있는 능력을 가지고 있어야 한다. 니취는 이에 대해서 다음과 같이 말하고 있다. "그러나 그러한 능력이란 개별적인 사안에 대한 원인과 그것들에 대한 개별적인 해결책을 찾는 것이 아니라 전체적인 특징과 성격에서 개개인의 내적인 상태와 그들이 필요로 하는 것에 대해 전체적인 그림을 그릴 수 있는 능력이다."[121]

또한 (만약 예를 들면, 제한된 이해와 공허한 마음들이 털어놓는 모든 슬픔과 불만, 불안감과 의심이 중요하다면) 기독교상담자는 현장을 늘 가까이 함으로써 곧 치료적으로 유능하게 돌보고 치료해야 하며, 기독교상담적인 교제를 나누는 과정에서 목회자가 가지고 있는 가르치는 능력을 가지고 복음의 소중함을 일깨워 주어야 한다. 그리고 그는 그 일을 기도의 은사로 뒷받침해야 하고 내담자와 함께함으로써 진리를 확신시켜야 한다.

모든 영혼돌봄의 목적은 '오르토토미(Orthotomie)', 즉 고통받고 죄지은 사람들에게 하나님의 위로를 전달하기 위해 말씀을 올바르게 사용하고 전달하는 것이다. 목회자가 하는 일이 항상 '선교적인 차원에서' 이해되어야 하는 것은 일반 대중들이 점차 교회를 떠나고 있다는 데에 그 이유가 있다. 여기에 대해서 니취는 시대상황과 시대의 목회적 과제를 다음과 같이 말하고 있다. "교회와 기독교에 대한 심각한 오해와 편견이라는 사악한 시대정신이 극빈자들과 하루일당을 받고 일하는 도시노동자들에게 전염되기 시작했습니다. 선교의 마음을 가진 목회자들은 그러한 생각을 가지고 있는 사람들과 접촉할 때, 결코 그들이 가지고 있는 (교회에 대한) 선입견을 회피해서는 안 됩니다."[122] 목회자는 '시대의 사람'으로 더욱 자기 영역에서 영향력을 가지고 있어야 한다.

분명한 것은 (대체로 심리학적 인간론이 아닌, 종교적인 인간론에 있어서) 목회자가 하나님 말씀이 개개인에게 실제로 그리고 목적대로 일어날 수 있을 정도로 충분하게 인간이해를 가지고 있어야 한다. 이러한 측면에서 니취는 기독교상담자의 능력에 대해서 다음과 같이 말하고 있다. "우리가 기독교상담자에게 충분한 인간인식을 요구하는 것은 적절한 것입니다. 그렇게 함으로써 기독교상담자는 한계를 가지고 있는 인간의 마음과 본질을 근본적으로 이해할 수 있게 되며, 보다 심도 깊은 인간이해란 자기인식을 하는 것입니다."[123]

신학적으로 분명하게 정의된 영혼돌봄은 시대상황과 현대적인 인간인식과 자기인식을 고려하는 것을 전제로 한다.

(4) 심리학과 영적인 사역과의 관계 속에서 영혼돌봄: 니버갈

니버갈(Fridrich Niebergall, 1866~1932)은 '현대 인간'의 삶의 현실을 고

려하기 위해 경험적, 심리학적인 상황에 깊은 관심을 갖고 문화적인 차원에서 영혼돌봄을 살펴보았다. 그는 '문화' 내에서 영혼돌봄의 출발점을 보며 특히 개인의 '경험'과 '태도' 그리고 '신앙'을 주의 깊게 살필 필요성이 있다고 했다. 니버갈과 관련하여 피스터(Oskar Pfister, 1873~1956)는 특히 예수의 치료적인 행위처럼 '종교적, 도덕적 갈등'을 해결할 때 시도하는 정신분석적이고 치유를 목표로 하는 영혼돌봄에서 프로이트의 심리학을 수용한다.

영혼돌봄의 본질적 과제로서 개개인을 돌보는 일은 교회 내 작은 공동체에 대해서 교육적인 성격을 가지고 진행되는 공동체 목회와 분명히 구별된다. 기독교상담자는 내담자에게 직분으로서가 아니라 무엇보다도 자신의 인격과 인간 그리고 이 세계의 사물에 대한 심리학적인 경험을 가지고 일하게 된다. 오직 그렇게 해서 그는 생활현장에 있는 사람들이 가지고 있는 믿음과 행동에 그리고 그들의 의지에 영향을 줌으로써 그들에게 도움을 주고 교회공동체로 이끌 수 있는 것이다. 니버갈에 의하면 이때 기독교상담자는 그 어떤 종교학적인 방향이나 세계관을 가지고 있든지 그리고 그 어떤 세상적인 사건에 있어서도 자기 자신에게 맡겨진 특수한 사역을 지켜야 한다. 그러나 그는 결코 교회공동체 내의 모든 일을 하기 위한 종이나 하녀로 전락해서는 안 된다. 왜냐하면 "우리들은 어떠한 상황에서든지 무엇보다도 항상 목회자로 있어야 한다. 그리고 비록 목회자가 말 없이 함께 있어 줄지라도 원하거나 또는 해야만 하는 일들이 어떠한 상황에서라도 만나는 사람들에게 인격적으로 믿음을 불어넣거나 그들의 인격에 영향을 주고 있는지 또는 그렇게 못하는지를 우리들은 항상 자문해 보아야 한다. 우리들은 사람들이 자기 자신과 하나님이 일치할 수 있게 인도하기 위해서 그들의 인생의 짐을 덜어 주거나 또는 사람들 각자가 처한 상황에 따라서 그들에게 (영적인) 부담을 주기도 하면서 일하는 것이다. 위치에 맞는 좋은 일을 많이 하고 수많은 다양한 일을 할지라도 우리에게 한계가 있다는 것을 반드시 염두에 두어야 한다. 곧 우리들이 갈 수 없는 길이거나 할 수 없는 방법이라면 우리와 관계없어도 된다. 또한 우리에게 생소하거나 우리가 적용할 수 없는 것도 또한 우리들과 관계없다는 것이다."[124] 니버갈에 있어서 영혼돌봄은 영적인 사역과 심리학적인 인격발달을 연결시키는 일이다.

이 시대의[125] 신학사상과 신앙 그리고 영혼돌봄의 특별한 배경을 결정짓는 것은 무엇보다도 계몽주의 시대와 그것을 극복하고자 했던 시도다. 그리고 경건주의와는 다르게 완전히 새롭고 다른 방식으로 이 시대가 중요하게 생각하여 존중하는 것은 개인의 자유 그리고 외부의 간섭 없이 오직 내적인 변화에 의한 양심의 형성이다. 1813~1815년에 있었던 해방전쟁과 유럽에서의 나폴레옹 시대의 종말은 새로운 민족의식을 싹트게 만들었다. 개신교 영역을 살펴보면 교회연합 운동과 교회기관별 통합 시도 그리고 거기에 덧붙여 상대적으로 새로운 의미의 교파운동이 생기게 되었다. 그 외에 독일의 경우를 보면 새로운 신앙각성 운동들이 독일의 교회적 또는 종교적 분포도를 만들어 나갔다. 그 새로운 신앙각성 운동은 그 당시 자연과학적 세계관이 주는 강한 영향력에 대항하는 저항세력이었으며 아주 세속적인 인생관에 맞선 운동이라고 볼 수 있다.

사실 그 시대조류는 진부하고 고루한 복고풍으로 돌아가고자 하는 삶의 형태에 대한 100년 동안의 혁명적인 저항이라고 말할 수 있다. 동시에 이 시대는 도시화에 의한 거대한 도시빈민이 생기기 시작한 산업화의 시대였다. 교회와 영혼돌봄은 거대한 '사회문제'라는 과제 앞에 직면하게 되었다. 이제 그동안 계속되어 왔던 '국외선교' 이외에 영적인 도움과 사제적인 도움을 분리시키지 말자라는 의도로 그 유명한 '국내선교(Innere Mission)'가 설립되었다. 이러한 것과 관련된 이 시대의 영혼돌봄의 특징들을 살핀다면 신앙적인 자기인식에서 해방시키는 것 외에 개인적인 영적의 자유 그리고 개인들 간의 상호 친교가 강조되었다. 이와 같은 구체적인 목회의 목표 때문에 점차로 사람들은 목회자에게 현실생활과 밀접하게 연관된 인간의 본질에 대해서 풍부한 인식을 가져 줄 것을 요구하기 시작했다. 여러 다양한 모습 가운데서 이 시대의 신앙생활에서는 일반적인 생활자세를 강조하거나 교회생활에 참여시키기 위한 교육이 강조되었다. 교회목회자들과 일반 평신도들이 교회와 일반 사회의 붕괴 징후를 막아 보기 위해 취한 노력들은 일반 사람들에게 긍정적으로 영향을 끼쳤다.

미주

1) 이 장은 K. Winkler, 『목회상담』, 신명숙 옮김 (학지사, 2007), 107-219을 주로 요약 및 정리하였으며, 그 외 Christian Möller, *Geschichte der Seelsorge* Bd. 1, 2, 3 (Vandenhoeck & Ruprecht, 1996), D. Rössler, *Grundriß der praktischen Theologie* (Berlin/New York, 1986), 그리고 *TRE,* Bd. 32 "Seelsorge I" (Walter de Gruyter, 2000)를 참고하여 서술되었다. 따라서 많은 부분에서 재인용이라는 용어를 사용하지 않고 원저에서의 인용 그대로 소개될 것이다.

2) 기독교상담의 역사부분에서 제2차 세계 대전을 기준으로 심리학의 영향을 크게 받지 않은 그 이전은 기독교상담이라는 용어 대신 기독교상담의 어원이 되는 라틴어 'cura animarum(영혼돌봄)' 으로 표기하기로 한다.

3) 여기에 관한 다음 내용은 슈트레커(G. Strecker)의 저서 *Die Johannesbriefe, KEK XIV* (Göttingen, 1989), 299에 나오는 부록 "두 번째 회개(Zweite Buße)" 에서 뽑은 것이다. 여기에서 보면 요한시대와 그 인접한 시대의 초기 기독교에 있어서 회개절차에 대해서 소개하고 있는데, 먼저 "죄라고 판단하는 원칙이나 규칙를 바탕으로 판단하는 조직적인 기반에 근거하지 않고 그때 그때의 사안에 따라서 죄를 진 사람을 판단했다." 그리스도의 희생은 단 일회성이라는 특징을 가지기 때문에 근본적으로 어떤 용서도 반복을 허용할 수 없는 것이라는 구실 아래 죄의 용서를 단 1회만 허용하는 엄격한 모습이 많이 나타난다. 무엇보다도 "사도시대 이후에 점차 증가하는 신앙의 타락을 극복하기 위하여 그러한 엄격함이 강조되고 있다. 2세기에서 3세기로 넘어가는 시기에 몬타니스교인들 그리고 3세기에는 노바티안(Novatian)과 그의 추종자들은 한 번 타락한 기독교인들을 다시 받아들이는 것을 거부하고 있다." (위의 책, 300) 이와 같이 죄의 용서를 엄격히 적용하는 초기 교회의 입장은 실제 교회공동체의 현실과 맞지 않기 때문에 실제적으로는 많은 저항에 부딪치게 된다. 그러한 맥락에서 죄들을 상세하게 분류하는 초기 교회의 노력을 이해할 수 있다. 따라서 '원칙적으로' 반복될 수 없는 회개와 죄를 용서하는 세례식 때의 예식이 있음에도 불구하고 거기에 덧붙여 초기 교회는 '마지막 회개의 길' 이라는 것을 예식으로 만들어 놓게 되었다. 또 그러한 조치는 초기 교회가 마지막 최후의 심판을 내리는 상황과도 연관되어 있었다. 중재기관과 '회개의 장소' 로서 교회가 점점 더 강하게 부각되기 시작했다. 슈트레커는 이것에 대한 개괄적인 규범들을 자신의 저서에서 보여 주고 있다(위의 책, 302). 따라서 우리는 특별한 신

학적 입장을 언급하면서 목회학적인 문제를 제기할 수 있다.

4) R. Seeberg, *Lehrbuch der Dogmengeschichte. Bd.* 1 (Leipzig, 1908), 365 아래.

5) G. Strecker, *Johannesbriefe*, 30 아래.

6) 여기에 대해서는 R. Seeberg, 위의 책, 367 그리고 E. Molland, Art. "Hermas", *RGG*, 3. Aufl., Bd 3, 242를 살필 것.

7) T. Bonhoeffer, *Ursprung und Wesen der christlichen Seelsorge* (Müchen, 1985), 94.

8) T. Bonhoeffer, 95.

9) T. Bonhoeffer, 96.

10) T. Bonhoeffer, 100; 이 책 98 아래에 나오는 '구원의 과제로서 문화' 라는 제목의 부분도 참조할 것.

11) Klemens von Alexandrien, *Welcher Reiche wird gerettet werden?, SKV* 1 (München, 1983).

12) 위의 책, 75.

13) 위의 책, 57 아래.

14) 그 사막교부집 목록에 대해서는 M. Seitz, "Wüstenmönch", in: C. Möller (Hg.), *Geschichte. Bd. 1*, 81 아래에 나와 있다.

15) AP. 1163; M. Seitz의 책, 98 참조.

16) AP. 1; M. Seitz의 책, 84 참조.

17) T. Bonhoeffer, 111.

18) M. Seitz, 99 아래 참조.

19) T. Bonhoeffer, 109.

20) AP. 476; M. Seitz의 책, 91 참조.

21) AP. 174; M. Seitz의 책, 92 참조.

22) T. Bonhoeffer, 139.

23) T. Bonhoeffer, 125.

24) Kl. Reg. 229 또한 W. A. Bienert, "Basilus von Cäsarea", in: C. Möller (Hg.), *Geschichte. Bd. 1*, 113 이하 참조. 이 책 117에 보면 다음과 같은 말이 나와 있다: "학문에 매진하던 젊은 시절에 의학적인 문제를 다루곤 했던 바실리우스는 육체적인 건강과 정신적인 건강은 매우 가깝게 상호 연관되어 있다고 생각한다."

25) Basilus von Cäsarea, *Mahnreden,* SKV 4, 50 이하, 56.

26) T. Bonhoeffer, 130 이하.

27) T. Bonhoeffer, 133.

28) T. Bonhoeffer, 138.

29) 그의 두 번째 말을 참조. Gregor von Nazianz, "Reden-deutsch. Rede 1-20", *Bibliothek der Kirchenväter* 59 (Kempen/München, 1928); T. Bonhoeffer, 140 이하.

30) L. Fendt, *Grundriß der Praktischen Theologie für Studenten und Kandidaten*, 2. Aufl. (Tübingen, 1949).

31) T. Bonhoeffer, 143.

32) T. Bonhoeffer, 145

33) Gregor von Nazianz, "Reden-deutsch. Rede XIX. Rede Über die Liebe zu den Armen", 33 이하.

34) G. Voss, "Benedikt von Nursia", in: C. Möller (Hg.), *Geschichte*. Bd. 1, 209 이하.

35) 이 부분은 C. Möller, "Gregor der Große", in: Ders. (Hg.), *Geschichte*. Bd. 1, 223 아래; A. Köstlin, *Lehre. von der Seelsorge nach evangelischen Grundsätzen* (Berlin, 1907), 22 아래 살필 것.

36) C. Möller, 227.

37) 묄러(C. Möller)가 편집한 책의 부록 241를 살필 것.

38) M. Eckart, *Predigten und Schriften*, Ausgewählt und eingeleitet v. F. Heer (Frankfurt a.M/Hamburg, 1956), 205.

39) T. von Kempen, *Die vier Bücher der Nachfolge Christi,* übers. v. P. Mons (Regensburg, 1959). 여기서는 K. Winkler, 『목회상담』, 신명숙 옮김 (학지사, 2007), 142에서 재인용.

40) 다음에 서술하는 종교개혁 시대는 다음 글을 살폈음: M. Greschat, *Geschichte des Christentums II. Von der Reformation bis zur Gegenwart, Grundkurs Theologie* 4 (Stuttgart/Berlin/Köln, 1997).

41) 이것에 대해서는 K. Winkler, *Zumutung im Konflicktfall. Luther als Seelsorger in heutiger Sicht* (Hannover, 1984)를 살필 것.

42) 이것에 대해서는 W. Uhsadel, *Evangelische Beichte in Vergangenheit und Gegenwart* (Gütersloh, 1961)를 살필 것.

43) 여기에 대해서는 A. Hauck, *Kirchengeschichte Deutschlands*. Bd. 1 (Berlin, 1958), 249; 그리고 Bd. II, 264 이하; D. Rössler, *Grundriß der praktischen Theologie* (Berlin/New York, 1986), 156 이하를 살필 것.

44) A. Hamel, *Der junge Luther und Augustin* (Gütersloh, 1934).

45) 여기에 대해서는 R. Schwarz, *Vorgeschichte der reformatorischen Bußtheologie* (Berlin, 1968), 126.

46) M. Luther, "Briefwechsel 6, Nr. 1876", in: *D. Martin Luthers Werke. Kritische Gesamtausgabe* (Weimar, 1883) 이하, WB 1930 이하; 여기서는 R. Kreft, "Praktische Seelsorge in Martin Luthers Briefen", in: *Berliner Hefte für evangelische Krankenhausseelsorge*, Nr. 49 (Berlin, 1963), 63에서 재인용. 학문적으로 또한 교회사학적인 관점에서 그리고 조직신학적으로 광범위한 루터의 목회학 또는 목회상담을 다룬 저서는 최근에 나온 에벨링(G. Ebeling)의 저서다: G. Ebeling, *Luthers Seelsorge. Theologie in der Vielfalt der Lebenssituation an seinen Briefen dargestellt* (Tübingen, 1997). 에벨링은 그의 저서 '후기'에서 루터 연구를 통해서 신학과 목회 또는 목회상담의 관계를 설정해 보려 했다는 목적을 다음과 같이 말하고 있다: "루터의 편지를 연구한 것은 내 자신에게도 많은 도움이 되었다. 이 연구는 다른 사람들에게도 '신학이란 단지 공허한 사상이거나 쓸데없는 과거와 연관된 학문이 아니고, 다양한 상황 속에서 삶 자체와 연과된 것이다.' 라는 그들의 경험을 다시 한 번 확신시켜 줄 것이다"(484).

47) Martin Luther, "Vierzehn Tröstungen für Muhselige und Beladene (tesseradecas consolatoria pro laborantibus et oneratis)" Überst. und eingeleit. v. Bischof D. Heckel, in: *Schriften der Luther-Agricola-Gesellschaft in Finnland*, Nr. 3 (Helsinki, 1941).

48) Martin Luther, 위의 책, 62. 이 부분과 주제에 대해서는 C. Möller, "Martin Luther", in: Ders., (Hg.), *Geschichte Bd. 2*, 25 이하에서 참조함.

49) Huldrych Zwingli, *Auswahl seiner Schriften*, hg. v. E. Künzli (Zürich/Stuttgart, 1962), 169.

50) H. Zwingli, 위의 책, 170.

51) H. Zwingli, 위의 책, 172.

52) H. Zwingli, 위의 책, 109.

53) H. Zwingli, 위의 책, 178; 이 부분에 대해서는 S. Lutz, Huldrych Zwingli, in: C. Möller (Hg.), *Geschichte Bd. 2*, 65 아래도 살필 것.

54) S. Lutz, 위의 글, 71.

55) H. Zwingli, *Auswahl seiner Schriften*, 163.

56) H. A. Köstlin,, *Lehre von der Seelsorge nach evangelischen Grundsätzen*, (Berlin, ^{2}1907), 70.

57) Martin Bucer, *Deutsche Schriften*. Bd. 7, hg. v. R. Stupperich/W. Neuser (Gütersloh, 1964), 67.

58) Martin Bucer, 위의 책, 140.

59) Martin Bucer, 위의 책, 101.

60) Martin Bucer, 위의 책, 103.

61) 이것에 대해서는 D. Rössler, *Grundriß der praktischen Theologie*, 161을 살필 것.

62) Martin Bucer, 위의 책, 214.

63) 이 부분에 대해서는 R. Friedrich, "Martin Bucer", in: C. Möller (Hg.), *Geschichte* Bd. 2, 85 이하를 참조했음.

64) R. Friedrich, 위의 책, 87.

65) W. Schütz, *Seelsorge, Ein Grundriß* (Gütersloh, 1977), 22.

66) 이 부분에 대해서는 W. Schütz, 위의 책, 22 이하를 살필 것.

67) J-D. Benoit, "Seelsorge und Theologie in der Institutio", in: J. Moltmann (Hg.), *Calvin-Studien* (Neukirchen, 1960), 1 이하.

68) H. Scholl, "Johannes Calvin", in: C. Möller (Hg.), *Geschichte Bd. 2,* 110.

69) H. Scholl, 위의 글, 117.

70) H. Scholl, 위의 글, 120 이하.

71) W. Schütz, *Seelsorge*, 14 이하.

72) W. Schütz, 위의 책, 16.

73) A. Hardeland, *Geschichte*, 311 이하, 326 이하.

74) A. Hardeland, 위의 책, 320.

75) W. Schütz, 위의 책, 23 이하; 30 이하

76) A. Köstlin, Lehre, 61.

77) A. Hardeland, 위의 책, 332.

78) H. A. Köstlin, 위의 책, 79.

79) D. Rössler, *Grundriß*, 위의 책, 79.

80) J. Wallmann, "Philipp Jacob", in: C. Möller (Hg.), *Geschichte*. Bd.2, 268 이하.

81) 경건주의 시대의 '영혼돌봄과 교회성장' '위로와 신앙의 어려움' 이라는 주제에 대해서 더 살펴보고자 할 경우 J. Wallmann, 위의 책, 271 이하를 살필 것.

82) 이 저작의 기원과 반응 그리고 형식에 대해서는 Philipp Jacob Spener, *Schriften*. Bd. I. Eingeleitet v. E. Beyreuter D. Blaufuß (Hildesheim/New York, 1979), 43 이하를 살필 것.

83) 스페너가 끼친 전체적인 영향력의 핵심사항들에 대해서는 W. Schütz, 위의 책, 37 이하; J. Wallmann, 위의 책, 261 이하를 살필 것.

84) Ph. J. Spener, 위의 책, 54.

85) Ph. J. Spener, 위의 책, 59.

86) 스페너의 독일어 그리고 라틴어로 쓴 신학적 사상들은 F. A. E. Hennicken이 1838년 할레에서

편집한 스페너의 글을 보면 된다.

87) W. Schütz, 위의 책, 42을 살필 것. 따온 글은 40 이하.

88) A. H. Francke, *Werke in Auswahl*, hg. v. E. Peschke (Berlin, 1969), 92.

89) A. H. Francke, 위의 책, 93.

90) A. H. Francke, 위의 책, 103.

91) A. H. Francke, 위의 책, 106.

92) A. H. Francke, 위의 책, 353.

93) A. H. Francke, 위의 책, 125.

94) A. H. Francke, 위의 책, 126.

95) A. H. Francke, 위의 책, 137.

96) D. Meyer, 위의 글, 306.

97) 이러한 경향을 주장하는 대표적인 학자가 니마이어(A. H. Niemeyer)다. 그는 『부모, 가정교사 그리고 교사에게 있어서 가정교육과 학교교육의 기초개념들』(부제는 '확대된 의미에서의 교육')이라는 그의 책에서 다음과 같이 설명하고 있다: A. H. Niemeyer, *Grundsätze der Erziehung und des Unterrichts für Eltern, Hauslehrer und Schulmänner*, 4. Aufl. (Halle, 1801). "우리 사람들 속에서 발전시킬 수 있는 능력의 모든 것 그리고 한 인간이 자신이 얻고자 하는 능력을 자신에게서 발전시키려는 모든 것, 우리는 그것을 넓은 의미에 있어서 직업교육 그리고 교육이라고 부른다. 이러한 의미에서 교육은 어린 시절 그리고 청소년기에 한정시킬 수 없으며, 정신적인 완전함에 이르기 위한 인간의 능력을 평생토록 계속 받아야 한다. 따라서 인간의 전 생애, 곧 어린 시절 뿐만 아니라, 이 세상 이후의 삶을 위한 것까지도 교육의 과정으로 볼 수 있다."(1부, 4).

98) W. Schütz, 위의 책, 49.

99) 쾨스틀린(H. A. Köstlin)에 의하면 이와 같이 주장하는 이 시대의 사람으로 목회자 겸 신학자인 헤르더(J. G. Herder, 1744~1803)가 있다. 쾨스틀린에 의하면 헤르더는 이상적인 목회자가 해야 할 진정한 과제가 무엇인지 훌륭한 문체로 우리 교회에게 알려 주었다. 곧 그는 목회자의 진정한 과제란 하나님의 이름으로 그리고 사제의 방법으로 사람들을 고귀하게 훈련시키는 것이라고 말한다(W. Schütz, 위의 책, 87 이하).

100) "Spaldings Bestimmung des Menschen -1748- und Wert der Andacht", Mit einer Einleitung neu hg. v. H. Stephan, in: *Studien zur Geschichte des neueren Protestantimus* (Gießen, 1908), 22.

101) W. Schütz, 위의 책, 44 이하.

102) W. Schütz, 위의 책, 45.

103) Siegm. Jac. Baumgarten, *Theologische Bedencken*. Vierte Sammlung, 2. Aufl. (Halle,

1749), 1 이하.

104) S. J. Baumgarten, 위의 책, 3.

105) S. J. Baumgarten, 위의 책, 4.

106) S. J. Baumgarten, 위의 책, 60.

107) 여기에 대해서는 F. W. Kantzenbach, *Programme der Theologie. Denker, Schulen, Wirkungen-Von Schleiermacher bis Moltmann*, 3 Aufl. (Gütersloh, 1984)를 살필 것.

108) 여기에 대해서는 잘 설명하고 있는 두 권의 저서가 있다: W. Offele, *Das Verständnis der Seelsorge in der pastoraltheologischen Literatur der Gegenwart* (Mainz, 1966); Wintzer (Hg.), *Seelsorge. Texte zum gewandelten Verständnis und zur Praxis der Seelsorge in der Neuzeit* (München, 1978) 이다.

109) 이 문제에 관해서는 K. Winkler, *Werden wie ein Kinder? Christliche Glaube und Regression* (Mainz, 1992), 71 이하를 살필 것. 이 주제에 대한 논의가 현재에도 매우 활발히 진행된다는 사실은 다음 논문에 잘 나타나 있다: "Kirche: Angst produzierend-Angst reduzierend. Eine religionskritsche Konfrotation", in: H. M. Stenger, *Für eine Kirche, die sich sehen lassen kann* (Insbruck/Wien, 1995), 134 이하.

110) 예를 들면, 목회학과 의학의 새로운 협력관계를 모색하기 위하여 만든 학술지로서 *Europäischen Arbeitsgemeinschaft Arzt und Seelsorge*가 있다. 이 잡지는 이미 1925년에 베르린에서 *Arzt und Seelsorger*이란 이름으로 목회학과 의학과의 상호 협력을 위해 창간되었는데, 이 잡지가 유럽 전체를 대상으로 하는 새로운 이름의 학술잡지로 확대된 것이다. 그런데 오늘날 또다시 이 잡지의 제목은 *Internationale Gesellschaft für Tiefenpsychologie*라는 이름으로 변경되어 간행되고 있다. 예를 들어, 이 학술잡지에 나온 주목할 만한 논문은 W. Bitter, "Psychotherapie und Seelsorge" (1952), "Angst und Schuld in theologischer und psychotherapeutischer Sicht" (1953), "Vorträge über das Vaterproblem in Psychotherapie, Religion und Gesellschaft" (1956), "Die Wandlung des Menschen in Seelsorge und Psychotherapie" (1956) 등이다.

111) F. D. E. Schleiermacher, *Die praktische Theologie nache Grundsätzen der evangelischen Kirche*, hg. v. J. Ferichs (Berlin, 1850), 430 이하.

112) F. D. E. Schleiermacher, *Kurz Darstellung des theologischen Studiums zum Beruf einleitender Vorlesung*, hg. vl. H. Scholz (Darmstadt, 1969), 114.

113) A. Schweitzer, 위의 책, 29.

114) A. Schweitzer, 위의 책, 56.

115) A. Schweitzer, 위의 책, 168.

116) A. Schweitzer, 위의 책, 171.

117) A. Schweitzer, 위의 책, 183.

118) A. Schweitzer, 위의 책, 214.

119) C. I. Nitzsch, *Praktische Theologie. Dritter Band. Erste Abtheilung: Die eigenthümliche Seelenpflege des evangelischen Hirtenamtes mit Rücksicht auf die innere Mission*, 2. Aufl. (Bonn, 1957), 67; 또한 니취의 목회론에 대해서는 F. Wintzer, 위의 책, 21 이하; U. Nembach, "Seelsorge nach Karl Immanuel Nitsch", *ThZ* (28) (1972), 331 이하.

120) C. I. Nitzsch, 위의 책, 68.

121) C. I. Nitzsch, 위의 책, 113.

122) C. I. Nitzsch, 위의 책, 122.

123) C. I. Nitzsch, 위의 책, 114.

124) F. Niebergall, *Praktische Theologie. Lehre von der kirchlichen Gemeindeerziehung auf religionswissenschaftlicher Grundlage*. Zweiter Bd. (Tübingen, 1919), 379. 니버갈의 기독교상담에 대해서는 L. C. Hoch, *Seelsorge und Gemeinschaft. Das menschliche Bedürfnis nach Gemeinschaft in der deutschen protestantischen Seelsorgeliteratur von Friedrich Niebergall bis zur Gegenwqrt,* Diss. (masch.) (Marburg, 1979), 9 이하.

125) 여기에 대해서는 M. Greschat, *Christentumsgeschichte II. Von der Reformationszeit bis zur Gegenwart. Grundkurs Theologie* Bd. 8 (Stuttgart/Berlin/Köln, 1997). 특히 단원 III: Das Jahrhundert der Revolutionen(1780~1914)이 나오는 136 이하를 살필 것.

• 제3장 •

현대 기독교상담의 흐름

영혼돌봄(cura animarum)이 제2차 세계 대전 이후 심리학의 영향으로 기독교상담(christian counseling) 또는 목회상담(pastoral counseling)이라는 현대적인 용어로 불리면서 현대 기독교상담은 크게 세 가지 조류로 전개되고 있다. 첫째, 20세기 초 바르트(K. Barth)로 대표되는 말씀신학의 영향을 받은 말씀 중심의 기독교상담이다. 그것은 심리학이나 기타 다른 학문이 아닌 하나님 말씀에서 기독교상담의 본질을 찾으려고 하는 것이다. 둘째, 하나님 말씀이 아닌 인간이 상담의 중심이 되는 심리학적인 방법을 도입한 기독교상담이다. 이것은 1960년대 말경에 나타난 기독교상담 운동으로서 새로운 기독교상담 이해라고 할 수 있다. 즉, 이것은 말씀 중심의 기독교상담이 1960년대 이후 탈권위화된 유럽사회와 현대인에 맞지 않는 '권위적' 상담방법이라는 비판을 받으면서 미국의 영향을 받고 탄생한 내담자 중심의 기독교상담이다. 따라서 전자가 신학적인 내용을 전달하는 것이 중심을 이루었다면, 후자는 경험적 사고가 기독교상담을 결정해야 한다는 것이다.

불프(Hans Wulf)는 기독교상담의 이러한 발전과정을 다음과 같이 설명하고 있다. "신학으로부터 인간에게로, 선포로부터 도움으로, 지시로부터 조언으로 변하는 추세다."[1] 셋째, 심리학을 중심으로 발전하고 있는 경험적 사고와 과거 말씀 중심의 기독교상담의 결점을 보완한 통합 차원의 기독교상담이다. 이러한 세 가지 조류에 이르기까지, 즉 구체적으로 독일 신학자 아스무센(Hans Asmussen) 이후[2] 말씀 중심의 기독교상담에서부터 심리학적인 방법을 활용한 기독교상담 그리고 그 둘의 통합적인 차원에서 이루어진 기독교상담에 이르기까지 어떻게 기독교상담이 발전해 왔는지 다루게 될 것이다. 특히 마지막 조류인 통합적인 차원에서 타케(H. Tacke)[3]의 기독교상담을 중심으로 다루게 되는데, 그것은 그의 이론이 최근 기독교상담의 방향에 결정적으로 중요한 뒷받침과 근거를 제시하기 때문이다. 이 장의 결론으로서 최근 기독교상담의 흐름과 앞으로의 전망을 살펴보면서 이러한 기독교상담의 동향이 현재 우리 한국교회의 기독교상담에 어떤 방향을 제시할 수 있고 도움을 줄 수 있는지 연구해 보고, 앞으로 어떻게 한국 현실에서 기독교상담의 방향을 정립할 것인가 하는 질문과 함께 그 대답을 이 장에서 전개해 나갈 것이다.

1. 기독교상담의 변천과정

1) 말씀 중심의 기독교상담

말씀 중심의 기독교상담가로서 대표적인 사람은 아스무센(Hans Asmussen)과 투르나이젠(Eduard Thurneysen)이다. 먼저 1933년 히틀러에 대항했던 고백교회의 대표자인 아스무센은 '영혼돌봄과 영혼인도(Seelsorge und Seelenfuehrung)'[4]에 관한 그의 저서에서 다음과 같이 기독교상담을 정의하고 있다. 즉, 기독교상담은 "인간과 인간과의 대화로서 그 대화 속에서 무조건적으로 복음을 개개인의 머릿속에 심어 주는 것이다."[5] 이러한 기독교상담의 정의를 바탕으로 하고 있는 그의 영혼돌봄은 전반적으로 내담자와 그의 상황을 무시한 바르트 신학에 기초를 두어 수직적, 권위적이란 인상을 주고 있다. 따라서 현대 독일 기독교상담에서 학자들은 그의 이론을 적용하는 것이 실제적으로 불가능하다고 생각한다.

그러나 그가 속했던 고백교회가 발표한 1934년 '바머(Barmer) 선언'[6]의 역사적 뒷배경을 이해한다면 그의 기독교상담 정의를 이해할 수 있다. 1934년 5월 29일에서 31일에 걸쳐 독일 기독교교회(die Deutsche Evangelische Kirche)의 첫 번째 고백회의가 바르멘(Barmen)에서 열렸다. 이 회의에는 모두 139명의 루터교, 장로교, 통합교회, 지역총회, 교회총회, 교구계의 대표자들이 참석하여 그 당시 히틀러 정권하에 있는 독일교회의 현 상황에 대한 신학적 입장을 일치적으로 표명하였다. 즉, 그들은 히틀러 정권과 국가사회주의(Nationalsozialismus)에 도전하여 어느 누구도 하나님과 같이 될 수 없으며, 어떠한 것으로도 하나님 말씀을 대치할 수 없음을 강조하면서 우리 인간은 다시 하나님에게로 돌아가서 하나님 주권하에 있어야 한다고 주장하였다. 바머 선언의 대표자는 바르트(K. Barth)라고 할 수 있는데, 이 선언은 모든 교회투쟁 중에서 가장 중요한 신학적 문서이며 오늘날까지 많은 영향을 끼치고 있다. 거기서 아스무센은 교회의 본질은 말씀이라고 강조하고 있다. 수직적, 권위적이라는 그의 기독교상담 정의도 이러한 그의 교회이해의 맥락에서 이해해야 한다. 아스무센에 의하면 교회 기독교상담의 본질은 이웃에 대한 봉사이고 그 봉사방법은 성서말씀의 선포에 있다. "모든 사람은 각자 스스로 신의를 지켜야 한다. 그렇지 않으면 각자 자기 이웃에게 봉사할 수 없다. 교회는 교회로서 존재해야 한다. 그렇지 않으면 교회는 선교적인 영향을 끼칠 수 없다."[7] 이 말은 곧 교회의 기독교상담 역시 자체 내에서 정체성을 찾아서 이웃에 봉사해야 한다는 것을 의미한다.

그가 말하는 기독교상담의 핵심은 죄의 용서다. 또한 고백교회에 속했던 본회퍼(D. Bonhöffer)는 휜켄발더(Finkenwalder)에서의 강의에서 기독교상담에 대해 언급하였는데, 그 역시 기독교상담의 중심은 죄의 고백에 있다고 하였다.[8] 본회퍼는 죄의 고백을 통해 비로소 교회가 교회로서 나타나고 어떠한 다른 방법도 기독교에 적합한 것은 없다고 보고 있기 때문이다.

아스무센의 기독교상담이 가진 또 다른 특징은 현대 인접학문인 심리학에 대하여 배타적이라는 사실이다. 곧 그는 심리학을 사탄적 위험이라고 표현한다. 본회퍼는 심리학에 대해서 폐쇄적이지는 않지만, 심리학을 기독교상담의 도구로 이용하기에는 결정적인 결함이 있음을 지적하고 있다. 본회퍼에 의하면 심리학은 인간이 죄인이라는 사실에서 시작하지 않으며, 따라서 오로지 그리스도의 십자가를 통해서만이 이루어지는 구원을 필요로 하지 않는다.

바르트의 가장 친한 친구이자 그와 함께 1920년대 '말씀의 신학'을 주도했던 투르나이젠은 말씀의 신학을 교회의 장으로, 곧 실천신학의 장에 적용하고 이론을 발전시킨 기독교상담가다. 그의 기독교상담 이론은 현대 실천신학에서 언제나 제일 먼저 다루어지는 기독교상담 이론의 고전이 되었다.

그의 관심은 개신교 기독교상담의 독특한 본질을 밝히는 데 있었다. 투르나이젠은 1946년 그의 저서 『목회학원론(*Lehre von der Seelsorge*)』[9]에서 기독교상담을 "각 개인에게 대화를 통해 하나님의 말씀을 세우는 것"[10]으로 정의하고 있다. 이와 같은 맥락에서 그는 기독교상담이 하나님 말씀의 '선포(Verkündigung)'라고 말한다.

그는 아스무센과 같이 기독교상담의 독특한 내용으로 '죄의 용서'를 강조하고 있다. 상담자는 내담자가 먼저 죄인인 것을 인식할 수 있도록 유도하며 또 그때 하나님 말씀이 주시는 죄의 용서로 이끌도록 하는 것이다. 그러나 투르나이젠은 이 '죄의 용서'를 개개인의 차원뿐만 아니라 국가와 국가 사이의 분쟁인 전쟁, 집단과 집단과의 갈등에 적용할 수 있다고 생각한다. 그는 여기서 기독교상담이 개인 영역을 뛰어넘어 사회적 차원에까지 적용될 수 있다고 생각한다. 그리고 아스무센은 기독교상담 방법을 언급하지 않은 반면에, 투르나이젠은 기독교상담의 방법을 '대화'라고 말한다.

또한 아스무센이 기독교상담에 심리학을 도입하는 것에 심한 반발감을 보인 반면에, 투르나이젠은 이미 1920년대 초부터 기독교상담에 방법론적으로 심리학이 유용하며 그것의 필요성을 인정하고 언급하고 있다. 또한 융의 친구였던 투르나이젠에 의하면 심리학은 목회심리학자들에게 또 다른 새로운 인간이해를 제공하고 있다는 면에서 필요하고 유용한 것이다.[11)] 그러나 그것은 용서의 복음을 더 분명하게 나타내기 위해 기독교상담에 도움을 줄 수 있어야 하는 조건하에서 존재하는 것이다. 따라서 투르나이젠에게 있어서 심리학은 기독교상담을 위한 하나의 '도움학문'이다.

그러나 투르나이젠의 기독교상담 이론에 대한 가장 큰 비판은 오직 말로만 도움을 주려는 '말에만 의지하는 기독교상담'이라는 것이다. 또한 그가 말하는 대화는 권위적이며 위로부터 아래로 향하고 있기 때문에 진정한 의미의 대화가 될 수 없다.[12)]

2) 심리학을 적극적으로 수용한 기독교상담

1950년 후반 그리고 1960년대 유럽의 학생운동은 유럽의 전 문화풍토를 바꾸어 버릴 정도로 사회적으로 그리고 신학적으로 큰 영향을 끼쳤다. 사람들이 모든 억압과 속박으로부터 벗어나려는 움직임 속에서 학교에서 실시하는 강압적인 종교교육 시간의 교회교리가 더 이상 영향을 미치지 못하자, 교회상담기관과 병원목회자들 사이에서 문제제기가 일기 시작했다. 그것은 곧 교회 중심의 기독교상담이 사람에게 강요하는 것이라면 그것이 현대인들에게 적당한 것인지에 대한 물음이다.

그와 동시에 실천신학계에 절대적 영향을 주고 있던 투르나이젠의 기독교상담 이론은 권위적이라고 비판받았다. 사람들은 그의 이론에서 목회자인 상담자와 내담자와의 관계가 마치 아버지와 자식과의 관계처럼 설정되어 있다고 비판하였다.

이러한 상황 속에서 미국에는 그 당시 붐을 이루고 있던 내담자 중심의 기독교상담 등 심리학을 이용한 기독교상담이 소개되기 시작한다.[13] 당시 젊은 기독교상담학자 피퍼(Hans Christoph Piper)는 파베르(H. Faber)와 슈트(E. v. d. Schoot)의 『기독교상담 대화의 실습(*Praktikum des seelsorgerlichen Gespraechs*)』[14]이라는 책을 소개하여 기독교상담의 변화에 도움을 주었다. 그는 또한 병원목회자의 병실에서의 예식적인 행위를 비판하면서 오히려 개개인과의 평등한 의사소통이 이루어져야 한다고 강조하였다.[15]

1970년에는 구체적으로 심리학을 이용한 미국 기독교상담 이론이 알려지기 시작했다.[16] 슈톨베르크(D. Stollberg)는 기독교상담을 "교회의 장에서의 심리치료"[17]라고 정의하고 있으며 샤휀베르크(J. Scharfenberg)는 프로이트(S. Freud)의 이론을 근거로 대화를 강조하고 전이(Übertragung)와 역전이(Gegenübertragung) 현상을 활용한 기독교상담을 전개시켰다.[18]

이렇게 하여 기독교상담의 초점은 말씀이나 상담자의 인격 또는 자세가 아니라 내담자로 이동하게 된다. 또한 심리학이라는 학문을 통해 기독교상담에서도 비로소 배울 수 있고 훈련될 수 있는 과학적 방법론을 언급할 수 있게 되었다. 1960년대 이후 이 방향을 추구하는 기독교상담가들은 기독교상담을 선포가 아닌 '대화'로 정의하고 있다. 그렇기 때문에 투르나이젠까지의 기독교상담이 기독교상담자가 주로 말해야 하는 위치에서 이제는 기독교상담자가 내담자의 말을 주로 들어야 하는 '경청'의 입장으로 바뀌게 되었다. 왜냐하면 투르나이젠도 기독교상담의 방법을 '대화(Gespräch)'라고 하며 경청을 강조하지만, 여전히 기독교상담자 중심에서 이루어지는 '선포' 쪽이 더 우세했기 때문이다.

특히 주목할 것은 1972년 이후 독일목회신학협회인 Deutsche Gesellschaft fuer Pastoralpsychologie(DGfP)가 교회의 목회심리학적인 과제를 도울 목적으로 창설되었다는 것이다.[19] 이 협회에 가입하려는 지원자는 네 가지 분야—심층심리학, 임상목회훈련, 집단훈련, 대화교류와 행동심리학—에서 훈련을 받는다. 3년의 과정이 끝나면 상담감독(Supervisor)으로 불리게 되는데, 기독교상담교육을 위해 일할 수 있고 어떤 과정을 마쳤는지 증명서를 받게 된다. 그리고 병원, 상담소 또는 교회에서 기독교상담자로서 정식으로 일할 수 있게 된다.

미국은 이미 1960년대에 심리학과 사회학 배경을 갖고 기독교상담 운동의 절정을 이루었다. 그와 더불어 1963년에 목회상담 전문가 단체로서 미국목회상담자협회(AAPC)와 1967년 미국임상목회교육협의회(ACPE)가 탄생하여 회원 자격규정과 윤리규정 등을 통해 일반 목회자와 상담훈련과 경험을 한 목회자를 구분하였다.

3) 말씀 중심의 기독교상담과 심리치료와의 통합: 타케를 중심으로

1975년 이후 다시 한 번 목회심리학에 대한 문제점과 재평가가 이루어지기 시작한다. 이러한 흐름은 고백공동체에서부터 일기 시작했는데, 미국으로부터 들어온 심리학을 이용한 기독교상담의 새로운 움직임에 대한 전면적인 도전이었다. 특히 타케는 바르트학파의 하나님 말씀신학에 근거를 두고 그의 책 『신앙의 도움이 곧 삶의 도움이다(*Glaubenshilfe als Lebenshilfe*)』[20]에서 미국으로부터 들어온 새로운 기독교상담 운동에 대하여 의의를 제기한다. 그는 심리치료 과정에서의 의사와 환자 또는 치료자와 내담자의 상담 형태가 교회 기독교상담에 적용 가능한 것인지에 대한 물음을 던지면서 심리학을 이용한 기독교상담에 전통신학이 결여되었음을 지적하고 있다.[21] 특히 현대 기독교상담의 실수는 인간에 죄에 대한 하나님의 용서가 기독교상담자에 의한 내담자에 대한 수용으로 대치되어 버렸다고 비판하고 있다.

그러나 타케는 이렇게 투르나이젠의 전통을 계승하면서 동시에 아스무센과 투르나이젠의 기독교상담 개념—인간의 고통과 걱정을 없애기보다 내담자에게 설교하는 듯한 의미에서—의 위험성을 지적한다. 그의 기독교상담의 가장 중요한 수단은 대화와 그 대화에 알맞는 복음의 전달이다. 타케는 신앙을 강조하는 그리스도 전통의 목회와 심리학을 이용한 기독교상담의 양면을 수정, 보완하여 기독교상담에서 하나님과 세상, 하나님의 말씀과 인간의 상황을 서로 연결시키려고 시도했다.

투르나이젠과의 분명한 차이는 이제 더 이상 기독교상담이 설교의 연장으로서 설교를 단순히 도와주는 기능을 하는 것이 아니라 교회와는 거리가 먼 비기독교인들에게도 다가갈 수 있다는 것이며, 이를 통해 기독교상담의 완전한 독자적인 역할을 타케는 강조하고 있다.[22)]

타케는 오늘날 기독교상담이 전통적이고 더 나아가 즉흥적인 실천으로부터 벗어나려는 새로운 움직임에 대해 긍정적으로 보고 있다. 이것은 과거에 단지 소명에 의해서만이 가능했던 것과는 달리 나름대로 가르칠 수 있고 배울 수 있는 기독교상담에 대한 적절한 기준을 세울 수 있기 때문이다. 심리학을 이용한 기독교상담에 대한 그의 긍정적인 시각으로 인하여 비로소 미국으로부터 들어온 새로운 기독교상담 움직임에 대한 중요한 면을 인식하고 인정하게 되었다. 그중에서 동반자관계를 가장 중요한 것 중의 하나로 강조하고 있다.[23)] 즉, 기독교상담의 특성은 설교나 수업과는 달리 도움을 요청하는 내담자가 원칙적으로 기독교상담의 중심에 자리 잡고 있으며 상담자와 내담자가 상호 교류한다는 것이다. 따라서 위로부터 아래로 내려오는 교회의 선포 과제가 이러한 관점에서 볼 때 기독교상담의 동반자관계 형성에 방해가 될 수 있다.

그러나 문제는 심리치료 과정에서 의미 있는 치료자와 내담자의 관계가 교회 기독교상담에도 적용, 시도될 수 있는지 또는 목회적 만남과 자유로운 대화가 새로운 방법에 의해 다시 제한되는 것은 아닌지라는 물음이다. 왜냐하면 '내담자'라는 말 'Klient'는 '종속된 자(Abhängigige)' '듣는 자(Hörige)'라는 말에서 나왔으며 '치료자(Therapeut)' 또는 '관리자(Supervisor)'는 '힘 있는 자(Mächtige)'라는 말에 그 어원을 두고 있기 때문이다.[24] 새로운 기독교상담 이론이 말씀 위주인 그리스도 전통목회의 참회를 듣는 부모와 참회를 하는 자식의 관계로부터 벗어나려고 했지만 이는 치료자와 내담자라는 새로운 형태로 다시 그 자리를 대신했다고 할 수 있다.

그렇기 때문에 여기서 기독교상담자는 치료자가 아닌 '증인'으로서 그리스도 안에서 일어난 하나님의 영혼돌봄과 동시에 기독교상담자 자신의 기독교상담의 필요성을 증언하는 것이다.[25] 그것은 기독교상담자도 자신의 내담자처럼 하나님의 은혜로 살기 때문에 진정한 동반자관계 형성을 가능케 한다.

따라서 투르나이젠과 같은 말씀선포 위주의 기독교상담은 내담자의 고통과 근심을 덜어 주기보다 오히려 그에게 개인적으로 설교하고 있는 것이 아닌지 비판적인 눈으로 재검토해야 한다고 타케는 강조하고 있다. 그렇기 때문에 타케의 기독교상담 방법의 특징은 '경청'과 '공감'이다. 그것은 기독교상담자 자신의 신학적인 관점에 의해 이루어지는 것이 아니라 계속적으로 훈련되어야 하는 문제다.

그러나 타케는 현대 기독교상담에서 선포적이고 설교조의 기독교상담으로부터 벗어나려는 시도로 무조건 적용하고 있는 현대 심리치료적인 방법인 벙어리 형태의 경청을 바알세불의 힘이라고 비유하면서 비판하고 있다. 기독교상담자의 경청이 기독교상담에 중요하지만 기독교상담자는 상대방이 들을 수 있는 또한 나눌 수 있는 대화를 제공해야 한다는 것이다. 방법론적으로 조절된 경청만으로는 그것을 할 수 없으며 오히려 경청자의 대화가 사라지게 된다는 것이다. 그것은 곧 대화를 원하지만 다시 새로운 방법주의에 빠져 대화를 축소시켜 버리는 결과를 낳게 되는 것이다.

타케에게 있어서 기독교상담의 가장 중요한 수단은 '대화'다. 복음적인 기독교상담의 핵심은 복음을 적절한 대화의 형태로 전달하는 것이다. 복음은 직접적인 선포의 형태가 아닌 우연한 기회로 그리고 상황과 알맞은 대화의 형태로 이루어져야 한다는 것이다. 따라서 타케가 강조하고 있는 기독교상담의 대화는 단순히 성서의 기도문구나 성서 귀절을 상대방에게 읽어 주는 것이 아니라 대화의 중요한 요소인 '이야기' 형태다.[26)]

하나님의 역사를 통해 나타난 인간의 고통과 인간에 대한 하나님의 걱정과 위로 그리고 현재 부딪치고 있는 인간의 고통이 열린 대화과정에서 서로 연관성을 가질 수 있다는 것이다. 타케는 성서를 거룩한 하나님의 말씀으로 읽기보다는 오히려 기독교상담의 대화내용이 담긴 기록(Protokoll)으로 읽는다. 그것은 성서를 통해 오늘날 그때와 비슷한 상황 속에 있는 우리를 발견할 수 있기 때문이다. 이러한 성서 이야기를 통한 대화의 형태는 타케의 기독교상담 형태의 중요한 핵심이라고 할 수 있다.

때때로 기독교상담자의 위로나 격려가 기독교상담을 필요로 하는 상황에 적절하기보다 오히려 그것이 너무 지나치거나 설교조인 경우가 있는데, 기독교상담자가 십자가에 달리신 하나님의 복음에 몰두할 때 이러한 종교적인 위험으로부터 보호될 수 있다는 것이다.

타케는 기독교상담이 삶에 직접적으로 어떤 도움을 줄 수 있는 것으로 보지 않는다. 그러나 기독교상담의 결정적인 내용은 삶에 도움이 될 수 있도록 이끄는 '신앙을 돕는다'는 것이다.[27)] 신앙을 통해 삶이 변화되고 잘못된 적용을 막으며 중요한 목회적인 결론을 제시할 수 있기 때문에 목회적인 차원에서 신앙이 이야기되어야 한다는 것이다.

마지막으로 타케는 기독교상담을 목사나 기관 차원의 상담소에서만 할 수 있도록 제한할 것이 아니라 교회 회중들에게도 그 역할을 할 수 있는 기회를 주어야 한다고 강조하고 있다.[28)] 그들 역시 다른 사람의 고통을 같이

하고, 의지할 데 없는 사람을 받아들이고 이해하도록 소명받았기 때문이다. 여기서 타케는 목회자나 상담요원 중심의 기독교상담 형태를 극복하고 다양한 교인들의 삶과 신앙의 경험을 이용하는 방법을 제시하고 있다.

2. 최근 기독교상담의 흐름과 모형

1) 기독교상담의 내용변화: 말씀 중심의 기독교상담과 심리학 중심의 기독교상담의 통합

최근 심리치료의 방법을 이용한 기독교상담의 신학적인 내용에 대한 비판과 재검토의 소리가 독일 신학계에서 일어나고 있다. 넴바흐(Ulrich Nembach)는 현대 기독교상담이 '위로'의 기능을 잃어버리고 있다고 비판하고 있다.[29] 그는 기독교상담의 목적이 하나님의 위로를 전달하는 것이라고 강조한다. 특히 오늘날 기독교상담의 문제 중 대부분은 심리치료의 원리와 방법을 배제하는 데 있지 않고, 오히려 그것에 의해 기독교상담 고유의 과제가 불분명해지는 데 있다는 것이다. 따라서 기독교상담과 심리학과의 교류 속에서 연구를 하되 각 내용에 있어서 엄격한 구별이 필요하며, 심리학을 이용하되 혼합되어서는 안 된다는 것이다. 이것은 곧 '기독교상담이란 무엇인가?'에 대한 분명한 정의를 내리는 것이다.

따라서 더 이상 기독교상담이 말씀 중심이냐, 아니면 심리치료적이냐는 식의 불균형적인 양자택일성은 깨져야 한다는 것이 독일 기독교상담의 전체적인 조류다. 즉, 역사 속에 나타난 기독교 전통의 기독교상담의 특성을 보존하면서 심리학의 원리와 방법을 활용하여 기독교상담의 고유한 방법을 모색하려는 것이다. 이것은 신앙과 삶의 문제를 어떻게 연결할 수 있는가 하는 문제와 직면하게 된다. 기독교상담은 이러한 의미에서 인간의 신앙을 돕고, 신앙은 그의 삶에서 의미를 찾도록 돕는다는 것이다. 즉, 신앙을 통해 인간 스스로 할 수 없는 삶의 가능성이 열린다는 것이다. 그렇기 때문에 타케가 말하고 있는 "신앙의 도움이 곧 삶의 도움이다."라는 것은 신앙의 문제와 삶의 문제를 분리해서 해결하려는 것으로부터 탈피하여 신앙과 삶을 서로 상호 간의 관계성 속에서 찾으려는 기독교상담의 시도다. 신앙은 세상으로부터 탈피하도록 하는 것이 아니라 오히려 세상과 새로운 관계로 이어 주는 역할을 한다. 그것은 예수 그리스도의 보편적인 의미에 근거를 두고 있다. 즉, 그리스도와의 관계 속에서 자기의 사명과 삶의 목적을 발견한 신앙인은 이 세상에 있는 그리스도 그리고 이 세상과 동시에 관련을 맺게 된다. 그리스도와의 관계 속에서 신앙인은 세상과 관련을 맺게 되고 현실의 새로운 차원으로 성장하게 된다는 것이다.

2) 기독교상담의 뿌리찾기와 비역사성 극복시도

기독교상담의 역사성 찾기 움직임은 미국 신학자 오든(Thomas C. Oden)에게서 찾을 수 있는데, 이것은 기독교상담의 역사적 동질성을 찾으려는 노력이다. 오든은 10권의 현대 기독교상담 연구들을 조사한 결과 과거 선배들의 목회전통에서 인용된 것은 전혀 찾을 수 없고 오히려 많은 부분에서 현대 심리치료연구자들의 것이 인용되었다고 비판하고 있다.[30] 이러한 시도가 독일에서도 몇몇 학자들에 의해 현재 시도되고 있다. 예를 들면, 하이델베르크 실천신학 교수인 슈타이거(J. A. Steiger)는 개신교 기독교상담의 원리와 내용 그리고 방법을 루터와 17세기 정통주의에서 찾으려고 시도하고 있다. 또한 같은 대학에 있던 묄러(C. Moeller)[31]는 편집자가 되어 독일 전국에 있는 학자들로 구성된 집필진을 형성하여 3년(1994~1996)에 걸쳐 세 권의 책을 출판하였다. 그 책들은 신약과 구약에 나타난 기독교상담 그리고 속사도교부, 사막교부, 초대교부, 중세, 종교개혁자들과 현대 기독교상담자와 가톨릭 신학자인 칼 라너(K. Rahner)까지 기독교 역사에 나타난 기독교상담을 광범위하게 다루고 있다.

기독교상담의 역사성 찾기 움직임은 다시 과거 아스무센이나 투르나이젠의 권위적인 신앙과 말씀 중심의 기독교상담으로 완전히 돌아가자는 것이 아니라 현대 기독교상담이 우선적으로 심리치료에 대하여 우호적인 선입관을 갖는 것에 대한 경고다. 이 방향을 추구하는 최근 독일 기독교상담 학자들에 의하면 심리치료에 적응하기 위해 현대 기독교상담이 고전적인 그리스도 전통목회로부터 배울 자유를 잃었다는 것이다. 기독교상담의 비역사성 극복이란 오히려 전통목회의 지혜를 통해 기독교상담의 원리와 실제 그리고 내용과 방법을 배우는 데 그 의미를 두고 있다. 그중의 한 예로서 기독교상담이 단지 개인과의 대화에서만 이루어지는 것이 아니라 설교, 예식, 교육 또는 우연한 기회에서도 직접, 간접으로 이루어질 수 있음을 시사해 주고 있다.

3) 기독교상담 대화의 구조변화: 수직적 관계에서 동반자관계로

기독교상담이란 선포도 아니고 더욱이 심리치료도 아닌 그리스도 신앙의 의미 차원에서 이루어지는 실존적인 대화의 형태를 가진다. 그것은 대화하는 상대방과의 공감을 형성시키는 '친구의 형태(Freund-Paradigma)'를 의미한다. 특히 루터의 '상호 간의 대화와 형제자매적인 위로(mutuum colloquium et consolatio fratrum et sororum)'에 근거하여 기독교상담은 신앙을 도와 상호 간에 삶에 대한 확신을 얻게 한다는 것이다. 이러한 형태를 타케나 슈톨베르크는 '동반자관계(Partnerschaftliche Gegenseitigkeit)'로 표현하고 있다. 현대 기독교상담은 상담자와 내담자의 관계가 더 이상 가르치는 사람과 무조건 순종해야 되는 관계, 지시하고 지시받는 수직적인 관계가 아니라는 것을 인정하고 있다. 상담자나 내담자가 똑같이 벌거벗은 상태에서 하나님 앞에 서 있는 사람들이며 오직 그의 위로를 기대하는 사람들이라는 것이다.

기독교상담의 대화는 두 가지 관점으로부터 벗어나야 하는데, 그중 하나는 선포해야 한다는 의무감과 다른 하나는 인간과의 관계를 꼭 도와야 한다는 열정이다. 왜냐하면 이 두 가지 모두 기독교상담관계를 권위적이거나 의존적인 것으로 이끌기 때문이다. 친구 형태에서 이루어진 동반자관계는 어떠한 권위적인 구조를 만드는 것 없이 기독교상담자와 내담자가 함께 이루어 나가는 것이다. 하나님의 은총 안에서 상호 교류하는 관계 형성이다.

기독교상담의 대화는 성령을 통해 말씀하시고 공동체를 형성하는 하나님의 현존에 둘러싸인 인간과의 만남이다. 이것은 곧 하나님 안에, 하나님 앞에 그리고 그의 아래에 있는 두 사람과의 만남이며 그리스도가 함께하고 성령이 현존하는 만남이다. 따라서 동반자관계의 기독교상담은 두 사람을 '상호 간의 대화와 형제자매적인 위로(mutuum colloquium et consolatio fratrum et sororum)'의 의미로 연결시키는 것이다.

미주

1) Hans Wulf, *Wege zur Seelsorge* (Neukirchen, 1970), 192.

2) 그리스도교 목회전통은 이미 오랜 역사를 갖고 있지만 심리학의 발전과 그것을 이용한 기독교상담의 발전은 최근의 일이다. 그러나 이러한 심리학을 이용한 기독교상담이 계속적으로 발전하기까지 그 원인을 이해하기 위해 말씀 중심의 변증법적 신학에 근거한 선포적 기독교상담(kerygmatische Seelsorge)에서부터 고찰해 보는 것이 우선일 것이다. 특히 아스무센의 기독교상담에서부터 다루는 것은 그가 이미 우리에게 알려진 선포적이며 말씀 중심의 기독교상담을 강조하는 투르나이젠(E. Thurneysen)에게 많은 영향을 끼친 변증법적 신학자이기 때문이다.

3) 타케는 1928년 4월 6일에 태어나서 1988년 9월 13일에 세상을 떠났다. 그는 오랫동안의 목회생활과 강의 그리고 심리치료상담의 훈련을 통해 기독교상담을 이론적으로 재정립하는 데 큰 공헌을 하였다. 그가 남긴 성서와 현대 학문과의 관계 속에서 이루어진 기독교상담의 시도는 오늘날 독일 신학계는 물론 목회자들에게 많은 도움이 되고 있다. 그가 남긴 대표적인 저서로는 *Glaubenshilfe als Lebenshilfe*가 있으며 그의 또 다른 책 *Mit den Müden zur rechten Zeit zu reden. Beiträge zu einer bibelorientierten Seelsorge*은 그가 죽은 다음 해인 1989년에 출판되

었다.

4) H. Asmussen, *Die Seelsorge. Ein Praktisches Handbuch über Seelsorge und Seelenführung* (München, 1937).

5) Ebd., 15.

6) J. Mehlhausen, "Nationalsozialismus und Kirchen", in: *TRE 24*, 43-78, 56.

7) A. Burgsmueller/R. Weth (Hg.), *Die Barmer Theologische Erklärung. Einführung und Dokumentation* (Neukirchen, 1983), 52.

8) Ch. Moeller, "Wie geht es in der Seelsorge weiter?" in: *Theologische Literaturzeitung* (Evangelische Verlagsanstalt/Berlin, 1988), 113. Jg. 410-421, 411.

9) E. Thurneysen, *Die Lehre von der Seelsorge* (Zürich, 1946)

10) Ebd., 193.

11) E. Thurneysen, *Die Lehre von der Seelsorge,* 173-190; ders., "Psychologie und Seelsorge", in: *Unterwegs 3* (1949), 267-276; ders., "Seelsorge und Psychotherapie", in: *Theologische Existenz heute, NF 25* (1950), 1-24.

12) R. Riess, *Seelsorge-Orientierung, Analysen und Alternativen* (Göttingen, 1973), 182.

13) Howard J. Jr. Clinebell, *Basic Types of Pastoral Counseling* (New York, 1962). 한국번역은 박근원 옮김 『목회상담신론』 (대한 예수교장로회 총회출판국, 1987).

14) H. Faber/E. v. d. Schoot, *Praktikum des seelsorgerlichen Gespraechs* (Göttingen, 1968).

15) H.-C. Piper, *Wir muessen Kommunikation neu lernen. Die Kirche im Wandel - am Beispiel der Seelsorge*, LM 25 (1986), 347; "Theologische Perspektiven und Erfahrungen im Clinical Pastoral Training", in: *Wege Zum Menschen 24* (Goettingen, 1972), 99.

16) D. Stollberg, *Therapeutische Seelsorge. Die amerikanische Seelsorgebewegung. Darstellung und Kritik. Mit einer Dokumentation,* 2 Aufl. (München, 1970).

17) D. Stollberg, *Wahrnehmen und Annehmen* (Gütersloch, 1978), 39.

18) J. Schargenberg, *Seelsorge als Gespraech. Zur Theorie und Praxis der seelsorgerlichen Gespraechsfuerung* (Göttingen, 1972).

19) *Zur Situation der Pastoralpsychologie in der BRD. Eine Stellungnahme der DGfP* (Tübingen, 1978).

20) H. Tacke, *Glaubenshilfe als Lebenshilfe. Probleme und Chancen heutiger Seelsorge*, Neukirchen 1975; 신명숙, "서평 H. Tacke, Glaubenshilfe als Lebenshilfe", in: 「신학연구/38」 (한신대학교 신학부, 1997), 581-588.

21) Ebd., 172.

22) Christa Lauther/Christian Moeller, "Helmut Tacke", in: C. Moeller (Hg.), *Geschichte der*

Seelsorge in Einzelportaets (Göttingen/ Zuerich, 1996), 341-358, 349.

23) H. Tacke, *Glaubenshilfe als Lebenshilfe*, 169-181.

24) C. Lauther/Ch. Möller, "Helmut Tacke", 355.

25) H. Tacke, *Glaubenshilfe als Lebenshilfe*, 147-161.

26) H. Tacke, *Mit den Mueden zur rechten Zeit zu reden. Beitraege zu einer bibelorientierten Seelsorge* (Neukirchen-Vluyn, 1989), 39-51.

27) Ebd., 105-124; H. Tacke, *Glaubenshilfe als Lebenshilfe*, 222-249.

28) C. Lauther/Ch. Möller, "Helmut Tacke", 351.

29) U. Nembach, "Theologische Seelsorge", in: *DtPfrBl 88* (1988).

30) T. C. Oden, "Freiheit und Lernen", in: W. Becher (Hg.), *Wagnis der Freiheit, Ein Internationaler Kongress fuer Seelsorge und Beratung* (Göttingen, 1981), 49-64; ders., *Care of Souls in the Classic Tradition* (Philadelphia, 1984).

31) C. Moeller (Hg.), *Geschichte der Seelsorge in Einzelportraets,* Bd.1 (Göttingen/Zürich, 1994); Bd. 2 (1995); Bd. 3 (1996).

• 제4장 •

현대 기독교상담의 방향과 특수성
−타케 이론을 중심으로−

기독교 역사적으로 볼 때 기독교상담은 영혼돌봄의 차원에서 출발하여 시대적 상황과 문화에 따라 수많은 변화와 수정과정을 거쳐 왔다고 할 수 있다. 이러한 발달과정 속에 1960년대에 들어서 기독교상담 운동 이후 심리학을 목회학에 적극적으로 활용하기 시작하면서 기독교 영혼돌봄 차원의 근본적인 핵심이 흔들리는 위험에 처하기도 했으며, 오직 성서만이 인간 영혼을 돌보기 위한 교과서라고 보는 근본주의와 복음주의적인 입장이 나타나기도 했다. 그러나 여기서 어떤 학문적 입장과 관점이 옳은지 판단하기보다는 여러 다양한 기독교상담 이론이 서로 간의 입장을 받아들이고 발전적인 타협점을 찾는 것이 중요하다. 동시에 서로 다른 학문적 입장에 대하여 다양하게 문제제기를 하고, 이를 통해 새로운 차이점들과 구별되는 점들을 찾는 것이 필요할 것이다.

그러나 이 과정에서 무엇보다도 중요한 것은 다양한 학문적 관점과 입장에도 불구하고 변하지 않는 기독교상담의 정체성을 찾는 것이다. 기독교상담이 일반상담과 구별되지 않고 특수성 없이 일반화되어 가고 있는 현실에 할 수 없이 끌려갈 것인가? 아니면 오히려 기독교만이 가지고 있는 특수한 기독교상담의 관점을 찾아내고 발전시킬 것인가? 시대적 흐름 속에 일반상담화되는 교회 기독교상담으로 단순히 끌려갈 수는 없다. 그렇다고 인간이해를 위해 필요한 다른 학문을 무조건 거부하면서 폐쇄주의로 갈 수도 없다. 한 방향으로 치우친 기독교상담의 정체성 확립을 위해서는 기독교 역사에 나타난 기독교상담 고유의 특성을 찾아 다시 회복하고 이어 가야 할 것이 무엇인지 알아야 할 것이다.

현대 목회학의 특징은 전체적인 사고(ein ganzheitlichen Denken)[1]를 지향하고 있다는 사실이다. 이러한 전체적인 사고는 어느 한쪽에 치우친 이론이 아닌 통합의 차원이라고 할 수 있다. 현대 목회학은 전체성 이해에 있어서 두 가지 상반된 입장을 가지고 있다. 그중 하나는 경험에 근거한 목회 현실을 드러내기를 원하는 목회학인데, 이는 경험의 차원이지만 그것을 뛰어넘는 초월적인 것을 통하여 전체성을 파악하고 이해하기를 요구한다는 것이다. 따라서 현대 목회학은 철학과 같은 인간학적인 영역에서 나온 연구결과와 목회학의 영역에서 나온 연구결과를 자신의 광범위한 학문적 기초로 이용하려고 시도하는 것이다. 그와는 대조적으로 조직신학적인 특징을 가지고 있으며 무엇보다도 정신과학 전통에 서 있는 또 다른 현대 목회학의 한 분야는 처음부터 초월적이며 동시에 내재적인 실체를 동시에 포함하는 전체성이라는 개념을 더 선호한다. 이 목회학은 그와 같은 입장에서—만약 목회상황 속에서 기능적인 면을 중요하게 생각한다면—인간학적인 영역에서 나온 경험지식을 어느 정도 상대화시킨다.

그럼에도 불구하고 어느 방향의 틀에서의 통합인가에 따라 지난 30여 년 동안의 다양한 기독교상담 개념과 입장들과 함께 움직이는 최근 기독교상담의 흐름은, 한편으로는 미국에서 시작된 현대 기독교상담 운동을 이어가려는 방향이 있으며 다른 한편으로는 기독교상담의 근본을 회복하고 연속성을 찾으려는 방향이 있다. 기독교상담 운동을 이어 가려는 방향은 위의 전체성 이해의 관점에서 본다면 전자에 해당되며 기독교상담의 근본을 회복하고 연속성을 찾으려는 방향은 후자라고 할 수 있다.

여기서는 주로 후자의 관점에서 새로운 기독교상담 운동의 비평가로서 그러나 동시에 기꺼이 대화를 원하는 비판자로서 생각하는 헬무트 타케(H. Tacke)[2]의 기독교상담 이론을 중심으로 소개하고자 한다. 1970~1980년대 이후 한국 목회현장과 신학에 기독교상담이 소개되기 시작했는데, 한국 기독교상담은 많은 부분, 특히 미국의 목회신학적 흐름의 영향을 받아 왔다. 그것은 기독교상담에 관여하고 있는 한국의 학자들 대부분 미국에서 학문적인 도움을 받았기 때문이다. 그러므로 이 장에서 기독교상담 관점의 독일 목회신학자인 타케의 이론을 소개하는 것은 미국의 기독교상담 흐름에 대한 병행과 보완의 관점에서 의미가 있다고 할 수 있다.

타케는 무엇보다도 기독교상담의 근거가 되는 뿌리를 찾아 회복하고 역사적 연속성을 찾으려고 노력했다. 그것은 현대 기독교상담이 기독교 실체를 잃어버렸다는 비판과, 이론과 실천의 준거 틀에서 기독교의 영향력이 상실되어 가고 있다는 판단에서 기독교상담의 특수성을 찾으려는 시도다. 그의 이러한 시도는 기독교 영혼돌봄을 '각 개인에게 대화를 통해 하나님의 말씀을 세우는 것'으로 정의하고 기독교상담의 선포적인 방향[3]을 제시했던 투르나이젠(E. Thurneysen) 이론을 의식적으로 계승하면서, 동시에 하나님과 세상 그리고 하나님의 말씀과 인간의 상황을 연결시켜 새롭게 발전시킨 것이라고 할 수 있다. 타케는 개혁주의 전통을 따르면서 바르트의 하나님 말씀 신학에서 출발하여 기독교상담 운동과의 비판적이면서도 협력적인 관계를 모색한다. 심리학을 거부하고 차단하는 것이 아니라 심리학이 주는 도전은 받아들여야 되지만 경쟁관계는 아니라는 것이다. 왜냐하면 기독교 영혼돌봄에 기초한 기독교상담은 하나님과 사람과의 관계를 대전제로 깔고 있기 때문이다.

타케는 전통적인 기독교상담과 심리학의 양극단의 입장을 취하는 것을 원하지 않으며 기독교상담자의 특징이자 장점을 포기하지 않으면서 동시에 심리학을 배워야 한다고 강조하고 있다. 심리학에 대해서 상당히 열린 자세였음을 분명히 보여 주고 있다. 이렇게 열린 자세를 강조하는 것은 새로운 학문의 등장을 받아들이면서 동시에 역사에 나타난 기독교 영혼돌봄의 특수성을 찾아 회복하고 계속해서 이어 가고자 한 것이다.

따라서 이 장에서는 기독교상담 특수성 회복을 위한 타케의 목회신학적 시도를 다음과 같이 전개할 것이다. 첫째, 타케가 회복하고 이어 가고자 하는 기독교상담의 정체성의 근거가 되는 특수성을 기독교상담의 신학적 기초로서 인간 성화(聖化)에 관한 문제점, 기독교상담의 목적으로서 삶의 도움으로서 신앙의 도움, 기독교상담의 수단으로서 대화-성서에 의한 기독교상담, 복음의 증인으로서 기독교상담자로 살펴보고자 한다. 둘째, 기독교상담자로서 타케를 만나 실제로 상담과 슈퍼비전을 받은 사람의 경험 이야기를 통해 타케가 이론적으로뿐만 아니라 실제 상담과 슈퍼비전에서 어떻게 그의 이론을 적용시키는지 제시하고자 한다. 셋째, 타케의 기독교상담에 대한 신학적인 평가를 성서 이야기를 기독교상담 대화에 끌어들이는 방법 제시, 분리되었던 신앙과 삶과의 연관성 시도, 기독교 전통의 영혼돌봄 회복과 심리학의 통합적인 시도로 제시하면서 한국 기독교상담에게 주는 의미를 살펴보고자 한다.

1. 기독교상담의 신학적 기초: 인간 성화에 관한 문제점

타케에 의하면 목회신학의 기초가 철저하게 변화되는 것에 따라 기독교상담의 방향이 결정된다. 오늘날 대화로서의 기독교상담 기능의 변화를 타케는 다음과 같이 말하고 있다. "기독교상담(영혼돌봄)은 치료적인 관계의 산물이 되었다."[4] 선포에서 전달되어 내용적으로 고정된 복음의 자리에 치료적인 관계가 들어온 것이다. "그것은 명확히 표현되고 내용적으로 확정된 복음이 아니라 풍요한 관계의 경험과 수용과정 그리고 감추어졌지만 이제 활발해진 영적인 잠재력이 개발된 것이다."[5] 지금까지의 신학적인 기준과 목적은 이러한 과정을 방해할 수 있다. 그렇기 때문에 이제 이러한 신학적인 기준과 목적은 부차적인 것이 되었고 공감적인 관계영역을 형성하여 내담자를 일방적인 자기폐쇄에서 나오도록 이끄는 것이 본질적인 과제가 되었다.[6]

그러므로 기독교상담에서 세속적인 치료모델을 받아들이는 것은 신학적인 중심의 이동이라고 할 수 있다. "상담 차원의 영혼돌봄이 로저스(Carl Rogers)가 치료적인 만남을 위해 고려한 인간이해와 방법을 받아들임으로써 필연적으로 최상의 의미의 신학적인 수용과정에 도달하게 되었다. 도움을 찾고 있는 사람에게 인간관계의 도움으로 털어놓게 되는 이러한 치료적인 기초는 기독교상담의 질적인 차원을 넘어서서 평가되어야 한다. 로저스가 시종일관 세속적인 이론의 틀에 머물러 있다면, '상담 차원의 영혼돌봄'은 이 이론에서 발전된 방법을 포함시켜 이러한 이론의 전환을 종교성으로 완성해야 했다."[7] 1940년대에 들어서면서 로저스의 인간 잠재력에 대한 새로운 평가는 목회신학자들의 기독교상담 이론의 준거 틀이 되었다. 특히 미국의 목회신학자인 힐트너(Seward Hiltner)와 와이즈(Carroll Wise) 등이 로저스의 심리학을 바탕으로 기독교상담 이론을 발전시켰고, 독일에서는 대표적으로 미국의 기독교상담 운동을 소개한 슈톨베르크(D. Stolberg)와 샤휀베르크(J. Scharfenberg)의 기독교상담 이론이 있다. 그러나 인문과학적인 방법을 수용함으로써 상담 차원의 영혼돌봄은 그것을 인정해야 하는 억압에 빠져든다. 따라서 치료행위에 대한 신학적인 근거를 찾는 것이 필요하게 되었다. 그러나 이것은 애매한 화육이해의 도움으로 인간 상호 간의 관심의 사건을 계시 신학적으로 해석하려고 한다. "화육은 인간으로 계시의 질적인 차원을 표현하는 신학적인 의미다. '하나의 생생한 실례'로서 인간 연구는 인간적인 것 속에서 동시에 신적인 것을 해명한다."[8] 신학적인 전통에서 오로지 하나님 아들의 인간화를 위해 유지되고 있는 화육의 개념이 상담 차원의 영혼돌봄에서 근본적으로 의미가 있는 인간학적인 것으로 확대된다. "하나의 생생한 실례로서 인간은 하나님의 인간적인 것과 인간의 신적인 것을 계시한다."[9] 인간을 향한 관심 속에 하나님의 관심이 드러난다. 인간의 내면적이고 정신적인 힘의 활성화 속에 하나님의 구원의 힘이 드러나게 된다. 그러므로 스스로 자립하는 것은 곧 하나님의 도움이다.

타케에 의하면 이러한 모델의 특징은 "치료 요소들의 신학화된 해석"[10]에 있다. 상담 차원의 영혼돌봄의 실천적인 실행은 어떠한 방법으로든 치료과정과 다르지 않기 때문에 근본적으로 신학적인 개념화를 부가하는 것이 중요하다는 것이다. 로저스가 심리학적으로 말하고 있는 똑같은 현상을 신학적인 의미로 생각해 보는 것이다. "인간의 의사소통은 세속적인 상담에서와 마찬가지로 교회 기독교상담의 기본이다. 그러나 기독교상담에서는 '인간관계의 신학'에 대해서 말하는 것이다. 그렇게 작용하는 신학적인 말은 인간관계에 대하여 말하는 '해석적인 말'이다."[11] 신학은 심리학과 관련하여 더 이상 신학 자체에 대하여 말하지 않고 오히려 정신과정을 신학적인 이름으로 명명한다. 그것은 '인간적인 사실의 성화'로 되는 것이다. 내적인 인간의 치료과정이 종교적으로 실체화되는 것이다. 최근 기독교상담 운동 이후 신학이 심리학을 신학적으로 유사성을 찾아 해석학적으로 해명하려는 것이다. 예를 들면, 내담자와 상담자와의 관계에서 일어나는 공감을 성육신의 관점에서, 수용을 하나님의 용서로, 무조건적인 긍정적 관심을 하나님의 사랑으로 해석하는 것이다.[12]

타케는 기존 기독교상담 운동에서의 이러한 '인간 성화'에 대한 긍정적인 시도에 대하여 반대한다. '인간 성화'의 관점에서 그는 다음과 같은 위험성을 언급한다. 신학적으로 위험한 유사구조 속에 그리스도 안에서 하나님의 포기가 공감과 감정이입에 의해 내담자의 관계 틀을 자신의 것으로 하는 기독교상담자의 태도와 동일시된다는 것이다. 타케에 의하면 이러한 입장에서 개혁주의 신학의 핵심이 위험에 처하게 된다. 인간적인 행위가 신적인 행위를 입증할 뿐만 아니라 습관적으로 실현화하려는 곳에서 이것은 하나님의 의(Rechtfertigung)에 대한 이해에 부딪치게 된다. 상담 차원의 영혼돌봄은 하나님의 의의 사건을 기독교상담자에 의한 내담자의 수용으로 바꾸었다. "인간적인 수용은 하나님의 수용을 전하고 실현한다. 인간이 서로 받아들일 때 하나님의 의가 발생한다."[13] 타케는 이러한 입장에서 하나님의 행위와 인간적인 행위와의 동일시가 이루어진다고 보았다.

즉, 그러한 상담에 '기독론의 결여'[14]가 생긴다는 것이다. 그 이유는 다음과 같다. "하나님의 의의 의미에서 하나님의 수용이 구체적인 실현 속에서는 심리학적이 아니라 그리스도론적으로 제시될 수 있는 것이다. 하나님에 의한 수용은 실질적으로 그리스도 안에서 일어난다."[15] 하나님의 의의 의미에서 수용은 그리스도를 통해 전달되는 하나님과 인간과의 사건으로 이해해야만 하며 인간과 인간과의 직접적인 관계의 성과로 이해할 수 없다. 인간관계로 투사된 의의론은 더 이상 신앙에 의지하지 않는다. "그리스도를 향한 신앙이 아니라 경험의 차원이 강조된다면 인간의 가능성을 뛰어넘고 과장된 언어를 유발하는 신분 속에서 인간관계가 형성된다."[16] 인간관계는 오직 예수 그리스도에 대한 신앙 안에서만이 주어지는 안전을 전달해야 한다. 그렇기 때문에 인간관계로 투사된 의의론은 그리스도와의 관계 대신에 기독교상담자와의 관계 또는 집단에 유착되게 된다. 그리스도에 대한 신앙 대신 예수 그리스도 역사 속에서 실현된 하나님의 의를 무시하는 의사소통 경험이 등장하게 된다. 그러므로 기독교상담의 신학적 근거는 인간 성화가 아니라 존재에 대한 그리스도론적인 해석이어야 한다.[17]

2. 기독교상담의 방향: 삶의 도움으로서 신앙의 도움

타케에 의하면 오늘날 교회는 기독교상담의 사역을 제대로 실천하느냐에 많은 영향을 미친다. 교회에 대한 비판과 교회에 대한 사랑은 기독교상담 사역에 달려 있다고 볼 수 있다. 이것은 모든 회중을 위해 새로운 노력을 하게 하는 교회의 도전이며 교회에 대한 기대다. 그러므로 교회 기독교상담의 이론과 실제에 있어서 사고방식의 전환과 기독교상담 사역의 권한 확대가 필요하다. 이것은 더 이상 영혼돌봄을 설교의 연장으로서, 단지 설교를 도와주는 기능으로 이해하기보다는 교회와는 거리가 먼 낯선 사람에게도 다가갈 수 있는 영혼돌봄의 독자적인 역할의 필요성을 의미한다.

그러므로 타케에게 있어서 신앙과 삶과의 연결은 무엇보다도 중요하다. 그는 다음과 같이 언급한다. "기독교상담은 하나님의 영혼돌봄을 말하는 것으로 자유로운 대화의 형태로 복음을 실제적으로 전달하는 것이다. 기독교상담의 목적은 신앙이 삶에 도움이 된다는 것을 입증할 수 있을 정도로 신앙을 돕는 것이다."[18] 타케는 여기서 '신앙의 도움'과 '삶의 도움'을 서로 분리하여 제시하기보다는 오히려 상호 연관성을 찾고 서로 대립적인 부분을 연결시키려고 시도했다. 따라서 신앙이 인간의 삶에 원초적인 도움이 된다는 사실을 보여 주기 위하여 적극적으로 신앙을 돕는 것이 타케가 추구하는 기독교상담의 궁극적 목적이다.

타케는 기독교상담이 삶에 어떤 도움을 직접적으로 줄 수 있다고 보고 있지는 않다. 그러나 기독교상담의 핵심은 특히 삶에 도움이 될 수 있도록 이끄는 '신앙을 돕는다'라는 것이다. 신앙을 통해 삶이 변화되고, 잘못된 적용을 막으며, 중요한 기독교상담의 결론을 제시할 수 있기 때문에 기독교상담적인 차원에서 신앙은 이야기되어야 한다는 것이다.

그러므로 기독교상담의 목적은 신앙과 삶을 연결하고 하나님과 인간을 연결하도록 돕는 것이다.[19] 그것은 하나님 역사와의 관계 속에서 삶의 이야기를 재구조화하는 것이며 또한 그리스도와의 연결이며 그리스도와 관계되는 것이다. 즉, '신앙으로 초대하는 것'이며 '걱정스러운 자신의 삶의 현실을 그리스도와의 관계에 위탁하도록 요구하는 것'이다.[20] 왜냐하면 예수 그리스도 안에서 하나님의 상황과 인간의 상황이 이미 상호 간에 관계를 갖게 되었기 때문이다. 타케는 기독교상담이 해야 할 일을 다음과 같이 말하고 있다. "복음적인 기독교상담은 이 사실을 붙들고 놓지 않는 것이다. 다시 말하면 그 사실이란 우리 시대에 걱정 근심하는 사람들은 지금까지 그들을 사로잡고 있고 옥죄어 왔던 그들의 삶에서 자유롭게 되어 그리스도 안에서 쉼을 얻게 하는 것이다(골3:2). 우리의 존재를 기독론적으로 해석하는 것은 기독론을 실존론적으로 해석하는 것과 연결된다. 결국 우리들은 우리의 존재가 부활하신 주님에 속해 있으며 하나님을 신뢰할 때 그 생명의 연속성을 가질 수 있다는 사실을 신앙 속에서 알고 있는 존재들이다."[21]

빈클러(K. Winkler)는 타케의 기독교상담에서의 기독론의 입장을 다음과 같이 보충 설명하고 있다. 우리는 타케 사후에 그의 논문들을 편집하여 출판한 *Mit den Münden zur rechten Zeiten zu reden. Beiträge zu einer biblisch orientierten Seelsorge*(Neukirchen-Vluyn, 1989)라는 저서에서 기독교상담학의 가장 예민한 논쟁점들에 대한 설교가로서 타케의 입장을 보다 분명하게 읽을 수 있다. 타케가 1980년에 쓴 『칼 바르트 신학이 기독교상담에 끼친 영향(*Konsequenzen der Theologie Karl Barths für die Praxis der Seelsorge*)』에서는 미래를 위한 논의가 얼마나 중요한지를 밝히고 있다. 그는 여기서 한편으로 다음과 같이 말하고 있다. "칼 바르트가 인간학의 기초로서 기독론을 세워 놓음으로써 기독교상담에서 결정적인 역할을 하게 될 매우 중요한 설명이 가능하게 되었다. 나는 여기서 가까움과 멀리 떨어짐의 긴장을 생각하고 있다. 그 긴장을 인간의 하나님과의 관계 속에서 해결하려는 경향이 바로 그것이다." 타케가 보기에 '케리그마

(kerygma) 중심적 기독교상담'과 '심리학 중심의 새로운 기독교상담 운동'이 가지고 있는 상반된 입장을 형성하는 것은 어느 한쪽 입장만 주장하는 일방적 편중 현상에 그 이유가 있다고 본다. 그러나 '하나님과의 관계'에 있어서는 '접근 없는 거리감' 또는 '거리감 없는 접근', 이 두 입장을 모두 받아들일 수 있다. 다른 한편으로 타케는 칼 바르트 신학이 의미하는 것처럼 '인간학의 기초로서 기독론'이 바른 중심점을 잡아 준다고 확신한다. 이러한 생각을 바탕으로 그는 다음과 같이 말하고 있다. "이 점에서 '칼 바르트의 신학과 심리학을 받아들이고 있는 새로운 기독교상담 운동 사이에 그 어떤 신비로운 유사한 공통분모가 있을 수 없겠구나.'라는 생각이 나를 사로잡았다. 다시 말하면 인간에 대한 그리고 '인간의 가능성에 대한 긍정적 평가'가 그 예다. 양쪽 입장의 기초는 각각이 아주 다양하다. 그러나 비교는 가능한 것처럼 보인다."(159)[22]

타케의 '삶의 도움으로서 신앙의 도움'이 되는 기독교상담이란 구체적으로 무엇을 의미하는지 다음과 같은 빈클러의 언급으로 정리할 수 있다. "이 상담은 신앙관계의 기독교상담이라고 말할 수 있다. 곧 신앙을 실제적인 삶에 접목시키려는 것이고 동시에 상호 소통의 능력을 믿는 상담이다. 다시 말해서 이 상담은 신앙의 도움 없이도 사람 안에 있는 종교적인 힘에 또는—칼 바르트의 표현을 빌린다면— '하나님의 인간성'에 의지하도록 만드는 것이다. 또한 이 상담의 특징은 '나'를 상대화시키는 데, 다시 말해서 정체성이 문제가 되었을 때 우리로 하여금 하나님을 무조건 수용하도록 연결시켜 주는 기독교상담이다. 또한 기독교상담은 '신앙을 돕는 것이 실제적으로 삶을 도울 수 있는 것'이라는 상담이다. 왜냐하면 이 상담은 특히 인생의 위기에서 인간적인 상황과 하나님의 상황이 서로 간에 직접적으로 관계되어 있으며 그 때문에 위로라는 도움을 줄 수가 있다는 것을 알기 때문이다. 또한 기독교상담은 슬픔을 당했을 때 심리적인 이해와 위로가 절대로 필요한 사람들에게 하나님을 믿을 수 있게 하는 이야기를 들려주고자 한다. 마지막으로 기독교상담은 신앙의 '현재'와 하나님의 모든 약속이라는 기대감 사이에서 그 모든 과정을 견디어 내게 하는 상담이라고 말할 수 있다." [23]

3. 기독교상담의 도구: 대화–성서에 의한 기독교상담

타케에게 기독교상담의 가장 중요한 수단은 '대화'다. 대화는 성서가 이끄는 기독교상담이다. 그렇다면 성서에 의한 기독교상담이란 무엇을 의미하는가? 타케에 의하면 그것은 복음을 대화로 끌어들이는 것이다. 이것은 교리적인 선포인 '위로부터'에 의해서도 아니며 인간과의 만남 과정에서 비언어적으로 소통되는 복음에 의해서도 이루어지지 않는다. 그것은 오히려 "어떻게 기독교상담의 '특별한' 특성인 복음과의 연결이 '일반적인' 특성인 의사소통의 형태인 대화로 전달될 수 있는가에 달려 있다." [24] 따라서 타케는 영혼돌봄의 선포적이고 상담적인 의도가 연결되지 않는 것이 아니라 대조되면서도 서로 연결되어 영혼돌봄의 대화에서 두 가지 소리, 즉 도움을 찾는 인간의 소리와 인간을 찾고 있는 하나님의 소리 사이에 밀접한 의사소통이 필요하다고 보고 있다.

일반적인 생각에 따르면 성서전승은 대화보다는 선포에 더 그 목표를 두고 있다. 따라서 성서의 직접적인 사용은 기독교상담 현장에서보다 예배에 더 적합한 것처럼 보인다. 그러나 타케는 복음을 세우는 것(Ausrichten einer Botschaft)과 성서전승을 끌어오는 것(Einbringen der biblischen Ueberlieferung)과의 차이를 분명히 하면서[25] 기독교상담에 절대적으로 필요한 성서의 중요성을 강조한다. 기독교상담에서는 복음을 세우기보다는 끌어 온다. 끌어오는 것은 세우는 것과 정반대의 개념이다.

타케에게 있어서 성서전승을 끌어들이는 것은 성서를 단순히 선포하는 것이 아니라 충분히 상황적이고 선입견 없는 순수한 성서와의 관계를 전제로 한다. 그러나 이러한 전제는 대부분 주어지지 않는다. 왜냐하면 성서는 오랫동안 너무 '성스러운 책'으로 되어 버렸기 때문이다. 성서는 이미 성스러운 문서가 되어 버렸으며 신학자들의 것이 되어 버렸다. 성서의 근본적인 의미가 신앙을 위해 계속해서 강조되었음에도 불구하고 회중들은 성서에 가까이 가지 못하게 되어 버렸다. 실제적인 삶에 대한 물음에 답을 주거나 삶의 문제를 극복하기 위해 유감스럽게도 성서는 아무런 영향을 미칠 수 없다는 위험한 생각을 가질 수도 있다. 이러한 이유 때문에 기독교상담자는 경험의 원천이 되는 성서에서 삶의 문제해결점을 찾으려는 것을 단념하고 대신 자신의 경험으로 대치해 버리기도 한다. 자신의 경험은 성서와는 거리가 먼 경건으로 되고, 이러한 경건은 기독교상담의 실천에 영향을 미친다. 즉, 성서 부재의 기독교상담으로 전락해 버리고, 그렇지 않으면 성서의 내용을 율법적이고 일방적으로 전달해 버리게 된다.

대화가 단지 형식적으로 독백을 전달하기 위해 존재한다면 그것은 대화가 아니다. 대화는 또한 우연한 경우의 생산물일 수 없으며 주제를 필요로 한다. 근본적으로 대화가 진지하게 이루어진다면 상담적으로 옳다고 볼 수 있다. 대화는 대화 그 자체가 아니라 서로 교통하고 있는 내용을 필요로 한다. 특히 기독교상담이라고 할 때 그 상담내용은 일반상담과는 다른 그 무엇이 존재하며 또한 그것을 필요로 한다. 그러므로 진정한 기독교상담이 이루어지기 위해 성서와의 만남이 필수적이라고 타케는 강조한다.

그렇다면 지나간 과거 그리고 현재 우리들의 삶과는 동떨어진 것 같은 성서 이야기를 오늘날 어떻게 우리 삶의 이야기와 연결시킬 것인가? 이 긴밀한 연결점을 찾는 것이 이 두 이야기를 잘 해석할 수 있는 방법이다. 성서의 빛으로 우리 삶의 의미를 발견하고, 반대로 우리 삶의 경험에서 성서를 읽을 때 우리 자신에게 주시는 하나님의 이야기로 이해하게 되는 것이다.

기독교상담에서 성서 이야기를 끌어들이는 것은 성서에 있는 거룩한 말씀의 가치를 떨어뜨리는 것도 아니며, 성서가 마치 이차적인 맥락 속에서 선교적으로 사용되는 얄팍한 기독교상담의 부록으로 전락하는 것도 아니다. 성서는 대부분 이야기로 엮여 있다. 하나님은 우리의 이야기 속에서 말씀하시며 또한 이야기를 통해서 인간에게 말씀하신다. 성서에 나타난 모든 이야기 속에는 모든 삶의 형태와 인간의 모습들이 적나라하게 잘 묘사되어 있다. 이렇게 성서 속에는 우리보다 먼저 살아온 인간의 삶의 이야기가 가득 차 있다. 그렇기 때문에 성서 이야기는 오늘 우리 삶의 이야기의 모델이라고 할 수 있다.

상담은 인간의 삶의 이야기다. 혼자서 해결할 수 없는 많은 이야기들이 상담에서 쏟아진다. 상담에서 나누는 삶의 이야기는 성서에 나타난 삶의 이야기 속에서 찾을 수 있고, 서로 공통된 주제들을 지니고 있기 때문에 서로 만나 대화할 필요성이 있다. 오늘날 우리 인간의 삶의 이야기는 성서 이야기의 연속이라고 할 수 있다. 그것은 실제로 우리의 삶 속에 함께하신 하나님의 이야기이며 그렇기 때문에 오늘 상담에서 나누는 우리의 이야기는 성서적 삶의 이야기를 계속해서 만들어 가는 것이다.

그러므로 성서가 삶의 이야기로서 기독교상담에 절대적으로 필요한 이유를 세 가지로 설명하면 다음과 같다.[26] 첫째, 성서는 축적된 삶의 이야기들의 모음집이다. 실제적인 빛이 되는 모든 성서 이야기들의 장소이며 공간이 곧 우리의 다양한 삶의 현장이다. 둘째, 성서는 우리에게 모범이 된 '신앙의 영웅'들이 체험한 고난과 기쁨에 대한 이야기의 모음이다.[27] 이러한 주제들은 현재 위기에 처한 사람들과 맞닿는다. 왜냐하면 성서에 나타난 신앙인들의 삶의 이야기들은 마음에 호소하고 싶고 대화할 가치가 있는 현재 삶의 이야기를 이해하는 데 분명히 영향을 줄 수 있기 때문이다. 셋째, 성서는 그 자체 안에 신앙인뿐만 아니라 비신앙인에게도 도움을 줄 수 있는 생산력이 있는 상담의 원천지다. 성서의 소리로 상담자 자신의 소리와 상대방의 소리를 도우러 가는 것을 배우게 된다. 성서만큼 비종교적이면서 동시에 인간적인 종교서적은 없다. 성서적인 주제가 우리의 대화를 풍부하게 하고 대화에 능력을 발휘하면 대화의 상대방은 최소한 성서에 대해 선입견이 없어지게 되며 공감을 얻을 수 있다.

그렇기 때문에 타케는 그 어떤 선포적인 큰소리와 교육적인 가르침을 거부한다.[28] 성서전승을 끌어들이는 것은 열린 상황을 필요로 한다. 가장 중요한 것은 성서가 내담자와 관계되는 이야기를 제공해 주고 있다는 사실이다. 왜냐하면 하나님을 잃어버린 자가 의롭게 되고, 다시 하나님에 의해 받아들여지며, 종말론적 약속에 대한 희망 그리고 위로와 격려의 이야기들이 아직 끝나지 않은 채 지금 우리 주위에 있기 때문이다.[29] 따라서 성서가 이야기하고 있는 모든 부분에 귀 기울여야 할 것이다. 그리스도와 그의 성스러움뿐만 아니라 아담과 그의 세속적인 것에 대해서도 말해야 한다. 그러므로 영혼돌봄의 현장인 성서는 또한 오늘의 아담에게 도움을 줄 수 있는 것이다.

그렇다면 성서가 성서의 자유로운 전개를 방해받지 않고 단순히 내담자의 고통을 없애기 위한 목회자의 일방적인 권위에 의한 말씀 전달이 되지 않기 위해 어떻게 상담대화에서 성서를 함께 말할 수 있을까? 실제적인 기독교상담 현장에서 이것은 성서말씀을 직접적으로 말하거나 성서본문을 설명하면서 돌려 말하는 것이 아니다. 타케는 신약성서의 개념인 위로(Paraklese)를 끌어들인다. 그것은 타케에게 기독교상담의 핵심적인 개념이다. 타케에 의하면 '중재한다(parakalein)'의 이중적인 의미는 기독교상담의 의사소통적이면서 선포적인 요소를 만족시킨다. '위로'의 중재적인 말은 하나님의 위로를 의미한다.[30] 빈클러는 타케의 이러한 '위로하는 대화'를 세 가지 방향으로 설명하고 있다. 첫째로 '끌어들인다(Herbeirufen)'는 점이다. 이 '끌어들인다'라는 개념은 기독교상담에서 대화가 상황에 맞게 증언하는 차원을 갖도록 만든다. 둘째로 위로하는 권면(Ermahnen)이다. 이 점은 문제에 대해서 구체적으로 대화하도록 이끌며 동시에 실제 삶에 대한 복음적인 동기를 제시하는 것이다. 셋째로 위로(Trösten)라는 차원이다. 특히 이 위로는 기독교상담에서 핵심적인 과제라고 할 수 있다. 여기서 중요한 것은 '신뢰를 잃어버린' 사람과 관계를 맺고자 하는 '하나님의 위로'다. 자신의 힘이 더 이상 존재하지 않아 위로를 필요로 하는 사람에게 하나님의 위로로 접근해야 한다.[31]

이것은 타케에 의하면 "기독교상담 대화에서 복음의 역사를 '이야기'하는 것"[32]으로 이루어진다. 내담자는 설명된 이야기 속에서 자신을 다시 찾게 된다. 그 당시 일어난 성서 이야기가 자신의 이야기이며 자신의 삶을 내포하고 있다는 인식이 중요하다. "성서 이야기를 기독교상담에서 이야기하는 사람은 다른 사람의 이야기를 이 이야기 속에서 받아들이며 예수 그리스도의 이야기와 함께 그의 존재를 약속한다."[33]

그러므로 복음적인 기독교상담의 핵심 문제는 적절한 대화의 형태로 복음을 전달하는 것이다. 복음은 직접적인 선포(kerygmatisch)의 형태가 아닌 우연한 그리고 상황과 알맞은 대화의 형태로 이루어지기 바란다. 따라서 타케가 강조하고 있는 기독교상담 대화는 단순히 성서의 기도문구나 성서 구절을 상대방에게 전하는 것이 아니라 대화의 중요한 요소인 이야기 형태다. 하나님의 역사를 통해 나타난 인간의 고통과 인간에 대한 하나님의 걱정과 위로 그리고 현재 부딪치고 있는 인간의 고통이 열린 대화의 과정에서 서로 연관성을 가질 수 있다는 것이다. 타케는 성서를 거룩한 하나님의 말씀으로 읽기보다는 오히려 기독교상담 대화의 내용이 담긴 기록(Protokoll)으로 읽는다. 그것은 오늘날 우리가 성서를 통해 그때와 비슷한 상황 속에 있는 우리 인간을 발견할 수 있기 때문이다. 이러한 성서 이야기를 통한 대화는 타케의 기독교상담 방법의 중요한 핵심이라고 할 수 있다.

4. 기독교상담자의 자세: 복음의 증인으로서 동반자관계

때때로 기독교상담자의 위로나 격려가 기독교상담을 필요로 하는 상황에 적절하기보다 오히려 너무 지나치게 설교조일 때가 있다. 그러나 기독교상담자가 십자가에 달리신 하나님의 복음을 제대로 이해할 때만이 이러한 목사냄새 풍기는 일반적인 종교적 상담의 위험으로부터 보호될 수 있다고 타케는 말한다. 그에게 있어서 설교조 상담이란 권위적이며 기독교상담자가 일방적으로 성서구절을 늘어놓는 것을 뜻한다. 그것은 오히려 진정한 성서적 또는 복음적 상담과 반대되는 것이다.

이러한 시각으로 인하여 미국으로부터 들어온 새로운 기독교상담 운동에서의 중요한 면을 인식하고 인정하게 되었는데, 타케는 그중에서도 모든 기독교상담에서의 기본적인 태도인 '동반자관계(partnerzentrierten)'[34]를 가장 중요한 것 중의 하나로 강조하고 있다. 즉, 기독교상담의 특성은 설교나 수업과는 달리 도움을 요청하는 내담자가 원칙적으로 기독교상담의 중심에 자리 잡고 있으며 상담자와 내담자가 상호 교류한다는 점이다. 따라서 위로부터 아래로 내려오는 교회 선포의 과제로서 기독교상담은 이러한 관점에서 볼 때 동반자관계의 기본적 태도에 방해가 될 수 있다.

그러므로 내담자의 고통과 근심을 덜어 주기보다는 오히려 내담자에게 개인적으로 설교하고 있는 것이 아닌지 투르나이젠의 기독교상담 이론을 비판적인 눈으로 재검토해야 한다고 타케는 강조한다. 따라서 타케는 기독교상담에서 '경청'과 '감정이입'을 중요하게 생각한다. 그것은 기독교상담자 자신의 신학적인 관점으로부터 형성되는 것이 아니라 계속해서 훈련되어야 한다. 그렇기 때문에 오늘날 기독교상담이 전통적이고 더 나아가 어떤 체계적인 교육과 훈련 없이 즉흥적으로 실행하는 것으로부터 벗어나려는 새로운 움직임을 타케는 긍정적인 시각에서 바라보고 있다. 왜냐하면 이러한 기독교상담 운동이 나름대로 가르칠 수 있고 배울 수 있는 기독교상담에 대한 적절한 기준을 세우려고 하기 때문이다.

그러나 타케에게 있어서 문제는 심리치료 과정에서의 치료자와 내담자와의 형태가 교회 기독교상담에도 적용, 시도될 수 있는지 또는 기독교상담에서의 만남과 자유로운 대화가 새로운 방법에 의해 다시 제한되는 것은 아닌지다. 왜냐하면 '내담자(Klient)'라는 말은 '종속된 자(Abhängige)' '듣는 자(Hörige)'라는 말에서 유래되며 '치료자(Therapeut)' 또는 '관리자(Supervisor)'는 '힘 있는 자(Mächtige)'라는 말에 그 어원을 두고 있기 때문이다. 새로운 기독교상담 이론이 말씀 선포 위주인 기독교 전통의 영혼돌봄의 참회를 듣는 부모와, 참회를 하는 자식의 관계로부터 벗어나려고 했지만, 이로 인해 치료자와 내담자라는 새로운 형태가 그 자리를 대신했다고 타케는 비판하고 있다.[35]

타케는 기독교상담에서 무조건 적용하고 있는 벙어리 형태의 경청을 중요시하는 현대 심리치료적인 방법을 바알세불의 힘이라고 비유하면서 선포적이고 설교조인 기독교상담의 단면에서 벗어나려는 이러한 새로운 움직임을 비판한다. 기독교상담자의 경청이 기독교상담에서 중요하지만, 기독교상담자는 내담자에게 최소한 들을 수 있는 또한 나눌 수 있는 대화를 제공해야 한다는 것이다. 방법론적으로 조절된 경청만으로는 그것을 할 수 없으며 오히려 경청자의 대화가 사라지게 된다는 것이다. 그것은 곧 대화를 원하지만 다시 경청이라는 새로운 방법론에 빠져 상담자가 침묵과 함께 말을 아껴 대화를 오히려 축소시켜 버리는 결과를 낳게 된다는 것이다.

그러므로 타케는 기독교상담자는 치료자가 아니라 동반자관계에서의 복음의 '증인'[36]이라고 강조한다. 증인으로서 기독교상담자는 그리스도 안에서 일어난 하나님의 영혼돌봄과 동시에 기독교상담자 자신을 위한 기독교상담의 필요성을 증언하는 것이다. 기독교상담자도 자신의 내담자처럼 하나님의 은혜로 살기 때문에 진정한 형제자매적인 관계(brüderschwesterliche Relation)인 동반자관계 형성이 가능하다. 여기서 강조하는 것은 하나님과의 관계가 모든 인간적인 차이와 위치 그리고 역할을 상대화 시킨다는 것이다.[37]

따라서 타케는 기독교상담을 목사나 기독교 기관 차원의 상담소만 할 수 있도록 제한할 것이 아니라 교회 회중들에게도 그 역할을 할 기회가 주어져야 한다고 강조한다. 그것은 그들 역시 다른 사람의 고통을 함께하고 의지할 데 없는 사람을 받아들이고 이해하도록 소명받았기 때문이다. 여기서 타케는 목회자나 상담요원 중심의 기독교상담 형태를 극복하고 다양한 교인들의 삶과 신앙의 경험을 이용하는 방법을 제시한다.

5. 기독교상담 대화의 실제: 기독교상담자로서 만난 타케

타케는 하나님의 보호 안에서 자신과 자신의 내담자를 신뢰했다.[38] 그는 함께 울고, 웃으며, 불신앙과 신앙에 대한 비판 없는 언어로 내담자를 만났다. 실제 편지로써 타케의 상담과 슈퍼비전을 받은 사람이 서술한 내용들[39]을 여기 소개하기로 한다. 여기 소개되는 이야기를 통해 타케가 기독교상담 이론을 정립했을 뿐만 아니라 그 이론을 그의 기독교상담 현장에 실제로 적용하고 있다는 것을 알 수 있다. 또한 기독교상담자로서 타케가 대화를 어떻게 끌어가고 있는지 배우게 될 것이다.

1) 구속의 경험으로서 기독교상담

타케는 정교회의 소생에 대한 설명(Anastasis-Darstellung)을 좋아했다고 한다. 빛나는 흰 옷을 입은 그리스도는 지옥의 문들을 부숴고 악마는 비참한 모습으로 배와 목 그리고 발이 묶인 채 바닥에 거의 인식할 수 없을 정도로 누워 있다. 그러나 그리스도의 손이 아담과 하와를 붙들고 무덤으로부터 그리고 그들을 억압하고 있는 것으로부터 그들을 구해 낸다. 이것은 타케에게 그리스도의 자유, 즉 '약속 상태'에 있는 자유의 모습이었다.

"우리는 하나님 자녀의 자유를 경험하도록 하는 것이 아니라 오히려 구속의 경험을 하도록 하는 것입니다. 그렇게 하여 믿음 안에서 우리는 약속된 자유로 살아갈 수 있습니다." (1982. 2. 24. 편지에서)

2) 복음의 증인으로서 기독교상담자

무엇보다도 타케는 기독교상담자에게 치료자의 역할을 요구하지 않고 오히려 기독교상담자를 복음의 '증인'으로서, 즉 자유롭게 하는 하나님 사역의 증인으로서 이해하려고 한다.

어머니와 딸과의 힘든 관계에 대한 문제에서 타케는 나의 어머니를 '매우 평범하지 않은' 여성으로 여겼습니다. 거기에 그녀의 신경증적 태도에 대한 인식이 포함되었습니다. 그러나 동시에 그리스도가 자유롭게 해서 자유롭게 될 구속된 사람들에 대한 존경도 있었습니다. 그에게 내가 신앙이 있는지, 없는지 도대체 모르겠다고 말했을 때 타케는 "당신은 경계선에 있는 사람들에게 중요합니다."라고 대답했습니다. 그는 오히려 나의 상황이 감언이설로부터 나를 지킬 수 있었고 내가 다른 사람을 '무의미한 것'으로부터 보호할 수 있었다고 생각하고 있었습니다. 그렇게 그는 나를 전도하려고 하지 않고 오히려 내가 처해 있는 곳에서 (기대를 갖고) 격려했습니다. 나의 여동생이 세상을 떠났을 때—그녀는 자살했다—타케는 나의 어머니에게 다음과 같은 편지를 보냈습니다.

"저는 지금 어머니께 무조건적인 복음에 대하여 말씀드리고 싶습니다.

그리고 우리의 신앙은 하나님의 소유를 위한 조건이 아닙니다. 그러나 우리는 우리 자신의 신앙이 보잘 것 없고 단지 희미한 불빛을 지닌 심지에 불과하다는 것을 압니다. 그렇기 때문에 우리는 우리의 신앙에 의지하는 것이 아니라 하나님의 신의에 의지할 수 있는 것입니다. 변하지 않는 이러한 하나님의 신의 속에서 어머니의 딸도 구조되었습니다. 우리는 '다 이루었다.'라고 십자가에서 말씀하신 예수 그리스도를 생각해야 합니다. 그는 처음이자 마지막입니다. 그의 사랑 안에서 힘들고 고통스러운 모든 것이 제거되었습니다…. 이스탄불에 프레스코 벽화가 있는 조그만 교회가 있습니다. 저는 부활한 예수 그리스도의 그림을 매우 좋아하는데, 거기서 그리스도는 지옥의 벽을 뚫고 거기에 잡혀 있는 아담을 자유를 향해 끌어내고 있습니다. 그리스도는 인간의 의심과 우리의 불신앙보다 더 강하지요." (1978. 3. 14. 편지에서)

3) 인간으로서 기독교상담자의 한계

그는 한 인간이 다른 사람의 마지막 순간을 도울 수 없다는 것을 인식했다. 편지로 상담을 받은 사람의 어머니가 딸의 죽음에 대하여 의문을 갖고 있을 때 타케는 다음과 같은 편지로 자신의 생각을 전하였다.

"당신은 내가 마음속 깊이 여러 날 동안 당신을 생각하고 있었다는 걸 알 겁니다. 저는 바울의 말을 빌려 대신 이야기하고자 합니다. 한 사람이 다른 사람의 짐을 질 수도 있습니다. 그러나 당신이 지금 져야만 하는 힘든 짐은 하나님만이 함께 져 줄 수 있습니다. 종종 스스로 인생 끝에 와 있는 사람들이 하나님만이 알 수 있는 특별한 비밀을 갖고 있는 것처럼 보입니다…." (1978. 3. 14. 편지에서)

여기서 타케는 우리가 요구받은 것에 대하여 '결정하는 것', 즉 인간의 '결손'에 대해 냉정한 결단을 생각했던 것 같다. 소위 사랑에 대한 이중적인 명령은 그에게 첫 번째 계명과 두 번째 계명과의 명백한 차이가 있는 것으로 보인다. 우리는 온 마음을 다하여 하나님을 사랑해야 하지만 우리 자신만큼만 이웃을 사랑해야 한다. 전적인 이웃 사랑에 대해 우리가 지나치게 요구할 수도 있다. 그의 다음 편지에 이러한 내용이 담겨 있다.

> "나에게 이중계명의 두 가지 계명을 구별하는 것이 중요합니다. 하나님 앞에서 중요한 것은 인간에게 당장 중요한 것은 아닙니다. 우리는 하나님을 '온 마음을 다하여' 사랑해야 합니다. '완전한 자기과제'는 이러한 전적인 요구에 해당될 수 있습니다. 그러나 하나님을 향한 사랑은 이웃사랑과는 다른 내용입니다. 나는 나의 이웃을 하나님처럼 사랑하지 말아야 합니다. 오히려 나 자신만큼만 사랑하면 됩니다. 그것은 다음과 같은 것을 의미합니다. 인간적으로 결손의 상황에서… 하나님의 사랑은 전적이어야 하지만 인간과의 사랑은 상대적입니다."

4) 공감의 능력을 지닌 대화인도

타케는 대화인도의 기술을 마치 음악가가 자신의 악기를 다루는 것처럼 다루었다. 그리고 그는 대단한 공감능력을 가지고 있었다. 그는 그것을 탁월하게 정중한 자세로 거리를 두면서 유지했다. 그러나 경우에 따라서 타케가 자신의 병에 대하여 공개적으로 말하고 그가 알았던 많은 것에 대하여 아무런 생각 없이 말할 때는 이러한 거리감은 존재하지 않았다. 인간은 부족한 존재라는 전제하에 그는 내담자와 연관하여 자신을 보았으며 이러한 애정을 다음과 같이 표현했다.

"당신의 편지는 나 스스로도 좋은 상태에 있지 않고 당신이 자신에 대하여 말한 것을 간접적으로 느낄 수 있기 때문에 나에게 특히 강하게 와 닿았습니다. 그래서 나는 우선 우리가 종종 어색할 정도로 비슷한 상황에 있다는 것을 말하려고 합니다. 나는 인간은 스스로 불확실하게 되는 내면적인 파괴의 상황에 있다고 생각합니다."(1977. 11. 25. 편지에서)

그는 화가 난 사람들, 지친 사람들 그리고 하나님을 잃어버린 사람들에게서 자신의 모습을 보았다. 그는 다음과 같은 편지에서 자신을 '성숙하지 못한 기독교인'이라고 솔직하게 말하고 있다.

"나 역시 '성숙하지 못한 기독교인'입니다. 특히 나는 기독교인이라기보다 존재와 의식에 의하면 무신론자입니다…. 나는 종교적인 감정과 노력을 지니고 있지 않습니다. 그러나 가끔 하나님이 멀리 떨어져 있다고 느끼는 사람들 가까이에 하나님이 계시다는 역설적인 확신에 대한 기쁨이 있습니다."(1978. 10. 20. 편지에서)

5) 성서를 자유롭게 기독교상담에 끌어들이는 대화

대화기술에 있어서 신뢰와 공감의 능력으로 하나님 이름의 보호 안에서 타케는 자신이 스스로 즉흥곡을 연주할 수 있는 능력과 비교할 정도로 기독교상담 대화에 자유로웠다. 예를 들면, 다음과 같은 사례가 있었다.

신학적인 관점에서는 도저히 접근할 수 없는 부부 위기에 대해 오랫동안 대화를 나눈 후에 그는 나에게 이렇게 말했다. "당신은 좀 더 경건한 것을 기대하나요?" 그러나 그 말은 나에게 적절한 것이었다—나의 어머니가 형의 죽음으로 나를 질책했을 때 심리학적인 사실에 대한 아주 작은 언급으로 그는 나의 경직된 부분을 풀어 주었다. "당신의 어머니는 억압의 대가이군요." (그는 진지하면서도 동시에 존경과 유머를 지니고 있었다.) 그러나 그는 나에게 '하나님은 가까이 계시다.'라는 말에 근거한 '부드러움의 기술'을 환기시켰다. "나는 실패로 돌아가는 곳에 항상 다시금 오랜 갈등 생활이 반복된다는 것을 잘 알 수 있습니다. 계속 유지해야 할 관계에 문제가 생길 때 '부드러움의 기술'과 같은 것이 필요합니다. 매우 특이한 당신의 어머니와 함께 산다는 것은 내적인 조화에서 오는 힘을 필요로 합니다. 그러나 그것은 때로는 불가능할 때도 있습니다." (1977. 11. 25. 편지에서) '부드러움의 기술'은 타케에게 '유머'와 같은 것이었고 당연히 이 두 가지를 충족시킬 수 없다는 것을 그는 알고 있었다.

그는 또한 성서말씀을 믿었다. 그러나 그는 성서말씀을 성스러운 책으로 읽지 않고 한 인간이 비슷한 상황에서 겪게 되는 기독교상담 대화록으로 읽었다. 그는 '모든 인간'이 성서에 나오는 인물들과 가장 좋은 공동체 관계에 있다는 것을 안다. 그래서 타케에게 성서말씀은 자신의 내담자의 상황과 섞일 수 있게 되었고 기독교상담자와 내담자 모두에게 필요한 '제3의 본질을 규정하는 요소'를 대화 속으로 가져올 수 있었다.

나의 형이 교통사고로 일주일 동안 산소호흡기 없이는 더 이상 살 수 없는 혼수 상태에 있을 때 나는 타케에게 이렇게 말했다. "제가 어떤 생각을 해야 할지 전혀 모르겠습니다. 제가 무엇을 생각하는지 이해하시겠어요?" 그는 주저하면서(조심스럽게 공감하면서) 다음과 같이 대답했다. "나는 이렇게 생각합니다. 아마도 당신은 시편 139장에서 말하고 있는 바다의 가장 표면에 있다고 생각할 수 있을 겁니다." 타케는 이렇게 나로 하여금 나의 상황을 성서말씀과 연관하여 새로운 관점을 갖게 해 주었다.

이러한 의미를 그의 책 *Glaubenshilfe als Lebenshilfe*에서 다음과 같이

서술하고 있다.

> "계속해서 설명되는 성서 이야기는 고통당하는 사람 자신의 이야기와 기꺼이 섞이기를 좋아하며 괴로운 생각을 중단시키고 새로운 자기인식으로 이끌게 됩니다. 인간의 '자기'는 복음의 이야기 속에서 함께 없어지고 그리스도가 가져다준 자유에 동참하게 됩니다."(109)
>
> "기독교상담에서 동반자적 대화가 중요하다면 기독교상담의 제3의 본질을 규정하는 요소인 말하고 들어야 하는 복음의 말씀은 신앙에 의한 인간의 미래를 향해 특별한 기독교상담적인 관계를 창조합니다."(277 이하)

6) 기독교상담 대화의 목적: '그리스도 안에서' 정체성 구현

타케에게 있어서 대화의 목적은 내담자를 '자기개성화'로 이끄는 것이 아니다. 타케는 인간이 계속해서 자기 자신에게 집중할 때 생기게 되는 '자기중독'을 두려워했다. 모든 문제가 인간 자신에게 초점이 되고 자기 스스로의 힘으로 자기실현을 이루고자 할 때 이러한 '자기중독' 현상이 나타난다. 그는 인간을 상대방과의 대화에 의지하며 그리고 무엇보다도 하나님에 의한 말에 의지하는 '부족한 존재'로 이해한다. 인간은 자신 안에서 정체성을 찾는 것이 아니라 '그리스도 안에서' 자신의 정체성을 찾는다.

그러므로 그는 다음과 같이 말하고 있다. "기독교상담은 존재에 대한 기독론적인 해석이라는 목적을 갖습니다. 그것은 기독교상담이 인간을 위한 심리학적인 접근을 차단해야 한다는 것을 의미하지 않습니다. 그러나 복음적인 기독교상담은 인간을 그리스도와 함께 죽고 부활한 것으로 이해할 수 있습니다(롬6:8)."[40]

타케는 하나님의 은총 '저편'에 대한 희망으로 살며 이러한 '저편'에서 대화의 상대자와 특히 슬퍼하는 사람을 이해하려고 했다.

6. 신학적인 평가

지금까지 서술한 현대적인 흐름(인문과학의 수용과 활용)을 무시하지 않으면서 기독교상담의 정체성 회복을 위해 노력한 독일 신학자인 타케의 기독교상담 이론의 핵심 사상과 그의 실제적인 기독교상담 대화를 통해 우리는 세 가지 차원에서 신학적이고 기독교상담적인 평가로 결론을 내릴 수 있다. 그것은 성서 이야기를 기독교상담 대화에 끌어들이는 방법 제시, 분리되었던 신앙과 삶과의 연관성 시도, 기독교 전통의 영혼돌봄 회복과 심리학의 통합적인 시도 등이다.

1) 성서 이야기를 기독교상담 대화에 끌어들이는 방법 제시

타케의 사상은 투르나이젠의 기독교상담을 발전시킨 것이라고 할 수 있다. 그 사상은 심리학이 기독교 영혼돌봄에 미친 영향을 인정하면서, 선포적인 영혼돌봄의 차원에 대하여 기독교상담 현장을 좀 더 고려하여 새로운 관점을 시도했다고 볼 수 있다.[41] 언어로 전달된 복음은 내담자를 설교하지 않으면서 기독교상담의 출발점이 되어야 한다는 것이다. 그러나 또한 기독교상담자가 성찰을 제한하고 더욱이 침묵하는 순수한 '종교적인 중계자의 모습'이 되지 말아야 한다. 그의 목표는 오히려 내담자의 하나님과의 관계를 근거로 하는 진정한 동반자적인 기독교상담의 길을 제시하는 것이다. 타케는 자신의 기독교상담 사례를 통해 실제적으로 성서 이야기를 어떻게 삶의 현장으로 끌어내어 중재하는 것인지 그의 책 *Mit den Müden zur rechten Zeit zu reden*에서 잘 소개하고 있다.

타케는 성서 이야기와 기독교상담 대화에서 이야기되는 삶과의 상호 관계를 제시하고자 한다. 그의 신학적인 배경은 예수 그리스도 안에서 이루어진 하나님과 인간과의 관계가 본질을 구성한다. 인간이 되어 십자가에 매달렸다가 부활하신 하나님 아들의 역사 속에 고통받는 인간의 역사가 이미 함유되어 있으며, 그것은 인간이 이러한 자신의 역사를 인식하는 신앙의 관계를 필요로 한다는 것이다. 여기서 중요한 것은 타케가 기독교상담을 일반상담과 특별한 구별 없이 축소해 버리는 단순화로부터 벗어나려고 했다는 것이다.

따라서 타케의 이런 시도는 오늘날 한국 기독교상담 현장에서도 큰 의미를 가지고 있다. 그는 심리학을 이용한 기독교상담이 주로 선포나 권고에 치중을 두었던 기독교상담에 반대하면서 기독교상담 대화에서 성서가 무용지물이 되는 위험으로부터 벗어날 수 있는 길을 제시했다. 단순히 일반상담 방법을 답습하는 것이 아니라 다른 일반상담과 구별되는 방법으로서 복음을 상담대화에 끌어들여 적극적으로 기독교상담의 특성을 살렸다고 할 수 있다. 타케는 이러한 방법으로 기독교상담에서의 이론과 실천 문제를 신학적으로 재정립하며 기독교상담의 정체성 확립을 위해 노력했다고 볼 수 있다.

2) 분리되었던 신앙과 삶과의 연관성 시도

타케의 큰 공헌 중의 하나는 기독교상담을 위해 신앙을 새롭게 발견했다는 것이다. 그의 특성은 신학과 신앙의 영혼돌봄 차원을 다시 회복할 것을 강력하게 권유하는 것으로 이해할 수 있다. 신앙이란 하나님과 인간과의 관계에 대한 통찰이므로 영혼돌봄으로서 기독교상담은 신앙에 해당된다. 그러나 또한 기독교상담에서 인간의 삶에 관한 이야기가 전개된다. 따라서 기독교상담에서 하나님과 인간 그리고 인간과 인간의 이야기가 서로 함께 어우러지는 동반자관계에 들어가는 것이다. 그러므로 하나님과 인간 그리고 인간과 인간의 관계는 동일하지도 않으며 서로 반목하여 얻어지는 것이 아니라 서로 관계를 가져야 한다는 점에서 신앙과 삶은 분리되어 생각할 수 없다. 신앙 자체가 기독교상담의 질을 결정하며 위로와 격려의 원천으로서 삶의 어려움 속에서 직접적으로 위기를 더 잘 극복할 수 있도록 도와줄 수 있다는 것이다.

신앙을 통해 인간은 자신의 존재 안에서가 아니라 자신 밖에 근거를 가지고 있는 그리스도 관계 안에서 새로운 기초를 세우게 된다. 신앙은 직접적으로 삶과 연관된다. 타케에 의하면 하나님과 인간 그리고 신앙과 삶 사이의 틈을 중재하기 위한 기독교상담자의 중재노력이 거기서 필요하지는 않다. 그것은 예수 그리스도 안에서 하나님의 현존과 인간의 현존이 이미 관계되어 있기 때문이다.

타케는 말씀 선포가 기독교상담 대화의 중심이며 삶과는 동떨어진 무조건적 신앙이 강조되었던 기독교상담의 문제점을 극복하기 위해 신학적으로 서로 대립하여 별개로 생각되었던 '신앙의 도움'과 '삶의 도움'이라는 두 차원을 서로 연결하여 신앙이 인간의 삶에 근본적인 도움이 된다는 사실을 분명하게 보여 주었다고 할 수 있다.

3) 기독교 전통의 영혼돌봄 회복과 심리학과의 통합적인 시도

타케는 말씀 선포가 목회대화의 중심이며 신앙을 강조하는 기독교 전통의 영혼돌봄(특히 투르나이젠의 관점에서)과 내담자 중심의 심리학을 이용한 기독교상담 양측의 문제점과 특성을 수정, 보완하고 통합하여 창조적인 새로운 기독교상담의 방향을 제시했다. 그는 심리학에 대하여 무조건적으로 반대하지 않는다. 그러나 기독교 전통의 영혼돌봄의 특성을 고려하지 않고 지나치게 병리학적이고 심리학적인 치료방법을 기독교상담에 적용함으로써 기독교상담자이기보다는 심리치료자로서 전도되는 위험성을 지적했다. 설교학자인 보렌은 타케의 두 번째 책 서론에서 다음과 같이 말하고 있다.

"타케가 이끄는 투쟁을 영혼돌봄의 관점에서 심리학에 대한 편협한 거부로 이해해서는 안 된다. 그것은 오히려 기능적인 실천을 위해 신학이 경시되고 항상 이미 진리인 것에 대한 질문을 비밀스럽게 배제하기 위하여 편협하게 심리학을 수용하는 것에 대한 투쟁이다."[42]

타케는 심리학에 대해 많은 관심을 가지고 있었으며 심리학에 대한 지식을 얻는 데 게을리 하지 않았다. 오히려 그에게는 (무엇보다도 후속연구에 분명하게 나타나듯이) 신학적으로 그리고 기독교상담적으로 심리학과의 책임 있는 관계가 중요하다. 타케는 집단역동성에 대하여 다음과 같이 표현한다. "집단역동이 문제에 대한 통찰을 통해 그리고 집단역동의 애정이 충만한 조정을 통해 불안을 없애는 데 도움을 준다면 집단역동은 분명히 영혼돌봄의 능력을 지니고 있다고 볼 수 있다. 그러나 무엇보다도 우리는 상반되는 감정 상태에 머물러 있다. 한편으로는 정신역동 현상 그 자체가 불안을 유발하며 다른 한편으로 정신역동이 불안에 대항하여 작용한다는 것이다."[43] 그러나 타케는 심리학을 활용한 대화 차원의 영혼돌봄에 대한 관심을 포기하지 않으면서 기독교 역사에 나타난 영혼돌봄의 특성을 제시하고자 했다.

7. 한국 기독교상담에 주는 의미

여기서 현재 한국 기독교상담에서 나타나고 있는 문제점과 함께 타케의 이론이 한국 기독교상담에 주는 의미를 살펴봄으로써 앞으로 한국 기독교상담의 정체성과 방향성을 제시하는 데 큰 역할을 할 수 있을 것이라는 기대해 본다. 따라서 이 장의 마무리 작업으로서 타케를 중심으로 기독교상담의 특수성을 종합 정리하는 관점에서 한국 기독교상담의 과제와 적용 가능성을 네 가지 주제, 즉 신앙을 통한 삶의 도움으로서의 기독교상담, 수평적 기독교상담 구조, 한국 기독교 역사 속에서 찾아보는 기독교상담 모형, 기독교상담 훈련의 다양성 속에서 시도해 보고자 한다.

1) 신앙을 통한 삶의 도움으로서의 기독교상담

오늘날 한국교회의 기독교상담의 위험성은 크게 두 가지 관점에서 생각해 볼 수 있다. 하나는 기독교상담을 단순히 설교의 연장이라고 생각하여 개개인에게 하나님의 말씀을 선포하고 신앙생활만 무조건적으로 강조하는 것이다. 이것은 기독교상담이 개인의 삶의 문제를 해결하는 데 도움을 주기보다는 오히려 가부장적 유교사상과 맞물려 지나칠 정도로 권위적이고 그렇다고 성서적이지도 못한 채 신앙만을 강조하는 것이다. 또한 일방적으로 기독교상담자가 마치 만능해결사처럼 모든 것을 알고 있다고 생각하며 성서를 마치 토정비결 책처럼 여기는 위험에 빠지기도 한다.

다른 하나는 이와 반대로 현대 학문인 심리치료의 방법론을 아무런 이의 없이 가장 좋은 방법인 것처럼 기독교상담에 그대로 적용하여 기독교상담의 본질과 정체성을 잃어버리는 것이다. 이러한 기독교상담은 신앙적인 차원보다 지금 당장 현실에 부딪치는 삶의 문제를 해결하는 데 그 목적을 두고 있기 때문이다. 타케의 기독교 전통의 영혼돌봄과 심리학의 통합적인 시도는 한국 기독교상담의 이러한 양자택일적인 현상을 극복하고 기독교상담의 정체성을 유지하면서 일반 심리학 이론들을 활용할 수 있는 좋은 방향 제시라고 할 수 있다.

이러한 상황 속에서 앞으로의 기독교상담은 신앙의 차원과 인간 삶의 문제를 서로 분리하여 이루어지는 것이 아니라 위에서 언급한 타케의 통합적인 차원의 기독교상담처럼 신앙을 통해 현재 삶의 고통을 극복하고 새로운 삶으로 이끌 수 있도록 돕는 데 노력해야 할 것이다. 이러한 기독교상담은 신앙 차원에서뿐만 아니라 살아서 숨을 쉬고 직접적으로 살아가는 데 도움을 주도록 하는 '영혼돌봄(cura animarum)'의 의미가 다시 살아나는 것이다.

2) 목회자 중심의 기독교상담 구조에서 수평적 기독교상담 구조로

한국교회가 비판받는 것 중에 하나는 목회자의 '권위'가 아닌 '권위주의'다. 우리나라 목회자들의 권위주의는 자주 그들의 기독교상담에 그대로 투영되어 나타난다. 많은 한국목회자들은 내담자를 상대할 때 아버지-딸 혹은 아들 모형 그리고 선생-학생 모형에 익숙해 있고 또한 그렇게 스스로 생각하기도 한다. 따라서 기독교상담의 대화방법도 목회자 중심의 지시나 일방적인 대화(가르침, 훈계)의 형태를 지니고 있다.

목회자 중심의 가부장적 또는 수직적 기독교상담의 결정적인 문제는 그러한 기독교상담에서 상담자의 권위가 큰 역할을 한다는 데 있다. 이것은 기독교상담에서 상담자의 인생경험, 철학, 생각이 기독교상담의 중심에 오는 인간 중심적인 기독교상담이 될 위험이 있는 것이다. 그러나 기독교상담에서 도움과 위로는 분명히 상담자가 아닌 하나님으로부터 오며 단지 상담자는 하나님으로부터 얻은 위로를 내담자와 같이 나누는 것이다. 성서에도 그런 의미가 분명히 나타나 있다. "우리가 온갖 환란을 당할 때에 하나님께서는 우리를 위로해 주십니다. 하나님께서는 우리를 위로하셔서 온갖 환란 가운데 있는 사람들을 위로할 수 있게 하십니다." (고후 1:4)

권위적인 목회자 중심의 기독교상담에서 벗어나기 위한 대안으로서 타케의 다양한 전문적인 삶과 신앙의 경험을 가진 평신도가 기독교상담자로 참여하는 평신도 차원의 기독교상담 교육과 그것의 활성화를 제시할 수 있다. 필자는 여기서 특히 여성 기독교상담자들의 적극적 활용방안을 강조하고자 한다. 한국교회는 신도 구성비에서 70% 이상이 여성 신도로 구성되어 있는 반면에 목회자의 99%는 남성으로 구성되어 있다. 보이지 않는 많은 부분에서 남성 목회자는, 즉 남성 중심의 가부장적 가정과 사회 속에서 영향을 받은 남성 목회자는 여성의 고통과 갈등을 공감할 수 없거나 이해하기 힘들 것이다. 그것은 성적인 차이에서 오는 남성 목회자의 한계다.

그렇다고 여성의 문제는 여성이, 남성의 문제는 남성이라는 식의 이분론적 도식으로 해결하자는 것이 아니다. 한국 기독교상담에 있어서 성적인 상호 보충과 역할 분담이 있어야 한다는 것이다. 또한 여성 기독교상담자의 활용은 한국교회가 가지고 있는 가부장적 교회구조의 변화와 갱신을 의미할 수도 있다. 이것은 위에서 언급한 최근 독일 기독교상담의 세 번째 모형인 수직적 관계에서 동반자관계를 적극 활용할 수 있는 방안이라고 할 수 있다.

3) 한국교회 역사에서 찾는 상담 모형

최근 우리나라도 기독교상담을 전공한 학자들의 수가 급격히 늘고 있다. 그들은 나름대로 서구 기독교상담 이론을 소화해서 한국교회와 목회자교육에 적용하고 있다. 그러나 문제는 서구의 기독교상담 이론을 특수한 사회, 정치, 문화, 교회 전통과 심성을 가진 우리 한국교회와 한국인에게 그대로 적용시킬 수 있을까 하는 물음이다.

복음이 우리나라에 들어온 이래 우리의 신앙 선배들은 한국이라는 특수한 상황과 문화 속에서 서로 서로 봉사하고(diakonia), 사귀고(koinonia), 위로해 왔다. 그동안 한국교회에는 '새벽기도'와 같은 한국교회 나름대로의 독특한 여러가지 교회활동 모형이 생겼다. 마찬가지로 한국 목회자들이 의식적으로나 또는 무의식적으로 사용한 기독교상담 모형이 있을 것이다. 이 상담 모형은 우리의 심성과 문화에 아주 잘 적응된 형태일 수 있다.

따라서 타케가 기독교상담 고유의 특성을 투르나이젠의 신학적인 전통에서 찾아 발전시켰다면, 우리는 과거 한국교회 역사에 나타난 기독교상담 모형을 찾아가는 것이다. 현대 독일 기독교상담자들이 기독교상담의 뿌리 찾기를 시도하는 것처럼, 우리에게 맞는 창조적 기독교상담 이론의 개발을 염두에 둔다면, 과거 한국교회 전통에 나타난 기독교상담 모형과 구체적으로 현재의 한국목회 현장에서 한국적 상담 모형을 찾는 것이 앞으로 우리의 과제가 될 것이다. 그것은 한국 기독교상담의 정체성을 찾기 위한 방법으로서 한국교회 역사 속에 나타난 기독교상담의 모형을 찾아 한국사회와 문화를 고려한 한국적인 기독교상담의 틀을 발전시키는 것이다.

4) 기독교상담 훈련의 다양성

현재 우리나라의 많은 신학대학원 기독교상담과정은 미국에서 시작된 임상목회교육(Clinical Pastoral Education: CPE)을 채택하여 실시해 왔다. 기독교상담 훈련으로서 많은 장점도 있지만 기독교상담 훈련을 위해 꼭 병원이라는 장소에 국한할 필요가 있는지 물음을 제기해 본다. CPE 과정을 하면서 많은 사람들이 처음 병실을 들어서면서 어색하고도 인위적인 듯한 만남을 느낀다고 보고되고 있다. 서로 낯선 관계 속에서 환자는 원하지 않았지만 기독교상담자 훈련을 위해 들어온 사람에게 자신의 이야기를 하여야 하고, 목회상담 훈련에 참여하는 사람은 어색함 가운데 환자들이 말을 하도록 유도해야 하는 의도성과 억지성을 간과할 수 없다. 또한 대화내용이 누설되지 않는 것이 전제되지만, 훈련을 위해 대화내용을 분석하고 평가받아야 하는 것이 오늘의 현실이다. 이러한 여러 가지 관점에서 환자들은 자신의 고통이나 문제들을 쉽게 표현하지 않으려고 할 수 있다. 이제는 이러한 CPE의 한계점을 인식하면서 재검토해야 한다.

이러한 기독교상담 훈련의 한계점을 극복하기 위한 방안으로서 기독교상담 훈련을 CPE에 국한시킬 것이 아니라 보다 폭넓은 교회의 장에서 펼치는 것을 생각해 볼 수 있다. 예를 들면 심방일지를 통해서도 상담 훈련이 가능할 것이며, 교도소 등 좀 더 다양한 목회현장을 활용해야 할 것이다. 자연스러운 만남 속에서 인위적이고 억지가 아닌 자연스러운 대화로 기독교상담 훈련이 이루어져야 할 것이다.

미 주

1) Klaus Winkler, *Seelsorge* (Berlin/New York: de Gruyter, 2000), 176-178.

2) 1928년 6월 4일 독일 Bremen에서 상인의 아들로 태어났다. 1944년 학생시절 군대에 소집되어 영국에서 포로로 잡혔다가 1945년에 풀려났다. 1947년 Wuppertal에서 신학공부를 시작하였고 Düsseldorf에서 교회음악 교육을 받았다. Göttingen에서 Hans Joachim Iwand, Ernst Wolf, Otto Weber, Friedrich Gogarten 등의 문하에서 조직신학을 중심으로 신학을 계속하였다. 1953년 첫 번째 신학 졸업시험을 보았고 1953~1955년까지 Aurich와 Osnabrück 그리고 Wuppertal에서 전도사 생활을 하였다. 1955년 두 번째 신학 졸업시험을 보았고 결혼하여 세 명의 아이가 있었다. 1955~1956년까지 Bremen에 있는 북독일 선교국에서 설교를 도왔고 1958~1965년까지 Hamburg-Altona에 있는 교회에서 목사로 활동하였다. 그 밖에 Hamburg에서 오르겔 교육을 받았다. 1965~1968년까지 터키 Istanbul에 있는 독일교회에서 동방정교회의 대주교와 교류를 하면서 목회활동을 하였다. 1968~1977년까지 Wuppertal 신학과에서 설교 세미나를 맡아 진행하였다. 특히 설교학과 목회학 그리고 상담학을 가르쳤다. 1975년 *Glaubenshilfe als Lebenshilfe. Probleme und Chancen heutiger Seelsorge* (Neukirchen, 1975)를 출판하였다. Wuppertal에서 정규적으로 설교하면서 청소년 사역에서 음악적인 부분과 종교교육을 담당하였다. 정규적으로 교회에서 오르겔을 담당하였고 전화상담도 맡았다. 1977~1989년까지 런던에 있는 독일교회 목사로 활동하였고 1989년 Bremen에서 임종하였다. 1989년 Tacke에 의해 정리되고 그의 아내와 자녀들에게 바쳐진 책이 출간되었는데, 그 제목은 *Mit den Müden zur rechten Zeit zu reden. Beiträge zu einer bibelorientierten Seelsorge*이다.

3) 투르나이젠은 선포적 관점에서 언급하고 있다. Eduard Thurneysen, *Seelsorge im Vollzug* (Zürich: EVZ-Verlag, 1968); E. Thurneysen, *Die Lehre von der Seelsorge* (Zürich: EVZ-Verlag, 1946).

4) H. Tacke, *Glaubenshilfe als Lebenshilfe. Probleme und Chancen heutiger Seelsorge* (Neukirchen, 1975). 39.

5) 위의 책, 41.

6) 위의 책, 39.

7) 위의 책, 45 이하: C. R. Rogers, *On Becoming a Person* (Boston, 1961); S. Hiltner, 『목회신학원론』, 민경배 옮김 (대한기독교서회, 1968); S. Hiltner, 『목회 카운슬링』, 마경일 옮김 (대한

기독교서회, 1976); C. Wise, 『목회학개론: 패스토랄 케어의 의미』, 이기춘 옮김 (대한기독교서회, 1984); D. Stollberg, *Therapeutische Seelsorge* (München, 1969); J. Scharfenberg, *Seelsorge als Gespräch* (Göttingen, 1972).

8) H. Tacke, *Glaubenshilfe als Lebenshilfe*, 49.

9) 위의 책, 50.

10) 위의 책, 52.

11) 위의 책, 53.

12) 위의 책. 이러한 관점에 대하여 다음 책을 참조하라: Thomas Oden, *Kerygma and Counseling* (Harper and Row, 1966); Thomas Oden, *Contemporary Theology and Psychotherapy* (The Westminster Press, 1967); H. J. Clinebell, 『목회상담신론』, 박근원 옮김 (대한예수교장로회 총회출판국, 1987); H. J. Thilo, *Beratende Seelsorge* (Göttingen, 1971); 권수영, 『기독[목회]상담 어떻게 다른가요. 심리학과 신학의 만남』(학지사, 2007).

13) H. Tacke, *Glaubenshilfe als Lebenshilfe*, 142.

14) 위의 책.

15) 위의 책, 145.

16) 위의 책, 146.

17) 위의 책, 108.

18) 위의 책, 32.

19) Rolf Sons, *Seelsorge zwischen Bibel und Psychotherapie* (Stuttgart: Calwer Verl.,1995), 57; Thomas Henke, *Seelsorge und Lebenswelt* (Würzburg: Seelsorge Echter, 1994), 478-482; Albrecht Grözinger, "Seelsorge als Rekonstruktion von Lebensgeschichte", in: *Wege zum Menschen* 38 (1986), 178-188; Joachim Scharfenberg, *Einführung in die Pastoralpsychologie* (Göttingen, 1985), 73-82, 94.

20) H. Tacke, *Mit den Müden zur rechten Zeit zu reden. Beiträge zu einer bibelorientierten Seelsorge* (Neukirchener, 1989), 113.

21) H. Tacke, *Glaubenshilfe als Lebenshilfe*, 282.

22) K. Winkler, *Seelsorge*, 217 이하, 각주 82.

23) K. Winkler, *Seelsorge*, 217, 각주 81.

24) H. Tacke, *Glaubenshilfe als Lebenshilfe*, 84.

25) H. Tacke, *Mit den Müden zur rechten Zeit zu reden*, 38.

26) 성서가 삶의 이야기로 기독교상담에 필요한 이유를 타케의 논리에 의해 신명숙은 세 가지로 설명하고 있다. 신명숙, "삶의 이야기와 성서와의 대화", 「신학사상」 (한국신학연구소, 2000/겨

울), 202-230, 205-207.

27) H. Tacke, *Mit den Müden zur rechten Zeit zu reden*, 49.

28) 위의 책.

29) H. Tacke, *Mit den Müden zur rechten Zeit zu reden*, 41-51. 신명숙, "삶의 이야기와 성서와의 대화", 「신학사상」(한국신학연구소, 2000/겨울), 208-222. 신명숙은 타케 이론에 근거해서 '용납'과 '받아들여지는 것' '종말론적인 약속에 대한 희망' 그리고 '위로'의 관점에서 전통과 상황과의 만남으로서 상담의 가능성을 시도하고 있다.

30) H. Tacke, *Glaubenshilfe als Lebenshilfe*, 101.

31) K. Winkler, *Seelsorge*, 215, 각주 75.

32) H. Tacke, *Glaubenshilfe als Lebenshilfe*, 106.

33) 위의 책, 107.

34) 위의 책, 169-181.

35) Ch. Möller (Hg.), *Geschichte der Seelsorge* 3 (Göttingen: Vandenhoeck & Ruprecht, 1996), 355.

36) H. Tacke, *Glaubenshilfe als Lebenshilfe*, 147-161.

37) K. Winkler, *Seelsorge*, 위의 책, 217, 각주 81 참조.

38) H. Tacke, *Glaubenshilfe als Lebenshilfe*, 77.

39) Christa, Lauther, "Begegnungen mit dem Seelsorger Helmut Tacke", in: Ch. Möller (Hg.), *Geschichte der Seelsorge* 3, 343-349.

40) Tacke, *Glaubenshilfe als Lebenshilfe*, 108.

41) 타케는 선포도 아니고 치료도 아니며 동료애적 상호 관계 안에서의 대화로서 기독교상담을 강조한다. '대화로서의 영혼돌봄(Seelsorge als Gespräch)' 또는 '영혼돌봄으로서의 대화(Gespräch als Seelsorge)'라는 관점에 대한 더 자세한 것은 다음을 참조하라: K. Winkler, *Seelsorge*, 256-269; Joachim Scharfenberg, *Seelsorge als Gesprräch. Zur Theorie und Praxis der seelsorgerlichen Gesprächsführung*, 5. Aufl. Göttingen, 1991; Martin Nicol, *Gespräch als Seelsorge. Theologische Fragmente zu einer Kultur des Gesprächs* (Göttingen, 1990).

42) H. Tacke, *Mit den Müden zur rechten Zeit zu reden*, 23.

43) 위의 책, 145.

• 제5장 •

한국 상황에서의 기독교상담

−관계 구조적인 측면에서−

우리나라 기독교인들은 기독교가 국교인 서구인들과는 달리 종교다원주의 속에서 다른 종교를 가진 사람들과 함께 살며 함께 일하면서 살아가고 있다. 그렇기 때문에 한국인은 이미 서로 다른 종교들의 영향을 의식적으로나 무의식적으로 받아 왔다고 할 수 있다. 특히 기독교가 다른 종교들, 무교, 불교, 도교 등에 비해 상대적으로 가장 늦게 한국문화에 들어왔기 때문에 이미 한국문화에 정착한 다른 종교와의 대화는 불가피하다. 따라서 기독교가 비기독교적인 사회와 문화에 침투해 들어가야 하는데, 이러한 과정을 기독교의 '토착화(Einheimischwerdung)' '상황화(Kontextualisierung)' '문화적응(Inkulturation)' 등으로 표현해 왔다. 그것은 신학적인 관점에서 볼 때 기독교 신앙을 문화적인 특성을 고려해서 표현할 뿐만 아니라 신앙에 대한 이해, 체험, 사건을 각 문화와의 관련 속에서 생각하는 것이다.

뮐러(K. Mueller)는 '문화적응'에 대해서 다음과 같이 설명하고 있다. "말씀이 구체적으로 인간의 본성을 수용했으며 말씀이 이러한 구체적인 인간으로서 하나님의 계시가 된 것처럼 예수의 복음이 새로운 각 문화 속에서 현현되는 것이다. 즉, 각 민족에게 맞는 새로운 형태를 받아들이고 그 형태는 새로운 방법으로 하나님의 위대한 사랑의 계시가 되어야 한다."[1] 준더마이어(T. Sundermeier)는 문화적응을 신학적으로 큰 의미가 있는 선교과정으로 이해하고 있다. 즉, 선교과정에서 복음은 교회를 낯선 종교의 세계와 문화 속으로 이끌지만 복음의 특성을 지닌 채 그 현장 속에서 변화될 수 있다는 것이다.[2] 문화적응이란 다른 종교들과 문화와의 만남 속에서 교회와 민족을 위한 하나님의 뜻을 다른 문화와 더불어 새롭게 이해하려는 시도다. 따라서 기독교상담의 문화적응화를 위한 상황과의 연관성은 기독교상담의 본질을 잃고 문화와 혼합(Synkretismus)될 때 문제점도 있기는 하지만 필요불가결한 것이다. 왜냐하면 특히 기독교상담이란 내담자의 상황 속에서 이루어져야 하기 때문이다.

그렇다면 한국 기독교상담이 처해 있는 상황은 어떠한가? 한국 기독교상담은 엄밀히 말해서 여러 측면에서 다양하게 영향을 받아 왔다. 이론적으로는 주로 서양 기독교상담 이론, 구체적으로 말한다면 미국의 이론이 그대로 소개되었다고 할 수 있다. 그러나 실제 기독교상담의 현장은 오히려 한국문화에 작용하고 있는 많은 정신적 요소들에 의해 움직이고 있음을 알 수 있다. 특히 종교적인 면에서 볼 때 유교적인 요소와 무교적인 요소가 한국 기독교 전반에 존재하듯이 기독교상담 현장에도 무의식적으로나 의식적으로 잠재하고 있다.

한국인의 무의식, 의식 속에 존재하고 있는 유교적이고 무교적인 요소가 한국 기독교상담에 작용하고 있다고 할 때 우리는 다음과 같은 두 가지 질문을 할 수 있다. 첫째, 기독교상담이 한국이라는 장(Kontext)에서 지금까지 어떠한 형태로 적응해 왔으며 문제는 없는가? 둘째, 문제가 있다면 앞으로 기독교 복음의 특성을 지닌 기독교상담의 어떤 형태가 한국 상황에서 가능한가? 기독교상담의 방법론은 지난 반세기 동안 논란의 대상이 되어 왔다. 성서적이고 교회전통에 근거한 이론들 또는 심리학이나 심리치료의 이론과 밀접한 관계 속에서 다양한 방법론들이 등장했다. 이 이론들이 서로 다른 출발점에서 나왔지만 모든 기독교상담은 '관계'를 형성하면서 이루어지는 것이 공통점이다. 슈톨베르크(D. Stollberg)에 의하면 기독교상담은 내담자와 상담자와의 관계 속에서 복음을 전하는 것이고, 심리학적으로는 관계를 형성해 주고, 보존해 주며, 관계로 끝나는 대화다.

따라서 이 장에서는 두 가지를 밝히려고 한다. 첫째, 관계[3]를 형성하는 대화의 측면에서 기독교상담을 한국 상황에 적응시킬 때 먼저 가부장적이고 유교적인 요소가 권위적이고 일방적인 '아버지' 형태의 기독교상담을 형성시키는 데 큰 역할을 했다는 것과, 그러한 기독교상담이 현재 한국 기독교상담의 현실과 문제점이라는 것이다. 둘째, 내담자의 문화적, 사회적 상황을 고려하면서 그 문제점을 해결하기 위하여 무교에서 여성적 차원의 '자매'와 '어머니' 형태의 상담을 찾고, 과연 이 두 가지 형태가 성서적으로나 신학적으로 어떻게 설명될 수 있는지 살펴보면서 기독교상담의 상황화를 시도해 본다.

지금까지 한국적 목회신학적인 관점에서 무교에 나타난 모성적 요소에 대한 긍정적인 평가로서 이기춘은 그의 저서 『한국적 목회신학의 탐구』에서 부성적이고 모성적인 전통과 한국목회의 형태를 구별했다. 그는 유교를 통해서 하나님 말씀을 선포하는 전도적이고 집단적인 설교 중심의 아버지 유형의 목회가 형성되었으며 무교를 통해서 개인적인 어머니 유형의 목회가 이루어졌다고 말한다. 특히 이기춘은 아버지 유형은 설교와 예배, 어머니 유형은 목양과 상담(pastoral care and counseling)으로 분류하면서 부성과 모성의 통합적 목회신학을 시도했다.[4]

1. 유교문화 상황에서의 기독교상담: '아버지' 유형

우리나라 기독교상담은 많은 부분이 기독교상담자에 의해 권위적으로 이끌어지는 대화법이 주를 이루고 있었으며 일반적으로 충고, 교훈 또는 제안의 방법을 많이 사용해 왔다. 기독교상담자는 하나님의 종이라는 특별한 권위를 가지고 있는데, 그것을 오용하여 내담자와의 대화에서 마치 자신을 하나님처럼 대화의 주체로 만들어 버리는 경우(in Form einer Ich-Aussage Gottes)가 있으며, 또한 기독교상담자는 자신의 판단을 내담자에게 강압적으로 강요하게 된다. 오성춘은 비효과적인 부모의 권위적인 행동이 될 수 있는 상담자의 잘못된 대화 방법을 예를 들어 제시하고 있는데, 기독교상담자들이 주로 사용하게 되는 언어를 소개하면 다음과 같다.[5)]

> "당신은 하나님의 뜻을 따라 남편에게 복종하는 법을 배우시오."
> (명령, 지시, 지도)
> "사랑하려고 노력하세요. 사랑은 허다한 죄를 덮습니다."
> (훈계, 교훈, 설교)
> "내가 만일 당신이라면 남편에게 사과하고 용서를 빌겠소."
> (충고, 암시 해결책의 제공)

이것은 크게 두 가지 관점에서 그 원인을 찾을 수 있다. 첫째, 우리나라는 대부분의 목회자가 남성이며 유교적인 가부장적인 전통적인 이해에 따라 권위적이고 위계적이며 '부성적(Paternalistisches)'인 면이 강하다.[6)] 우리나라에서는 성 비율로 볼 때 절대적으로 많은 수를 차지하고 있는 남성 목회자가 지금까지 기독교상담자로서 교인들에게 가부장적이고 권위적인 면을 강조하는 아버지의 역할을 해 왔다. 이러한 사실을 증명하는 노치준의 여성성직과 교회 내 여성지위에 대한 태도조사에 의하면 여성 목사 안수 허용에 대해서 대체적으로 긍정적인 반응(찬성: 50.3%, 반대: 25.1%)을 보인 반면, 여성 목사를 담임목사로 초빙하는 실제적인 질문에는 아직까지 반대하는 쪽이 더 많다(특히 교회의 중요 직분자들의 반대가 64.8%로 일반 신도들의 반대 44.3%보다 더 높은 비율을 차지하고 있다.). 이것으로 미루어 우리나라는 아직까지 남성 담임목사 중심에서 벗어나지 못하고 있음을 알 수 있다.[7] 그리고 강남순은 여성 안수가 허용된 교회에서도 안수받은 여성들은 목회자의 신분으로서보다는 남성들 모임에 끼인 특별한 여성으로서 여성 평신도와 함께 성직자와 남성 평신도 다음에 위치한다고 여성 목회자의 소외와 배제에 대해 비판한다.[8]

그렇기 때문에 많은 목회자들이 교인들에게 '좋은 목자(gute Hirten)'로서 그리고 목자의 임무 중 하나인 기독교상담 역시 부성적인 권위 속에서 이루어지는 것으로 이해해 왔다. 이렇게 권위적인 '부성주의(Paternalismus)'는 유교적인 가부장적 전통문화와 맞물려 기독교상담을 단순히 권위적인 말씀권면에 이르게 했다. 따라서 기독교상담은 상담자와 내담자 사이에 이루어지는 쌍방 간의 대화가 아니라 기독교상담자의 일방적인 충고나 지시적인 충고가 될 수밖에 없는 것이다. 이러한 대화방법을 로저스(C. Rogers)는 기독교상담자가 도달하려고 하는 목표를 임의로 결정하고 내담자가 이 목표에 따라 잘 움직이도록 그의 인생에 중개적으로 관여하는 '지시적(direktiv)'인 것이라고 표현하고 있다.[9]

이렇게 기독교상담자의 권위적이고 가부장적인 모습은 직접적이고 지시적인 관여(direktiven Ansatz)를 통해서 내담자로 하여금 기독교상담자에게 전적으로 의존하도록 만들며, 기독교상담자와 내담자와의 관계는 부모로서 '아버지와 자식'과 같은 관계가 된다.[10] 그것은 곧 모든 교인들은 남성인 기독교상담자에게 종속되어 있음을 의미한다. 샤휀베르크(J. Scharfenberg)와 패플린(U. Pfäfflin)은 기독교상담자와 내담자와의 비상호적인 관계 또는 내담자가 절대적으로 받는 자가 되어 버리는 관계에서는 진정한 의미의 대화가 이루어지지 않는다고 강조한다.[11] 그것은 이러한 내담자와 기독교상담자의 관계에서 내담자는 기독교상담자의 말이 종종 교리적이고, 교훈적이거나, 도덕적이라고 느끼게 되기 때문이다.

둘째, 이러한 일방적이고 지시적인 기독교상담은 한국에 있는 신학대학에 주로 소개된 말씀 선포를 강조하는 투르나이젠(E. Thurneysen)과 애덤스(J. E. Adams)의 권면 중심의 기독교상담 이론과 일치한다. 말씀 선포 중심 기독교상담의 목표가 내담자의 새로운 삶을 점검하고 하나님의 말씀이 내담자의 삶에 적용되도록 하는, 즉 "각 개개인에게 하나님 말씀을 세우는 것"[12]이라고 할 때, 기독교상담의 목표는 한국 기독교상담 현장에서 일방적이고 권위적인 말씀 선포와 신앙 강조가 되었다. 그렇기 때문에 키조브(E. R. Kiesow)는 투르나이젠의 이론에 대하여 다음과 같은 위험성을 지적한다. "말씀 선포 중심의 기독교상담을 하는 상담자는 별로 도움이 안 되는 후견인이며, 재판관이며, 도덕주의자다. 즉, 그는 하나님 말씀에 대하여 대단히 독단적인 이해를 가지고 상대방에게 낯선 복음과 만나도록 계속해서 강요하고 시도하는 자다."[13] 타케(H. Tacke) 또한 투르나이젠의 이론이 '형식적인 성서주의(ein formaler Biblizismus)'에 빠질 가능성이 있다고 비판한다. 그러한 형식적인 성서주의에서는 성서와의 연관성은 적고, 오히려 은혜와 용서에 대한 성서의 주요 문장만이 논의되며, 성서 자체가 말씀으로 다가오기보다는 성서 농축물이 되어 버린다는 것이다.[14] 기독교상담은 기독교상담자가 아닌 예수 그리스도 이름 안에서 이루어져야 하는데, 기독교상담자의 권위가 하나님 말씀의 권위를 대신하게 될 위험성이 있기 때문에 기독교상담 대화에서 의무적인 의미가 담긴 '당위성(Soll)'과 큰 소리로 외치는 선포, 교육적인 가르침 등 그 어떠한 것도 필요가 없다.[15]

그렇다면 대화를 방해할 수 있는 기독교상담자의 권위적인 충고나 교훈과 같은 지시적인 방법과는 다른 형태의 기독교상담이 한국 상황에서 가능할까? 그렇다면 어떤 것이 있을 수 있을까?

2. 무교문화 상황에서 상담 가능성

남성 중심의 가부장적이면서 지시적이고 종속적인 기독교상담을 극복하고 한국 기독교상담의 상황화를 이루기 위하여 우리는 한국의 오랜 역사 속에 존재해 온 무교에서 그 가능성을 찾아볼 수 있다. 무교의 굿은 우리 민족에게 오랫동안 좋은 상담 자리를 제공해 주었다. 무당이 조상의 넋두리를 통해 야단도 치며 잘못된 것을 지적해 줌으로써 일시적이나마 문제해결점을 찾을 수 있기 때문에 치료적인 효과가 있다는 것은 이미 알려진 사실이다.[16] 그렇다면 어떻게 무당이 상처받은 사람의 아픔을 위로해 주고 치유해 줄 수 있는가?

무당은 상담을 할 수 있기까지 스스로 가정적, 사회적 그리고 정신적 고통과 '한'을 겪어 왔으며 무당이 됨으로써 비로소 자신의 고통을 극복한 여성이다. 우리나라 무교인의 남녀 성비율로 볼 때 여무가 거의 지배적이고 남무는 극소수에 불가하다. 따라서 무당이라고 말할 때 그것은 여무를 의미하며 남무의 경우 박수라고 칭한다. 특히 신이 내려서 무당이 되는 강신무의 경우 여성의 수가 지배적이다.[17] 신이 내려 내림굿을 하는 무당 후보자에게 선배무당은 과거에는 자신의 고통만 있었지만 이제 남의 고통이 너의 고통이 되어야 한다고 충고한다.

> "신의 제자가 고통에 살고 하루도 편한 날이 없고 한 많고 원 많아…. 네가 만신(무당)이 되면 그런 괴로움이 없는 줄 아느냐? 과거에는 네 고통이 너 자신의 고통이었지만 만신이 되면 모든 사람의 고통이 네 고통으로 되느니라…. 부자, 가난한 사람, 미운 놈, 고운 놈 모두 다 똑같이 진실하게

대하라. 어찌 부자만 위해서 제가 만신이 되겠느냐?"[18)]

새로 태어난 무당은 자신의 고통스러운 운명을 감내하면서 다른 사람들의 불행과 고통을 자신의 것으로 받아들여 해결해 주며 그들에게 삶의 희망을 주는 것을 의무로 생각한다. 그렇기 때문에 특히 계급적이고 가부장적인 유교문화에 억눌려 살았던 한국의 서민들과 여성에게 무당은 개인적, 사회적으로 비인간적인 대우를 받으면서 좌절당한 감정과 삶의 탄식을 마음껏 발산하면서 맺힌 감정을 풀어 주는 역할을 해 온 것이다. 이렇게 무당은 마음이 상하고 아픔을 겪는 사람들과 함께 공감할 수 있는 '고통의 동반자'로 그리고 갈등을 풀어 주는 '해결사'로 존재한다. 다음에 소개되는 내용은 황해도 배연신굿에 나오는 무당의 재담으로서, 배 안에서 밥 짓고 빨래 하는 여자 역할을 하는 화장에게 도사공의 시집살이에 얼마나 고생이 심하냐고 위로하면서 화장의 고통을 표출하게 하고 도사공의 너그러운 마음을 부탁함으로써 화해를 구하는 것이다.

"이 집이 그렇게 시집살이가 세다지…. 도무지 손톱에 물 마를 짬이 없구 앉아 있을 틈이 없어서 머리도 못 빗구…. 어디 참빗 없나 이가 버글버글 끓을지도 몰라…. 어디 옷이라도 잘 입어야지(소당애기씨에게 바친 붉은 헝겊을 허리에 둘러 준다.). 층층시하가 되어 치마 하나 갈아입지 못하구 어디 손 좀 내놔 봐. 저런 생선가시가 들었어. 쪽집게로 빼야지(입으로 빨아 준다.). 어디 분도 가져오고 연지도 가져와. 신식으로 화운데이숀인가(화장을 시키고 립스틱으로 연지 곤지를 찍어 준다. 사람들은 이쁘다고 떠들어 댄다. 속눈썹을 뽑아 주는 흉내도 낸다.). 시집살이 얘기 좀 해 봐(화장은 도사공이 심술이 많아서 자기를 부려먹는다고 고해 바친다.). 저런, 숭늉이 차다고 해서 속이 상해 팔팔 끓여 갔군. 도사공이 그걸 모르고 꿀꺽 마시고는 닭똥 같은 눈물만 뚝뚝 흘려 왜 우시느냐고 했더니 뜨겁다는 말은 차마 못하고 고향생각이 나서 운다고 하드라구. 그러나 저러나 일중선 도사공님을 불러야지. 자, 여기 화장을 곱게 화장시켜 놓았으니 화장을 이쁘게 보구 곱게 보아서 늘어 가구 벌어 가구 화목하구 편안하구 만백성에 장원하라구 이 신사 드리니 한맘으로 되어 잘 노시구서 도와주어야겠읍네."[19]

위에서 본대로 무당은 어려움에 처한 사람의 마음을 충분히 이해해 주는 '동반자'로서 인생문제에 관심을 가지고 해답을 주려고 한다. 그뿐만 아니라 죽은 조상의 넋이 무당의 입을 통해 잘못된 것을 지적하고 병의 원인을 말해 줌으로써 인생문제의 핵심을 깨닫도록 도와주며 결국에는 갈등과 문제의 핵심을 풀어 주는 '해결사' 역할을 한다.

"부모 형제 화목하지 못한 것이 병의 원인이라…. 부모는 자식을 사랑하고 이해하며 자식은 부모를 섬기고 그래야 가정이 화평하고 병이 없느니라. 이제 네가 병이 나으려 한다면 부모가 더 자식을 사랑해야 한다. 너는 부모의 말을 잘 들어라."[20]

굿은 이렇게 짧은 기간 내에 자연스럽게 가족이 참여하여 가족 간의 갈등을 해소하는 가족상담이 이루어지는 장소이기도 하다.[21] 특히 무당은 문제를 갖고 있는 내담자 가족들의 생활과 심리 상태를 잘 이해하며 공감하고 있는 상태에서 조상의 넋두리를 통해 평소 내담자 또는 가족들이 말하지 못하고 나타내지 못했던 억압된 감정들을 대신 표출해 준다. 그리고 내담자와 가족들은 거기에 응수하기도 하고, 용서를 빌기도 하며, 자신의 처지에 공감하여 서러움 또는 죄책감에 통곡하기도 한다.

특히 한국 역사 속에서 무교는 여성의 종교였다고 할 수 있을 정도로 많은 여성들이 무당을 찾았다.[22] 무교는 한국에 현존하고 있는 종교 중에서 유일하게 시종일관 여성이 그 중심을 차지하고 있으며, 여성으로서 자신 스스로 고통의 삶을 극복한 무당은 때로는 어머니로서 또는 언니의 입장에서 불이익에 처한 많은 여성들을 도와 그들의 삶의 문제들을 해결해 주는 위치에 있어 왔다. 권위적이고 가부장적인 유교적 관습으로 인한 여성들의 한풀이는 같은 여성인 무당을 통해 가능했던 것이다. 스스로 고통을 체험한 무당과 고통 속에 있는 여성 내담자는 같은 여성으로서 겪는 비슷한 경험을 통해 서로 더 이해할 수 있고 공감할 수 있는 것이다. 그것은 같은 여성으로서 갖는 연대감(Solidaritaet)이다. 억눌린 가부장적인 사회구조 속에서 오로지 남성에게 순종과 봉사와 희생만을 요구당하며 여성이라는 존재가치 없이 살아온 여성들은 무당의 굿을 통해 가슴속에 억눌린 '한'과 고통을 같은 여성인 무당에게 풀어 놓음으로써 감정 해소를 한다. 또 자신의 문제를 객관화함으로써 조상의 넋두리를 통해 문제의 원인을 파악하기도 한다. 무당은 야단도 치고 훈계도 하지만 평소 가정사정을 잘 알고 있으므로 사정을 충분히 이해하며, 어머니 또는 언니와 같이 위로의 말을 전하는 것을 잊지 않는다. 무당은 죽은 자의 생전의 한을 이야기하면서 가족 개개인을 위로한다.

> "내가 원이 많아, 한이 많아, 나는 산전수전 다 겪었구, 가진 곡경 다 겪었구, 아버지 만나 고생두 많이 하구 풍상두 많이 했구, 만고풍상 장장수 다 겪은 나다—시름이 많아, 원이 많아—가지가지루 나는 불쌍해—그래두 긴긴 세월을 살려면 좋은 것두 보구 언짢은 것두 보는 게 이 세상 사는 거야—언짢은 것은 영광으루 알구 경사루 알면 되는 거—, 저만 알구 나만 알문 됐지—아이구 분해, 아이구 분해…. 우리 상남 자손아, 술 많이 자시지 말구 늦게 들어오지 마라…. 남의 여자 곁눈질두 하지 마라—길조심 차조심허구…. 이젠 너두 늙었으니 건강이 젤야, 보약두 좀 먹구, 끼니 때 거르지 말구."[23)]

무교에 나타난 이러한 상담적인 요소가 과연 한국의 가부장적인 기독교상담을 극복하는 데 도움을 줄 수 있는가 그리고 도움을 줄 수 있다면 구체적으로 무엇이 가능한가? 여기서 기억해야 할 것은 기독교상담에서 수직적 관계 형성을 이루는 가부장적인 요소가 남성에게만 존재하고 동반자관계와 모성적 공감이 여성에게서만 이루어질 수 있다는 것이 아니다. 왜냐하면 남성도 동반자적이고 모성적인 공감을 형성할 수 있고 여성 또한 가부장적이면서 강압적이고 권위적인 충고나 훈계를 할 수 있기 때문이다. 무당의 상담에서도 충고나 교훈과 같이 통제하는 권위적인 방법을 찾을 수 있다. 그것은 전통적인 가부장적인 사회구조 속에 있는 한 여성이 무당이 되면서 비로소 신을 모신다는 이유로 보통여자로서 할 수 없는 충고나 교훈을 할 수 있었던 것이다. 즉, 여성으로서 지켜야 하는 유교적인 고정관념에서 벗어나 남성들만이 가질 수 있는 수직적 지도력이 무당에게 부여되었던 것이다.

중요한 것은 이러한 권위적인 수직적 측면이 아니라 무당의 상담 밑바탕에 차지하고 있는 수평적 차원의 자매관계에서 이루어지는 고통의 연대감 그리고 모성적 공감과 위로다. 이것은 억압적이고 권위적인 수직적 관계 형성에서 이루어지는 것이 아니며 함께 고통을 나누는 '치유하는 힘'이다. 강남순은 지도력을 '지배(dominating)의 지도력'과 '나눔(sharing)의 지도력'으로 분류하고 있는데, 나눔의 지도력은 지배의 지도력과는 달리 자신의 능력을 다른 사람들 위에 군림하여 지도하는 것이 아니라 그들과 자신이 가진 능력을 함께 나누며 잠재성과 창조성을 촉진시키는 것이다. 따라서 나눔의 지도자가 지닌 힘은 통제하는 힘이 아니라 '치유하는 힘'이다.[24)]

따라서 우리는 한국 기독교상담의 상황화의 가능성으로서 무당의 상담에서 다음 두 가지 특성을 발견할 수 있다. 첫째, '고통의 동반자'로서 함께 공감하는 자매적인 형태의 동반자적 연대감, 둘째, 어머니 모형으로서 모성적 구조다. 탈가부장적 기독교상담의 모형으로서 이 두 가지 특성이 과

연 신학적으로도 받아들일 수 있는지 다음 절에서 살펴보기로 한다.

3. 탈가부장적 기독교상담의 모형

1) '자매' 관계 구조: 동반자적 연대감

기독교상담은 결코 목회자가 일방적으로 "종교적이거나 신학적인 언어를 사용"[25)]하여 이루어지는 것이 아니다. 심리적인 방법론에서 볼 때 이러한 권위적인 방법은 로저스(C. Rogers)에 의해 발전된 비지시적 대화법—내담자의 언어적, 비언어적 표현이 상담자에 의해 반영되고, 내담자가 스스로 이해되고 받아들여졌다는 것을 느낄 수 있는—과는 상반된다고 할 수 있다. 담(K.-W. Dahm)은 이러한 비지시적 대화법을 '거울방법(Spiegel-methode)'이라고 표현하면서 상호 대화가 감정적인 연대감을 갖고 이루어져야 한다고 강조하고 있다.[26)] 대화의 원동력으로서 비지시적인 방법은 기독교상담자가 교훈 또는 충고를 더 이상 하지 않음으로써 대화의 진행방향이 내담자에 의해서 움직이도록 하는 것이다.

타케는 이러한 대화구조를 신학적으로 발전시켜 다음과 같이 말하고 있다. "인간관계는 스스로 도울 수 있도록 도움의 가능성을 내포하고 있으며 신앙의 도움으로 연결되어 있다."[27)] 따라서 기독교상담의 대화방법은 복음에 근거한다. "복음의 힘이 직접 인간애적인 대화로 이끌게 한다. 그렇기 때문에 복음에 상응하는 믿음은 대화를 가능케 하는 힘이다."[28)] 그러나 기독교상담이 복음에 상응하는 한편, 지시적이거나 교훈적이 될 수 있는 복음의 율법화가 되지 않으려면 다음과 같은 질문이 제기된다. 어떻게 하면 내담자가 권위적인 가부장적 기독교상담자 없이 복음과 만날 수 있을까?

타케에 의하면 복음과의 만남은 문자적이고 교리적인 선포보다 "성서 이야기를 오늘의 상황으로 가져옴(Einbringen der biblischen Ueberlieferung)"으로써 가능하다.[29] 기독교상담자가 내담자의 위기와 질문을 성서 이야기에서 찾아봄으로써 성서 이야기와 비슷한 현재 상황이 자신의 사고에 자극을 줄 수 있으며 스스로 자신의 상황을 관찰할 수 있다는 것이다. 기독교상담에서 성서와의 만남을 성서의 사건과의 실제적인 대화로 이해하는 타케의 이론은 큰 의미가 있다. 그러한 만남은 권위적인 방법으로 일방적인 대화를 이끌어 가는 것을 극복할 수 있도록 도울 수 있다.

그렇다면 이러한 성서 이야기와의 만남이 어떻게 가능할 것인가? 그것은 남성 중심의 권위적이고 지시적인 가부장적 구조에서 이루어지는 수직적 관계인 '부모와 자식의 관계'에서는 불가능하다. 오히려 수평적 관계인 '형제자매의 관계'에서 가능하며, 해야만 하는 '의무(Soll)'로서 선포하는 교리적인 강요가 없는 동반자적인 대화에서만 실현될 수 있다. 형제자매적이고 동반자적인 기독교상담은 다른 사람의 고통과 아픔에 마음속 깊이 함께 참여하는 것이며 내담자를 향한 관심이다. 그러한 기독교상담은 오히려 함께 공감할 수 있는 연대감을 형성케 하며 권위적인 그 어떠한 것도 사라지게 한다. 타케는 이러한 동반자적 대화방법과 다른 사람의 고통과 아픔에 진심으로 동참하며 계급의 차이가 존재하지 않는 형제적인 기독교상담(Mutua fratrum consolatio)을 강조한다. "나와 너는 동반자적 관계에 있다. 나와 너와의 관계에서는 그 어떠한 계급의 차이도 존재하지 않는다."[30]

이렇게 이상적인 기독교상담의 관계가 수직적이고 계급적인 강한 불균형으로부터 수평적이고 동반자적인 관계의 균형으로 발전해 가는 것이라고 할 때, 그것은 남성 중심의 형제 같은 동반자적 관계만을 의미하는 것이 아니라 여성과 여성과의 자매적인 관계의 의미가 또한 반영되어야 한다. 앞에서 한국 상황에서 기독교상담의 자매적인 관계 형성을 위한 표본으로서 무당의 상담을 예로 들었다. 무교가 여성의 종교라고 할 정도로 문제를 안고 있는 많은 여성들이 무당을 찾아간 것처럼, 한국 기독교 역시 선교가 처음 시작될 때부터 사회적으로 차별받아 온 서민들이나 여성들의 고통을 함께해 왔다. 그 당시 복음화, 교육, 보건이라는 선교목표에 따라 여성들은 비로소 학교교육의 혜택을 받을 수 있게 되었기 때문에 교회는 여성해방을 위해 좋은 역할을 했다. 그러나 우리가 주목해야 할 사실은 선교사들을 도운 사람들이 대부분 사회적으로 천대받고 생계를 스스로 해결해야만 하는 과부 같은 여성들이었다는 사실이다.[31] 한국에서 기독교는 처음부터 많은 여성들에게 접근해 갈 수 있었다. 그것은 많은 여성들이 무교에서와 같이 기독교에서도 그들의 고통을 함께 나눌 수 있는 연대감을 느낄 수 있었기 때문이다.[32] 그러므로 정현경은 예수를 가장 고통당하는 사람으로 동일시 했기 때문에 여성들과 억눌린 자를 위한 상징으로 표현한다.[33] 복음의 자유에 대한 선포는 '한'이 맺힌 사람들과 한국 여성의 상황에 적중했다. 따라서 한국교회 교인들 중 여성들이 차지하는 비율이 남성보다 높은 것은 당연하다.

한국사회의 여성을 위한 무교와 기독교의 의미를 고찰해 볼 때 둘 사이에 어떤 공통점을 찾을 수 있다. 고통받는 여성들을 치유하고 위로한 것이 무당의 주된 역할이었듯이, 교회에서 목회자들의 상담대상도 역시 여성이었다. 그러나 남성 기독교상담자의 행동에 직접, 간접으로 큰 영향을 준 가부장적인 사회구조와 사고방법으로 인해 종종 도움을 청하러 온 여성들에게 실제적으로 큰 도움이 되지 못하는 경우가 많다. 아버지와도 같은 목회자 뒤에는 오히려 목사 사모들과 여성 전도사들 그리고 많은 여성 교인들이 실제적으로 기독교상담자로서의 역할을 해 왔기 때문에 이러한 여성들의 헌신적인 노력으로 오늘날까지 한국 기독교가 발전할 수 있었다고 할 수 있다.

그것은 비슷한 상황에서 비슷한 경험으로 괴로워하는 사람과의 대화에서 기독교상담자 자신도 비슷한 체험을 했기 때문에 서슴없이 그리고 겉치레 없이 내담자의 상황을 쉽게 이해할 수 있고 함께 아픔을 나눌 수 있는 것이다. “백인이 검은 피부색깔로 인해 고통받는 흑인을 진정으로 이해하려면 스스로 흑인이 되어야 한다.”[34]는 말이 있다. 그것은 곧 고통을 경험한 자만이 고통받는 사람을 이해할 수 있다는 것이다. 따라서 여성의 문제는 같은 고통을 체험한 여성들이 가장 잘 이해할 수 있으며 그들 자신의 노력으로 해결될 수 있음을 알 수 있다.[35]

이렇게 볼 때 한국의 많은 목사 사모들과 여성 전도사들은 같은 여성이기 때문에 남성 기독교상담자보다 어려움에 처한 여성들과 쉽게 공감할 수 있고, 남성 기독교상담자와는 또 다른 경험을 나눌 수 있으며, 또한 남성과는 다른 자극을 줄 가능성이 있다. 할케스(C. J. M. Halkes)는 기독교상담에서 특히 여성들의 문제를 특별하게 이해하는 것이 필요하다고 강조한다. “여성들은 서로 위로하고 보호함으로써 도움을 주고받을 수 있다. 그들은 서로 있는 그대로를 받아들일 수 있으며, 용기를 주면서 포옹을 하며, 비슷한 운명, 비슷한 고통과 갈등에 처한 자로서 다시 인식될 수 있다.”[36]

한국 여성들은 이러한 자매적인 연대감을 교회역사 속에서 이미 형성해 왔기 때문에 앞으로 그것은 가부장적인 한국 기독교상담으로부터 벗어날 수 있는 가능성을 제공한다. 그러므로 한국 교회현장에서의 많은 여성들의 활동에 대하여 공적으로 그 가치를 인정하는 것이 무엇보다도 중요하다. 그들은 지금까지 교회에서 특별한 가치를 두지 않았지만 오히려 실제적으로 기독교상담자의 역할을 해 왔다고 할 수 있다. 따라서 남성 기독교상담자들과 동반자적인 입장에서 여성이 함께 일하는 여건이 마련되어야 한다. 그러기 위해서 같은 여성으로서 여성을 이해하고 도울 수 있는 기독교상담의 ‘자매성(Schwesterlichkeit)’을 활성화시키며, 여성들을 함께 일하는 동반자적 동료로서 목회신학적인 관점에서 새롭게 이해하며, 여성 차원에서 기독교상담을 정립해야 한다.

2) '어머니' 관계 구조: 모성적 상담

교인들에게 순종을 우선적으로 요구하며 '아버지와 자식의 관계' 속에서 교인을 바라보는 한국 기독교상담자의 권위적인 자세는 이미 위에서 언급했듯이 유교적인 가부장적 구조의 연장이다. 이와는 반대로 한국 기독교상담의 모성적인 유형은 남성 중심의 가부장적인 사회구조 속에서 고통받고 있는 여성들이 무당을 찾아가 아픔을 하소연하면서 위로를 얻는 무교와 비유할 수 있다. 무당의 모성적인 모습은 무교의 상담에서 큰 역할을 하였다. 고통받고 있는 많은 사람들은 무당에게서 아버지의 모습보다는 어머니의 모습을 더 연상하게 된다. 그것은 함께 울어 주고 아픔을 함께 느끼며 품에 안아 위로할 수 있는 공감대를 형성하기 때문이다. 아버지의 상징인 '남성성'이 권위, 훈육과 엄격 등으로 표현된다면 어머니의 상징인 '모성'은 무엇을 의미하는가? 여성에게 '모성'을 가장 잘 표현할 수 있는 두 가지 상징이 있다. "하나는 여성의 가슴인데, 그것은 양육의 기능과 생기를 주는 비유적인 의미를 상징하며 또 다른 하나는 감싸서 보호하는 동굴과 같이 사랑이 충만한 온기로 표현될 수 있는 자궁(Schoss)이다. 이 둘은 모두 의존, 일체, 융화의 관계를 상징하며 '여성성'을 의미한다."[37)]

여성의 특성인 이러한 '모성'을 기독교에서는 찾을 수 없을까? 일반적으로 하나님은 남성의 모습이며 절대적으로 순종을 요구하는 왕으로 혹은 기사, 전쟁의 영웅, 재정가로 묘사되어 있다.[38)] 그렇기 때문에 하나님의 속성은 강함, 통치, 전능으로 남성적인 형상에 근거한다. 이러한 남성적이고 권위적인 아버지로서의 하나님의 형상은 오늘날까지 기독교 전통에 깊이 뿌리 내리고 있다. 그러나 때로는 어머니의 모습으로 고통에 처한 우리 인간을 위로하시고 어루만지시는 하나님을 찾아볼 수 있다. 구약성서 여러 곳에 이스라엘에 대한 하나님의 사랑이 종종 어머니적인 사랑으로 표현되기도 하며, 때로는 여성의 특성이라고 할 수 있는 인내와 잉태 또한 양육하고 보호하는 생명의 모습으로 하나님이 나타난다.[39] 몰트만(J. Moltmann)은 일반적으로 '아버지'로 묘사되었던 하나님과 성령을 '어머니'로 표현한다.[40] 그는 인간이 신앙인으로 다시 새롭게 태어나는 것을 자식을 낳는 '하나님성(Gottheit)'으로 표현한다. 여기서 하나님은 잉태하고 양육하며, 보호하고, 위로하며 또한 동정하며, 사랑의 공감으로 나타나는 '삶의 원천(Quelle des Lebens)'으로 경험된다. 즉, 신앙인이 성령으로 새롭게 태어난다면 성령은 하나님 자녀의 어머니이며, 성령이 위로자라면 그는 어머니처럼 위로를 한다는 것이다.

이러한 '모성'은 성서에 구체적으로 어떻게 표현되어 있으며 무엇을 의미하는가? 그리고 그것은 기독교상담에 어떤 의미를 제시하는가? 첫째, 어머니의 모성은 '생명을 탄생시키는 힘'이다. 그것은 성서에 자주 나오는 하나님의 '자비(Barmherzigkeit)'의 히브리어 어원 '레헴(raechem)'에서 분명하게 나타난다. 레헴은 여성의 '자궁(Mutterleib)'을 뜻하는 말로서 어린 아이가 스스로 살아갈 수 있을 때까지 보호하고 보살피는 것을 의미한다. 그리고 자궁의 뜻을 가진 '레헴'이 복수형으로 쓰일 때는 동정, 자비, 사랑이라는 의미로 해석되며 동사로는 '자비를 보이다', 형용사로는 '자비로운'의 뜻으로 의미가 확대된다.[41] 그러므로 어머니는 아이가 세상에 태어날 때까지 열 달 동안 태 안에 품고, 아이가 그 안에서 건강하게 잘 자랄 수 있도록 참고, 보살피며, 아픔을 감수하면서 마침내 한 생명을 탄생시킨다. 이것은 새로 태어날 생명에 대하여 반사적으로 나타나는 모성적 사랑의 힘으로만 가능하다. 그렇기 때문에 여성의 신체기관인 레헴은 은유적으로 성서 여러 곳에 하나님의 동정심과 자비 그리고 애정을 나타내는 중요한 단어로 쓰인다. 인간을 향한 하나님의 자비는 반사적으로 태 안에 있는 생명을 보호하고 고통을 참아 가며 생명을 탄생시키는 모성적 사랑에 근거한다. 그래서 선지자 이사야는 우리 생명의 처음부터 모태는 있었으며 그것은 모든 삶 동안 우리와 함께하시는 하나님의 모태라는 사실을 강조한다.

"너를 지으신 분, 네가 태어날 때부터 '내가 너를 도와주마.' 하신 주께서 말씀하신다."(사44:2)

생명을 탄생시키는 그 사랑은 아이가 세상에 태어나서 잘못되었을 때 가슴 졸이며 마음 아파하는 어머니의 애절한 사랑으로 연결된다. 이러한 어머니의 사랑은 예수께서 이방의 지역에 가셨을 때 자식의 병을 위해 애절하게 매달리는 희랍여인 이야기(막7:24-30)에 잘 나타난다. 그것은 아이의 병만 낫는다면 어떠한 굴욕도 참을 수 있다는 간절함으로, 마침내 아이의 생명을 다시 구하는 어머니의 깊은 사랑이다. 어머니가 새 생명을 탄생시키고, 성장시키고, 죽어 가는 자식을 위해 온갖 힘을 쏟아 생명을 다시 살리는 것처럼, 상담자의 간절한 돌봄과 보살핌으로 상처 입은 영혼을 새롭게 다시 태어나게 하는 것이 바로 기독교상담이다.

둘째, 어머니의 모성은 자기 살과 젖을 나눠 주고 아픔을 함께하는 '나눔'이다. 하나님의 애절한 사랑이 어머니의 모성적 나눔에 비유해서 표현되고 있다. "어머니가 어찌 제 젖먹이를 잊겠으며 제 태에서 낳은 아들을 어찌 긍휼히 여기지 않겠느냐! 비록 어머니가 자식을 잊는다 하여도 나는 절대로 너를 잊지 않겠다…. 내가 네 이름을 내 손바닥에 새겼고…."(사49:14-15) 젖먹이 어머니가 아이를 생각하지 않으려 해도 자신의 젖이 불을 때마다 젖을 먹지 못하고 우는 아이를 잊을 수 없는 것이 어머니의 모성이다.[42] 어머니의 살에서 태어나서 어머니의 젖으로 생명을 이어 가는 아이이기에 아이의 배고픔과 아픔은 곧 어머니의 배고픔과 아픔이다. 그래서 먹을 것이 없어 어머니 자신은 굶을지언정 어렵게 구한 양식을 자식에게 주는 것이 모성이다.

구약성서에도 아브라함의 첩 하갈이 아들 이스마엘과 함께 아브라함에게서 쫓겨나와 광야에서 헤매면서 물이 다 떨어지자, 아이를 덤불 아래 뉘어 놓고 아이가 죽어 가는 것을 차마 보지 못하겠다면서 통곡하는 장면이 있다(창21:15-18). 자식의 죽음은 곧 어머니 자신의 죽음과 같은 것이다. 이러한 자식의 아픔과 슬픔을 함께 느끼며 아파하는 어머니의 애절함이 하나님을 움직이게 한 것이다. 이렇게 어머니가 자식의 아픔을 괴로워하며 함께 그 고통을 나누듯이, 기독교상담은 내담자의 고통을 함께 느끼며 아파하며 공감하면서 나누는 것이다. 정신적, 육체적으로 상처 입은 자의 아픔이 기독교상담자에게 자신의 아픔으로 다가와서 진정으로 함께 공감하며 나누려고 할 때 하나님의 도움의 손길이 뻗치는 것이다.

이러한 애절한 마음은 자식이 늙어 백발이 되어도 마찬가지다. 어렸을 때처럼 걱정하고 아끼며 고통에 처한 자식의 아픔을 함께 나누려는 것이 어머니의 마음이다. 하나님도 이러한 어머니의 본성에 비유해서 말씀하신다. "너희가 태어날 때부터 내가 너희를 안고 다녔고 너희가 모태에서 나올 때부터 내가 너희를 품고 다녔다. 너희가 늙을 때까지 내가 너희를 안고 다니고 너희가 백발이 될 때까지 내가 너희를 품고 다니겠다. 내가 너희를 지었으니, 내가 너희를 품고 다니겠고, 안고 다니겠고 또 구원하여 주겠다." (사46:3-5) 기독교상담도 이렇게 아이가 태어나서 성장하고 늙어서도 언제 어디서나 보살피려는 어머니의 본능처럼, 마음에 상처 입은 자가 완전하게 치유될 때까지 계속해서 지켜봐 주는 것이다.

셋째, 모성은 모든 것을 인내하고 가슴에 품어 주는 무한대에 가까운 어머니의 '수용성'이다. 어머니는 자식의 어떠한 잘못도 이해하고 품어 주는 넓은 가슴을 가지고 있다. 그것은 자식의 잘못을 알면서도 그럼에도 불구하고 측은한 생각에 마음 아파하고 자식을 다시 받아들여 위로하는 어머니의 품이다. 그 어떠한 것도 다 받아들일 수 있는 수용적 자세는 어머니만이 가질 수 있는 온아함에 근거한다. 그 어떤 권위나 훈계 또는 강요가 존재하지 않으며, 힘들 때나 슬플 때나 그리고 잘못을 저지렀을 때라도 늘 안길 수 있고, 안기고 나면 다시 새 힘을 얻게 되는 곳이 어머니의 온아한 품이다. 모든 것을 다 품어 주는 어머니의 가슴은 그렇기 때문에 치유의 힘을 지니고 있다.

구약성서에는 라헬이 자식에 대해 아파하고 사랑하듯이 하나님이 잘못된 자식에 대하여 책망하면서도 온아한 모성적 동정으로 마음 아파하는 모습을 볼 수 있다. "에브라임은 나의 귀한 아들이다. 내가 가장 사랑하는 자식이다. 그를 책망할 때마다 더욱 생각나서, 측은한 마음이 들어 불쌍히 여기지 않을 수 없었다. 나 주의 말이다."(렘31:20)[43] 이사야 또한 종의 노래에서 포로로부터 귀환하도록 백성을 인도하면서 고통받은 그의 백성을 어머니 같은 마음으로 아파하며 위로하시고 동정을 보이시는 하나님을 묘사하고 있다. "주께서 그의 백성을 위로하셨고 또한 고난을 받은 그 사람들을 긍휼히 여기셨다."(사49:13) "어머니가 그 자식을 위로하듯이 내가 너희를 위로할 것이니 너희가 예루살렘에서 위로를 받을 것이다."(사66:13) 하나님의 위로는 온유한 어머니의 품과도 같다. 어머니의 품에 안기는 것만으로도 위로가 되는 것이다. 그렇기 때문에 바울도 데살로니카 교인들에게 그리스도의 사람으로서 권위를 주장할 수도 있었지만, 그보다는 어머니가 자기 자녀를 돌보는 것과 같은 온유함으로 그들을 받아들이고 처신했다고 말하고 있다(데전2:7).

자식의 잘못을 보며 "너가 오죽하면 그랬겠느냐."라고 자식의 입장에서 다시 생각하면서 있는 그대로의 자식의 모습을 인정하며 받아들이는 어머니의 온아한 수용적 사랑이 바로 기독교상담에서 절대적으로 필요하다. 마음의 상처가 있는 사람에게 "당신은 당신의 이러한 행동과 신앙 때문에 그런 것이오."라고 책망하기에 앞서 먼저 그 사람의 입장에서 그럴 수밖에 없는 상황을 받아들이고 이해하는 온아한 어머니 같은 넓은 품이 준비되어야 한다. 따라서 어머니의 품에 안겨 위로를 받고 다시 새 힘을 얻듯이 기독교상담 또한 이러한 모성적 수용을 통해 자기를 인정하고 받아 주는 곳이 있다는 것을 알게 하며 치유가 이루어지도록 돕는 것이다.

이렇게 자기 것을 주면서 생명을 탄생시키는 어머니만이 지니고 있는 여성적 특성과 우리가 어려움에 처할 때 자식의 고통을 마음 아파하고 슬퍼하며 애통해하는 어머니처럼, 아니 그 이상으로 함께 고통에 참여하며, 아파하며, 공감하는 나눔의 기독교상담 그리고 한걸음 더 나아가 책망하고 훈계하는 아버지보다는 힘들 때 다가가서 안길 수 있고 보호하고, 감싸 주고 위로하시는 것을 잊지 않는 온화하고 자비로운 어머니의 수용적 기독교상담, 이러한 모성적 상담이 곧 기독교상담의 기초가 되어야 할 것이다.

4. 탈가부장적 기독교상담을 위한 한국교회의 과제

위에서 우리는 유교적 상황 속에서 이루어진 권위적이고 가부장적인 수직적 기독교상담을 극복할 수 있는 탈가부장적 기독교상담의 가능성을 무교에서 찾았다. 그리고 기독교상담의 가능성을, 구체적으로 체험적 연대감으로 이루어질 수 있는 수평 차원의 형제자매 구조와, 생명을 탄생시키고 자기 것을 주고 아픔을 나누며 모든 것을 이해하고 수용해 주는 모성적 구조로서 신학적으로 재검토해 보았다. 그러나 여기서 예수의 하나님에 대한 칭호를 제시함으로써 탈권위적이고 탈가부장적인 기독교상담의 근거를 다시 한 번 분명히 확인해 보기로 한다.

예수는 하나님을 '아바(Abba)'[44]라고 부르면서 아버지의 권위적인 면이 아닌 어린아이 같은 신뢰의 차원에서 강조하고 있다. 몰트만은 이러한 권위적인 부성적 의미가 아닌, 신뢰할 수 있으며 친근감 있고 애정 깊은 어린아이의 단어인 '아바'의 의미는 아버지보다는 오히려 어머니의 특성이라고 말한다. "예수의 아바는 모성적인 방법으로 버림받은 자를 품에 안아 주시고 그들의 눈에서 모든 눈물을 씻어 주실 것이다."(요계21:4)[45]

몰트만의 이러한 예수의 아버지에 대한 이해는 '아바'로 묘사되는 하나님 체험이 곧 하나님 아버지의 아들로서 예수 자신의 체험이라는 것을 나타내 주고 있다. 따라서 하나님의 부성을 이 세상의 아버지와 같은 가부장적인 권위에 비유해서는 안 된다.

또한 예수가 하나님 아버지에 대하여 언급할 때나 그의 제자들에게 주의 기도를 가르칠 때 이 세상에서 하나님 아버지의 뜻과 일치되는 공동체라고 한 것은 가부장적이 아닌 형제자매적인 공동체를 의미한다. 그것은 인간의 가족적인 관계로부터 벗어나서 하늘에 계신 하나님의 뜻에 따라 행하는 자들의 새로운 공동체다. "하늘에 계신 내 아버지의 뜻을 실천하는 사람이면 누구나 다 내 형제요 자매요 어머니다…." (마 12:50) 로휜크(G. Lohfink)에 의하면 예수의 '아바' 관계로 들어가는 공동체 안에서는 형제자매적이며 모성적인 관계를 의미하지만 분명한 것은 권위적인 가부장적인 관계가 아니라는 것이다. "새로운 가족 형태에서는 이제 더 이상 가부장적인 권위는 존재하지 말아야 한다. 하나님 아버지 앞에서는 단지 어머니성(Muetterlichkeit)과 형제성(Bruederlichkeit) 그리고 자녀성(Kindschaft)만이 존재할 뿐이다."[46] 그것은 하늘에 계신 하나님만이 아버지이시기에 이 세상에서는 권위적인 그 어떠한 것도 존재할 수 없기 때문이다(마23:9). 하나님 안에서의 새로운 공동체는 인간의 어떠한 형태의 가부장적 권위도 필요로 하지 않는다.

이러한 관점에서 볼 때 인간의 가부장적 권위주의의 수직적 관계 형성에서 이루어지는 기독교상담은 동반자적 관계 속에서 모성적인 공감과 위로로 가난한 자와 버림받은 자를 돌아보시고 예수의 행위를 통해 계속해서 모성적 사랑을 나타내시는 예수의 '아바' 개념과, 하나님의 뜻을 행하는 자들의 새로운 공동체의 의미가 상반된다. 이러한 '아바' 개념과 하나님 안에서의 새로운 공동체의 의미는 인간인 기독교상담자의 권위적인 기능에 도전하는 탈가부장적 기독교상담을 제시해 주는 결정적인 역할을 한다. 그것은 목회기능과 더불어 기독교상담에서의 권위는 오로지 하나님에게서만 가능하기 때문에 가부장적인 권위를 가지고 기독교상담을 행하는 사람의 역할을 의미하지 않는다. 따라서 기독교상담에서는 '아버지-자식

(Vater-Kind)'의 관계가 아닌 모성적인 '어머니-자식(Mutter-Kind)' 관계와 동반자적인 '형제자매(Geschwister)' 관계만이 존재한다.

그러나 아직 한국의 교회문화는 여성에게 무조건으로 희생과 봉사 그리고 순종만을 요구한다. 여성들 스스로도 남성 목회자에게 종속되는 것에 익숙해 있고 당연하게 생각하는 현실과, 남성 기독교상담자의 권위적인 상담현장에서 탈가부장적인 기독교상담을 위해 구체적으로 무엇을 어떻게 해야 할 것인가?

첫째, 무엇보다 중요한 것은 이미 교회 내에서 기독교상담자로서의 역할을 하고 있는 여성들이 스스로 변해야 한다는 것이다. 즉, 여성들 스스로 전통적인 여성의 역할에 적응하려는 것과 남성의 것을 그대로 모방하려는 것으로부터 벗어나야 한다.[47] 그것은 기독교상담자로서 여성만이 지니고 있는 본성—모성과 같은 동반자적 체험의 연대성—을 되찾아 가치를 인정하는 것이다. 여성에게 숨겨져 있고 억압된 총체적인 삶과 힘의 잠재력을 자유롭게 하고 그것을 마음껏 펼치도록 하는 것이다.[48] 그것은 여성만이 지니고 있는 본성으로 다른 사람의 슬픔과 기쁨, 고독한 어두움과 빛, 희망과 절망을 나눌 뿐만 아니라 서로에 대한 신뢰와 여성들 각자 다른 여성의 보호자가 될 정도로 곁에 있어 주고 용기를 주며 돌보는 것을 표현하는 것이다. 그리고 그것은 여성들에게 자신 스스로에 대한 신뢰와 새로운 방법으로 하나님에 대한 신앙을 분명하게 하는 것이다.

둘째, 남성 기독교상담자는 일반적으로 갖고 있는 남성 역할—권위적이어야 하며 근엄해야 하는—에 대한 고정관념에서 벗어나야 한다. 이를 통해 남성 내면에 잠재하고 있고 남성에게도 가능한 모성을 긍정적으로 받아들여 어머니와 같은 위로와 수용성을 기독교상담에 적극적으로 활성화시키고 활용해야 할 것이다. 그것은 남성의 역할에 대한 고정관념으로 인하여 오히려 기독교상담이 훈계와 충고에 머물게 되어 버릴 수 있기 때문이다.

셋째, 목사 사모, 여 전도사 또는 여 집사의 기독교상담 활동이 남성 기독교상담자의 '그림자' 역할이 아닌 남성 기독교상담자와의 동반자적인 입장에서 동등한 가치를 가져야 하며 그러기 위해서는 남성 목회자들의 의식변화가 이루어져야 한다. 즉, 그들의 여성 동력자를 더 이상 단순히 목회자를 돕는 자로서가 아니라 동등한 위치에서 권한을 가진 자로 받아들여야 한다. 여성과 남성과의 진정한 공동체적 그리고 동력자적 형태는 탈권위주의적 기독교상담이 가능케 할 것이다. 따라서 여성들의 기독교상담 활동을 적극적이고 공적으로 장려해야 할 것이며 그와 더불어 여성들 스스로 그것을 위해 충분히 교육되어야 한다.

넷째, 이러한 여성의 본성—형제자매적 연대감과 모성—을 활용한 기독교상담을 현대사회에서 누가 그리고 어디에서 가장 절대적으로 필요로 하는지 인식해야 하며 구체적인 상담의 장—청소년상담, 부부상담, 성폭력상담 등—에서 적절하게 적용될 수 있도록 적극 활성화시켜야 한다. 비슷한 상황에서 비슷한 고통을 체험하고 극복하여 치유받은 자가 직접 상담자가 되어 비슷한 문제로 고통받는 자를 도울 수 있는 자리가 마련되어야 할 것이다.

미 주

1) K. Müller, "Inkarnation", in: K. Müller/T. Sundermeier (Hg), *Lexikon missionstheologischer Grundbegriff* (Berlin, 1987), 178.

2) Th. Sundermeier, "Inkulturation und Synkretismus, Probleme einer Verhaeltnisbestimmung", in: *EvTh 52* (1992), 201.

3) D. Stollberg, *Wahrnehmen und Annehmen* (Gütersloch, 1978), 44.

4) 이기춘, 『한국적 목회신학의 탐구』 (서울: 감리교신학대학출판부, 1989).

5) 오성춘, 『목회상담학』 (서울: 한국장로교출판사, 1995), 285 이하.

6) 유교가 기독교에 어떠한 부정적인 영향을 끼쳤는지에 대하여 다음 문헌을 참조하라: 임걸, "교회갱신을 위한 여성의 역할", 「기독교사상」 1998년 2월호, 29-39, 32 이하; 강남순, 『페미니즘과

기독교』 (서울: 대한기독교서회, 1998), 97-117.

7) 노치준, 『한국 개신교사회학: 한국교회의 위기와 전망』 (서울: 한울 아카데미, 1998), 163-167.

8) 강남순, 『페미니즘과 기독교』, 149.

9) Carl R. Rogers, *Die nicht-direktive Beratung* (München, 1972), 31.

10) C. J. M. Halkes, *Suchen, was verloren ging. Beitraege zur feministischen Theologie* (Gütersloh, 1985), 53.

11) J. Scharfenberg, *Seelsorge als Gespraech. Zur Theorie und Praxis der seelsorgerlichen Gespraechfuehrung* 5. Aufl. (Göttingen, 1972), 17; U. Pfaefflin, *Frau und Mann, Ein symbolkritischer Vergleich anthropologischer Konzepte in Seelsorge und Beratung* (Gütersloh, 1992), 74.

12) E. Thurneysen, *Die Lehre von der Seelsorge,* 6. Aufl. (Zürich, 1988), 11-14.

13) E. R. Kiesow, "Das Proprium der Seelsorge", in: *ThLZ 103* (1978), 241-250, 247.

14) H. Tacke, *Mit den Mueden zur rechten Zeit zu reden* (Neukirchen-Vluyn, 1989), 66.

15) 위의 책, 50-51.

16) 김광일, 『한국 전통문화의 정신분석』 (서울: 시인사, 1984).

17) 김태곤, 『한국 무속연구』 (서울: 집문당/3판, 1985), 196.

18) 위의 책, 245-246.

19) 황루시, "황해도의 배연신굿", 『한국의 굿과 무당』 (서울: 문음사, 1988), 177-198, 188 이하.

20) 위의 책, 162.

21) 굿에서 이루어지는 가족치료에 대한 자세한 내용은 다음 논문을 참조하라: 김영애, "가족치료의 토착화와 한국여성의 한", 「한국가족치료학회지」 Vol. 1. 1993, 13-30.

22) C. K. Chung. *Schamanin im Bauch-Christen im Kopf. Frauen Asiens im Aufbruch* (Stuttgart, 1992), 130.

23) 1977년 6월 11일 梨大 지노기 새남굿 中, 김인회, 『한국인의 가치관』 (서울: 문음사, 1983/3판), 233에서 재인용.

24) 강남순, 『페미니즘과 기독교』, 144.

25) M. Josuttis, *Praxis des Evangeliums zwischen Politik und Religion. Grundprobleme der Praktischen Theologie*, 2. Aufl. (München, 1980), 110.

26) K.-W. Dahm, *Beruf: Pfarrer. Empirische Aspekte* (München, 1971), 272-275.

27) H. Tacke, *Glaubenshilfe als Lebenshilfe, Probleme und Chancen heutiger Seelsorge*, 3. Aufl. (Neukirchen-Vluyn, 1989), 170.

28) 위의 책, 182.

29) 위의 책, 56, 58.

30) 신명숙, "현대 독일 목회상담과 한국 목회상담의 전망", 『한국교회와 신학 실천』, 박근원 교수 정년퇴임기념문집 (서울: 대한기독교서회, 1999), 382 이하; H. Tacke, *Glaubenshilfe als Lebenshilfe*, 169-181; D. Stollberg, *Wahrnehmen und Annehmen,* 100.

31) H. E. Kim, "Auf dem Weg zu einer feministischen Theologie im koreanischen Kontext", in: Ch. Schaumberger, M. Maassen (Hg), *Handbuch Feministische Theologie* (Münster, 1988), 61-71, 63.

32) 기독교 선교 초기 한국교회에서 여성의 입교동기에 관해서는 李愚貞, 『한국기독교 女性百年의 발자취』 (서울: 民衆社, 1985), 50 이하 참조.

33) H. K. Chung, *Schamanin im Bauch-Christin im Kopf*, 129.

34) C. J. Halkes, *Suchen, was verloren ging*, 145.

35) 위의 책, 145.

36) C. J. M. Halkes, *Suchen, was verloren ging,* 136.

37) C. W. Bynum, *Jesus as Mother* (Berkeley, 1982), 112에서 재인용; U. Wiethaus, "Gott als Mutter in mittelalterlicher Spiritualitaet, Methodologische Ueberlegungen zu C. W. Bynums Buch 'Jesus as Mother'", in: M. Th. Wacker (Hg), *Der Gott der maenner und die Frauen* (Düsseldorf, 1987), 95.

38) B. Dorst, "Über das Leiden von Frauen am patriarchalen Gott, der Kirche und den Kirchenmaennern", in: *WzM 44* (1992), 437-449, 439; E. Moltmann-Wendel, "Gott, unsere Mutter", in: K. J. Kuschel (Hg.), *Lust an der Erkenntnis: Die Theologie des 20. Jahrhunderts* (München, 1986), 119-128, 119.

39) C. J. Halkes, *Suchen, was verloren ging.* a.a.O., 122; 안상님, 『여성신학 이야기』 (서울: 대한기독교서회, 1992), 46-53.

40) J. Moltmann, *Der Geist des Lebens: Eine ganzheitliche Pneumatologie* (München, 1991), 171, 174.

41) W. Müller, *Begegnung, die vom Herzen kommt. Die vergessenen Barmherzigkeit in der Seelsorge und Therapie* (Mainz, 1993), 51; '레헴'에 대한 더 자세한 내용은 다음을 참조하라: T. Kronholm, " raehaem", in: *Theologisches Wörterbuch zum Alten Testament, Bd. VII* (Stuttgart/Berlin/Köln, 1993), 477-482.

42) 안상님, 『여성신학 이야기』, 46.

43) 필리스 트리블, "은유의 전이 – '모태'에서 '자비'로", 이우정(편) 『여성들을 위한 신학』 (서울: 한국신학연구소, 1985), 50-88, 68-73: '불쌍히 여기지 않을 수 없었다.'라는 말은 히브리어로 '자궁이 떨린다.'는 것을 의역한 것이다. 일반적으로 여성은 자궁이 떨리는 것을 느끼지 못하는 것이 보통이지만 마음이 떨리는 하나님의 애절함을 표현한 것이다. '측은한 마음'은 히브리어로

어머니 같은 연민을 나타내는데, 자식을 야단치면서도 마음 아파하는 어머니의 심정과 같은 하나님의 마음이다.

44) J. Jeremias, *Abba. Studienzur neutestamentlichen Theologie und Zeitgeschichte* (Göttingen, 1966). 15-67; E. Moltmann-Wendel, *Gott, unsere Mutter*, 126.

45) J. Moltmann, "Ich glaube an Gott den Vater. Patriarchalische oder nichtpatriarchalische Rede von Gott?", in: *EvTh 43* (1983), 397-415, 408.

46) G. Lohfink, *Wie hat Jesus Gemeinde gewollt?* (Freiburg, 1982), 62.

47) 이러한 관점에서 하버만(H. Habermann)은 교회에서의 통합 형태(Ökumenegestaltung)를 제시한다: "여성은 스스로 자신과 다른 사람을 위해 용기를 갖고 정의롭게 살기 위하여 하나님과의 딸관계성(Tochterschaft)을 통해 열등감이나 양심의 가책 또는 자신이 없고 기존 사회구조에 적응하려 하거나 불확실한 견해와 같은 죄책감으로부터 벗어나야 한다." H. Habermann, "Ökumene-oder: Frauen gestalten ihre Kirche und solidarisieren sich miteinander", in: *PTh 30* (1995), 44-53, 53; 희랍어 '오이쿠메네(oikoumene)' 단어의 의미에 대한 설명은 다음을 참조하라: W. Bauer, *Wörterbuch zum Neuen Testament*, 6. Aufl. (Berlin/New York, 1988), 1137 이하; 말린 벤엘데렌, 『세계교회협의회 40년사』 WCC 연구자료 2, 이형기 옮김 (서울: 한국장로교출판사, 1993), 214-224.

48) B. Dorst, "Frauenbewegung als Therapie-feministische Therapie als Frauenbewegung", in: *Wege zum Menschen 38* (1987), 308-318, 316.

■ 제2부

기독교상담 실제

• 제6장 •

기독교상담 방법 I

-종교적 의사소통으로서 대화-

의사소통은 모든 종교에 있어서 본질적인 요소다. 특히 기독교에서는 단순한 의사소통 차원을 넘어 의사소통 자체가 종교적인 사건의 핵심이다. 그러므로 기독교 신앙은 의사소통 자체가 목적이다. 정보는 오히려 도구적인 기능을 가지고 있다. 정보는 소위 의사소통의 기본을 제공한다. 이 말은 정보가 단순히 내용을 알리는 기능으로만 존재하기보다는 오히려 의사소통을 받아들이고 의사소통이 인간에 대한 하나님의 관여를 위한 징표가 되도록 하는 정보의 내용과 소통한다는 것이다.

또한 정보뿐만 아니라 송신자와 정보의 근원지, 의사소통 대상자와 관련이 있는 관계규정은 항상 인간의 종교적 의사소통이 얼마나 완벽한가에 달려 있다. 이러한 의사소통은 근본적으로 관여적인 성격을 가지고 있지만 의사소통하는 개인적인 상황이 상호 간에 필요 없는 것으로 보일 정도로 실패로 끝나기도 한다.

그러므로 종교적인 의사소통에서 열린 대화의 형태가 되도록 노력을 기울여야 할 것이다. 그러나 이것은 일반적으로 진보적인 의미에서 또는 원칙적으로 대화할 준비가 된 몸짓으로뿐만 아니라 성공적인 의사소통이 우연이 아니고 부적격한 구조로 실패할 수 있기 때문에 구체적인 의미에서, 의사소통 과정을 통해 이해하고 인간에 대한 교육과 훈련의 기회가 필요하다는 것을 의미한다. 이것은 또한 의사소통이란 강요가 아니며 일방통행으로는 성공할 수 없다는 것을 의미한다. 따라서 자아실현이라는 의미에서 정보적인 차원의 방법으로 교육이 강요될 수 있는 것이 아니기 때문에 관심 있는 사람이 의사소통을 통해 얻을 수 있는 해석을 확립하는 데 참여하는가에 의사소통의 성공 여부가 달려 있다.

기독교상담은 넓은 의미에서 삶의 문제에 관한 대화다. 삶의 아픔과 고통을 당할 때 하나님에 대한 자명함과 빠른 해석 그리고 이중적인 어법으로 질문을 던지고 최소한의 확대된 하나님 이해와 하나님에 대한 인식의 변화가 일어날 수 있는 의사소통 상황이 전개되는 사건이 포함될 수 있다. 그러므로 기독교상담은 종교적인 의사소통[1]이며 교회와의 관계가 긴장되거나 분명하지 않을 수 있을지라도 교회의 상황에서 일어난다. 교회 안에서는 종종 신앙이나 삶과 연관된 질문들, 특히 인생의 각 단계과정—탄생, 성인 되는 것, 결혼과 죽음—이 핵심이 된다. 복음이 최소한 인생 각 단계마다 그 배경에 현존하며 모든 기독교상담자는 대화과정에서 복음과 자신의 확신에 대하여 개인적으로 말할 준비가 되어 있어야 한다.[2] 그렇다면 어떤 형태로 기독교상담 대화를 이끌어 갈 수 있을까?

지난 몇십 년 동안 기독교상담 대화는 어떤 방법으로 기독교상담을 해야 하는지에 대한 질문과 깊이 연관되어 왔다. 다양한 이론들이 성서적이고 교회적인 전통에 근거를 두거나 심리학이나 심리치료와 밀접한 관계를 맺으며 나타나기 시작했다. 특히 종교적 의사소통으로서 기독교상담 대화에 관한 대표적인 두 이론을 소개하면 다음과 같다. 첫째, 투르나이젠(E. Thurneysen)의 이론은 선포적 기독교상담에서 나타나는 '단절'의 의미로서의 대화를 중시하고, 둘째, 목회심리학자인 슈톨베르크(D. Stollberg)의 이론은 인간의 관계에서 일어나는 '인간 상호 간의 역동'으로서 심리학적인 의미에서 대화를 설명하고 있다.[3] 종교적 대화의 의미로서 이 두 가지 이론을 좀 더 구체적으로 제시해 보고자 한다.

따라서 이 장에서는 무엇보다도 먼저 선포적 기독교상담과 목회심리학적 상담의 대화과정을 살펴보는데, 대화내용뿐만 아니라 목표가 서로 어떻게 다르고 특징적인지 제시할 것이다. 그리고 두 이론의 '단절'로서 종교적 대화와 '인간 상호 간의 역동'으로서 종교적 대화의 문제점과 가능성을 찾아볼 것이다. 마지막으로 '단절'도 아니고 '인간 상호 간의 역동'도 아닌 '기독교 신앙이라는 의미 속에서 실존적인 대화'[4]로서 상호 간에 구조적으로 보완하는 '참여'에 의한 종교적 의사소통을 제시해 보기로 한다.

1. '단절'의 의미로서 대화

투르나이젠은 기독교상담을 보편적으로 대중을 향해 복음을 세우는 설교[5]와는 달리 개개인을 향해 하나님의 말씀을 세우는 것[6]으로 이해했다. 그러므로 투르나이젠에 의하면 기독교상담은 설교 외에 설교자를 통해 또는 교회 회중을 통해 개개인에게 복음을 세우는 것이며 설교와 같은 위치의 동등한 권한을 가졌다고 할 수 있다. 기독교상담의 목적은 개개인을 교회공동체의 일원이 되어 활동하도록 설교와 성례전 그리고 그것과 더불어 하나님의 말씀으로 이끄는 것이다.[7] 그러므로 기독교상담은 인간을 '하나님 나라로 불러들이는 것이다.'[8] 즉, 인간이 불신앙에서 신앙으로 이끌리는 것이다. 투르나이젠은 또한 그것을 넘어서서 오직 교회훈련으로만 하나님 말씀에 기초한 기독교상담에 도달할 수 있다고 강조했다.

그렇다면 투르나이젠은 어떤 형태로 기독교상담이 이루어진다고 보는가? 그에 의하면 "기독교상담은 대화의 형태에서 완성된다."[9] 기독교상담 대화가 하나님 말씀을 세우는 것을 목적으로 할 때, 일상적인 대화와는 분명히 다르다.[10] 투르나이젠은 기독교상담이 세속적인 삶의 방법, 즉 인격적인 돌봄 또는 심리학적인 방법으로 진행되는 현대 '영혼돌봄'으로 정체성이 불분명해지는 것을 강하게 비판한다. '영혼'과 '돌봄'의 신학적인 이해는 일상적인 개념으로 사용되거나 현대 심리학적인 의미와는 다르다. 그것은 신 프로테스탄티즘과 자연주의 신학에서의 기독교상담이 "말씀으로부터 벗어나서 성서와는 연결되지 않고 근본적이고 실제적으로 신비적이거나 도덕적인 영혼인도가 되어서 더 이상 진정한 영혼돌봄의 기독교상담이 되지 않고 있다."[11]라고 비판한다. 그러한 기독교상담은 '성서 복음의 비종말론화'[12]를 의미한다. 그러한 신학의 하나님 인식은 두 가지 근거—"인간 내면에 흐르고 있는 인간 자신의 생각과 경험"[13]에서 출발한다. 그러나 투르나이젠은 '기독교상담 대화의 교회성'[14]을 강조한다. 기독교상담은 교회라는 장소에서 이루어지며 하나님 말씀으로부터 와서 하나님 말씀으로 이끄는 것이다.[15] 그러므로 기독교상담 대화는 그리스도의 선포를 완성시키는 하나님 말씀의 형태다.

따라서 투르나이젠은 기독교상담 대화의 형태를 기독교상담 대화 전체에 흐르고 있는 '단절'로 표현하고 있다.[16] 그는 대화가 두 가지 차원에서 진행된다고 보고 있다. 즉, 처음에는 일상적이고 세상적인 관점에서 일반적인 인간의 삶에 대하여 대화가 오고가면, 다음으로 하나님 말씀의 영역에서 문제를 비추어 보고 살펴보는 것이다.[17] 이것은 대화가 우선 세상 차원에서 이루어지고 난 다음 하나님 말씀의 빛 아래에서 대화가 진행된다는 것을 의미한다. 투르나이젠은 죄인이 의롭게 된다는 근본적으로 낯선 복음을 모든 종교적 그리고 도덕적인 교육과는 거리를 둔다. 그러면서 상담자에게 다가오는 삶에 대한 질문들을 좀 더 잘 이해하기 위해 심리치료에 대한 인식이 기독교상담자에게 도움이 될 수 있다고 본다. 그러나 항상 대화과정 중 어느 한 부분에 복음에 대하여 언급하게 되는 '단절'이 존재해야 한다고 생각한다. 투르나이젠의 이러한 논리는 복음이 교리에 가까운 선포적인 문장의 형태로 전달될 위험이 존재한다.

모든 삶이 기독교상담 대화의 대상이 될 수 있지만 중요한 것은 인간 삶의 상황이 하나님 말씀으로부터 와서 하나님 말씀으로 가도록 하는 것이다. 그러므로 대화가 무엇보다도 하나님 말씀으로부터 와서 하나님 말씀으로 이끌어져야 한다는 것이 투르나이젠의 기독교상담 대화의 핵심이다. 이것은 구체적으로 "하나님의 판단보다 우선적이 될 수 있는 모든 인간적인 관점과 선입견을 없애는 것"[18]이며 사람이 풍부한 인간 지식을 사용할지라도 인간적인 세계관에 의해 얻어진 판단은 단지 '편견'으로 이해해야 한다는 것을 의미한다.[19] 그러나 기독교상담 대화는 하나님 말씀을 나열하는 것이 아니며, 인상적인 의미로 선포하는 것도 아니며, 예식적인 형태로 복음을 세우는 것도 아니다. 왜냐하면 이러한 것들은 기독교상담 대화에서 전제조건이 되기 때문이다.[20] 기독교상담 대화의 내용은 하나님의 말씀을 세우는 것이다. 그 하나님 말씀은 죄가 용서되었다는 위로의 말이 핵심이다.[21] 하나님 없이 사는 사람은 죄인이다. 하나님의 말씀은 죄인에게 처음부터 그리고 은총의 말씀으로 존재한다.

그러므로 투르나이젠에 의하면 죄의 용서가 기독교상담의 내용이며 목적이다. "인간이 이러한 상대화와 그것과 함께 주어진 인간의 자연스러운 판단의 한계에 빠지게 하는 것이 아니라 그것에 대하여 강렬하게 저항하기 때문에 기독교상담 대화는 인간 구원을 위한 하나님의 결정이 완성되기 위해 고심하게 되는 투쟁의 대화가 된다."[22] 물론 '기독교상담 대화에서의 단절'[23]이라는 표현이 종종 잘못 이해되기도 했다. 실제로 기독교적인 관점에서 그 표현은 해석이 필요하다. 즉, 투르나이젠에게서 기독교상담 대화에서의 단절이란 새로운 관점으로서 구조적이다. 그것은 관점의 변화이며 하나님의 인도를 위한 결단을 의미한다. 이러한 결단, 즉 하나님의 관점으로 향한 변화를 투르나이젠은 '어둠 속에서의 도약' '캄캄하고 해결할 수 없는 삶의 수수께끼 앞에서 … 스스로 해결하려는 모든 시도와 탈출구'를 포기하는 것, '하나님의 인도를 전적으로 신뢰하고 하나님이 인도하시는 대로 살아가도록' 결단하는 것으로 설명한다.[24] 그렇기 때문에 투르나이젠은 기독교상담 대화에서 단절은 새로운 삶을 향해 뛰어넘어가는 문이 된다고 말하고 있다.[25]

2. '인간 상호 간의 역동'으로서 대화

선포적인 기독교상담 모형과는 반대로 미국에서 시작된 인문과학적인 방법을 기독교상담에 도입한 목회심리학에서는 심리치료 대화에서처럼 자기를 찾는 것이 중요하다. 양심이 인간—그 인간을 향해 하나님이 말하고 있으며 하나님에 대한 불순종으로서 죄가 느껴지는 인간이다—의 핵심이라면 이제 하나님은 자기의 핵심을 만나는 것이다. 즉, 자기는 우리의 진정한 자기이며, 죄는 인간이 자기와 내면적으로 멀어지는 것이며, 하나님으로부터 또는 다른 사람으로부터 고립되는 것이다.[26]

따라서 "기도하여 얻지 않고 급하거나 공격적으로 얻는 모든 가르침은 잘못된 것이며"[27] 또한 "모든 권위적인 신학적 설교와 악에 대한 언급"[28] 도 마찬가지다. 그보다 오히려 기독교상담자가 내담자와의 대화에서 내담자에게 그의 상황을 설명하고 그 스스로 자신의 삶의 문제에 대한 답을 찾도록 해야 하는 것이다.[29]

그러므로 여기서 기독교상담의 핵심어는 선포적인 기독교상담과는 상반된 방향을 지향하는 의사소통이라는 개념이다. 왜냐하면 처음부터 목적지향적이고 하나님 말씀 선포와 기도의 형태로 진행되는 대화에서는 진정한 대화라는 의미에서 의사소통이 더 이상 불가능하기 때문이다.[30]

목회심리학에서의 "전이와 역전이 그리고 저항과 같은 인간 간의 역동성"[31]이 기독교상담의 의사소통에서 특별히 관심을 갖는 부분이다. 트라우곳(Ulrich Schall Traugott)은 목회심리학에 관한 그의 논문에서 모든 목회심리학적인 출발은 대화에서 인간 간의 역동성을 특별히 중요하게 여긴다고 언급하고 있다.[32] 심리분석 이론에 의하면 기독교상담자는 인간 상호 간에 일어나는 효과적인 힘의 움직임을 살펴보는 것이며, 불가피하게 기독교상담에서의 의사소통을 이해하기 위해 "인간 상호 간의 관계에서 무의식적으로 작용하고 있는 역동적인 힘의 움직임에 관한 심리분석적인 기본지식"[33]을 주시하는 것이다.

이러한 입장에서 슈톨베르크는 기독교상담이 심리학적인 관점에서 볼 때 관계를 연결하고 유지하며 끝을 맺는 의사소통이라고 설명하고 있다.[34] 즉, 교회 기독교상담은 외형적으로 의사소통의 방법을 따르고 있다는 것이다. 더 나아가 그는 설교와 교육 그리고 예배도 의사소통의 방법이라고 언급한다. 기독교상담은 분석이 가능하며, 조직화할 수 있고, 평가 가능하며, 배울 수 있고, 가르칠 수 있는(일반적인 특수성) 심리치료 방법을 포함한다.[35] 그러므로 슈톨베르크에 의하면 기독교상담은 교회를 배경으로 이루어지는 일반적인 인간의 심리치료다.

교회 기독교상담은 정신적인 수단(약이나 음식, 옷, 돈 같은 것이 아닌 언어와 몸짓 등)으로만 하는 인간 상호 간의 도움이지만, 의학과 학문적인 도움 그리고 법률적인 도움과 같은 세상적인 형태와는 다르게 어떠한 조건도 없는 도움이다.[36] 기독교상담의 내용은 신학적인 특수성에 의해 정의된다. 슈톨베르크에 의하면 이러한 특별한 특수성으로 인해 교회 기독교상담이 일반적인 인간 상호 간 이루어지는 정신적 도움—예를 들면, 심리치료—과 비교가 된다. "기독교상담은 그 자체가 지니고 있는 특수성에 의해 교회적이 된다. 기독교상담은 신앙으로부터 신앙을 목적으로 그리고 용기로부터 용기를 위해 발생한다. 그것은 지식으로부터 지식을 목적으로 또는 이론적으로 논리적인 토론으로부터 이성을 목적으로 하는 것과는 다르며 은혜에서 시작하여 은혜를 목적으로 행해진다. 즉, 자유로부터 자유를 향해, 무조건으로부터 무조건을 향해 도덕과는 다른 편에서 시작하여 도덕과는 다른 편을 향해 그리고 이러한 관점에서 일반적인 특성을 극복하는 것을 목적으로 기독교상담이 전개된다."[37]

'하나님 도움의 매체'로서 기독교상담의 목적은 슈톨베르크에 의하면 하나님의 자유를 알리고 성숙에 이르도록 하는 것이다. "하나님의 자유를 말하고, 증언하며, 서로 전달함(서로 나눔)으로써 하나님의 자유가 인간적인 소망과 불안으로, 즉 인간적인 의사소통의 몸으로 들어가는 것이다."[38]

기독교상담은 복음을 전달하는 것으로 죄인에 대한 의사소통이 가능해진다. 그러나 의사소통 차원의 기독교상담은 어떠한 경우에도 이미 확정된 내용이나 신앙의 진리를 전달하는 것이 아니다.[39] 그와는 반대로 슈톨베르크는 다음과 같이 정의하고 있다. "그렇게 이해된 기독교상담은 다른 사람에 대한 사랑 어린 수용을 언어적으로 그리고 언어를 초월해서 말과 행동의 일치 속에서 보여 주려고 하며, 근본적으로 내담자 스스로 결정할 수 있는 자유를 존중하기 때문에 구체적인 충고나 지시와는 반대로 회의적이다. 이러한 기독교상담은 바로 구체적인 지시를 하려는 충동을 거부하게 된다. 이것은 복음과는 거리가 먼 퇴행적인 경향으로 가려고 하지 않는다. 이 기독교상담은 오히려 사람으로 하여금 자신 스스로 결단하여 자신의 상황을 극복할 수 있도록 도우려고 한다."[40]

그러므로 복음에 의한 기독교상담의 목적은 내담자의 회개가 아니라 "내담자의 다름을 수용하는 것"[41]이다. 그것은 다른 편을 지향하는데, 즉 모든 규범과 질서의 상대성에서 출발하며 저 건너편에서 선과 악, 하나님 사랑의 행위와 결과를 입증하며 오직 희망만이 있을 뿐이다.[42] 그렇기 때문에 슈톨베르크는 기독교상담에서 사람이 "어떤 모습으로 되어야 하고 되려는 것이 아니라 이상적인 것에 의한 평가로부터 자유로운 절대적 사랑인 하나님의 사랑 안에서 있는 그대로"[43] 보여 줘야 한다는 것을 강조한다. 슈톨베르크에 의하면 기독교상담 대화의 특징인 수용과 자유는 동반자적인 대화 속에서 이루어진다. 즉, 위기는 고통의 연대감으로부터 만나게 되며 인생문제는 함께 풀어 나가는 것이다.[44] 따라서 대화모델은 동반자적 상호성에 의해 이루어지며(Schleiermacher) 대화 상대방의 분석적인 동료애(Freud)가 될 수 있다.[45]

그러므로 슈톨베르크에 의한 의사소통의 기독교상담은 내담자에게 미리 주어진 신앙의 진리를 전달하는 것이 아니며, 이미 준비된 충고나 해결 가능한 방법을 제시하는 것이 아니라 내담자로 하여금 스스로 결단하도록 하며, 인간 상호 간의 관계로 내담자의 상황을 극복하도록 돕는 것을 목적으로 한다.

3. '단절'과 '인간 상호 간의 역동'으로서 종교적 의사소통의 문제점과 가능성

투르나이젠의 대화의 단절은 권위적인 대화를 이끄는 개념으로, 평가가 좋지 않은 단절이 되어 버렸다.[46] 왜냐하면 기독교상담 대화가 기독교상담자에 의해 권위적으로 이끌어지는 의사소통으로 전락하고 대부분 경고와 가르침과 실질적인 제언으로 이루어지기 때문이다. 권위적인 대화인도는 정신분석과는 정반대이며 로저스(C. Rogers)에 의하면 상담자가 목표를 정하고 내담자가 이 목표를 향해 안전하게 도달하도록 내담자의 삶 속으로 들어가 관여하기 때문에 '지시적(direktiv)'으로 표현될 수밖에 없다는 것이다.[47] 그것에 대한 극단적인 예를 들면 다음과 같다. 상담자가 내담자의 문제를 짧게 듣고 바로 이어서 그에게 다음과 같이 분명한 조언과 경고 또는 가르침을 제시하는 것이다. "제가 보기에 당신은 진정으로 하나님을 믿어야 한다고 생각합니다." "제가 제안을 하나 한다면 당신은 규칙적으로 교회에 가서 기도해야 한다고 생각합니다." "당신의 질병은 당신의 도덕적인 죄에서 비롯된 것입니다." "당신은 하나님의 손 안에 있습니다."

이러한 대화인도는 그동안 근본적으로 많은 신학자들에 의해 비판받아 왔다. 그들은 투르나이젠의 기독교상담 이론이 기독교상담을 실제적으로 인도할 때 도움이 많이 안 된다고 비판하고 있다. 요수티스(M. Josuttis)는 투르나이젠이 이해한 것처럼 기독교상담의 과제가 인간적으로 불가능하고 그 목표가 이상적일 수 있다고 생각한다.[48] 대화인도에서 기독교상담자는 다른 사람의 관심사에 의해 움직이기보다는 오히려 상담자의 직무를 절대적으로 이행하는 것일 수 있다. 투르나이젠의 의사소통은 '권위적인 입장에서 나누는 대화'이어서 '위에서 아래로' 표현될 수 있기 때문에 상담자의 대화는 진정한 대화가 전혀 이루어질 수 없게 된다는 것이다. 즉, 대화가 근본적으로 대화를 이끌고 대화의 목적을 규정한 상담자로부터 이루어진다. 토톤(E. Thorton)은 투르나이젠 이론에 반대하면서 기독교상담자의 권위가 하나님 말씀의 권위 자리를 차지하거나 상담자의 말을 하나님의 말씀으로 착각할 위험성이 있다고 비판한다.[49]

오든(Th. C. Oden)은 투르나이젠의 이론에 대하여 다음과 같은 질문을 제기한다. "하나님의 사랑이 항상 언어적으로 전달되어야만 하는가? 하나님의 사랑이 구체적인 상호 인간 간의 관계와 여러 측면의 비언어적인 차원을 통해서 입증될 수 있는 것은 아닌가?"[50] 다른 사람에 대한 조건 없는 수용 속에서 언어적인 선포 없이도 복음이 발생할 수 있다고 오든은 이해하고 있다.

여기서 우리는 지금까지 목회자에게서 많이 볼 수 있는 기독교상담자 측면에서 이루어지는 권의적인 의사소통의 일방성을 찾아볼 수 있다. 많은 목사들의 전통적인 모습은 교인들에게 아버지 같은 모습으로 이해된다. 목사들은 교회 회중들을 지키는 선한 목자로서 아버지 같은 권위로 영혼을 돌보는 것을 자신들의 과제로 이해한다. 이러한 부성성은 투르나이젠의 영향을 받은 선포적인 영혼돌봄과 깊이 연관된다. '하나님 말씀을 개개인에게 세우는 것'을 목적으로 하는 선포적인 기독교상담 이론은 기독교상담자가 내담자와 그의 무거운 인생을 비난하며 하나님의 말씀이 억압적인 힘으로 강조될 위험성이 있다. 이것은 선포와 신앙을 강조하는 틀로 이끌리게 된다. 그러므로 선포적인 차원에서 기독교상담을 이행하는 상담자에게서 키조브(E. R. Kiesow)는 내담자에게 맞는 하나님 말씀에 대한 '굉장한' 교리적인 견해로 '낯선' 복음을 내담자에게 만나게 하려고 항상 애를 쓰는 '개선할 수 없는 후견인, 재판관 또는 도덕주의자'를 본다고 말하고 있다.[51]

투르나이젠의 이러한 논리에 따르면 신학적으로 기독교상담자의 권위가 하나님 말씀의 권위를 대신할 위험이 있다. 기독교상담자는 예수 그리스도의 이름으로 일해야 한다. 그러나 라이머(H. D. Reimer)가 카리스마 있는 목사들에 대한 비판에서 언급했듯이 그들에게는 두드러진 남용의 문제가 있다는 것이다. 목회자가 그리스도의 자리에 대신해서 앉을 수 있다는 것이다. 즉, 목회자가 자신의 위치를 인정받기 위해 예수 그리스도의 이름을 이용할 수 있다고 생각한다. 그러므로 목회자는 가장 높은 권위를 빌어 다른 사람에 대하여 자신의 힘과 권위를 내세울 수 있게 된다.[52]

전체적으로 의사소통의 관점에서 비판하자면 지시적인 전통적 기독교상담은 내담자로 하여금 상담자에게 의존하게 만든다. 기독교상담의 권위적인 특성은 상담자와 내담자와의 대화에서 '부모-자식관계'를 형성하게 된다. 샤휀베르크(J. Scharfenberg)와 패플린(U. Pfäfflin)은 상담자와 내담자와의 비상호성과 내담자를 단순히 받는 자로서의 역할로 떨어뜨리는 방법으로는 진정한 대화 형태의 의사소통이 성립되지 않는다는 사실에 동의하고 있다.[53] 상담자와 내담자의 그러한 관계에서 내담자는 상담자의 말을 자주 교리적이고 훈계적이며 도덕적으로 느끼게 되기 때문이다.

그러나 이러한 선포적인 기독교상담 이론에 대한 평가에 대하여, 반대로 기독교상담의 특성이 일반적인 의사소통과 같이 인간적인 이야기로 표현될 수 있는지의 문제가 제기된다. 즉, 기독교상담의 신학적인 차원을 잃어버리거나 희미해질 위험성은 없는가? 그래서 타케(H. Tacke)는 기독교상담이 심리학에 지나치게 접근하는 것에 대하여 반대하고 있다. 즉, 심리치료에 근접한 기독교상담 이론은 기독교상담만의 독특한 전통성을 차단하고 오히려 심리학과 시대정신에 의존하게 된다는 것이다.[54] 그와 더불어 기독교상담은 자신의 뿌리로부터 단절되고 심리치료에 의존하게 될 위기에 처할 수 있다는 것이다.[55] 그렇기 때문에 기독교상담은 훈련받은 것을 잊지 말고 자신의 뿌리를 찾아 돌아가야 한다.

기독교상담의 의사소통에서 대화 중에 일어나는 단절이 실제로 대화를 '중단'시키는 것이 아니라 인간적인 생각에서 하나님의 관점으로 넘어가는 통과과정이라고 생각할 수 있기 때문에 의미가 있다. '단절'의 의미와 함께 투르나이젠은 하나님의 말씀과 인간적인 세계관이 융합될 위험성에 대하여 주의를 환기시켰다. 그러므로 기독교상담 대화 중에 볼 수 있는 하나님의 말씀과 인간적인 세계관에 대한 부정적인 차원의 대립보다는 대화가 하나님 말씀을 기준으로 삼고 내포하여 하나님의 관점에 도달하도록 하는 것이 중요하다. 그렇기 때문에 타케는 단절이 대화를 가로막는 것도 아니며, 단순히 삶과 동떨어진 영적인 차원에서만 다루는 것이 아니라[56] 새로운 관점을 내포하고 있으며, '복음을 만나게 하는 차원'[57]으로 생각되어야 한다고 언급하고 있다.

기독교상담은 항상 내용적으로 이미 결정되어 있기 때문에 세상적인 관점에서 중립적으로 처신할 수 없으며 해서도 안 된다. 명백한 종교적 의사소통으로서 기독교상담 대화는 사회적으로 통용되는 해석의 틀과는 거리를 두고 새로운 의미와 수용 그리고 기대를 가능케 하기 위해 현대인의 자아체계를 '방해하는' 영향을 미칠 수 있다. 이러한 관점에서 기독교상담의 의사소통에서 소위 투르나이젠 식의 '단절' 또는 '방해'는 다시금 현대 기독교상담 이론에 편입될 수 있다.[58] 그렇다면 어떻게 단절이 현대사회에 영향을 줄 수 있을까?

타케는 투르나이젠의 형식적인 성서주의를 비판한다. 형식적인 성서주의에서는 대화가 성서적인 연관성이 작고 오히려 은총과 용서와 같은 성서적인 핵심어가 주를 이루기 때문에 성서 스스로 말하기보다는 성서적인 농축만이 자리를 차지하고 있다는 것이다.[59] 그렇기 때문에 타케에 의하면 성서적인 주제를 꼭 다루어야 한다는 의무감, 강한 선포적인 언어 그리고 교육적인 가르침은 기독교상담 대화 어디에서도 자리를 차지할 수 없다.[60] 그러므로 기독교상담이 종교적인 의사소통일 때, 기독교상담이 능동적으로 개입하는 것으로 이해될 때 그리고 다문화 속에서 납득할 수 있게 매우 특정한 실재적인 것을 제공할 수 있다는 것을 알 때만이 기독교상담이 현대적이고 오늘의 상황과 연관성을 갖게 될 수 있다.

타케는 긍정적인 관점에서 투르나이젠의 기독교상담 대화에서의 단절에 대하여 비판적으로 깊게 생각하여 교육적인 실례를 제시하고 있다. 신경증을 앓고 있는 한 여성이 상담자를 찾아왔다. 상담자가 그 여성에게 "당신의 인생은 하나님의 손 안에 있습니다."라고 말하고 헤어졌다면, 여기서 사람들은 약간 공격적인 어조로 들을 수 있지만 상담자 자신의 손 안에는 있지 않다는 것을 말하고 있는 것이다. 그러나 신학적으로는 이 문장이 맞을지 모르지만 실제적으로는 우리를 견딜 수 없게 만들고 있다. 그 말은 선포적인 말로 구체적인 현실과는 너무 동떨어져 있다는 것이다. 그렇기 때문에 타케는 고백적인 문장을 상대방에게 끌어들이지 말고 이미 인간과의 만남 그리고 인간과 하나님과의 만남이 중심이 되는 성서적인 언어로 시작해야 한다는 것을 강조하고 있다. 거기서 결정적인 것은 이러한 성서 본문이 율법으로가 아니라 고통과 불안, 죽음 또한 행복에 관해 말하기 위해 제안하는 것으로 다가가야 한다는 것이다. 그러나 무엇보다도 시편과 욥기와 같은 성서 본문뿐만 아니라 도움을 줄 수 있는 복음에 대한 설명도 필요하다.

그것과 더불어 기독교상담은 현대사회에서의 기독교적인 삶과 기독교적인 세계관에 대한 윤곽을 분명하게 제시해야 한다는 과제가 있다. 기독교상담은 또한 다른 세속적인 '도움의 제공자'와 '해석자'와는 달리 세상을 특별히 기독교적으로 받아들이는 것을 도와주는 것으로 이해해야 할 것이다.[61]

4. 맺는말: 종교적 의사소통을 위한 '참여'로서 대화

'참여'라는 말은 신학과 인문학의 다리로서 언어사건의 역할을 감당하게 된다. 그것은 목회학 영역에서 지금까지 엄격하게 분리해 왔던 것을 연결하려는 다리다. 즉, 한편으로는 기독교상담 대화를 하나님 말씀 선포를 위한 '단절'로, 다른 한편으로는 비권위적인 인간관계로 '인간 상호 간의 역동'으로의 분리였다. 그러나 여기서 이러한 상대성과 그것으로 인한 분리를 해결해 보고자 한다. 이러한 다리 역할은 양극단적인 종교적 의사소통을 극복하기 위해 기독교상담 대화로서 참여하는 것을 통해 가능하다. 종교적 의사소통으로서 기독교상담은 이중적인 의사소통 과정으로 진행되는—한편으로는 선포해야 되는 압박과, 다른 한편으로는 인간관계 내에서의 열정과 도움으로 실현되어야 하는—것이 특징이기 때문에 기독교상담 대화에서는 하나님의 진리와 사랑에 대한 정보뿐만 아니라 참여 또한 근본적으로 중요하다.

타케는 이중적인 협력관계의 의사소통으로 만들어지는 그러한 대화구조의 가능성에 대하여 다음과 같이 언급하고 있다. "인간관계는 자기 스스로 자신을 돕기 위한 도움의 가능성으로 개발되며 대화하는 사람 사이에 인간적인 태도의 동기를 제시하고 과장된 기대와 방법을 제외시키는 자유를 신앙이 가져다줄 때만이 신앙의 도움으로 연결된다."[62] 타케에 의하면 기독교상담에서 의사소통의 대화 출발은 결국 복음 자체에 근거한다. "복음의 동기는 직접적으로 인간적인 의사소통에 있다. 복음은 인간을 향한 열정을 가지고 있다. 그러므로 복음에 상응하는 신앙은 의사소통에 의해 이루어진 능력이다."[63] 기독교상담이 신학적으로 볼 때 복음에 상응하고 율법적으로 되지 않으려면 다음과 같은 중요한 질문이 제기된다. 어떻게 내담자가 상담자가 아니라 복음과 만날 수 있을까?

기독교가 근거하고 있는 복음의 소식은 단순히 정보를 전하는 것이 아니라 인간적인 의사소통을 필요로 한다. 그것은 단순히 전산정보의 의사소통 개념으로서 정보를 공유하는 것이 아니라 상호 간에 의사소통하는 것에 참여하는 것이 중요하다. 인간적인 의사소통을 위해 이것 저것에 대하여 말하는 것이 아니라 누가 말하는가, 어떠한 의도에서 말하는가, 그가 말하는 것을 믿는가, 믿지 않는가가 가장 중요하다. 신학적인 관점에서 엥에만(W. Engemann)은 다음과 같이 말하고 있다. "종교적 의사소통의 수직적인 차원(인간과 하나님과의)과 수평적인 차원(인간과 인간과의)이 계시와 관련된 약속인 복음을 가능한 한 갈등 없이 전달하도록 돕는 것이 아니고 이 두 차원은 모두 공동체(communio)를 위하여 요구되는 것이다."[64]

이것은 종교적으로 의사소통하는 것만큼이나 기독교의 의사소통을 위해 중요하다. 왜냐하면 기독교 종교성의 문화에서 복음뿐만 아니라 의사소통 자체가 하나의 표시이기 때문이다. 그것은 상품의 가치를 위한 표시다. 정보가 사람에게 유익하게 알려질 뿐만 아니라 사람이 중요하기 때문에 사람이 의사소통과 의사소통에 담겨져 있는 복음에 참여해야 한다.

타케에 의하면 복음에 참여하는 것은 곧 복음 아래에서의 만남이다. 문자로 된 교리적인 선포보다는 이야기식으로 '성서 이야기를 가져오는 것'을 통하여 참여가 가능해진다. 타케는 상담자가 내담자의 문제 또는 위기에 부합되는 성서적인 관계 속에서 생각함으로써 성서적인 이야기와 비슷한 상황 또는 갑자기 발견된 비슷한 상황이 자신의 생각에 자극을 주고 통찰을 준다고 이해하고 있다.[65] 기독교상담에서 성서적인 만남을 상관관계가 있는 성서적인 소리의 실제적인 작용으로서 이해하는 타케의 논리는 충분히 의미가 있다. 그러한 만남은 권위적인 방법의 일방적인 의사소통을 극복할 수 있다.

그러므로 기독교상담에서는 권위적인 상담자의 조언과 가르침이 의사소통을 방해하는 것[66]으로 보아야 한다는 것을 인식한다면, 내담자에게 진정으로 기독교상담적으로 도움이 될 수 있도록 하기 위해서는 지시적인 기독교상담의 변화를 위한 방법을 찾는 것이 중요하다. 진정한 기독교상담적인 의사소통은 가능하면 형제자매 차원의 상호 도움이 되는 대화의 형태로 가야 할 것이다. 기독교상담은 목회자가 일방적인 차원의 "특정한 종교적 또는 신학적 언어를 사용하는 것"[67]로 보아서는 안 된다.

방법론적으로 그러한 종교적인 의사소통은 거울 형태의 대화 진행을 의미한다. 즉, 상담자는 내담자가 이해되고 수용되고 있다는 사실을 느낄 수 있도록 내담자의 언어적, 비언어적 표현을 다시 되비추어 주는 것이다. 담(K.-W. Dahm)은 상담자가 훈계나 요구를 포기하고 감정적인 연대감을 느낄 때 이러한 거울방법[68]의 대화 형태의 의사소통이 이루어져야 한다고 강조하고 있다.

그러므로 기독교상담 대화에서 참여로서의 의사소통은 복음에 의해 동기화된 만남 속에서 이루어지는 인간애를 실현한다. 그것은 대화상대자 간의 동료애적이고 형제자매적인 관계 속에서 그리고 선포 차원의 당위성을 이루려는 교리적인 압박에서가 아닌 대화에서 성공할 수 있다.[69] '인간애의 틀'에 근거한 협력관계는 상담자와 내담자가 권위적인 체계 없이 함께 찾게 되는 것이다. 종교적인 의사소통을 위한 참여는 다른 사람의 고통과 아픔에 마음속 깊이 참여하고 내담자를 향한 공감적인 관심이 필요하다. 공감적인 관심은 연대감 속에서 공동체를 형성하도록 이끌며 하나님이 원하시던 인간의 본래 모습으로의 재창조, 즉 '인간의 재현'[70]을 위해 권위주의를 버리는 것이다.

미 주

1) Joachim Scharfenberg hat Seelsorge als symbolische Kommunikation und damit zugleich als religiöse Kommunikation definiert: J. Scharfenberg, "Kommunikation in der Kirche als symbolische Interaktion", in: Werner Becher (Hg.), *Seelsorgeausbildung. Theorien, Methoden, Modelle* (Göttingen, 1976), 34-53.

2) H, Raguse, "Grenzübertritte zwischen Seelsorge und Psychoanalyse", in: *Wege zum Menschen 51* (1999), 463,

3) D. Stollberg, *Wahrnehmen und Annehmen. Seelsorge in Theorie und Praxis* (Gütersloh, 1990), 44.

4) M. Nicol, *Gespräch als Seelsorge. Theologische Fragmente zu einer Kultur des Gesprächs* (Göttingen, 1990), 162.

5) Vgl. E. Thurneysen, *Die Lehre von der Seelsorge* (München, 1948, [7]1994), 12.

6) Vgl. E. Thurneysen, 위의 책, 11-14.

7) E. Thurneysen, 위의 책, 26.

8) E. Thurneysen, *Seelsorge im Vollzug* (Zürich, 1968), 38.

9) E. Thurneysen, *Die Lehre von der Seelsorge*, a.a.O., 87.

10) Vgl. E. Thurneysen, 위의 책, 42, 74-76, 91, 98.

11) E. Thurneysen, 위의 책, 83.

12) M. Josuttis, *Praxis des Evangeliums zwischen Politik und Religion. Grundprobleme der Praktischen Theologie*, 2. Aufl. (München, 1980), S. 106.

13) E. Thurnysen, *Die Lehre von der Seelsorge*, a.a.O., 82.

14) E. Thurneysen, 위의 책,105.

15) E. Thurneysen, 위의 책, 43, 87.

16) E. Thurnysen, *Die Lehre von der Seelsorge*, 114.

17) 위의 책.

18) E. Thurneysen, 위의 책, 121.

19) E. Thurneysen, 위의 책, 124.

20) E. Thurneysen, 위의 책, 104.

21) E. Thurneysen, 위의 책, 129, 134. Thurneysen beschreibt nach der Heiligen Schrift die 'Sünde' als einen Strei den der Mensch mit Gott führt, in welchem Gott Feind des Menschen wird, und die 'Vergebung' als einen Frieden, mit welchem gott diesem Streit ein Ende macht.

22) E. Thurneysen, 위의 책, 114.

23) R. Bohren, *Prophetie und Seelsorge, Eduard Thurneysen* (Neukirchen-Vluyn, 1982), 226. Später spricht Thurneysen nicht mehr von der 'Bruchlinie', sondern von einem 'Vorstoß. Thurneysen, *Seelsorge im Vollzug*, 203.

24) E. Thurneysen, *Die Lehre der Seelsorge*, 126.

25) E. Thurneysen, 위의 책, 128.

26) V. Läpple, "Das Methodenproblem in der evangelischen Seelsorge", in J. Scharfenberg (Hg.), *Freiheit und Methode, Wege christlicher Einzelseelsorge* (Göttingen, 1979), 32; S. Hiltner, *Tiefendimensionen der Theologie* (Göttingen, 1977), 67, 136; Hiltner spricht vom neuem Selbst in Jesus Christus und bestimmt das Ziel seiner Seelsorge als Selbstfindung, Selbstverwirklichung und Selbsterfüllung, nicht durch die autoritäre Belehnung oder zusprechende Selbst finden läßt. Dabei überwindet er die Sünde der Selbstentfremdung, hilft, die Isolation zwischen der Menschen zu überwinden und versucht, ecjte Beziehungen aufzubauen.

27) W. Uhsadel, *Evangelische Seelsorge* (Heidelberg, 1966), 166.

28) W. Uhsadel, 위의 책, 105.

29) W. Uhsadel, 위의 책, 105.

30) J. Scharfenberg, *Seelsorge als Gespräch. Zur Theorie und Praxis der seelsorgerlichen Gesprächsführung* (Göttingen, 1972), 15.

31) D. Stollberg, "Seelsorge", in: *EKL* (1995), 173-188, 183.

32) T. U. Schall, "Seelsorge/Pastoralpsychologie", in: Siegfried Dunde (Hg.), *Wörterbuch der Religionspsychologie* (Gütersloh, 1993), 260.

33) J. Scharfenberg, "Wo steht die evangelische Seelsorge heute?", in: *WzM 11* (1959), S. 1-9, 9; ders., *Seelsorge als Gespräch*, 65. "Je stärker eigene Gegenübertragungsäußerungen kontrolliert sind, umso leichter wird es auch gelingen, typische Verhaltensweisen des Gegenübers als Übertragung zu erkennen und damit den drohenden Teufelskreis zu durchbrechen."; weitere Ausführungen zu den Begriffen, 'Übertragung' und 'Gegenübertragung' finden sich S. 68ff. und 73ff.

34) D. Stollberg, *Wahrnehmen und Annehmen*, S. 22; vgl. a.a.O., S. 20f. Er bezeichnet die Kommunikation als wesentliche Existenzform des Menschen und die Grundelemente der Kommunikation als Erfahrungswerte repräsentierende Symbole verbaler und nichtverbaler Art, welche die Kommunikationsmodi inhaltlich determinieren.

35) D. Stollberg, *Wahrnehmen und Annehmen*, S. 39.

36) D. Stollberg, *Wahrnehmen und Annehmen*, S. 29, 41f. Trotz dieses Unterschieds demonstriert Stollberg die Einheit von Psychotherapie und Bekenntnis, eine Einheit von Methode und Glauben. Mit sieben Gründen untermauert Stollberg seine Behauptung.

37) D. Stollberg, *Wahrnehmen und Annehmen*, 33.

38) D. Stollberg, *Wahrnehmen und Annehmen*, 41.

39) R. Sons, *Seelsorge zwischen Bibel und Psychotherapie. Die Entwicklung der evangelischen Seelsorge in der Gegenwart* (Stuttgart, 1995), 28.

40) D. Stollberg, "Seelsorge und Psychotherapie. Kirchliche Seelsorge als Kommunikationsmodus", in R. Riess (Hg.), *Perspektiven der Pastoralpsychologie* (Göttingen, 1974), 103.

41) D. Stollberg, *Mein Auftrag-deine Freiheit. Thesen zur Seelsorge* (München, 1972), 45.

42) D. Stollberg, *Mein Auftrag-deine Freiheit.*, S. 47.

43) Ebd.

44) D. Stollberg, *Mein Auftrag-deine Freiheit.*, 47, 53.

45) K. Winkler, *Seelsorge* (Berlin/New York, 2000), 265.

46) J. Scharfenberg, *Seelsorge als Gespräch*, 14-18.

47) Carl R. Rogers, *Die nicht-direktive Beratung* (München, 1972), 31. Rogers Methode verbietet das Dogmatiesieren, Moralisieren, Gemeralisieren, Diagnositizieren und alles Drängen und Dirigieren als direktive Beratung.

48) M. Jossuttis, *Praxis des Evangeliums zwischen Politik und Religion, Grundprobleme der praktischen Theologie* (München, ^{4}1988), 98f.

49) R. Riess, *Seelsorge - Orientierung, Analysen und Alternativen* (Göttingen, 1973), 182.

50) Zitiert nach: D. Stollberg, *Therapeutische Seelsorge, Die amerikanische Seelsorgebewegung, Darstellung und Kritik. Mit einer Dokumentation* (München, ^{3}1972), 374f.

51) E. R. Kiesow, "Das Proprium der Seelsorge", in: *ThLZ 103* (1978), 241-250, 247.

52) H. D. Reimer, *Wenn der Geist in der Kirche wirken will, Ein Vierteljahrhundert charismatische Bewegung* (Stuttgart, 1987), 91.

53) U. Pfäfflin, *Frau und Mann, Ein symbolischer Vergleich anthropologischer Konzepte in Seelsorge und Beratung* (Gütersloh, 1992), 74; J. Scharfenberg, *Seelsorge als Gespräch*,

17; D. Stollberg, *Wahrnehmen und Annehmen*, 122: Stollberg weist auf die hierarchischer Kommunikation speziell in der Seelsorge für alte Menschen hin: "Gerade in die Beziehung der Generationen schleichen sich aufgrund der-erstmals realitischen-Eltern-Kind-, Kind-Eltern-Beziehung immer wieder hierarchisch Vorstellungs-und Erlebensmodelle ein, die das Verhalten gegeneinander unerfreulich und unbefriedigend, ja lielos werden lassen".

54) H. Tacke, *Glaubenshilfe als Lebenshilfe. Probleme und Chancen heutiger Seelsorge* (Neukirchen-Vluyn, 1993), 147-161.

55) K. Winkler, *Seelsorge*, 212-255. Wikler hat durch eine Poimenik, die sich zwischen forsetzung der Seelsorgebewegung einerseits und den Bemühungen um Restitution und Kontinuität andererseits bewegt, die gegenwärtige Gesamtlage vorgestellt. Die auf Restitution und Kontinuität ausgerichteten Bestrebungen ist besonders ein Versuch, eigenen Wurzeln der Seelsorge wiederzufinden.

56) H. Tacke, *Glaubenshilfe als Lebenshilfe*, 91.

57) H. Tacke, 위의 책, 109. In diesem Sinn hat auch P. Bukowski recht, wenn er die Bruchlie im seelsorglichen Gespräch bei Thurneysen folgendermaßen interpriert: Sie darfe nicht als Gesprächsabbruch diskriminiert werden. Sie sei im Gegenteil für jedes helfende Gespräch konstitutiv, da anders ein notleidender Mensch immer auch der Gefangene seiner eigenen Perspektive ist und deshalb dringend der heilsamen, göttlichen Erweiterung seiner Sicht bedarf; P. Bukowski, *Die Bibel ins Gespräch bringen. Erwägungen zu einer Grundfrage der Seelsorge* (Neukirchen-Vluyn, 1994), 40 이하.

58) I. Karle, *Seelsorge in der Moderne. Eine Kritik der psychoanalytisch orientierten Seelsorgelehre* (Neukirchen-Vluyn, 1996), 216 이하.

59) H. Tacke, *Mit den Müden zur rechten Zeit zu reden* (Neukirchen-Vluyn, 1989), 66.

60) H. Tacke, 위의 책, 50-51

61) R. Schmidt-Rost, *Seelsorge zwischen Amt und Beruf, Studien zur Entwicklung einer modernen evangelischen Seelsorgelehre seit dem 19. Jahrhundert* (Göttingen, 1988), 121-123.

62) H. Tacke, *Glaubenshilfe als Lebenshilfe*, a.a.O., 170.

63) H. Tacke, 위의 책, 182.

64) W. Engemann, "Zum Problem der Maschinierung der Kommunikation. Herausforderungen für den Erwerb und die Pflege von Religiosität in der Gegenwart", in: *WzM 52* (2000), 141-155, 149.

65) H. Tacke, *Mit den Müden zur rechten Zeit zu reden*, 56, 58.

66) K. W. Dahm, *Beruf: Pfarrer. Empirische Aspekte* (München, 1971), 270-272. Dahm hat mit einem Beispiel des Gesprächprotokolls davon überzeugt, daß die Ratschläge, Moralisierung und Belehrung Hindernisse der Kommunikation sind.

67) M. Josuttis, *Praxis des Evangeliums zwischen Politik und Religion*, 110.

68) K. W. Dahm, *Beruf: Pfarrer*, 272-275; D. Stollberg, *Wahrnehmen und Annehmen*, 97.

69) H. Tacke, *Glaubenshilfe als Lebenshilfe*, 170.

70) D. Rössler, "Rekonstruktion des Menschen. Ziele und Aufgaben der Seelsorge in der Gegenwart", *WzM 25* (1973), 181ff. Rössler formuliert, daß die Grundidee der Seelsorge die Idee der Rekonstruktion ist. Grundmodell dafür ist nach ihm die Bekehrung.

• 제7장 •

기독교상담 방법 II

–삶의 이야기와 성서와의 대화–

1. 삶의 이야기와 성서와의 대화가 필요한 이유

1960년대 말 서구 기독교상담의 흐름은 더 이상 역사적 성서를 해석하는 데 머물지 않고 "살아있는 인간문서(lebendige menschliche Dokument)"[1], 즉 삶의 이야기를 이해하며, 해석하려고 시도했다. 그것과 더불어 시작된 목회심리학(Pastoralpsychologie)은 실천신학에 있어서 인간을 이해하며, 개개인을 각자의 창조된 특성 속에서 받아들이고, 개인의 가치를 인정하며, 신앙내용을 인격적이고 상황에 맞게 전달하고, 신학을 일반학문과 연결시켜 대화하는 데 큰 도움을 주었다. 이렇게 인간 중심의 심리학을 도입한 기독교상담은 상담자가 내담자를 진실과 존중 그리고 공감으로 만나며, 한 인간이 자신의 연약함과 허물, 강한 면과 잠재력 등의 모든 것을 인식하게 하고 이야기하게 하며 수용하도록 대화문화를 형성시켰다. 이러한 심리치료를 적극적으로 받아들임에 따라 하나님 말씀을 개개인에게 전달하는 것에 기독교상담의 목표를 두었던 투르나이젠(E. Thurneysen)[2]과 아스무센(H. Asmussen)[3]과 같은 선포적 기독교상담은 더 이상 자리를 차지하지 못하게 되었다. 따라서 선포적인 특성으로 제한되게 이해해 왔던 성서가 기독교상담에서 멀어질 수밖에 없게 되었다. 이렇게 하나님의 말씀이 인간 중심적 경향으로 인해 소외된 것을 극복하기 위해, 최근 목회심리학은 교리적인 진리와 성서 언어를 구체적인 인간에게 도움이 되게 하는 한 단계 발전된 방향으로 변형되고 있다.[4] 그것은 기독교상담을 살아있게 하며, 기독교 신앙을 생생하게 유지시키는 시도다.

그러나 성서의 내용이 선포적인 성격을 가지고 있기 때문에 성서는 대화적이지 못하다고 생각할 수 있다. 샤휀베르크는 절박한 과제로서 기독교상담 대화에 성서전승을 가지고 들어오는 것에 대한 문제점을 밝히고 있다.[5] 일반적인 생각으로는 성서전승은 대화보다는 선포에 더 그 목표를 두고 있다. 따라서 성서의 직접적인 사용은 기독교상담 현장에서보다 예배에 더 적합한 것처럼 보인다. 그렇기 때문에 타케는 복음을 세우는 것(Ausrichten einer Botschaft)과 성서전승을 끌어오는 것(Einbringen der biblischen Ueberlieferung)의 차이를 분명히 하고 있다.[6] 끌어오는 것은 세우는 것과 정반대의 개념이다. 대화로 가져온 내용은 대화 자체에 필요한 타당한 요소다. 그것과는 반대로 전달(Botschaft)은 대화의 의미와는 거리가 멀다. 전달이란 짧고 확실한 강조를 갖고 발포하는 것이다. 그것은 형식적으로는 대화의 형태를 취할 수 있으나 그것 자체가 진정한 의미의 대화라고 볼 수 없다.

따라서 성서전승을 끌어들이는 것은 성서를 선포하는 것이 아니라, 충분히 상황적이고 선입견 없는 순수한 성서와의 관계를 전제로 한다. 그러나 이러한 전제는 대부분 주어지지 않는다. 왜냐하면 성서는 오랫동안 너무 '성스러운 책'으로 되어 버렸기 때문이다. 성서는 이미 성스러운 문서일 뿐만 아니라 신학자들의 것이 되어 버렸다. 성서의 근본적인 의미가 신앙을 위해 계속해서 강조되었음에도 불구하고 회중들은 성서에 가까이 가지 못하게 되어 버렸다. 그리고 많은 설교단이 선포의 상징으로서 회중과는 너무 높이 올라가 있다. 신학자 스스로 성서는 역사적인 기록이며 동시대에는 힘이 되지 않는다는 선입견이 강하다. 실제적인 삶에 대한 물음에 답을 주거나 삶의 문제를 극복하는 데 유감스럽게도 성서는 아무런 영향을 미칠 수 없다는 위험한 생각을 가질 수도 있다. 이러한 이유 때문에 기독교상담자는 경험의 원천이 되는 성서에서 삶의 문제해결점을 찾으려는 것을 단념하고 대신 자신의 경험으로 대치해 버리게 된다. 자신의 경험은 성서와는 거리가 먼 경건으로 되고, 이러한 경건은 기독교상담의 실천에 영향을 미친다. 즉, 성서부재의 기독교상담으로 전락해 버리고, 그렇지 않으면 성서의 내용을 율법적이고 일방적으로 전달해 버리게 된다.

대화가 단지 형식적으로 독백적인 전달을 위해 존재한다면 그것은 대화가 아니다. 대화는 또한 우연한 경우의 생산물일 수 없으며 주제를 필요로 한다. 근본적으로 대화가 진지하게 이루어진다면 상담적으로 옳다고 볼 수 있다. 대화는 대화 그 자체가 아니라 서로 교통하고 있는 내용을 필요로 한다. 특히 기독교상담이라고 할 때 그 상담 내용에는 일반 상담과는 다른 그 무엇이 존재하며 또한 그것을 필요로 한다. 그러므로 진정한 기독교상담이 이루어지기 위해 성서와의 만남은 필수적이다. 그렇다면 지나간 과거, 그리고 현재 우리들의 삶과는 동떨어진 것 같은 성서 이야기를 어떻게 오늘 우리 삶의 이야기와 연결시킬 것인가? 이 긴밀한 연결점을 찾는 것이 이 두 이야기를 잘 해석할 수 있는 방법이다. 성서의 빛으로 우리 삶의 의미를 발견하고, 반대로 우리 삶의 경험에서 성서를 읽을 때 우리 자신에게 주시는 하나님의 이야기로 이해하게 되는 것이다.

기독교상담에서 성서 이야기를 끌어들이는 것은 성서에 있는 거룩한 말씀의 가치를 떨어뜨리는 것도 아니며, 성서가 마치 이차적인 맥락 속에서 선교적으로 사용되는 얄팍한 기독교상담의 부록으로 전락되는 것도 아니다. 성서는 대부분 이야기로 엮여 있다. 하나님은 우리의 이야기 속에서 말씀하시며, 또한 이야기를 통해서 인간에게 말씀하신다. 성서에 나타난 모든 이야기 속에 가능한 모든 삶의 형태와 인간의 모습들이 적나라하게 잘 묘사되고 있다. 이렇게 성서 속에는 우리보다 먼저 살아온 인간의 삶의 이야기가 가득 차 있다. 그렇기 때문에 성서 이야기는 오늘 우리의 삶의 이야기의 모델이라고 할 수 있다.

상담은 인간 삶의 이야기다. 혼자서 해결할 수 없는 많은 이야기들이 상담에서 쏟아진다. 상담에서 이루어지는 삶의 이야기는 성서에 나타난 앞서간 삶의 이야기 속에서 찾을 수 있고, 서로 공통된 주제들을 지니고 있기 때문에 서로 만나 대화할 필요성이 있다. 오늘 우리 인간의 삶의 이야기는 성서 이야기의 연속이라고 할 수 있다. 그것은 실제로 우리의 삶 속에 함께하신 하나님의 이야기이며, 그렇기 때문에 오늘 상담에서 이루어지는 우리의 이야기는 성서적 삶의 이야기를 계속해서 만들어 가는 것이다.

그러므로 우리는 성서가 삶의 이야기로서 기독교상담에 절대적으로 필요한 근거를 세 가지로 설명할 수 있다. 첫째, 성서는 우리의 축적된 삶의 이야기들의 모음집이다. 실제적인 빛이 되는 모든 성서 이야기들의 무대이자 공간은 곧 우리의 다양한 삶의 현장이다. 총체적인 성서 자료를 볼 때 성서의 문서적인 기록 뒤에는 구전으로 전해지는 단계가 나타난다. 이렇게 오늘의 기독교상담을 위한 성서적 영감은 성서의 문서적이고 딱딱한 형태에서보다는 이러한 구전적인 측면에서 나온 것이어야만 할 것이다. 이러한 성서 자료는 항상 기독교상담의 동기가 되고 최소한 기독교상담의 필요를 느끼게 하는 삶의 자리와 더불어 구전적이고 유동적인 성서의 상황을 발견하는 데 도움을 준다. 따라서 성서는 신학적으로 핵심적인 말의 모음집도 아니며, 또한 성서신학자들에게 위임되어야 하는 것도 아니다. 왜냐하면 그들은 본문을 성스럽게 하려고 하며 추상화시키기 때문이다. 결국 금테두리를 한 성서는 제단에 올려지게 되고 단지 인용되고, 또 인용된다. 그러나 성서는 구체적인 삶의 현장에서 나오는 여러 목소리를 가진 합창의 총체적인 악보와도 같다. 그것은 서양음악으로도 불릴 뿐만 아니라 매우 민속적으로 불리기도 하며, 또한 불협화음이 될 수도 있다. 이러한 소리들이 울려야만 하며, 또한 울리기를 원한다. 왜냐하면 성서 이야기는 곧 우리 삶의 이야기이기 때문이다.

둘째, 성서는 우리에게 모범이 된 '신앙의 영웅'들이 체험한 고난과 기쁨에 대한 이야기의 모음이다. 이러한 주제들은 현재 위기에 처한 사람들과 맞닿는다. 왜냐하면 성서에 나타난 신앙인들의 삶의 이야기들은 마음에 호소하고 싶고 대화할 가치가 있는 현재 삶의 이야기를 이해하는 데 분명히 영향을 줄 수 있기 때문이다. 그렇다면 성서적인 것을 대화에 끌어들인다면 무슨 의미가 있고, 무엇을 가져올까? 많은 기독교상담자가 기독교상담 대화에서 성서적인 주제를 의무적으로 다룰 필요를 못 느낀다. 그러나 성서 없이는 기독교상담자의 말이 협소해지고 빈곤해지며 답답함을 느끼기 때문에 성서는 기독교상담에서 매우 중요하다. 성서처럼 이렇게 풍부한 상담 대화의 자료들을 우리는 상담자 자신으로부터 또는 상담을 필요로 하는 상대방에게서 가져올 수 없다. 성서는 상담자가 성서적인 주제와 성서에 나타난 많은 이야기의 도움으로 현재 고통에 처한 사람과 위기에 처한 사람의 아픔을 함께 체험하는 데 도움이 된다. 그러므로 성서에 나타난 역사적인 '신앙의 영웅'들의 삶의 이야기들은 상담에서 성서적인 대화를 하는 데 도움이 되는 중요한 지침금이다.

셋째, 그 밖에 성서는 그 자체 안에 신앙인뿐만 아니라 비 신앙인에게도 도움을 줄 수 있는 생산력이 있는 상담의 원천지가 된다. 성서의 소리로 상담자 자신의 소리와 상대방의 소리를 도우러 가는 것을 배우게 된다. 성서만큼 비종교적이면서 동시에 인간적인 종교서적은 없다. 성서적인 주제가 우리의 대화를 풍부하게 하며, 대화에 능력을 발휘하면 대화의 상대방은 최소한 성서에 대한 선입견이 없어지게 되며 공감을 얻을 수 있으리라 확신한다. 그렇기 때문에 타케는 그 어떤 선포적인 큰 소리와 교육적인 가르침에 대해서도 거부한다.[7] 성서전승을 끌어들이는 것은 열린 상황을 필요로 한다. 가장 중요한 것은 성서는 내담자와 관계되는 이야기를 제공해 주고 있다는 사실이다. 왜냐하면 아직 끝이 나지 않은 하나님을 잃어버린 자가 의로워지고 다시 하나님에 의해 받아들여지며, 종말론적 약속에 대한 희망과 위로와 격려의 이야기들이 지금 우리 주위에 있기 때문이다. 따라서 성서가 이야기하고 있는 모든 부분을 귀 기울여 들어야 할 것이다. 그리스도와 그의 성스러움뿐만 아니라, 또한 아담과 그의 세속적인 것에 대하여도 말하여야 한다. 그러므로 기독교상담의 역할을 하는 성서는 또한 오늘의 아담에게 도움을 줄 수 있는 것이다.

그렇다면 삶의 이야기와 성서와의 대화로서 성서에 의한 기독교상담의 본질적 전제는 무엇인가? 그리고 성서가 성서의 자유로운 전개를 방해받지 않고, 단순히 내담자의 고통을 없애기 위한 목회자의 일방적인 권위에 의한 말씀전달이 되지 않기 위해 어떻게 상담대화에서 성서를 함께 말하며, 말할 수 있을까? 이 두 가지 질문에 답하기 위해 이 글에서 성서에 의한 기독교상담의 원리를 교리적인 의미에서뿐만 아니라 자기 안에서 체험되는 '용납'과 '받아들여지는 것' '종말론적인 약속에 대한 희망' 그리고 '위로'의 관점에서 살펴보고, 구체적으로 전통과 상황과의 만남으로서 상담의 가능성을 시도해 보고자 한다.

2. 성서에 의한 기독교상담의 원리

1) '용납'과 '받아들여지는 것'

내담자에게 지향해야 할 성서에 의한 기독교상담의 원리는 무엇보다도 '하나님을 잃어버린 자가 용납' 되고(롬4:5)과 '받아들여지는 것' 이다.[8] 즉,

하나님을 잃어버린 자가 하나님에 의해 예수 그리스도 안에서 받아들여지는 것이다. 여기서 우리는 역설적인 위기에 처하게 된다. 즉, 하나님과 하나님을 잃어버린 자에 관한 문제다. 그것은 서로 어떤 관계를 갖고 있는가? 일반적으로 아무런 관계가 없다고 말한다. 그러나 용납에 관한 역설적인 구조는 성서 자료를 통한 예증이 필요하다. 하나님의 의로운 행위는 인간 자신의 체험과 경험에서 얻을 수 없다. 그것은 귀납적으로 끌어낼 수 없다. 어떠한 자연신학으로도 기독교상담의 이러한 중요한 것을 찾아낼 수 없다. 하나님은 하나님을 잃어버린 자를 용납한다는 사실을 성서 외에 찾을 수 없다.

하나님을 잃어버린 자가 하나님에 의해 '용납'되는 이야기를 우리는 야곱의 이야기에서 찾아 볼 수 있다.[9] 아브라함은 자기의 삶 속에서 엄청난 모순을 체험하면서도 하나님은 옳다고 생각하며 하나님을 신뢰한다. 그러나 야곱은 아브라함보다 더 자신에 집착한다. 그는 축복을 통해서 다시 의로워지고 용납된다. 야곱은 자신을 의지했으며 베델에서의 꿈 이야기 속에서도 자기도취에 빠진다. 그러나 브니엘에서의 씨름은 바울이 언급했듯이 마치 낡은 인간이 무너지는 듯한 사건이다. 그때 야곱은 새로운 이름을 받는다. 이렇게 야곱의 이야기는 하나님을 잃어버린 자가 다시 용납되는 것이 입증되는 하나의 사건이다. 야곱의 사건은 오늘날 삶의 이야기 속으로 끌어들일 수 있는 이야기다. 볼프(H. W. Wolf)는 야곱의 말을 인용하고 있다. "당신이 나를 축복하지 않으면 당신을 놓아주지 않겠습니다." (창32:26) 그리고 볼프는 이렇게 말하고 있다. "모든 것이 불분명할 때, 모든 것이 어둡고 혼란스러울 때, 하나님의 일이 우리에게 운명의 장난처럼 보이고 다시 곧 해결되는 것처럼 느낄 때 말씀이 우리에게 주어진다. 우리는 그 말씀을 놓쳐서는 안 된다. 그리고 바로 그 시간에 말씀의 축복이 얻어질 수 있는 그 기회를 잡아야 한다."[10] 이러한 의미에서, 그리고 이러한 활용으로 야곱의 이야기를 기독교상담에서 말할 수 있을 것이다.

우리 교회에는 하나님을 잃어버린 자는 없고 오히려 선한 의지를 갖고 존경할 만한 종교적 양심을 가진 사람이 더 많다고 말할 것이다. 그러나 기독교상담은 스스로 감추어진 하나님을 잃어버린 자를 찾아서 그에게 존재를 위한 권한을 주는 것이다. 성서적인 도움 없이는 이러한 상황을 변화시킬 수 없다. 이것은 일반 상식을 뛰어넘어 역설적인 가치를 가지고 있기 때문에 스스로에게서 하나님을 잃어버린 자를 용납할 수 있다는 사실을 우리는 인식할 수 없다. 그러나 복음은 하나의 역설적인 소식이다. 그러한 역설적인 이야기는 산상수훈, 예수의 비유에서뿐만 아니라 바울서신 여러 곳에 나타나고 있다. 기독교상담대화는 이러한 복음적인 역설 같은 것이 필요하다. 하나님을 잃어버린 자가 용납되고 받아들여진다는 역설적인 복음을 이야기한다는 것은 일반적인 관계 속에서 찾을 수 없는 어떤 새로운 것을 제시해 주고 있다.

기독교상담에서 루터가 말했듯이 '낯선 정의(fremde Gerechtigkeit)'가 '자신의 정의(eigene Gerechtigkeit)'가 되도록 진정한 만남이 이루어져야 한다. 이러한 낯선 정의가 자신을 염려하는 인간에게 낯설지 않고 그를 매혹한다면, 그 낯선 정의는 자신을 염려하는 인간에게 도달한다. 그러므로 그리스도 안에서 감추어진 나의 인생은 자신을 보호하고 있고 자기 체험적인 나의 오랜 삶과 대화를 가져야 한다. 자서전적인 관계의 단절에도 불구하고 나 자신과는 계속적으로 연속성을 가지고 있어야 하며 명백해야 한다. '내가 있는 여기'와 '그리스도가 있는 거기'에 나 자신이 있는 것이다. 내가 그리스도에게 받아들여진다면 나 스스로에게도 받아들여질 수 있다. 낯선 정의는 나 자신의 것은 아니었지만 나의 것으로 만들어지는 것이며 나의 것이 된다. 그러므로 이렇게 나 자신에게조차 받아들여질 수 없는, 내 안에 숨어 있는 나의 이야기가 그리스도 안에서 하나님에 의해 다시 용납되고 받아들여진다는 사실이 기독교상담의 원리가 되어야 한다.[11]

2) 종말론적인 약속에 대한 희망

성서에 의한 기독교상담의 두 번째 원리는 종말론적인 약속에 대한 희망이다. 종말론적인 약속에 대한 희망을 전제로 하는 기독교상담은 오히려 '상한 갈대'와 '꺼져가는 심지'를 다루는 것이다(이42:3).[12] 그러므로 미스코테(K. H. Miskotte)는 그의 책 *Biblisches ABC*에서 다음과 같이 말하고 있다. "약속은 이루어졌지만 아직 이루어져야 할 부분이 남아 있다. 평화는 세상이나 우리 가슴 어디에도 움직여 가지 않았다…."[13] 특히 로마서 8장 19절은 분명한 표현 속에서 교리적인 개념과는 동떨어진 기독교상담적인 대화에 도움이 되는 내용이다. 여기서는 '피조물의 간절한 기다림'이며 불협화되고 그러나 확신에 의해서 이루어진 관계 속에서의 '하나님 아들의 현현'이다. 로마서의 이 본문은 오늘날 기독교상담 대화에 도움이 되며 동시에 기독교상담자가 스스로 영적으로 도가 지나치게 되는 것을 막는다. 이것은 마치 그노시스 사람들처럼 구원의 성취가 이미 오늘 이루어질 수 있다는 생각이 지배하는 현 기독교의 요구와는 반대되는 것이다. 그러나 성서는 약속을 호소한다.

그렇기 때문에 히브리서는 타향살이와 실향을 상징하는 떠남과 방랑을 이스라엘 민족의 중심적인 체험으로 묘사하고 있다. 이스라엘 신앙고백 속에 그들이 낯선 이집트에서 이방인이었던 그 시절이 기억되곤 한다. 출애굽의 기억은 하나님의 약속 때문에 이스라엘 민족을 일으켜 이집트의 고기국 솥을 떠나게 해서 황량한 타향살이의 장소가 되는 사막으로 방랑하는 길에 오르게 했다는 것을 가르치고 있다. 이방인으로서의 삶과 출애굽은 무엇보다도 새로운 타향살이 시절인 망명시절에 증언되고 기억되고 있다. 고향에 정착하고 안주하려는 바람과는 반대로 타향살이는 편안하면 다시 잊어버리는 경향이 강하기 때문에 이스라엘 민족의 계명은 계속해서 다음과 같이 다시 상기시킨다. "땅을 아주 팔지는 못한다. 땅은 나의 것이다. 너희는 다만 나그네이며, 나에게 와서 사는 임시 거주자일 뿐이다."(레위 25:23) 그렇기 때문에 시편 기자는 스스로 나그네임을 고백한다. "나는 땅 위를 잠시 동안 떠도는 나그네입니다."(시119:19)

방랑자, 그리고 나그네의 삶과 같이 버려진 체험은 초기 기독교 공동체의 체험을 의미하기도 한다. 기독교인들은 자신들을 순례자, 곧 나그네로 여겼다. 히브리서는 신앙인의 현존을 약속 아래에 있는 삶으로 묘사하고 있다. 그 약속이란 곧 정지해 있지 않고 움직이게 하는 것이다. 그렇기 때문에 기독교 공동체는 움직이는 하나님의 백성으로 이해된다. 그것은 평안과는 반대로 움직이게 하는, 자극하는 약속이다. 히브리서에 의하면 신앙인들은 도상에 있다. 그들은 아직 안정 상태에 있지 않다. 그렇기 때문에 기독교인들이 있는 장소는 세상 안에 있는 보호된 장소가 아니라 모든 고통과 부당함이 가득한 세상 밖이다. 히브리서 마지막 장에서는 한곳에 머물러 있지 않고 아래로 내려와서 다른 사람에게로 향한 예수가 문 밖에서 고통을 겪고 있는 사람으로 묘사되어 있다. 그는 안에 머물러 있지 않고 다른 사람, 이방인과 낯선 사람들을 향하여 버려졌다(히13:12). 이것은 방랑하는 하나님 백성의 활동이다. 히브리서는 그렇기 때문에 희망을 생생하게 유지하는 요구로 끝난다. "그러므로 우리도 진 밖으로 나가 그에게로 나아가서, 그가 겪으신 치욕을 짊어집시다. 실상 우리에게는 이 땅 위에 영원한 도시가 없고, 우리는 장차 올 도시를 찾고 있습니다."(히13:13 이하)

그러므로 기독교상담자는 보호되고 안정된 곳에 머물러 있지 않고 문 밖에서 다른 사람을 위해 고통을 겪고 있는 예수와도 같다. 우리는 머무를 도시나 고향, 그리고 장소가 없다. 그렇기 때문에 너무 성급한 의미 제공은 우리에게 다른 사람의 낯선 고통과 절망을 진정으로 받아들이는 것을 가려버리는 것이다. 보호된 곳을 떠나는 것은 우리를 유토피아적인 차원으로 이끌게 한다. 아직 오지 않은, 그러나 곧 올 안식의 약속을 믿기 때문에 상담자 또한 내담자와 마찬가지로 나그네다.

아직 오지 않은 안식의 약속에 대하여 히브리서 4장은 다음과 같이 말하고 있다. "그러므로 하나님께서 허락하시는 안식에 들어갈 수 있는 약속이 아직 남아 있는 동안에, 거기에 미치지 못하는 사람이 여러분 가운데서 아무도 생기지 않도록, 두려운 마음으로 조심하십시오."(히4:1) 기독교상담을 필요로 하는 상황을 우리는 여기서 분명히 인식할 수 있다. 그것은 거기에 약속된 안식을 더 이상 믿을 수 없을 정도로 불안과 고통에 에워싸여 있고, 근심이 가득한 사람들의 상황이다. 자신을 넘어서서 더 이상 안식을 생각할 수 없는 자들의 불안의 이야기가 성서에 잘 나타나고 있다. 신앙의 위기를 극복하기 위해 히브리서 4장 8절에 다음과 같은 이야기가 나온다. "여호수아가 그들에게 안식을 주었다고 하면, 하나님께서는 그 뒤에, 다른 날이 있을 것을 말씀하지 않으셨을 것입니다. 그러니 하나님의 백성에게는 안식하는 것이 아직 남아 있습니다." 이스라엘을 약속의 땅으로 이끈 여호수아 이야기로 돌아가서 다시 연결짓는 것은 단지 암시적인 형태 속에서 그것이 지금 히브리서신에서 어떠한 모습을 갖고 있는지 밝히는 것은 아니다. 오히려 충분히 기억하고 깨달아야 할 것을 히브리서의 기독교상담자는 말하고 싶은지도 모른다. 그리고 그는 우리에게 이렇게 말하고 있는지도 모른다고 타케는 이야기하고 있다. "우리가 아직도 약속된 안식을 찾지 못했을 뿐만 아니라 그 약속이 하나님 백성에게 모든 시대에 걸쳐 발포된 것이라는 것을 안다. 그 당시, 이제 안식의 목표에 도달했으며, 축복받은 땅에 있으며, 긴 여행의 고통은 지나갔으며, 이제 주께서 우리에게 약속한 영혼과 육체를 위한 안식 속에서 호흡할 수 있게 된다고 생각했다. 그러나 그것은 그 당시 존재하지 않았으며 구원사의 최고점인 가나안 땅에서 기다림과 몸부림 그리고 희망이 끊이지 않았다. 또한 여호수아는 아직 하나님의 백성을 열망하고 있는 안식으로 이끌지 않았다. 또한 광야에서 질서정연한 삶으로의 역사적인 과정은 단지 아직 오지 않은 안식을 성취하기 위한 전주곡에 지나지 않았다. 그렇기 때문에 현재 우리는 혼자가 아니며,

여호수아 당시의 사람들과 함께 아직 떠돌고 있는 하나님의 백성에 속한다. 그러나 약속한 안식을 기다리는 것은 의미 있는 일이다. 이 약속은 파괴되거나 웃음거리가 되지 않았고 아직 가치 있는 것이다."[14)]

그리고 히브리서의 기독교상담자는 다른 사람들에게 그들의 의심과 피로를 말하도록 허락했을 것이다. 또한 마지막에 이렇게 말하면서 그 사람들은 위로를 받았을 것이다. "자, 우리 안식에 도달하도록 노력합시다." 히브리서의 이러한 대화기록은 실제적인 대화과정을 묘사할 수는 없고 그것을 가정할 수 있을 뿐이다. 결정적인 것은 불안의 시련은 현존하나 아직 오지 않은 안식의 말을 불러들인다는 것이다. 결정적인 것은 또한 이 약속된 안식이 단순히 정확하게 케리그마적으로 선포되는 것이 아니라 구원사적인 관계 속에서 생각되어야 하며, 그것은 전통으로부터 현재 상황으로 유추하는 방법으로 명백하게 말해지고 있다는 점이다. 불안의 시련은 오늘 경험되는 것보다 더 광대하고, 그렇기 때문에 더 신뢰할 만하며 견딜 수 있는 체험으로 받아들여진다. 이러한 방법으로 시련의 의미가 주어진다. 그 의미는 연결을 의미한다. 성서적 존속과 함께 그러한 의미와 연결을 정확히 허락된 위기 속으로 끌어들이고 하나님이 우리에게 주시는 약속에 대한 희망 속에 머물게 하는 것이 기독교상담 대화에서 기대할 수 있는 기능이며 성서에 의한 기독교상담의 원리다.

3) 위로

성서에 의한 기독교상담의 원리로서 '위로'는 기독교상담 대화의 목표와 만남의 목적을 가장 잘 나타내 주고 있다. 진정한 위로가 대화에서 이루어진다면 복음적 기독교상담에 성공한 것이다. 우리는 기독교상담의 목표에 대해서 조심스럽게 생각해 보아야 할 것이다. 기독교상담의 목표가 '치료'라는 의미로 이해된다면 그것은 기독교상담적으로 낯선 단어이며, 기독교상담의 특성과 의미가 약화되었다고 볼 수 있다. '선포'라는 단어 자체 또한 기독교상담적 대화의 목표라고 하기에는 매우 요구적 측면이 강하게 들린다. 그러나 위로와 격려를 받게 될 때 기독교상담의 결정적인 순간이 된다.

'위로'로서 '격려'에 대한 가장 적절한 성서구절을 우리는 이사야 50장 4절에서 찾을 수 있다.[15] "주 야훼께서 나에게 말솜씨를 익혀 주시며 고달픈 자를 격려할 줄 알게 다정한 말을 가르쳐 주신다." 대부분 상담에서 중요한 것은 논제가 아니라 영적인 내적인 불충만으로 인한 피로감이다. 그것은 이스라엘의 불평의 소리가 묘사된 이사야 40장 마지막 부분에 잘 나타나고 있다. "주께서는 나의 사정을 모르시고, 하나님께서는 나의 정당한 권리를 지켜 주시지 않는다."(이40:27)[16] 이스라엘 민족은 거기서 폭동자도 아니었으며 더군다나 욥과 같이 하나님을 원망하는 자도 아니었다. 앞의 구절은 오히려 피곤과 포기가 엄습해 있었다는 것을 나타내 주고 있다. 이 구절로부터 우리는 오늘날 그와 같은 상황에 있는 사람들을 이해할 수 있다. 이사야는 오늘 피로감에 지친 현대인들과 함께 할 수 있는 강한 대화의 능력을 가지고 있다. 왜냐하면 예언자적 응답은 지칠 대로 지친 이러한 피로감에 대한 반응이며, 비로소 그것과 함께 대화가 시작되기 때문이다. 바로 이때 이스라엘의 하나님은 기독교상담자로서 나타난다. "힘이 빠진 사람에게 힘을 주고 기진한 사람에게 기력을 주시는 분이시다."(이40:29) 그는 힘이 빠진 사람과 함께 연합하신다. 이렇게 힘없는 사람을 위한 성서적인 언어는 오늘날 기독교상담에서 '위로'와 '격려'다.

그러나 고통의 의미를 주장하고 삶의 확신을 강조함으로써 위로를 전하려는 기독교상담은 항상 외형적인 세상에 머물 위험성이 있다. 이성을 잃게 하며, 의심으로 몰아넣으며, 위로가 없는 세상의 배후는 제쳐놓고 고통의 의미를 부여하고 강요한다. 심리치료의 관심은 개인이 고통을 겪고 있는 위기를 극복하도록 돕는 데 목표를 두고 있다. 그러나 신앙은 곧 마지막 삶의 의미에 대한 확신으로부터 형성된 확실한 위로를 전달한다. 신앙의 가치와 기능은 개인에게 모든 고통과 절망에도 불구하고 삶의 확신에 대한 마지막으로 견뎌내야 하는 감정을 전달하는 데 있다. 뢰슬러(D. Rössler)에 의하면 기독교상담은 "삶의 확신을 갖도록 돕는 것으로서 삶의 확신을 강하게 하며, 부추기며, 새롭게 다시 갖도록 하거나 굳히도록 한다."[17] 그렇기 때문에 기독교상담은 "나의 존재의 근거에 대한 확신"[18]을 갖도록 돕는 것이며 더 나아가 카오스적인 세상 속에서 방향을 지시하며 마침내 공동체로 신뢰를 전달하며 촉진시키는 것이다.[19]

이러한 삶의 확신은 고통을 없애기 위한 막연한 의미부여가 아니다. 타케는 히브리서 4장과 관련하여 기독교상담은 "하나님이 주는 평안으로 들어가는 것"[20]이라고 표현하고 있다. 그가 고통을 강조하는 것은 아니지만, 고통은 마지막 견딜 수 있는 확신과 삶의 안전을 위하여 서서히 침투해 가는 것이라고 말한다. "십자가 신학으로부터 나온 기독교상담의 결과는 인간의 모든 고통을 약화시키는 하나님의 고통의 능력이 '안식'(히4)을 찾을 수 있는 평안으로서 인식될 때 나타난다."[21]

그러나 삶의 확신과 존재의 긍정으로서 위로는 무엇보다도 개인적인 희망을 떠나면 실패한다. 확실히 신앙의 역사는 항상 신앙이 인간에게 모든 고통과 위기에서 위로적인 확신을 전달해 왔다는 것을 나타내 주고 있다. 인간의 삶은 신앙을 통하여 의미 있는 그 어떤 것을 체험하게 된다. 그러나 도처에 인간이 살고, 죽고 억압당하고 고통받을 때 과연 그 의미가 개인적으로 실현될 수 있는가? 다른 사람의 지속적인 고통 앞에서 고통에 내포된 의미나 삶의 확신, 또는 존재의 긍정에 대하여 말하는 것은 냉소적인 것에 불과할 수 있다. 여기서 위로로서의 신앙은 이기적인 치유로 전락해 버릴 수 있다. 그렇다면 신앙을 통해 이루어지는 진정한 위로는 무엇을 의미하는가? 우리는 다음 세 가지 관점에서 신앙을 통한 위로를 생각해 볼 수 있다.

(1) 신앙에서 결정적인 것은 삶에 대한 평안과 확신을 주는 위로가 아니라 종말론적인 관점에서의 위로다

신앙을 통한 위로는 오히려 지속적인 불안과 세상에 대한 우리의 놀라움 속에 존재하고 있다. 위로는 모든 것이 마침내 그리고 어떤 식으로든 잘 되어 가게 하는 것이 아니다. 그러한 위로는 오히려 모든 해결책을 막는 절망적인 상황으로 밀쳐버리는 것이다. 진정한 위로는 그것과는 반대로 더 이상 속이지 말아야 하며, 미화하거나 변론하지 말아야 하는 해방(Befreiung)이다. 그것은 오히려 내담자에게 갇혀 있는 자신의 이야기를 하도록 내버려두는 것이다. 그러므로 신앙은 세상과의 적응으로부터 탈출하는 것이다. 의미와 삶에 대한 확신보다 오히려 고통과 절망 속에 진정한 희망이 있다. 슬픔은 다른 사람을 위한, 좀 더 나은 것을 위한, 그리고 고통의 끝을 위한 신뢰가 있다. 야곱이 얍복 강가에서 "당신이 나를 축복하지 않으면 당신을 놓아주지 않겠습니다."라고 부르짖을 때 축복의 희망의 말씀이 우리에게 주어지는 것처럼 부르짖는 사람은 희망이 있다. 그러므로 내담자의 절망적인 이야기와 눈물이 없는 기독교상담은 기독교상담이 약속하는 위로를 부인한다. 이러한 기독교상담은 다른 사람의 고통과 아픔을 더 이상 만날 수 없게 만들며, 이 세상과 세상의 삶에 대한 적응을 찾는 냉소적인 현실주의자들과 다를 것이 없기 때문에 의미와 정체 그리고 위안의 말로 위험에 빠지게 된다.

그렇기 때문에 신약성서에서 위로는 항상 출발을 위한 경고와 권유가 있다. 위로는 안정시키거나 진정시키는 것이 아니라 이 세상으로부터 떠나게 하는 것이다. 우리는 있는 그대로 진정시키려고 하지 않기 때문에 위로가 훈계가 되어 버린다. 위로는 단지 종말론적인 관점에서만 위로다. 하나님이 "그들의 눈에서 모든 눈물을 닦아 주실 것"(계21:4)이라는 약속에 대한 신뢰 속에서 우리는 계속되는 고통과 울부짖는 소리, 그리고 아픔에 순응하고 진정할 수 없으며, 하려고 하지 않는다. 위로는 희망 가운데 생명력을 얻는다. 위로한다는 것은 이러한 종말론적 희망을 향해 있다.

(2) 진정한 위로는 고통의 의미부여가 아닌 절망과 비탄에 찬 소리에 귀 기울이는 것이다[22)]

우리는 욥기에서 신앙을 빙자하여 잘못된 위로를 하고 있는 욥의 친구들을 살펴볼 수 있다. 욥의 친구들은 자신들이 스스로 경건하며 신앙심이 강하다고 생각하고 있다. 그래서 그들은 고통받는 욥이 명백하게 고통의 의미를 아직 인식하지 못하고 있는 데도 그에게 고통의 의미를 주장하고 있다. 욥의 잘못을 가르치고, 욥에게 고통받을 만하기 때문에 고통받는다는 사실에 동의하도록 움직이려는 친구들의 여러 가지 변호와 의미를 부여하는 말들은 욥처럼 고통에 대한 분명한 통찰을 유지하려는 사람을 납득시킬 수 없으며, 당연히 위로할 수도 없다. "오히려 너희는 하나같이 나를 괴롭힐 뿐이다."(욥16:2) 친구들은 다른 사람의 고통을 함께 참고 견딜 수 없으며, 고통의 명백한 무의미성을 견딜 수 없기 때문에 그들은 이러한 것들을 설명을 통하여 완화시키려고 애를 쓴다. 거기서 그들은 고통받는 사람보다는 오히려 자신들을 위해 애를 쓰고 있다. 의미를 설명하는 것은 불합리한 고통에 위협을 받고 있는 사람을 불안할 정도로 예민하고 완고하게 만들 뿐이다. 그것은 다른 사람의 고통과 불행이 중단되지 않도록 한다. 위로자는 의미를 부여함으로써 자신 스스로 위로하려는 것에 불과하다.

그렇기 때문에 고통받는 자에게 그러한 의미부여는 전혀 위로가 되지 않는다. 욥의 친구들은 고통만 더 증가시키기 때문에 욥은 그들을 보고 '괴롭히는 위로자'라고 부르며 그의 친구들의 부당한 요구에 대항한다. 의미를 부여하려는 그들의 시도는 전혀 위로가 되지 않는다. 위로는 그것과는 달리 평가할 수 없는 절망과 불평에 귀 기울이고 그것을 억제하지 않는 것이다. 방해받지 않고 억제하지 않은 비탄의 소리가 곧 위로의 원천이다. "너희는 내 말을 건성으로 듣지 말아라. 너희가 나를 위로할 생각이면, 내가 하는 말에 귀를 기울여라. 그것이 내게는 유일한 위로이다."(욥21:2) 욥은 이렇게 자기를 안정시키고 가르치려고 하는 위로자에게 대항한다. 절망과 비탄의 소리에 귀 기울이는 것이 곧 위로다. 이것은 모든 것에 의미를 부여하려는 사람들에 대한 하나의 도전이다. 욥은 그의 친구들에게 요구한다. "내게도 말할 기회를 좀 주어라."(욥21:3) 그렇기 때문에 경험되는 고통을 위하여 위로자들은 자신의 경험에 맞지 않는 의미를 받아들이고 적용해야 할 과제를 안고 있다. 오직 고통과 절망을 함께 견디어 내는 것이 위로하는 것이다. 의미를 찾는 자에게 이것은 경악스럽고 불안하게 하는 것일 수 있다. 그러기에 욥은 이렇게 말한다. "내 곤경을 좀 보아라. 놀라지 않을 수 없을 것이다. 기가 막혀 손으로 입을 막고 말 것이다."(욥21:5) 그러므로 진정한 위로는 상담자의 입장에서 놀라지 않을 수 없고 기가 막혀 손으로 입을 막아야 하는 내담자의 고통과 절망의 소리를 자신의 언어로 표현할 수 있도록 돕는 것이며, 그 소리를 함께 듣는 것이다.

그렇다면 욥에게 계시된 하나님은 어떤 분인가? 여기서 분명한 것은 인간은 그 앞에서 단지 침묵해야 하는 그러한 신과는 비교할 수 없는 근본적인 차이점이 있다는 것이다. 욥의 이야기 속에서 하나님은 비탄하고 있는 욥에 대하여 격분하지 않으신다. 그리고 그는 욥의 친구처럼 의미를 주장하고 고통을 시인하려고 하는 사람들을 칭찬하지 않으신다. 의미부여를 거부하시는 하나님은 그와는 반대로 욥의 편에 서 계신다. 친구들의 경건한 의미와 정당성 부여를 하나님은 거절하신다. "주께서 욥에게 말씀을 마치신 다음에 데만 사람 엘리바스에게 이렇게 말씀하셨다. 내가 너와 네 두 친구에게 분노한 것은, 너희가 나를 두고 말을 할 때에, 내 종 욥처럼 옳게 말하지 못하였기 때문이다."(욥42:7) 욥으로부터 우리가 알 수 있는 것은 괴롭히는 위로자가 되는 것이 아니라 하나님만이 우리를 안정시키며 의미를 부여할 수 있다는 사실이다. 희망을 주어 달래는 의미부여는 우리를 가장 외적으로, 즉 이 세상으로 방치하기 때문이다. 상담자로서 할 수 있는 진정한 위로는 내담자의 고통의 소리를 듣는 것이다.

(3) 진정한 위로는 고통당하는 자와의 연대감이다[23)]

기독교상담은 고통당하는 자와 세상 밖으로 떨어져 나와 절망의 고독으로 버려진 사람들을 향해 있다. 기독교상담은 히브리서에서 말하는 그 움직임을 완성시킨다. 침상을 떠나서 당연히 받아들여진 일상생활의 보호된 장소를 버리고 밖에 있는 다른 사람의 고통에 내맡기는 것이다. 따라서 기독교상담은 고통당하는 자와의 연대를 위해 상담자 자신을 내담자의 고통에 내맡기는 것이다. 그렇기 때문에 기독교상담 중에 상담자는 고통받는 다른 사람들의 인질이 된다. 이 점에 있어서 진정으로 다른 사람의 고통에 내맡기는 기독교상담의 관계는 일반적인 관계와는 다른 것으로 이해될 수 있다. 상담이 필요한 사람이 기독교상담자의 능력이나, 지식 또는 위로의 제공에 의존하는 것보다 기독교상담자가 고통 속에서 탄원하는 다른 사람의 외침에 귀 기울이고 동참하는 것이 더 중요하다. 이것이 곧 기독교상담의 위로다. 즉, 무조건적으로 제한 없이 고통에 맡기는 것이다. 자신에게 안주하지 않고 다른 사람을 위한 불균형과 자신의 도움의 가능성 속에서 소위 다른 사람을 향한 연대적인 친밀성이 생성된다. 이것은 자신이 강하기 때문에 약한 자를 돕는 연대감이 아니라 약하고 절망적인 것에 대한 연대감이다. 그것은 절망하는 자의 의사소통으로부터 형성된다. 그것은 절망을 함께 나누는 의사소통, 즉 나눔으로부터 이루어진다.

그러나 고통에 맡기는 기독교상담의 위험성은 이러한 절망을 견디어 낼 수 없고 이겨 낼 수 없다고 생각해서 성급하게 말하려고 하며, 의미를 부여해야 하고 빨리 치유해야 한다고 생각하는 데 있다. 그러한 기독교상담의 관계는 변화를 강조하게 된다. 다른 사람의 고통이나 어려움이 우선이 아니라 우리가 할 수 있는 것과 우리가 주어야만 하는 것이 우선이 되어 버린다. 우리는 고통받는 사람 앞에 자신을 내버리고 놀라게 놔두는 대신 고통받는 사람으로부터 벗어나서 지식이나 능력, 그리고 위기극복의 전략으로 자신에게 머물게 한다. 그렇기 때문에 고통받는 자는 이렇게 외친다. "내게도 말할 기회를 좀 주어라." "내 곤경을 좀 보아라. 놀라지 않을 수 없을 것이다. 기가 막혀 손으로 입을 막고 말 것이다."(욥21:3, 5)

그러므로 기독교상담의 전문성이란 특히 고통 극복에 대한 효과적인 기술들을 알고 적용시키는 데 있기보다는 불쾌한 위로로 고통받는 사람으로부터 도망가는 것을 그만두도록 자기를 단련하는 훈련에 있다. 즉, 우리가 편안하게 효과적인 상담 기술을 배워 활용하는 것이 아니라 고통을 감내하고 배우는 곳에서 기독교상담은 전문적이 된다. 그러한 기독교상담은 개인주의적인 생각을 극복하며 기독교상담의 사회 비판적인 기능을 인식할 수 있다. 세상의 고통과 절망을 없애려는 개인적인 치유와 막연한 행운에 대한 약속은 오히려 불쾌한 위로가 될 수 있다.

그러므로 고통을 피하는 것이 아니라 고통에 내맡기고 희망을 갖는 것이다. 바울은 그의 위로의 서신에서 바로 고통과 희망을 서로 연결시키고 있다. "우리가 여러분에 거는 희망은 든든합니다. 그것은, 여러분이 고난에 함께 참여하는 것과 같이 위로에도 함께 참여하고 있음을 우리가 알기 때문입니다."(고후1:7) 이러한 희망은 우리 자신에 대한 신뢰가 아니라 하나님에 대한 신뢰 속에서 이루어진다(고후1:9). 우리가 이러한 위로를 맡아할 수 없기 때문에 인생의 곤궁으로부터 헤어 나오기 위해 상담을 통해 성급한 도움과 위로를 제공하기보다는 오히려 고통에 함께 참여할 때 진정한 기독교상담이 이루어진다.

3. 전통과 상황과의 만남으로서 상담

모든 이야기들은 응결된 체험을 설명한다. 이미 성서에서 사람들은 자신의 체험들을 이야기의 형태와 오랜 전승과 연결하여 새로운 해석의 방법으로 계속 전하려고 시도하는 모습을 볼 수 있다. 개인적인 이야기가 일반적인 역사 이야기로 연결되는 것을 우리는 신명기 26장 5절에서 10절 말씀과 고린도 전서 15장 3절에서 8절 말씀의 고백에서 알 수 있다.[24] 이렇게 성서는 기독교상담을 필요로 하는 인간을 아브라함과 이삭, 야곱의 하나님, 그리고 이집트에서 종살이하다 해방된 이스라엘의 하나님과 연결한다. 이스라엘의 하나님과 그리스도에게서 계시된 하나님은 하나님에 대한 일반적이고 철학적인 개념이나 관용적인 종교적 감정과는 상반된다. 그 하나님은 인간의 삶 한가운데 존재하시며 깊숙이 관여하신 분이시다. 그렇다면 어떻게 하나님을 잃어버린 자가 다시 하나님에 의해 용납되고 받아들여지며, 어떻게 종말론적 약속과 위로를 전제로 하는 성서에 의한 기독교상담을 가능케 할 것인가? 오늘날 위기에 처해 있거나 삶에 지치고, 때로는 마음의 상처를 받아 위로를 필요로 하는 현대인들의 상황과 하나님의 말씀인 성서는 어떻게 만날 수 있을까?

전통과 상황과의 만남으로서의 가능성을 우리는 이야기적 관계의 경험으로 설명할 수 있다.[25] 그것은 개인의 감정으로부터 다시 하나의 이야기를 만들어 가는 것이다. 그 이야기는 보편적인 이야기와 만나서 재구성되는 것이다. 이러한 보편적 이야기, 또는 해석은 내담자 자신의 삶의 역사가 이야기의 형태(in narrativer Form) 속에서 재구성되도록 돕는다.[26] 그것은 하나님의 역사적, 구속사적 사건의 틀 안에서 해석하고 이야기로 펼쳐 나갈 수 있도록 상담의 과정과 환경 안에서 새로운 관계의 경험을 가능케 하는 것이다. 내담자의 내부에서 새롭게 경험되는 기억을 통한 사건의 이야기의 경험과 그 이야기가 전개되는 상담자와의 새로운 관계의 경험이 곧 하나님의 구속사적 사건이 된다.[27]

그것은 상담자와 내담자 사이에 서로의 생각과 느낌이 오가고, 무거운 짐을 지고 괴로워하는 내담자가 자신으로부터 나와 말없는 자신만의 대화로 갇혔던 것을 마침내 토로하고 이야기하는 것이다.[28] 그리고 기독교상담자는 내담자의 위기와 질문을 성서 이야기에서 찾아보게 되고, 내담자와의 대화를 통해 성서 이야기와 비슷한 현재 상황이 내담자 자신의 사고에 자극을 주게 되며 스스로 자신의 상황을 관찰하게 된다. 그러므로 하나님의 역사적, 구속사적 틀 속에서 해석되고 이야기되기 위해 성서 이야기와 만나야 한다. 상담자와의 새로운 관계의 경험 속에서 성서 이야기와 내담자의 이야기가 만나서 성령의 역사로 살아 있는 새로운 이야기, 희망과 구원의 이야기로 변하는 것이다. 내담자 자신에게 숨겨진 죽은 이야기를 살려내어 하나님의 역사와 감사와 기쁨을 경험하는 것이다. 성서의 빛 안에서 내담자 자신의 빛을, 그리고 자신의 이야기를 마침내 성령의 도움으로 해석하는 것이다. 성령은 기독교 전통인 성서와 오늘의 상황과의 대화를 가능케 하는 결정적인 역할을 한다. 그러므로 성령은 성서와의 이야기 속에서 내담자의 이야기를 발견하고 위로와 소망을 주는, 곧 영적인 차원을 채워 주는 '보이지 않는 주체' '보이지 않는 상담자'다.

성서에서 우리는 성서 내용을 실제로 상담에 적절하게 사용할 수 있는 좋은 예를 찾아 볼 수 있다. 예수와 사도들은 지나간 과거 이스라엘의 역사 속에 개입하신 하나님의 이야기를 계속해서 연결지으며 그 당시 인간의 삶을 이야기하고 있다. 특히 히브리서신은 상황과 전통과의 상대적인 관계성을 기독교상담적으로 인식하도록 했으며, 또한 오늘의 기독교상담의 중요한 과제를 위해 표본적인 역할을 하고 있다.[29] 히브리서신은 스스로 '위로의 말' '권면의 말'(히13:22)로 표현하고 있다. 히브리서신의 표현법은 비교적 비교훈적이며, 비선포적이며 오히려 기독교상담적이다. 그 표현법에는 대화법과 말의 숨소리를 인식하고 느끼게 하는 확실한 형태와 표시가 있다. 히브리서는 교훈서도 아니요, 편지도 아니며, 오히려 잠재적인 대화이다. 바울서신과 다른 점이 있는데, 즉 히브리서신은 이야기의 모든 특성을 제시하며, 의식적으로 이야기가 되려고 한다. 성서학자에 의하면 히브리서는 초기 기독교의 설교문서라고 말한다.[30] 그러나 타케는 이러한 견해와는 달리 히브리서신은 오히려 특별한 논란 속에 빠진 기독교인들과 기독교상담적인 대화를 하고 있는 '대화록(Gesprächprotokolle)'이라고 말한다.[31] 즉, 대화의 형태 속에서, 그러나 잠재적인 대화의 기록으로서 인식될 수 있는 높은 차원의 기독교상담 대화이며 기본적인 교리수업을 전제로 하는 신앙적 대화다. "그러므로 우리는 기독교의 초보적 교리를 제쳐 놓고, 성숙한 경지로 나아갑시다"(히6:1).

타케가 히브리서신의 대화기록에 매혹된 것은 히브리서신 자체가 어떻게 성서자료와 성서에 나타난 체험들을 실제적인 기독교상담에 받아들여서 적용시키는지 분명하게 밝히고 있기 때문이다.[32] 히브리서신이 다시 인용하고 있는 성서 자료는 구약성서다. 더 정확히 말하면 70인역 구약성서로서 이스라엘 족장역사로부터 나온 이야기다. 그것은 초기 기독교 당시 기독교 공동체에게 필요한 성서였던 것이다. 신약성서인 히브리서신이 구약성서로 돌아가서 이야기하는 것은 우리가 지금 무엇을 이야기해야 하는지, 즉 '기독교상담 상황에서의 성서'를 나타내 주고 있는 것이다. 히브리서신의 방법은 전통의 목소리가 상황의 목소리와 만나고, 섞이고 그리고 특별히 강한 기독교상담적인 힘으로 서로 연결되어 있다.

히브리서신에서 기독교상담이라고 할 수 있는 각 상황이 짧게 나타나고 있다. 내용적으로는 모든 장이 다른 성직자직을 이루고 마치려고 했던 대제사장의 구원사적인 전권에 관한 것이다. 그러나 이러한 중심적이고 기독론적인 논제는 교리적이거나, 또는 케리그마적인 개념에서 나온 것이 아니라 구체적인 논란의 상황과 관련되어 있다. 그리스도의 선포는 논쟁의 도전에 대하여 반응한 것이다. 거기에 놀라운 자유와 연결의 대담성이 있는데, 그것은 히브리서신이 이미 주어진 구약성서를 격려와 위로의 목적으로 끌어올렸다는 것이다. 그것은 성서의 노예적 인용이나 비판적이고 역사적인 강요를 의미하지 않는다. 오히려 공감으로 탄력적이고 즉흥적으로 전통이 상황과 함께 대화하는 것이다.

히브리서 2장에서는 목적 없는 논란 상황이 문제다. 거기에 신앙에서 출발한 사람들이 있으며, 그러나 지금 그들은 더 이상 어디로 가야 할지 모르는 자들이다. "그러므로 우리는 들은 바를 더욱 굳게 간직하여, 마땅히 우리가 잘못된 길로 빠져드는 일이 없어야 하겠습니다." 이 말씀은 히브리서 2장 1절에 있는 것으로서 공감적인 대화법이다. 목적이 습관의 안개 속으로 사라졌고 계속해서 산다는 것이 매년 목적 없이 되어 버렸기 때문에 목적이 부정된 것이 아니라 빗나간 것이다. 이것이 상황이다. 그렇기 때문에 시편 기자는 "사람이 무엇이기에 주께서 이렇게 생각하여 주시며, 사람의 아들이 무엇이기에 주께서 이렇게까지 돌보아 주십니까?"(시8:4)라는 말로서 목표가 약해지고 사라진 상황을 조명해 주며, 교정해 주고 있다. '사람의 아들'은 여기서 기독론적으로 해석된다. 천사와 다른 하늘의 존재는 불확실할 수 있다. 그러나 사람의 아들은 다르다. 그는 목표다. 그를 본 자는 목표에서 벗어날 수 없다. 기독교상담에서 핵심적이고 위로적인 문장은 바로 이것이다. 인생은 불확실한 곳으로 가는 것이 아니라, 우리가 목표를 알고 있는 것이다. 그리고 우리를 기다리는 자가 목표다. 기독교상담의 교량적 역할을 하는 말은 바로 '사람의 아들'이다. 그러므로 기독교상담은 그리스도의 고난을 지향한다. 시련의 불길이 우리 사이에 일어날지라도 그것은 그리스도의 고난에 참여하는 것이므로 부끄러워하지 말고 기뻐하며 하나님께 영광을 돌려야 할 것이다(벧전4:12-16).

이렇게 성서에 나오는 많은 이야기들은 아직 완성되지 않은 이야기로서 우리 자신도 그 이야기 속으로 함께 들어가 들어야 한다. 이스라엘에서 시작된 역사는 현재의 우리 없이 완성되지 않을 것이다. 그것은 시대를 상대화시키는 동기이며 그 동기를 통해서 성서는 하나님과 인간 그리고 신앙에 대한 우리의 대화를 기독교상담적으로 가능하게 만든다. 우리의 개인사는 성서의 역사적 이야기와 섞이며, 그것을 통해서 아직 완성되지 않은 역사의 큰 장으로 들어가는 것이다.

4. 삶의 이야기와 성서와의 만남을 위한 기독교상담자의 과제

지금까지 성서 구절이나 찬송가사 또는 성서 이야기가 목회자와 그를 찾은 사람들과의 대화에서 촉매의 역할을 해 왔으며 위로의 힘이 되어 왔다. 그러나 오늘의 현대인들에게 그것들은 이제 더 이상 위로의 힘이 되지 못하고 오히려 과거의 이야기로 되어 가고 있다. 오늘날 많은 젊은 세대들은 더 이상 하나님의 말씀을 알려고 하지도 않으며, 성서에 나오는 이야기들이나 이름들조차 들으려고 하지 않고 이해하려고 하지도 않는다. 그러나 이러한 상황 속에서 성서가 과거에 있었던 하나의 역사 이야기이거나 인간의 삶의 문제와는 동떨어진 영적인 면을 다룬다는 이유로 기독교상담이 성서를 멀리하며, 인간의 삶의 아픔을 다루는 데 단순히 심리치료에 많이 의존하거나, 또는 섣불리 성서 구절을 내담자에게 일방적으로 전달하는 식의 기독교상담은 삶에 지친 영혼들에게 아무런 도움이 되지 못하고 있다.

그러므로 이러한 현실을 극복하기 위해 이 장에서는 삶의 이야기와 성서와의 대화가 필요하다는 사실, 하나님을 잃어버린 자가 용납되고 하나님으로부터 받아들여진다는 성서에 의한 기독교상담의 원리, 그리고 종말론적 약속에 대한 희망과 위로를 다루었다. 그리고 이야기적 관계의 경험을 통하여 인간의 삶의 상황을 전통인 성서와 연결시켜 보다 폭넓게 복음의 빛 안에서 인간의 상황을 이해할 수 있는 기독교상담의 가능성을 찾아보았다. 이제 기독교 전통인 성서와 현대인의 삶의 상황이 기독교상담 대화에서 진정으로 만나기 위해 지금까지 논의되었던 것을 근거로 앞으로의 과제를 제안하면서 마무리하고자 한다.

첫째, 성서와 상황이 만나기 위해 무엇보다 중요한 것은 기독교상담자에게 성서적, 신학적 기초가 정립되어야 하며, 성서적 전통과 깊은 대화가 필요하다는 점이다. 상담자가 알고 있는 성서 이야기가 일반적으로 믿어야 하는 권위로서가 아니라 상담자 자신에게 체험된 신앙의 말씀으로 다가올 때 그 성서 이야기는 상대방에게 삶을 변화시키는 살아 있는 말씀으로 다가오게 된다. 그러므로 성서전통과 상담자의 깊은 대화는 기독교상담 대화에서 성서가 살아 움직이게 하기 위한 준비작업이다. 내담자의 상황과 성서 이야기가 만날 때 비로소 생동감 있는 기독교상담이 되기 때문이다.

둘째, 성서를 상담대화에 끌어들일 때 섣불리 성서 이야기를 하기 이전에 내담자의 삶의 이야기를 먼저 충분히 듣고 공감한 후에 성서 이야기에 비추어 내담자의 상황을 함께 나누어야 한다.[33] 내담자가 자신의 삶의 이야기를 충분히 말하지 않은 상태에서 성서 이야기는 내담자에게 아무런 도움을 줄 수 없다. 오히려 내담자의 이야기를 멈추게 하며 방해할 뿐이다.

셋째, 삶과 성서와의 대화를 시도하는 기독교상담자는 자신의 인간적인 능력이 아니라 성령의 역사하심과 그의 힘을 통해서만 변화가 이루어질 수 있음을 분명히 인식해야 할 것이다. 일반 상담과 다르게 기독교상담은 도움을 구하는 인간의 소리와 하나님을 잃어버린 인간을 찾고 있는 하나님의 소리가 만나는 밀접한 대화가 필요하다. 그것을 가능케 하는 것이 곧 전통과 상황과의 깊은 대화다. 그러나 상담에서 전통과 상황이 만나기 위해 무엇보다도 필요한 것은 성령의 역사다. 인간과 하나님이 서로 대화를 할 정도로 인간의 근심과 하나님의 돌봄을 연결시켜 주는 것이 곧 성령의 힘이다.[34] 인간을 움직이게 하는 걱정과 근심 그리고 희망을 호소할 뿐만 아니라 이야기할 수 있게 하기 위해 성령의 언어적 도움이 필요하다. 왜냐하면 성령은 말할 수 없는 내면에 잠재된 것을 이야기하게 만들 정도로 우리의 연약함을 도우시기 때문이다(롬7:26). 따라서 기독교상담 대화에서 이전에 이야기하지 못하고 외로움과 함께 경직된 상태에 머물러 있었던 것이 알려지기 위해 격려하는 것이 중요하다.

넷째, 심리치료는 일반적이고 일상적인 인간의 삶의 문제를 다루어야 하며, 기독교상담자는 영적인 신앙문제를 다루는 이원론적인 사고로부터 탈피하고 삶과 신앙을 분리하지 않고 통전적인 시각 속에서 이해하고 상담해야 할 것이다. 삶과 신앙을 분리하는 이원론적인 사고에 따를 경우, 기독교상담에서 삶의 문제를 다룰 때 성서적인 이해는 등한시하고 심리학적인 이해로만 해석하게 되며, 신앙훈련은 세속적인 일상적인 삶과는 완전히 동떨어져서 신비주의와 초월적인 경건과 신앙만을 강조하게 되는 결과를 낳게 되고 만다. 그러므로 인간의 삶의 문제와 신앙과 영혼의 문제를 분리하지 말고 서로 연관성을 가진 하나의 유기체로 보아야 할 것이다. 기독교상담은 일상적인 삶과 영적인 생활 중에서의 양자택일이 아니라, 타케가 강조하고 있듯이 신앙을 돕는 것이 궁극적으로 인간의 삶을 돕는 것이 될 수 있도록 이끄는 것이다.

미 주

1) D. Stollberg, *Therapeutische Seelsorge. Die amerikanische Seelsorgebewegung. Darstellung und Kritik. Mit einer Dokumentation*, München 1972. 독일 신학자인 슈톨베르크는 미국 기독교상담의 흐름을 정리하였는데 '살아있는 인간문서'란 미국의 보이센(A. T. Boisen)의 이론을 의미한다. 이것을 발전시킨 신학자가 미국에서 찰스 V. 거킨(Charles V. Gerkin)이다. C. V. Gerkin, 『살아있는 인간문서』, 안석모 옮김 (서울: 한국심리치료연구소, 1998).

2) E. Thurneysen, *Die Lehre von der Seelsorge* (Zürich, 1946).

3) H. Asmussen, *Die Seelsorge. Ein praktisches Handbuch Über Seelsorge und Seelenfuehrung* (München, 1934).

4) 이것은 독일 바덴(Baden)에서의 목회심리학의 계속교육에 대한 보고에 근거한다. Ch. Burbach/A. Hieber/U. Schweingel, "Evaluation personzentrierter Weiterbildung in seelsorgerlicher Beratung", in: *Wege zum Menschen*(50) 1998, 292 이하.

5) J. Scharfenberg, *Seelsorge als Gespräch. Zur Theorie und Praxis der seelsorgerlichen Gesprächsführung* (Göttingen, 1972), 15.

6) H. Tacke, *Mit den Müden zur rechten Zeit zu reden. Beiträge zu einer bibelorientierten Seelsorge* (Neukirchener, 1989), 38.

7) H. Tacke, *Mit den Müden zur rechten Zeit zu redene*, 49.

8) 틸로(H.-J. Thilo)는 하나님을 잃어버린 자가 용납(Rechtfertigung)되고 받아들여지(Annahme)는 것을 방종한 지배의지, 인간과 세상, 그리고 하나님을 획득하려는 욕망으로 인한 인간과 인간 사이의 죄(Schuld)와 그러한 인간의 모든 죄의 배경이 되는 인간과 하나님 사이에서 일어나는 죄(Suende)가 용서되고 화해되는 것으로 표현하고 있다. H.-J. Thilo, "Rechtfertigung und analytische Psychotherapie", in: *Wege zum Menschen* 52, Göttingen Mai/Juni 2000, 223-230, 228.

9) H. Tacke, *Mit den Müden zur rechten Zeit zu reden*, 43.

10) H. W. Wolff, *Wie eine Fackel. Predigten aus drei Jahrzenten* (Neukirchen-Vluyn, 1980), 31.

11) 타케는 기독교상담은 곤란에 처한 인간에게 동정적인 관심을 갖도록 하는 것에 중요성을 두지 않고 그리스도 사건 속에 실현된 하나님의 용납적인 영혼돌봄(Rechtfertigungsseelsorge Gottes)이 기독교상담의 전제이며 기준으로 받아들여야 한다고 강조한다. H. Tacke, *Glaubenshilfe als Lebenshilfe, Probleme und Chancen heutiger Seelsorge* (Neukirchen-Vluyn, 1979), 146.

12) 그렇기 때문에 타케는 복음적 기독교상담은 교회라는 배에 타고 있는 승객에 대한 종교적 봉사가 아니라 파멸되어가고 있는 배를 구하기 위한 해안 치료소와 같은 것이라고 비유하고 있다. H. Tacke, *Mit den Müden zur rechten Zeit zu reden*, 44.

13) K. H. Miskotte, *Biblisches ABC* (Neukirchen-Vluyn, 1976), 154.

14) H. Tacke, *Mit den Müden zur rechten Zeit zu reden*, 32.

15) H. Tacke, *Mit den Müden zur rechten Zeit zu reden*, 48. 타케는 기독교 신앙이란 이러한 피로감을 없애는 것이 아니라 포함시키는 것이라고 말한다.

16) 위의 책. 타케는 바벨론 포로에 있으면서 이러한 불평은 아마도 내적인 어조의 낮은 불평이었을 것이라고 생각한다.

17) D. Roessler, *Grundriß der Praktischen Theologie* (Berlin/New York, 1986), S. 182.

18) 위의 책.

19) 위의 책, 184 이하.

20) H. Tacke, *Glaubenshilfe als Lebenshilfe*, 237.

21) 위의 책.

22) H.-Ch. Piper, *Einladung zum Gespräch. Themen der Seelsorge* (Göttingen, 1998), 94. 피퍼는 진정한 상담의 대화는 고통을 빨리 제거하거나 억제하기보다는 비탄의 소리에 함께 참여

하는 것이라고 강조한다; John Patton, *Pastoral counseling: A Ministry of the church* (Nashville, 1983): 정석환, "이야기 심리학과 기독교상담", 「신학논총」 제4집 (서울: 연대 신과대학 한국기독교문화연구소 1998), 236 이하에서 재인용. 팻튼에 의하면 이러한 의미부여를 성급한 해석이라고 표현하면서 진정한 치유적 상담이 되기 위해서 내담자가 자신의 삶의 사건들을 이야기할 수 있도록 최대한 배려하고 공감하며 해석학적인 참여적 대화의 과정이 요구되는 경청을 강조한다.

23) 고통받는 자와의 연대감을 '형제자매'와 '어머니'관계구조로 설명하는 기독교상담구조에 대해서는 다음 논문을 참조하라: 신명숙, "탈가부장적 기독교상담의 상황화", 「신학사상」 105집 (서울: 한국신학연구소 1999/여름), 210-220.

24) A. Grözinger, "Seelsorge als Rekonstrukton von Lebensgeschichte", in: *Wege zum Menschen* 38(1986), 178-188.

25) H. Scharfenberg, *Einführung in die Pastoralpsychologie*, Göttingen 1990(2 Aufl.), 73: K. Isolde, *Seelsorge in der Moderne. Eine Kritik der Psychoananlytisch orientierten Seelsogelehre* (Neukirch-Vluyn, 1996), 108-110.

26) 샤휀베르크는 교회력에 나타난 예수의 역사 이야기와 나의 이야기가 섞어지고, 나의 삶 속에서 그의 삶의 의미를 받아들이게 되는 것을 기독교상담 대화의 중요한 목적으로 보고 있다. 여기서 예수의 이야기는 곧 종교적 상징으로서 기독교상담 대화에서 중요한 것은 이러한 종교적 의미를 제공하는 것(ein symbolisches Sinndeutungsangebot)이라고 샤휀베르크는 말하고 있다. J. Scharfenberg, *Einführung in die Pastoralpsychologie*, 94, 120: C. V. Gerkin, 『살아있는 인간문서』, 32, 67-91.

27) J. Scharfenberg, *Einführung in die Pastoralpsychologie,* 73. 샤휀베르크에 의하면 예수의 이야기를 통해 잊혀지고 억압된 개인 삶의 부분을 기억하여 다시 삶이 재구성되는 것이다. 즉, 과거 역사 이야기를 기억함으로써 자신의 개인적인 삶의 이야기가 기억되는 것이다. 그래서 자신의 삶의 이야기가 재구성되고 그것과 더불어 삶의 의미를 찾게 되는 것이다.

28) H. Tacke, *Glaubenshilf als Lebenshilfe,* 90.

29) H. Tacke, *Mit den Mueden zur rechten Zeit zu reden*, 30-33. 타케는 중재적인 관계에서 성서내용을 실제로 상담에 적절하게 사용할 수 있는 좋은 예를 성서 자체에서 찾아 제시하면서 기독교상담적인 성서 해석학을 시도한다.

30) Otto Michel, *Der Brief an die Hebräer*, Göttingen 1966, 22.

31) H. Tacke, *Mit den Müden zur rechten Zeit zu reden*, 29.

32) H. Tacke, *Mit den Müden zur rechten Zeit zu reden.* 30.

33) 그러므로 피퍼는 "내담자가 모든 것을 이야기한 후에 비로소 상담자는 성서이야기를 말해야 한다."라고 강조한다. H.-Ch. Piper, *Einladung zum Gespräch*, 90, 95.

34) H. Tacke, *Glaubenshilfe als Lebsnshilfe,* 89; 요수티스(M. Josuttis)는 기독교상담은 성령의

힘의 영역으로 이해되어야 하며 기독교상담에서 중요한 것은 무엇보다도 두 사람과의 대화 속에 초인간적인 성령의 힘이 작용하여 사람이 변화되고 치유되는 것이 중요하다고 강조한다. M. Josuttis, *Die Einführung in das Leben. Pastoraltheologie zwischen Phaenomenologie und Spritualität* (Gütersloh, 1996), 125 이하, 120; 거킨은 틸리히의 말을 인용하면서 성령은 상담관계 안에서 작용하는 역동적인 힘과 상호작용하여 새로운 방향을 제시하는 참여자로서 자유롭고 희망적인 미래를 여는 '주체' 이며, 기독교상담이 궁극적으로 의존해야 할 것은 역사와 성령의 종말론적 일하심에 대한 교회의 비전이라고 강조한다. C. V. Gerkin, 『살아있는 인간문서』, 85-91.

• 제8장 •

청년을 위한 기독교상담

–대학생을 중심으로[1]–

1. 청년을 위한 기독교상담의 필요성

청소년이란 누구인가? 청년기는 언제 시작되는가? 「청소년기본법」에 따르면 청소년이란 청년과 소년이 합친 말로서 일반적으로 9세부터 24세까지를 말한다.[2] 따라서 청년기란 포괄적인 차원에서 청소년기의 한 부분을 차지한다고 볼 수 있다. 그러나 청소년이란 단어에서는 아직 미성숙된 사춘기 시절을 연상하게 되므로 고등학교를 졸업한 후에는 청소년으로 불리기보다는 청년으로 불리기를 원한다. 따라서 청년기가 사춘기를 기점으로 22~25세 사이에 끝난다고 본다면, 후기 청소년으로서 청년기에 해당되는 대학생을 중심으로 이 장을 전개하고자 한다.

인간의 발달과정에서 청소년기는 아동기에서 성인기로 옮겨가는 과도기로서 이 시기의 청소년은 부모에게 많은 것을 의존하는 어린이도 아니고 경제적, 심리적으로 완전히 독립된 어른도 아닌 상태에서 불안정과 불균형으로 긴장과 혼란을 경험하게 된다. 또한 이 시기는 신체발달, 인지발달, 사회성 발달이 계속되는 시기로 자아개념과 정체성이 형성되는 단계이기도 하다. 청소년기의 개념은 시대와 사회, 문화 및 학자에 따라 다양하지만 청년을 의미하는 'adolescence'는 19세기 이후 근대사회에서 등장한 개념이다. 그 어원은 '성장하다' '성숙에 이르다'라는 뜻을 가진 라틴어 adolescere이며 아동의 시기에서 벗어나 어른으로 성장하고 성숙해 가는 시기로 이해되고 있다.

청소년기의 특징은 일반적으로 이 시기가 갖는 과도기적 특성 때문에 '질풍노도(storm and stress)'의 개념(S. Freud, Anna Freud)으로 설명된다. 청년기에 대한 부정적인 고정관념은 모든 청소년들의 행동을 일관된 관점으로 해석하거나 선입견을 갖게 하며 청소년들 스스로 자신의 행동을 합리화할 수도 있다. 그러나 개인차와 사회문화적인 특성에 따라 안정적으로 이 시기를 보내는 청소년들도 있고 그렇지 못한 경우도 있다. 부모의 역할 유형과 함께 문화에 따라 청소년기의 인지발달과 자기정체성 및 자기존중감이 다르게 나타나므로 청소년기가 절대적으로 갈등과 불안만 존재하는 불안정의 시기이며, 질풍노도가 보편적 현상이라는 부정적 고정관념에서 벗어나야 한다. 그리고 청소년기에 나타나는 일반적인 발달특성 외에 청소년이 속해 있는 사회와 문화에 따라 청소년의 발달특성이 다소 다르게 나타난다는 것도 인식해야 한다.

그렇다면 일반적으로 한국의 사회와 문화 속에서 나타나는 후기 청소년기인 청년기에 해당되는 우리나라 대학생의 발달특성은 무엇인가? 청년 대학생이 직면한 과제는 무엇인가? 이들을 위한 기독교상담은 어떠한 방향으로 전개되어야 하는가? 이 장에서는 다음 네 가지 관점에서 전개해 보고자 한다. 첫째, 청년기로서 한국이라는 사회문화적인 환경에서 갖게 되는 그들만의 특성을 찾아본다. 둘째, 청년기의 발달 차원에서 이 시기에 이루어야 할 과제를 정체성 확립, 진로 결정으로 제시해 본다. 셋째, 한국이라는 사회문화적 환경 속에서 자신의 정체성을 확립하고 앞으로의 삶의 방향을 세우기 위해 청년들을 위한 기독교상담은 어떻게 접근해야 하는지 구체적으로 제안한다.

2. 청년으로서 한국 대학생의 환경적인 발달특성

1) 청년기의 연장

학교교육 기간과 직업을 위한 훈련기간이 길어짐에 따라 청년기가 과거에 비해 10년 이상 연장되었다. 그것은 교육기간이 과거에 비해 10년 이상 연장되고 취업준비로 인해 과거보다 그 기간이 상당히 길어진 결과라고 할 수 있다. 또한 우리나라의 경우 만 20세를 법률상의 성인으로 규정하고 있지만, 사회적인 기대 면에서 심리적으로나 경제적으로 부모로부터 독립하지 못하고 대학교 또는 대학원 등 교육과정이 끝나고 직장을 얻을 때까지 여전히 부모에게 의존하고 있는 것을 볼 때 나이가 30세라도 완전한 성인이라고 볼 수 없다.

이렇게 우리나라의 사회문화적인 상황에 의해 청년기가 연장됨에 따라 대학이 중요한 청년문화의 장이 되고 있다. 1999년 1월 통계에 의하면 후기 청소년기인 만 19~24세 연령집단의 86.7%에 해당되는 260만 명이 대학에 진학하고 있다.[3] 인구 수가 감소하면서 청년기에 접어든 인구에 비해 대학 수가 많아 청년들이 대학에 들어갈 수 있는 기회가 많아졌다. 그리고 인간을 학력으로 평가하고 학력에 의해서 직업이 결정되고 결혼까지 좌우되는 사회풍토가 많은 청년들을 대학에 가도록 부추기고 있는 실정이다. 따라서 대학은 청년들의 삶의 터전이 되며 대학에 머물러 있는 기간이 그들의 미래를 설정하는 기회의 시간이기도 하다.

2) 반의존적 어른아이

우리나라 대학생은 특히 경제적, 심리적으로 과도기적 어른아이라 할 수 있다. 다른 말로 반의존적 청년이라는 것이다. 17~18세에 결혼해서 20세가 되면 거의 성인의 역할을 했던 예전 농경사회에 비해 현대사회에서는 교육기간이 길어짐에 따라 청년기가 연장되면서 많은 청년들이 부모로부터 경제적, 심리적으로 독립하지 못하고 있다.

한국의 부모-자녀관계는 인지와 정의가 미분화된 공생적 관계라는 차원에서 이해할 수 있다.[4] 부모들은 자녀들을 통해 자신들이 이루지 못한 것을 대리만족하려고 하며, 자녀의 성취를 통해 자신이 이루지 못한 성취감을 느끼며 자녀에게 자신의 존재의 의미와 중요성을 모두 부여하기 때문에 자녀들의 모든 행동과 미래에 지나치게 관여한다. 이러한 부모의 관여에도 불구하고 자신의 의지대로 스스로 판단해서 자신의 앞길을 결정하는 대학생들도 있지만, 간혹 자신의 의지대로 어떤 일을 결정하기보다는 자신의 의지와는 상관없이 부모의 의사에 따라 움직이는 경우가 많다.

그러므로 대학에서 무엇을 공부할 것이며 어떤 직업을 선택할 것인가라는 물음 앞에서 청년들 본인의 의사와는 달리 성적과 부모의 의사에 의해 전공을 선택하기 때문에 대학에 들어와서 많은 시행착오를 경험하기도 한다. 특히 청년 여성의 경우 남성 중심의 사회구조적인 영향으로 의존적인 태도가 청년 남성보다 오랫동안 지속될 수 있다. 그리고 청년기의 이러한 반의존적이고 자기책임성이 약한 경향은 카드 빚, 책임 없는 성행위 등 사회적으로 파행적인 행동으로 나타나기도 한다.

3) 획일적인 교육의 대상

우리나라 대학 청년들은 부모의 강한 교육열과 치열한 경쟁을 거쳐 마침내 대학이라는 사회의 구성원이 되었다. 이러한 강한 교육열은 사회적으로나 개인적으로 긍정적인 영향을 미치기도 하지만, 때로는 지나친 학력에 대한 집념과 대학이 곧 행복과 출세의 길이라는 관념을 갖게 해서 많은 청소년들이 대학을 가기 위해 공부에 시달리고 있다. 따라서 초 · 중 · 고등학교 청소년들의 인생목표는 오직 좋은 대학에 들어가는 것이라고 말해도 과언이 아닐 정도다. 청소년뿐만 아니라 3~4세 때부터 한글과 수학을 배우기 위해 학원을 다니며, 이제는 영어를 배우기 위해 학원뿐만 아니라 엄마와 함께 조기유학을 떠나고 있는 실정이다. 이러한 교육열은 개개인의 창의적인 재능을 개발시키기보다는 치열한 경쟁을 불러일으키며, 한 인간을 학교성적과 학력으로 평가하고 학력에 의해 취업을 하고 결혼까지도 결정하는 현실로 이끌고 있다.

청소년 시기에 자기를 발견하고 자신으로부터 창의성을 발견하기보다는 오직 일류대학을 가기 위해 입시의 중압감 속에서 틀에 박힌 입시위주의 교육과 생활만을 지속하고 있다. 많은 청소년들이 학교체제 속에서 대부분의 생활을 보내고 있기 때문에 학교문제를 제외하고는 다른 인생에 대한 고민과 혼란, 갈등을 상대적으로 느끼지 못한다. 오히려 학교 밖에서보다 학교와 관련된 문제들—공부 또는 성적(57.1%), 진학 또는 진로(35.3%), 취직 및 취업(18.3%), 이성문제(17.3%), 성격(14.6%) 등—이 그들의 대부분의 고민이라고 할 수 있다.[5)] 이러한 교육과정을 거쳐 대학에 들어온 청년들은 지금까지 부모와 사회의 요구에 의한 의무적인 공부로부터 갑작스러운 해방감을 느끼게 되지만, 어른들이 짜놓은 주어진 과제를 잘 따라가기만 하면 되던 중 · 고등학교 시절과는 달리 갑자기 모든 것을 자신이 찾아서 결정하고 판단하는 상황에 혼란스러워한다. 그들은 이미 다른 사람에 의해 이끌려지는 것에 익숙해져 있기 때문에 창의력과 응용력 그리고 무엇보다도 자립심을 요구하는 대학문화에 적응하는 데 적지 않은 어려움을 겪게 된다.

3. 환경적 발달특성이 청년 시기에 미치는 영향

한국 대학생의 이러한 청년기 특성은 일반적으로 서양학자들이 발달심리 측면에서 보는 청년기의 특징과는 다소 다른 면이 있다. 그것은 우리의 독특한 교육문화와 사회현상 때문이라고 할 수 있다. 이러한 특성은 청년들에게 긍정적인 영향을 미치기도 하지만 때로는 성장을 방해하기도 한다. 그렇다면 이러한 사회와 문화 속에서 그들이 이루어야 할 과제는 무엇인가? 그것은 무엇보다도 자신의 정체성 확립과 진로 결정이라고 할 수 있다. 그러나 한국의 교육과 문화 그리고 사회의 환경적 독특성은 청년들의 정체성 확립과 진로 결정에 부정적인 영향을 미치고 있다.

1) 정체성 형성의 연기

청년기는 신체적, 생리적인 성장이 어느 정도 완성되는 시기이므로 성인으로서의 기능을 충분히 할 수 있는 시기다. 또한 이 시기는 인지적, 지적, 사회적으로 많은 변화가 일어나며 성인으로서 성숙되어 가는 시작의 단계라고 할 수 있다. 에릭슨(E. Erikson)은 청소년기의 심리사회적 위기를 자아정체감 대 역할혼동이라고 표현하면서 이 위기의 긍정적인 해결은 정체감을 획득하는 것이며, 부정적인 해결은 역할혼동에 처하는 것이라고 하였다. 특히 서구유럽의 경우 일반적으로 청소년기는 신체 성숙과 함께 어느 정도 자기정체성이 확립되어 가는 시기이지만, 한국의 대학생은 때때로 정체감의 혼미로 대학생활에서 적응하는 데 어려움을 경험하기 때문에 정체성 확립이 다소 늦게 나타나기도 한다. 그것은 우리의 사회문화적인 환경과 연관되어 신체적으로는 이미 성인이 되었지만 아직까지 경제적으로 부모에게 의존하고 있다는 것과 대학 입학을 위한 입시위주 교육의 결과라고 할 수 있다. 심한 입시경쟁을 겪고 대학에 입학한 청년들은 단편적인 지식 위주의 입시 준비로 자신의 삶에 대한 방향이나 인생관, 가치관 등에 대하여 진지하게 생각할 여유가 없었다. 그러므로 열린 대학사회에서 스스로 삶의 방향을 설정하고 가치관을 확립해 나가는 과정에 대처하기가 힘들고 방황하게 된다.

특히 가족과 사회에서 한편으로는 신체적으로 발달된 청년들의 외적인 모습을 보고 그러한 외적인 성숙에 맞는 책임과 역할을 요구하기도 하지만, 아직 경제적으로 부모로부터 독립되지 않은 상태에 있기 때문에 많은 부분에서 청년들이 의존적이며 부모들 역시 그들이 아직 부모의 보호 아래 있어야 한다고 생각한다. 레빈(Kurt Lewin, 1948)은 이러한 입장에 처해 있는 청년들을 '주변인(marginal)'으로 묘사했다. 이렇게 가정과 사회가 그들에게 성인으로서 의젓하고 책임 있는 행동을 요구하면서도 그들의 행동 영역을 제한함으로써 청년들은 더욱더 자신의 위치에 대하여 의문을 갖게 되고 방황하게 된다. 지금까지 학교의 대학 입시 준비로 특별히 자신에 대해서 진지하게 생각할 시간적 여유가 없다가 대학에 들어와 비로소 현재 자신의 모습에 의문과 회의를 갖게 되며, 앞으로 자신이 어떤 모습으로 인생을 살아갈 것인가 고민하며 갈등하기 시작하는 것이다. 그래서 '나는 누구인가?' '나의 외모는 어떤가?' '남들은 나를 어떻게 볼까?' '나는 앞으로 무엇을 하며 살 것인가?' '내가 할 수 있는 일에는 무엇이 있는가?'라는 고민과 함께 자신의 참 모습을 찾아가려고 방황하면서 애를 쓴다. 더 이상 아동도 아니고 그렇다고 완전한 성인에 속하지도 않는 청년기가 갖는 과도기적 특성으로 자신의 위치와 역할을 규정하려고 하기 때문에 청년들은 자신의 정체성을 확립하려고 노력한다.

한국 대학생이 겪는 이러한 고민과 방황은 타인과 구별되는 자신의 정체성을 확인하고 재정립하여 자신을 찾고 미래의 인생을 준비하려는 시도다. 남학생의 경우 군복무를 통해 이러한 시도를 하며 자신의 정체성을 확립할 수 있는 기회를 얻게 된다. 대학에 입학하여 자신에게 주어진 갑작스러운 자유와 스스로 삶의 방향을 설정해야 하는 현실 앞에서 당황하고 무엇을 어떻게 해야 할지 우왕좌왕하는 과정에서, 군복무의 기간은 자신을 돌아보고 앞으로 어떻게 살아가야 할 것인가를 생각할 수 있는 시간이 되므로 정체감 확립에 긍정적인 영향을 줄 수 있다.

그러나 여학생의 경우 남학생보다는 진정한 자기 모습을 찾아가는 데 많은 시간이 소요된다. 많은 청년기 여성들은 자신의 정체성을 찾기보다는 콜버그의 도덕 발달단계 중 3단계에 속하는 착한 행동을 통해 상대로부터 인정받고 다른 사람을 즐겁게 해 주는 관습수준에 있다. 즉, 다른 사람과의 관계를 예상하면서 상대의 기대에 부응하려는 의도 속에서 자기정체성을 찾는 것이다. 그러므로 여학생의 경우 많은 부분에서 부모나 사회적 가치를 그대로 받아들이기 때문에 위기는 피할 수 있을지 몰라도 독립적인 의사결정을 하지 못하는 경우가 많다. 이렇게 남성이 늘 우선적이고 부모와 남성 그리고 사회의 기대에 의해 여성의 삶이 결정되는 사회문화적인 구조로 인해 여성의 진정한 자기정체성 확립은 오히려 중년 이후 위기로 다가오거나 어쩌면 영원히 이루어지지 않을 수도 있다. 그것은 청소년기의 소녀들이 여성이 되기보다는 여성스러운 사람이 되는 방식—모델과 같은 체형, 남성이 요구하는 미인형의 외모 그리고 남성의 기대에 순응하는 것 등—을 습득하고, 그것이 여성의 전부인 것처럼 생각하는 잘못된 정체성을 형성하도록 교육받으며, 그것이 잘못된 것이라는 것조차 인식하지 못하는 교육을 받아 왔기 때문이다. 자신의 가치를 남성이라는 존재 속에서 인정받는 가부장적인 사회문화 구조는 여성 청년들의 정체성 확립에 방해가 되고 있다.

그러나 이 시기는 여학생이나 남학생 모두에게 특히 인생에서 중요한 선택과 결정을 해야만 하는 시기다. '나는 무엇을 위해 살 것인가?' '어떤 직업을 가질 것인가?' '누구와 함께 나의 일생을 살아갈 것인가?' '군대는 언제 갈까?' 등 지금까지 막연하게 생각하고 미루어 왔던 문제들을 하나하나 결정하고 선택해야 하는 시점이다. 이것은 자신의 가치를 발견하는 것일 뿐만 아니라 여성으로서 그리고 남성으로서 동등한 성 정체성을 확립하는 것이기도 하다. 아직까지 무엇을 판단하고 결정하기에는 경험과 지식이 부족하지만, 이러한 상황에서 올바른 선택과 결단을 내리기 위해 자신을 탐색하고 정체성을 확립하기 위해 많은 노력이 요구된다.

그러므로 자아정체감을 얻기 위하여 우선적으로 필요한 것은 자신을 객관화시켜 볼 수 있는 마음의 자세와, 자신을 있는 그대로 수용하는 것뿐만 아니라, 이상과 현실의 간격을 최대한 줄이고, 자신이 고민하고 있는 문제에 대해 열린 마음으로 도움을 받을 수 있는 사람들과 대화를 시도하며, 자신이 선택한 것과 계획을 실행할 수 있는 용기다.

2) 진로 결정의 어려움

앞으로 '무엇을 하며 살 것인가?'라는 물음은 미래에 어떤 가치기준을 가지고 살 것인가라는 문제와 더불어 장래 직업의 선택에 관한 문제다. 나의 인생을 투자할 수 있는 직업을 선택하고 그 직업을 위해 지금 준비하는 것은 '나는 누구인가?'라는 정체성을 확립하는 데 중요한 역할을 한다. 그것은 직업이란 개인의 지적, 경제적 능력을 나타내 주며, 사회적 지위를 표현해 주는 동시에, 개인의 가치와 목표를 이루게도 하며, 때로는 자신이 갖고 있는 직업으로 인하여 자신의 가치관이 흔들리기도 하기 때문이다.

직업선택을 위해 우선적으로 해야 할 일은 가치관 외에 흥미와 성격 등 개인의 특성을 종합적으로 고려하여 판단한 뒤 삶의 목표와 적성에 맞는 진로를 잠정적으로 결정하는 것이다. 올바른 직업선택을 통해 자신의 개성에 맞는 직업을 찾게 되면 자아성취도와 일에 대한 보람이 커지며 이것은 생산성 향상으로 이어져 국가적으로 큰 힘이 된다. 그러므로 앞으로 무엇을 하고 살 것인지 삶의 목표와 자신의 적성에 맞는 진로를 정해야 올바른 전공 선택을 기대할 수 있으며 또한 대학의 전공은 장차 직업선택을 하는 데 중요한 밑바탕이 되기도 한다.

그러나 우리나라 대학생들은 자신의 흥미와 적성에 맞는 직업선택을 위한 전공 결정과 자기주도적인 직업탐색을 하는 데 많은 어려움을 겪고 있다. 그 이유는 무엇보다도 우리나라 중 · 고등학교 교육의 획일적인 입시체제로 인하여 학생들의 흥미와 적성을 고려한 진로교육이 대학에 입학하기 전에 이루어지지 못하고 있기 때문이다. 입시위주의 교육에 눌려 이러한 진로교육은 뒷전으로 밀려나고 성적에 맞춘 진학지도가 이루어져 왔다.

이렇게 획일적인 입시체제에 적응하지 못하는 학생들에게는 자신의 진로를 탐색할 수 있는 가능성조차 주어지지 않게 되며, 대학에 진학한 학생도 자신의 흥미와 적성보다는 성적에 의해 대학과 전공을 선택하므로 직업이나 진로 결정에 어려움을 겪고 있다. 서울시립강북청소년수련관이 실시한 직업체험 프로그램에 참여한 고등학생 102명에게 '진로 결정 때 가장 어려운 점'을 물었더니 '자신의 적성과 흥미를 몰라서'가 53%, '정보부족'이 25%를 차지했다. 현재 입시위주의 교육으로는 진로나 직업선택의 출발이 되는 자기이해, 즉 학생들 스스로 자신이 어디에 관심이 있고 무엇이 적성에 맞는지를 인식하는 데 많은 어려움을 겪는다는 것을 통계자료가 잘 설명해 주고 있다.

이러한 교육 현실과 함께 자신의 가치관과 적성에 맞는 진로 결정에 있어서 방해가 되는 것은 부모의 지나친 간섭과 잘못된 직업관이나 가치관이다. 부모들은 대다수가 권력 지향적이며 자기보상 심리를 가지고 있어서 자녀들이 부모가 성취하지 못한 부분을 대신 이루어 주기를 원한다. 그러나 자녀의 뜻과 무관하게 부모 생각이 강조되면 부모 자녀 간에 갈등을 야기하며, 부모의 고정관념으로 자녀가 잘못된 직업관이나 가치관을 갖게 되어 진로 선택에 어려움을 겪기도 한다. 이렇게 자녀의 진로나 직업을 통해 부모가 이루지 못한 꿈을 이루려는 대리만족이나 부모의 욕구를 충족시키려는 태도는 자녀가 자신의 관심과 적성에 맞는 진로 선택을 하는 데 장애가 된다.

또한 우리나라 대학생이 진로 결정을 하는 데에는 부모와 사회가 갖는 성차별에 의한 고정관념도 많은 영향을 미치고 있다. 특히 '너는 남자니까 이렇게 행동해야 하고, 너는 여자니까 저렇게 행동해야 한다.'라는 부모의 성 역할 고정관념이 자녀의 직업선택에 결정적인 영향을 준다. 예를 들면, 전문직업을 가진 성취 지향적 어머니들은 딸의 독립성을 장려하며 성취 지향적인 여성으로 성장시키는 반면에, 직업을 갖지 않고 가정주부의 역할만을 수행하는 어머니의 딸들은 여성의 능력을 과소평가하는 경향이 있다고 한다.[6] 물론 어머니가 직장인인가 전업주부인가 하는 것보다는 여성인 어머니와 남성인 아버지의 가치관이 자녀의 직업 선택에 많은 영향을 준다고 할 수 있다.

많은 대학생이 안정적인 전문직을 희망하며 실직의 위험[7]이 적은 안정된 직장을 얻기 위해 자신의 전공과는 상관없이 고시와 자격증 취득을 위한 공부를 하고 있다.[8] 직업이란 개인의 지적, 경제적 능력 그리고 사회적 지위를 나타내 주는 것인 동시에 개인의 적성과 가치관 그리고 삶의 목표를 표현해 준다고 할 때 이러한 진로 선택 현상은 자신의 적성과 가치관 그리고 삶의 목표를 무시하고 지적, 경제적 능력, 사회적 지위만을 고려하게 되는 위험이 따르게 된다. 그리고 이것은 개인뿐만 아니라 가정과 사회, 국가적으로도 많은 손실을 가져올 수 있다. 이것은 잘못된 직업관과 직업윤리 의식의 박약, 교육에 대한 편견, 일류병, 결과중심주의에서 파생된 것이다.

그러므로 지금까지의 성적에 맞춘 진학지도 위주의 진로지도에서 적성과 흥미에 맞는 진로를 택하기 위한 직업탐색 교육과 올바른 가치관 정립이 이루어져야 하며, 고정관념을 탈피하고 본인 스스로 자신의 적성과 삶의 목표 그리고 가치관을 고려해서 진로 방향을 설정할 수 있도록 자유의

지의 힘을 키워 나가야 한다. 시대의 흐름이나 환경을 완전히 무시할 수는 없지만, 남이 한다고 따라 하기보다는 자기연마와 미래지향적인 자세를 통해 자신의 독창성을 살려 긴 안목을 가지고 자신의 것을 찾아가는 자세가 필요하다.

4. 대학생을 위한 기독교상담

한국이라는 사회문화적인 환경에서 대학생이라는 후기 청소년기에 자기정체성을 확립하고 긍정적인 가치관을 형성하여 진로 결정에 도움을 줄 수 있는 기독교적인 상담은 가능한가? 이러한 물음에 대한 답으로 ① 개인 중심에서 사회구조적인 환경으로 접근, ② 과거 삶 이야기의 재구조화, ③ 자발적 동기부여를 통한 자기주체성 찾기, ④ 책임성 키우기, ⑤ 하나님과의 만남을 통한 존재가치 인정 등 다섯 가지 관점에서 기독교상담의 가능성을 제시해 보기로 한다.

1) 개인 중심에서 사회구조적인 환경으로 접근

기독교상담은 개인치유 집중에서 벗어나 사회적 관계 속에서 청년의 갈등을 파악하고 도울 수 있어야 한다. 이것은 지금까지 일반 심리치료의 영향을 받아 사회학적인 고려 없이 개인 중심의 자기의미 찾기에 집중되고 개인이 스스로 자립할 수 있는 능력을 돕는 것에만 초점을 두었던 기독교상담의 현실에 대한 도전이다. 뢰슬러(D. Rössler)는 이러한 현실에 대하여 상담이 점점 개인에게 집중되고 교회와 사회와 관련해서 생각하지 못하고 있다고 지적하고 있다.[9] 점점 다원화되고 개인주의적으로 변하는 현대사회에 살고 있는 청년들에게 다가오는 많은 문제들—자기정체성, 진로에 대한 불확실성, 전자영상매체의 영향, 성 문제, 반의존적인 태도, 열등감 등—은 한 개인만의 것이 아니다. 그것은 개인이 속해 있는 사회문화적인 영향에 의해 이루어진 것이다. 다음은 학벌에 대한 열등감으로 마음의 상처를 입은 어느 대학생의 이야기다.[10)]

"현재 나는 누구의 괴롭힘을 받는다기보다는 그 누구를 보면 열등의식에 사로잡혀 스스로 갈등하는 경우가 많은 것 같다. 지금까지 열등감에 힘들어한 적이 무척 많다. 부잣집 아들이어서 친구들 앞에서 펑펑 돈을 잘 쓰고 내가 자전거 탈 때 좋은 차, 좋은 오토바이를 타고 다니는 친구를 보며 열등감에 휩싸이기도 하고, 얼굴에 여드름이 정말 많았던 중 · 고등학교 시절엔 피부가 깨끗하고 잘생긴 친구를 보며 열등감에 싸이기도 했다. 하지만 이러한 열등의식은 시간이 지나면서 말끔히 씻을 수 있었다. 여드름도 거의 없어지고 돈이라는 것이 참 중요한 것이지만 전부는 아니라는 것을 알게 되었다. 그러나 요즘 내가 가장 고민하고 갈등하는 것이 있다. 바로 우리 교회에서 생긴 일이다. 교회활동을 많이 하고 착실하게 참석했던 친구들은 지금 지방대학에 다니고 특별하게 튀지 못하고 있는데, 집사님 자녀분들 중 교회에서 얼굴조차 모를 정도로 활동하지 않았던 친구들이 서울에 소재한 대학교에 다니며 방학 때 내려오는 것을 본다. 그때마다 집사님들은 자식 자랑하고 싶어 무슨 일이 있어도 교회에 데려오신다. 그러면 다른 집사님들은 부러운 눈으로 바라보시고…. 나의 학벌이 뒤져서 마음이 아픈 건 아니다. 이번 2003년도 대학 신입생 중에서 서울에 있는 대학교에 간 학생은 한 명도 없었다. 중 · 고등부 숫자가 많이 줄어든 이유도 있겠지만 어쨌든 (지역에 있는) J대학교나 K대, W대학교로 진학을 많이 했는데, 이 학생들은 지금 교회의 청년부로서 주일학교 교사나 중 · 고등부 교사로 활발히 활동 중이다. 이러한 지방대학의 청년들이 있기에 중 · 고등부나 주일학교가 운영된다는 것은 잘 모르시고 일류대학이라는 간판을

> 부러워하는 집사님들을 보면 가슴이 아프다. 한번은 교회에서 결혼식이 있었다. 축가를 부르게 되었을 때 나는 그래도 교회청년이니까 우리가 준비하자 하고 준비를 마친 상태였는데, 갑자기 서울에서 공부하는 음대생도 축가를 부른다고 했다. 나는 별로 의식하지 않았는데, 성도님들은 S대학 음대생이 노래를 불러 준다는 것을 부러워하고 그 음대생의 어머니한테 부러운 듯이 말을 거는 것을 보았다. 신랑 신부 얼굴 한 번 보지 않았고 교회에 한 번 나오지 않았던 청년이었지만 그는 S대생이라는 간판 때문에 결혼식의 주인공이 되어 버렸다. 그때 난 상처를 참 많이 받았다. 아직까지 우리 사회에서는 학벌이 중요하구나…."

이렇듯 우리나라 사회 구석구석에 뿌리 박혀 있는 학벌위주의 문화에서 형성된 열등감은 개인적인 차원으로만 생각할 수 없는 문제다. 현대의 사회구조적인 발달은 삶의 이야기와 자기정체성 그리고 자기현실화에 대하여 논의할 때 많은 것을 암시해 준다. 그러므로 현대 사회문화의 영향으로 형성된 청년들의 가치관과 그들의 상처를 율법적인 신앙의 눈으로 보거나 도덕적으로 판단하지 말아야 하며, 그러한 가치관으로 나타난 청년의 문제를 개인 인생의 인과적인 결정론으로 보지 말아야 한다. 자신이 속해 있는 사회의 발달과 요구가 정신적인 문제로 나타나기 때문에 현대사회에서의 자기 위태로움은 이제 더 이상 자기만의 문제가 아니라 사회구조적인 측면에서 이해해야 한다.[11)]

세금을 탈취하는 세리라는 이유로 사회적으로 고립되고 어쩌면 그러한 사회적 지위에 대한 열등감으로 친구가 없었을지도 모르는 삭개오와 예수의 만남(눅19:1-10)은 사회구조적인 병폐로 인한 아픔을 씻어 줄 수 있는 귀한 만남이었다. 세리는 죄인이라는 기존의 사회 인식에 얽매여 자신을 그 인식(착취와 강탈) 속에 가둬 버렸던 삭개오에게 예수의 치유는 기존의 인식을 깨뜨리고 사회 속에서 자신의 위치를 찾아가게 했던 것이다.

그러므로 예수님과 삭개오와의 만남처럼 현대사회의 사회구조적인 틀에 얽매여 상처를 받고 있는 많은 젊은 청년들을 위한 기독교상담으로서 공동체적 상담과 기독교 역사 속에서 진행해 오던 심방을 통한 상담을 제시한다. 이러한 상담방법은 다양화, 분산화, 개별화의 특성을 고려한 집단적 정체감 형성을 위한 것이다. 즉, 자신의 취향에 따라 선택, 결정하는 요즘 청소년의 특성에 따라 교회 홈페이지를 통해 또는 교회 안에서 관심별로 소그룹을 형성하여 상호 교류하고 문제를 해결할 수 있도록 공동체적 상담을 시도하는 것이다. 비슷한 경험을 한 사람들의 만남의 장(Context)인 공동체상담을 통해 어느 가수의 노랫말처럼 "슬픔이 슬픔을, 눈물이 눈물을, 아픔이 아픔을 안아 줄 수 있죠. 힘들게 힘들게 내 상처 드러내 보일 때 함께 울어 줄 수 있는 사람들. 그 맑은 눈빛과 따뜻한 웃음이 있는 한 아직도 세상은 살아볼 만한 거죠."라는 고백이 나올 수 있는 것이다. 이것은 우리가 온갖 환난을 당할 때 하나님께서 우리를 위로해 주시며, 그 위로를 통해 온갖 환난 가운데 있는 또 다른 사람들을 위로할 수 있도록(고후1:4) 교회 안에서 안전하고 지지적인 공동체를 형성하는 것이다. 그리고 심방을 통해 가족과 삶의 공동체인 사회적인 장 속에서 청년의 가려진 모습을 볼 수 있으며 그를 좀 더 객관적으로 그리고 사회구조적인 측면에서 이해할 수 있을 것이다.

2) 과거 삶 이야기의 재구조화

청년을 위한 상담에서 무엇보다도 중요한 것은 과거 지나친 부모의 간섭 또는 주위 사람에 의해 형성되어 온 반의존적이고 부정적인 삶의 이야기를 재구성하여 새롭게 긍정적인 의미를 부여하고 자존감을 다시 세워 주어 자주적인 삶을 살아가도록 돕는 것이다. 그것은 지금의 문제를 지금까지 살아온 삶의 결과물로 판단하기보다는 자신의 인생사를 이야기 형태로 재구조화하여 나의 인생사가 예수의 인생사와 섞이고 나의 삶 속에서 예수 삶의 의미구조를 닮아 가는 것이다.[12)]

샤휀베르크(J. Scharfenberg)는 "의미는 나의 이야기가 다른 사람과 하나의 상징공동체에서 나눌 수 있는 보편적인 의미의 이야기로 들어 올려질 때 인생사의 새로운 의미를 경험하기 때문에 개인적인 이야기가 보편적이고 전해 내려온 이야기와 직접적인 관계 속에서 다가와야 한다."라고 강조하고 있다.[13)] 그것은 상징적으로 쓰여진 예수 역사의 의미를 통해 한 개인의 삶 이야기가 거기서 느끼는 감정과 함께 의미 있는 시간을 기억할 수 있으며 어린 시절 일어났던 체험 양상의 기본구조를 이해할 수 있게 하는 것이다. 인간에게 나타나는 갈등과 모순은 인간의 한계를 의미하면서 동시에 저항과 변화를 위한 동기가 될 수 있다.

성서적 상징과의 만남이 이를 가능케 하는데, 즉 성서적 상징의 빛 아래 삶의 체험에 대하여 새롭게 의미화함으로써 고통의 체험으로부터 저항과 변화의 체험으로 이끌리게 된다는 것이다. 예를 들면, 이스라엘 민족이 지키고 있는 유월절과 성만찬은 과거 치욕의 기억을 새롭고 창조적으로 변화하게 하는 힘이다. 그리고 십자가의 상징은 자신의 정체성에 대한 불확실성을 표현하며, 인간은 결국 자기 자신으로부터 피할 수 없으며 혼자서는 자신의 정체성을 경험하기 힘들다는 것을 보여 주는 것이다. 하나님 안에서 과거는 더 이상 치욕이 아니라 창조의 힘으로 삶에 새로운 의미를 부여한다.

그러므로 기독교상담에서 과거 인생사의 새로운 의미란 어린 시절 이미 경험한 것을 다시 기억하고 재구조화하여 낯선 것과 만나는 것이다. 열등감으로 부딪치고 싶지 않은 자신의 못난 모습과 대면하여 지금까지 형성되어 온 낮은 자신감과 자존감으로부터 해방되는 것이다. 어린 시절 부모와의 관계 속에서 자신을 힘들게 했던 과거의 이야기를 털어놓음으로써 자신의 삶에 새로운 의미가 된 어느 여학생의 이야기를 소개해 본다.[14)]

"8남매의 여섯째, 그것도 양쪽 부모의 결점으로 생각되는 것만을 반반씩 가지고 태어난 나는 아버지에게는 부정적인 엄마의 모습으로, 엄마에게는 부정적인 아버지의 모습으로 보였다. 활달한 성격의 아버지와 이와는 너무 대조적이고 고고하고 내향적인 성격의 엄마. 그런데 나는 아버지에게 엄마의 모습을 보여 주게 되었다. 자식을 미워하는 부모가 어디 있으랴마는 나에게 있어서 아버지는 그런 모습으로 보였고 자식을 향한 독설은 나를 충분히 내 안에 가두도록 만들었다. 반면 엄마에게는 무엇이든지 자기가 원하는 일은 해야 직성이 풀리고 쉽게 타협하지 않는 성격과 불같은 성격이 늘 걱정의 대상이었다. 이해할 수 없는 아이, 독특한 아이, 속이 좁고 불평불만이 많은 아이로 낙인(?) 찍혔다. 교회에서 활동한다든지 봉사기관에서 하는 일들로 인해 엄마의 독설은 나를 힘들게 했다…. 내 안에 가지고 있는 울분과 설움들, 부모에게 받은 상처의 말들을 밖으로 표출하면서 내 안의 아픔들을 내놓기 시작했다. 아마 내가 밖으로 표출한 것이 내 자아의 무의식에 있는 그림자라고 생각된다…. 그러나 이제 두 분 다 부르심을 받았고, 이런 표현이 이상하겠지만, 엄마가 돌아가시고 나서 나는 해방감을 느꼈다. 나를 얽매고 누르는 것에서의 자유를, 나를 어떻게 생각하든 나는 진정 소중한 존재이며 하나밖에 없는 귀한 보배라는 사실 말이다. 단점을 장점으로 덮고 타인의 단점보다는 장점을 크게 보려고 노력하면서…."

이것은 부모에 의해 형성되었고, 자기 안에 갇혀 있으며, 자신이 미워하고 괴로워하고 있는 자신의 그림자로부터의 해방이다. 마치 에서에 대한 두려움과 죄책감으로 괴로워했던 야곱 안에 머물러 있던 그림자이며 극복해야 할 자신 안에 있는 범죄와 공포다. 야곱은 얍복 강가에서 천사와의 싸움을 통해 자신의 그림자에 직면하게 된다. 그 직면은 야곱에게 늘 따라다니면서 괴로움을 준 죄책감과의 만남이다. 그는 그곳에서 자신에게 축복하지 않으면 가지 않겠다고 하면서 천사에게 매달리게 된다. 이는 형 에서를 더 사랑했던 아버지 이삭에게 진정한 축복을 받지 못한 것에 대해 늘 인정받고 싶은 강한 욕구의 표현[15)]이며 죄책감의 그림자로부터 벗어나고 싶은 심정이다. 야곱은 축복을 확인하지 못한 인생으로부터 마침내 진정한 의미에서의 축복을 자신의 삶에서 경험하고 더 이상 형 에서에 대한 두려움 없이 선물을 가지고 형을 대면하게 된다. 그는 형을 만나면서 "형님의 얼굴을 뵙는 것이 하나님의 얼굴을 뵙는 듯합니다."(창33:10)라고 말한다. 이것은 더 이상 자기 안에서 야곱을 괴롭히던 어두운 그림자의 모습이 아니다. 두려움과 죄책감으로 자신을 괴롭혀 왔던 과거의 인생사가 얍복 강가에서 천사와의 싸움을 통해 새롭게 재구조화되어 변화된 것이다.

자신감 부족과 낮은 자존감으로 이루어진 청년에게 과거를 재구조화하여 자신의 인생에 새로운 의미를 부여하기 위해 할 수 있는 방법을 세 가지로 설명하면 다음과 같다. 첫째, 자신에 대한 부정적인 생각을 긍정적인 생각으로 바꾼다. 즉, 자신에 대한 편협한 사고라든가 선입관, 관습적 사고 그리고 부정적인 고정관념을 버리도록 돕는다. 우리는 자기 자신에 대해 갖고 있는 고정적인 생각이나 부정적인 평가에 지나치게 의존하는 경우가 많다. 사람들은 자기 자신에 대하여 어떻게 지각하느냐에 따라 행동을 달리하기 때문에 특히 무엇을 하고 살 것인지 앞으로의 진로를 결정하고 이성을 만나는 청년기에 어린 시절부터 형성되어 온 자신에 대한 부정적인 생각과 평가는 큰 방해가 된다. '나는 잘하는 것이 아무것도 없어.' '내가 하는 일이 다 그렇지.' '내가 할 수 있는 것은 이것이 전부야.' '나는 여자인데 공부하면 뭐해, 시집이나 잘 가야지.' 자신에 대한 이러한 부정적인 고정관념은 자신감을 떨어뜨리고 낮은 자존감을 형성한다. 상담은 긍정적인 자아개념을 형성하도록 도와야 한다. 자신에 대하여 긍정적인 자아개념이 형성되면 모든 일에 자신감을 갖고 행동하게 되며, 삶을 긍정적으로 바라보게 되므로 타인과의 관계도 원만하게 된다.

둘째, 자신에 대하여 긍정적인 생각을 갖고 자신감을 갖기 위해서는 자신에게 내재해 있는 능력을 찾고 개발한다. 우리 청년들은 획일적인 교육으로 오로지 대학 입학이라는 한 방향으로만 전진해 왔기 때문에 자신에게 어떤 능력이 있는지 탐색할 기회가 부족하였다. 따라서 내재해 있는 또 다른 능력을 알지 못한 채 다른 사람처럼 되지 못하면 쉽게 좌절하고 자신을 왜곡하는 경우가 있다. 그러므로 상담자는 젊은 청년들에게 하나님이 각 개인에게 주신 능력과 특성을 찾을 수 있는 자기탐색의 기회를 주어 자신을 올바로 인식하고 자신만의 능력과 특성을 개발할 수 있도록 도와야 한다.

셋째, 자신의 능력에 가치와 의미를 부여한다. 지금까지 몰랐던 자신의 능력과 특성을 발견하면 그것에 대하여 가치와 의미를 부여하는 것이다. 자신의 능력에 가치를 부여하기 위해서 상담자는 자신의 능력을 현실의 삶에서 직접 발휘하고 적용하여 그것의 가치를 확인하고 인정할 수 있도록 도와야 한다. 자신에게 없는 다른 사람의 능력을 부러워하며 열등감에 빠지는 것이 아니라 다른 사람에게 없는 자신만의 능력을 찾고 개발하여 자신의 삶을 살게 되면 자연스럽게 자신의 능력에 자신감을 갖게 되고 자신을 가치 있는 존재로 생각하기 때문에 자존감이 높아지게 된다.

3) 자발적 동기부여를 통해 자기주체성 찾기

우리는 때로 신앙이라는 이름으로 또는 율법적으로 인간적인 욕구를 억제 또는 유예하거나 근본적으로 비인간성을 요구하게 된다. 그러므로 신앙으로 인하여 인간이 기독교적으로 자유로워지는 것이 아니라 오히려 기독교적으로 왜곡될 수 있다. 그렇다면 외부의 힘에 의하여 지나치게 억압된 자신의 주체성과 정체성을 찾아가기 위한 자신의 욕구충족, 다시 말하면 자신의 권리를 찾는다는 것은 무엇을 의미하는가?

권리는 두 가지 차원[16)]으로 구별해 볼 수 있다. 하나는 기본적인 욕구로서 그에 따라서 지지되는 권리다. 이 권리는 격려와 관심 속에서 기본적인 욕구와 연결되어 있는데, 예를 들면 아기가 관심을 얻기 위해 자신이 할 수 있는 것(웃고, 소리내고 등)을 시도하는 것이다. 그러나 아기는 부모의 기대와 요구에 의해 자신이 할 수 있는 것들을 뒤로 미루는 것을 배우게 되며 점차 포기하는 능력을 키우게 된다. 에릭슨은 인간 발달단계에서 세 번째 단계인 심리적 단계를 주도성 대 죄책감으로 설명하고 있는데, 이 시기에 아동이 자신의 계획이나 목표를 이루지 못하고 실패하는 것을 경험하면 아동은 자신의 목표나 계획이 사회가 금지하는 것이라는 것을 알게 되어 죄책감을 느낀다고 보았다.

청년기는 자기의 위치, 역할 및 책임을 인식하는 시기로서 정체감을 확립해 가야 하지만, 이렇게 주도성이 억압된 성장과정이 계속되면 자신의 권리를 내세우면서 살기보다는 다른 사람의 기대에 부응하려고만 하게 된다. 즉, 자기와 분리된 삶을 살아가게 된다. 예를 들면, 삼손은 태어나자마자 나실인[17)]으로서 살아가야 하는 고통을 감당하게 된다. 보통아이가 정상적으로 경험해야 하는 심리적 경험을 억제하고 무거운 책임감이 부여된 어른의 모습으로 살아가야 하는 환경에서 보통부모들의 사랑과 관심보다는 심리적 억압이 컸을 것이다. 외형적으로는 어른스러운 모습을 하고 있지만 그 이면에는 원초적이고 어린아이 같은 사랑에 목말라했을 것이며 누군가에게 늘 인정받고 싶은 욕구의 그림자가 그를 에워싸고 있었을 것이다.

자기권리의 또 다른 차원은 가족이나 사회에서는 거의 받아들일 수 없을 정도의 매우 신경증적이며 병적인 욕구충족이라고 할 수 있다. 즉, 성인이 정신적으로 어린아이처럼 행동하는 것이다. 권리가 자신의 능력과는 아무런 관계없이 자신과 관계된 사람들과 주위 사람들의 힘을 당연하게 요구하는 것이다. 그래서 부모 또는 주위 사람들이 그를 돌보고 모든 책임을 대신 떠맡는 것이다. 그의 욕구는 끝이 없고 독립적이지 못한 응석받이로 성장할 수밖에 없다. 이러한 예로 무분별한 카드 빚을 지는 일부 젊은이들의 모습을 들 수 있다. 이러한 현상이 계속되면 어른임에도 불구하고 어린아이처럼 점점 무력감과 삶에 대한 두려움이 쌓이게 된다. 이러한 숨겨진 무력감과 삶에 대한 두려움은 매우 반항적이고 교만하게 만든다. 따라서 자신의 환경에 불만을 갖게 한다. 이렇게 겉만 성장하고 내면적으로는 여전히 독립적이지 못하고 나약한 '어른아이'가 되어 버린 젊은이들의 모습은 성장해 오면서 부모와 가족관계 그리고 사회문화적인 구조에 의해 형성되어 온 정신적인 발달장애의 결과다.

그렇다면 외부의 지나친 간섭과 심리적 억압에 의해서 자신의 주체성이 상실된 것도 아니고 모든 책임을 다른 사람에게 전가시키는 무분별한 욕구충족에 의한 권리주장도 아닌 자신의 주체성을 확립할 수 있는 조화로운 자기권리 형성이 어떻게 가능한가? 상담자는 지금까지 많은 부분에서 부모에 의한 삶을 살아온 젊은 청년이 자신의 권리를 찾아 긍정적인 자기정체감을 형성하도록 도와야 하며 그러기 위해 청년 자신의 현실과 맞부딪쳐 자발적 동기부여를 유도해야 한다. 그것은 장차 나는 무엇을 하고 살 것인가라는 물음과 함께 미래에 대한 계획을 생각하고 고민하는 청년기에 스스로 생각하고 자신의 길을 찾아갈 수 있도록 동기를 부여하는 것이다. 무엇보다도 필요한 것은 꿈과 희망을 갖고 미래에 대한 비전을 세울 수 있도록 돕는 것이다. 비전이란 단순히 추상적으로 생각하고 희망하는 꿈과는 달리 뚜렷한 방향과 신념이 포함된 구체적인 삶의 계획이라고 할 수 있다. 이 시기는 특히 자신의 삶을 설계하는 출발점이므로 중요한 시기라고 할 수 있다.

이 시기에 구체적인 비전을 세우기 위해 상담자가 도와야 할 일을 세 가지로 제시하면 다음과 같다.[18] 첫째, 구체적인 목표를 세우도록 돕는다. 목표를 세우기 전에 자신이 장차 되고 싶은 모습이나 장차 어떻게 될 것 같은 지를 명확하게 그려 보는 것이 필요하다. 그러고 나서 자신의 능력과 욕구, 바람 등을 고려하여 자신이 바라는 미래의 모습을 이루기 위한 장기적 목표를 세워 보고 이 장기적 목표를 이루기 위해 중·단기목표를 세분화하고 구체화한다.

둘째, 능력에 대한 인정을 통해 자기동기화를 유도한다. 자기동기화란 어떤 행동을 유발시키고 어려움이 있더라도 행동을 지속하도록 노력하는 유기체의 내부적 특성으로서 자신의 목표, 감정, 사고 등을 자기 스스로 촉진하여 목표를 실행하도록 하는 자기 안에 있는 내적인 힘이다.[19] 인정받고자 하는 욕구가 충족되면 목표를 실행할 수 있는 내적인 힘이 가속화된다. 인정받고 칭찬받고 싶었던 야곱이 마침내 하나님으로부터 인정과 축복을 얻어 낸 후 그를 따라다녔던 열등감은 사라지고 자존감이 형성될 수 있었던 것처럼, 목표를 이루기 위해 필요한 자기 안의 내적인 힘은 누군가에게 인정받을 때 더욱 커지게 된다. 하나님으로부터 인정받게 되면서 야곱은 자신에게 평생 무거운 짐이 될 수 있었고 어쩌면 그의 인생의 목표일 수 있는 형 에서와의 만남과 형의 용서를 구하게 되는 행동을 하게 되었다고 본다. 지난 2002년 월드컵은 한국팀이 인정을 통한 자기동기화를 충분히 활용한 좋은 예다. 16강의 목표에 도달하여 온 국민으로부터 인정을 받자, 내적인 힘이 가속화되어 처음의 목표보다 더 높은 4강까지 가능했던 것이다. 따라서 상담자는 공부가 자신의 인생에서 어떤 의미가 있는지, 내가 왜 대학에 왔으며, 나의 현재와 미래에 도움을 줄 수 있는 대학생활은 어떤 것인지 등에 대하여 청년 스스로 생각하며 나름대로 답을 찾을 수 있는 기회를 주어 자기동기화가 이루어질 수 있도록 도와야 한다. 그러한 자기동기화를 통해 자신의 꿈을 이루기 위한 목표를 행동으로 옮길 수 있다.

셋째, 열정과 흥미를 갖고 몰입하도록 돕는다. 몰입이란 목표에 도달할 수 있는 자신의 능력에 대하여 신념을 갖고 모든 자신의 감성적 에너지를 한곳에 집중시키는 것이다. 즉, 몰입하기 위해 그것에 대한 강한 열정과 흥미를 불러일으키는 것이다. 비전을 이루기 위한 목표를 실천하기 위해서는 비전이 현실화되도록 강하게 원하는 열망이 필요하다. 그렇게 되기를 바라는 기대와 흥분은 그것을 향한 강한 열정으로 연결되며, 한 걸음씩 목표에 다가가는 과정을 통해 즐거움과 만족감 그리고 자기충족감을 경험하게 된다. 그 충족감은 목표를 향해 그 일에 더욱더 몰입하게 만든다. 따라서 상담자는 청년 각자의 능력에 맞는 목표를 설정하여 조금씩 성취감을 얻어가면서 자신이 목표하는 일에 몰입할 수 있도록 유도해야 한다. 왜냐하면 높은 수준의 성취를 이룬 사람들이 다른 어떤 목적에 의해서가 아니라 일 자체의 즐거움을 위해 일한다는 것을 발견할 수 있기 때문이다.

4) 책임성 키우기

자기주체성 확립에는 자신의 권리주장도 중요하지만 다른 사람의 권리도 중요하다. 자신의 권리주장을 위해 다른 사람의 권리에 피해가 주어서는 안 된다. 그것은 권리주장이 아니라 어린아이와 같이 자신만을 생각하는 이기적인 욕구충족이다. 그러므로 자신을 나타내 줄 수 있는 진정한 자기권리 주장은 자신에게 주어진 상황과 능력에 대한 책임성을 요구한다. 그러나 청년들의 무분별한 카드 사용과 소비문화, 전자영상매체에의 집착 그리고 혼전성교로 인해 나타나는 문제들에 대한 무책임성은 진정한 의미의 자기권리 주장이 아니라 이기적인 욕구충족이다. 클라인벨은 이러한 사람들의 특징을 개발되지 못한 양심, 즉 사적인 죄책감이나 불안감 그리고 책임감의 결여, 무능한 자제력, 만성적인 무책임한 행동, 감정이나 관계의 천박성, 조작된 절차로 규정하고 있다.[20)]

책임성을 키운다는 것은 자신에 의해서 벌어진 상황과 결과에 책임을 느끼며 그것에 대해 책임 있는 행동을 한다는 것이다. 자신의 물질적, 신체적

욕구충족을 위해 상대방을 이용하는 것이 아니라 정의로운 상호관계와 평화로운 공동체 형성을 위해 상대방에 대한 배려와 책임이 요구된다. 이 말은 어떤 일에 대하여 책임감과 책임 있는 행동을 할 수 없다면 자기를 통제할 수 있는 능력을 키워야 한다는 의미도 포함한다. 즉, 어떤 상황에서 앞으로 벌어질 행동에 대하여 책임을 질 수 있는지 판단하고 침착하고 사려 깊게 생각하고 행동한다는 의미다. 그러므로 책임성을 갖는다는 것은 침착성과 자제력 유지를 통한 자기통제다.

자기통제력이 향상되는 방향으로 행동이 변화되면 자신의 행동이 기대한 대로 실현된다는 자기효능감이 증가하며, 자기효능감이 증가됨에 따라 자기통제력도 향상된다.[21] 즉, 조금씩 큰 목표에 도달하기 위해 세운 세부목표에 대한 성공을 경험하게 되면 자신의 능력에 대한 믿음이 증가하며, 자신이 선택한 행동에 대한 책임을 느끼면 자기효능감이 증가하여 스스로 자신을 통제할 수 있는 힘이 길러지는 것이다.

클라인벨에 의하면 이러한 자기통제력의 힘을 키우기 위해 해야 할 것은 양심을 일깨우는 작업이다. 그는 양심을 깨우는 작업을 대결상담으로 표현하고 있는데, 그가 제시하는 대결상담의 원칙은 다음과 같다.[22] ① 친밀한 관계 형성, ② 현실 부정적인 행동을 하고 있는 사람과의 대결, ③ 무책임한 행동의 저지, ④ 책임지는 행동을 인정해 주는 보상, ⑤ 사회적으로 건설적이고 현실 중심적인 방법으로 자신의 요구를 만족시킬 수 있는 방법지도, ⑥ 인간의 욕망을 현실화시켜 주고 만족할 만한 미래의 계획을 세우도록 격려하는 것 등이다. 이러한 6단계가 효과적으로 이루어지기 위해 중요한 것은 행동을 변화시키고자 하는 상담자의 지속적인 조력과 내담자의 실천하는 힘 그리고 자신의 행동에 대한 통제가 스스로의 힘에 달려 있다는 자기책임의 전제하에 행동의 결과를 철저히 자신의 내부적인 것에서 찾는 것이다.

5) 하나님과의 만남을 통한 존재가치 인정

지금까지 한국이라는 사회문화적인 환경에서 형성된 후기 청소년기에 속하는 대학생의 발달특성과 그들의 가치관의 변화 속에서 어떻게 기독교상담을 할 것인지에 대하여 개인 중심에서 사회구조적인 환경으로 접근, 과거 삶 이야기의 재구조화, 자발적 동기부여를 통한 자기주체성 찾기, 책임성 키우기로 접근해 보았다. 이러한 시도를 통해 청년들이 새로운 비전을 갖고 분명한 목표를 세우게 되면 그것이 빠른 기간 안에 이루어지기를 원한다. 그러나 지금까지의 생활습관이나 자신에 대한 고정관념 그리고 자신의 능력에 대한 의심이 하루아침에 변화되지 않는다. 따라서 상담자는 조급해하는 청년들이 자신이 세운 목표에 도달하기까지 꾸준히 참고 기다리며 자신을 준비해 갈 수 있도록 도와야 한다. 준비를 하며 때를 기다리기 위해서는 지금까지 자신에 대해 가지고 있던 부정적인 고정관념을 긍정적인 관점에서 바라보면서 자신에게 있는 부정적 감정(쉽게 흥분하는 것, 과도한 불안이나 우울, 짜증)을 스스로 조절할 수 있는 능력, 충동적인 행동을 조절하는 능력, 목표에 도달하기까지 방해가 되는 현재의 순간적인 욕망들을 제거하거나 잠시 미루는 능력, 자신의 감성적 에너지를 자신이 설정한 목표에 맞추어 주의집중할 수 있는 능력, 목표에 도달하기 위해 주어진 과제를 이행할 수 있다는 자신의 능력에 대한 신념을 키우도록 계속적인 격려와 지지가 필요하다. 그러나 이들을 위해 무엇보다도 중요한 기독교상담의 핵심은 하나님께서 모든 사람을 귀하게 창조하셨고 끝까지 사랑하시는 '가치 있는 존재'라는 것을 젊은이들이 깨닫게 하는 것이다.

우리 주위에는 자신의 숨겨진 능력을 발견하지 못하고 파묻어 버린 채 상대적 열등감으로 자신의 능력을 발휘하지 못하는 경우, 교통사고를 낸 아버지가 경찰서에 들어간 날 태어났다고 아버지와 친척으로부터 평생 '재수 없는 놈'이란 소리와 함께 어머니의 지나친 과보호로 성장한 어느 청년의 이야기, 육체적으로는 어른이지만 여전히 의존적이고 자신의 욕구만을 채우려 하는 어른아이가 되어 버린 청년의 이야기가 있다. "나는 부정한 사람이에요. 나는 못난 사람이에요!" 라고 외치는 삭개오처럼 그리고 나병환자(막1:40-45)처럼 그들의 몸과 마음은 완전히 땅 밑까지 떨어졌으며 고통으로 처절한 상태다. 이들의 이야기는 청소년 시절 획일적인 교육으로 학교와 사회로부터 그리고 부모 또는 형제와 같이 가까운 사람으로부터 인정받지 못하고 지나친 의존으로 자라오면서 나타나는 우리의 이야기다. 이러한 아픈 상처를 누가, 어떻게 고쳐 줄 수 있을까?

자신이 소중하고 가치 있는 존재라는 것을 인식하지 못한 청소년 시절의 일탈행위는 그들에게 아직 희망이 남아 있음을 의미하며 창조성을 내포하고 있는 기존세력에 대한 거부의 표현이다. 즉, 그것은 자신이 귀하고 가치 있는 존재라는 것을 인식하지 못하기 때문에 나타나는 현상이다. 그러므로 사랑으로 그의 존재를 인정해 주는 사람을 만나게 되면 그러한 일탈행위는 오히려 자발적이고 창의적인 행동으로 변화될 수 있다. 기성세대에 대한 거부의 표현을 억제해 가며 자신을 기성세대의 틀에 맞추어 평탄한 삶을 살아온 모범생과 달리, 이들은 인정만 받으면 훨씬 주체적이고 창의적인 모습으로 변할 수 있다. 이러한 변화를 일으키기 위해, 새로운 존재로 탈바꿈하기 위해 자신을 개방할 수 있고 맡길 수 있는 상대방을 만나는 것이다. 상대방에게 자신을 개방하고, 그에게 향하고, 그에게 자신을 맡길 때 변화가 일어난다. 그 상대방은 바로 예수 그리스도이며 하나님이시다. 예수 그리스도 안에서 하나님은 그가 창조하신 모든 인간을 가치 있고 귀한 존재로 여기신다.

청년을 위한 기독교상담에서 중요한 것은 어느 누구나 귀하고 가치 있는 존재라는 것을 인식시키는 것이다. 그것은 하나님 앞에서는 모든 사람이 가치 있는 존재이기 때문이다(갈3:26-29). 사랑하는 사람으로 인정받을 때 마음속의 상처가 치유되며 진정한 하나님의 사람으로 변화된다. 자신의 가치를 인정받고 스스로 깨달을 때 낮은 자존감에서 벗어나 자신감을 얻게 될 뿐만 아니라 역기능적인 자신의 행동에서 벗어나 자기주체성을 확립하게 되며 책임감 있는 삶을 살아가게 된다. 성서에서 사회적으로 인정받지 못한 세리라는 직업으로 역기능적인 행동을 보여 왔던 삭개오가 예수님으로부터 사람 대우를 받고 그의 가치를 인정받자, 그의 역기능적인 행동이 사라지고 마침내 세리로서는 상상할 수 없는 변화된 새로운 사람—가난한 사람과 소유 절반의 나눔, 강탈한 것에 대한 네 배의 보상—이 된 것을 우리는 안다.

나병환자가 늪 속에서도 끝까지 한줄기 희망을 잃지 않고 "선생님께서 하고자 하시면 나를 깨끗하게 해 주실 수 있습니다."라는 믿음으로 깨끗해진 것처럼, 우리를 창조하신 하나님 안에서 귀중한 가치 있는 존재라는 믿음으로 몸과 마음이 깨끗해지고 새로운 사람으로 다시 태어나는 것이다. 그러므로 예수 그리스도와 그의 미래가 우리의 희망의 대상이다. 기독교상담은 어떠한 절망도 용납하지 않는다. 가치 있는 존재라는 희망 안에서의 기독교상담은 미래가 뚜렷하지 않은 경우일지라도 그것을 딛고 일어서기 위해 '투쟁'으로 향한다.[23] 그것은 하나님과의 만남을 위한 투쟁이다. 지금까지 함께 살아온 부모 또는 다른 사람에 의해 짜여진 인생으로부터 벗어나, 자기정체성을 찾고 자신의 가치를 발견하여 변화된 새로운 인생을 만들기 위해 있는 그대로 소중한 존재임을 인정하고 사랑해 주시는 하나님과 만나는 것이다. 그러므로 기독교상담자는 먼저 하나님과 만난 자 및 그의 대언을 듣는 자로서, 대화를 통해 우리 청년들에게 변화의 힘이 되시는 하나님과의 만남이 이루어지도록 도와야 한다.

미 주

1) 이 장은 신명숙 외, 『대학생과 리더십』(학지사, 2003) 제2장 "한국사회에서 대학생과 리더십" 에서 발췌하여 기독교상담학적 접근을 시도한 것이다.

2) 조한혜정 외, 『왜 지금, 청소년? 하자센터가 만들어지기까지』(또하나의 문화, 2002), 84.

3) 이현청, 『한국의 대학생』(원미사, 1999), 89.

4) 김재은, 『한국 가족의 심리』(이화여자대학 출판부, 1974).

5) 최윤미 외, 『현대 청년심리학』(서울: 학문사, 1999), 21.

6) 장휘숙, 2001.

7) 노동시장의 수요변화로 신규 노동인력이 급격하게 고학력화되었지만 고학력 실업도 더욱 심각해졌다. 교육인적자원부와 한국직업능력개발원이 1990~2002년에 각급 학교를 졸업하고 노동시장에 새로 진출한 신규인력의 학력 구성을 조사한 결과 1990년 고졸, 전문대졸, 대졸 이상의 비율이 각각 64, 12, 24%였던 것이 2002년에는 25, 37, 38%로 고학력화되었다. 그러나 청년층 '실업 및 비경제활동인구' 가운데 대졸 이상이 차지하는 비율은 1990년 19%(77,627명)에서 2002년 47%(95,447명)으로 늘어났다. 이러한 노동인력의 고학력화와 고학력 실업의 증가는 대학진학률이 1990년 33.2%에서 2002년 74.2%로 늘었기 때문이라고 할 수 있다.

8) 한국직업능력개발원이 2002년 9월 전국의 4년제 대학 3,4학년생 2,613명을 대상으로 실시한 '재학생 희망직업조사' 에 의하면 대학생들이 가장 선호하는 직장은 정부기관 및 공사가 42.1%로 가장 많았고 민간 대기업체는 15.9%에 그쳤다. 그리고 직업별로는 교수와 교사 등 교육전문직 희망자가 18.4%로 가장 많았고 문화, 예술, 방송 관련 전문직 14.9%, 보건, 의료전문직 10.5%, 공학전문직 7.6% 일반사무직 7.4%로 나타났다. 그리고 조사대상 학생의 20.5%가 취업준비생으로 그중 64%가 취업준비를 위해 외국어 공부를 하고 있다고 응답했으며, 20.5%는 취업준비로 사시와 행시, 교육 임용고시 등 고시를 준비하고 있으며, 26.4%는 학원에 다니고, 54.3%는 자격증 취득 준비 중인 것으로 조사되었다.

9) D. Roessler, *Grundriss der Praktischen Theologie* (Berlin/New York, [2]1994), 73.

10) 필자의 2003학년도 1학기 "이야기 치유상담" 수업 중 어느 학생의 보고서 내용.

11) C. V. Gerkin, 『목회적 돌봄의 개론』, 유영권 옮김 (은성, 1999), 217-218. 거킨은 이에 대하여 사회적 대변인으로서 목회자의 지도력을 강조하고 있다.

12) I. Karle, *Seelsorge in der Moderne* (Neukirchen-Vluyn, 1996), 107-114.

13) J. Sharfenberg, *Einfuerung in die Pastoralpsychologie* (Göttingen, 1985), 94.

14) 필자의 2003학년도 1학기 "이야기 치유상담" 수업 중 어느 여학생의 이야기.

15) 이관직, 『목회상담학자가 본 성경인물과 심리분석』(한국목회상담연구소, 1999), 37-38.

16) K. Winkler, Seelsorge (Berlin/New York: de Gruyter, 2000), 334-336. 빈클러는 기본적인 욕구로서 그에 따라서 지지되는 권리와 가족이나 사회에서는 거의 받아들일 수 없을 정도의 매

우 신경증적이며 병적인 욕구충족에 의해 주위 사람들에게 지나친 요구를 하게 되는 권리로 구분하고 있다.

17) 삿 13장. 이스라엘 사람 가운데 야훼 종교의 순수성을 보존하기 위해 특히 하나님에 대한 헌신을 서약한 자.

18) 김광수 외, 『대학생과 리더십』, 137-160 참조; 대학생 리더십의 기본원리 중 상담의 관점에서 적용한 것임.

19) 허혜경, 김혜수, 『청년발달심리학』 (학지사, 2002), 198.

20) H. Clinebell, 『현대목회상담신론』, 박근원 옮김 (대한예수교장로회 총회출판국, 1999), 242.

21) 김계현 외, 『학교상담과 생활지도』 (학지사, 2000), 189-190.

22) H. Clinebell, 『목회상담신론』, 244. 클라인벨의 이러한 원칙과 비슷하게 Kanfer는 인간이 자신의 행동을 조절하고 수정하려는 의지에 대한 자기관리 과정 모델을 자기관찰, 자기평가, 자기강화의 세 단계로 설명하고 있다. 첫 단계는 자신의 행동을 관찰하는 자기관찰의 단계로서 행동 자체에 대한 관찰뿐만 아니라 행동 이전의 선행사건과 그 이후의 결과, 이들의 상호작용을 관찰하는 것이다. 이것은 외형적인 행동과 더불어 생각과 감정과 같은 내면적인 행동까지 함께 관찰하는 것이다. 두 번째 단계는 자신이 목표로 결정한 기준과 실제 수행되는 정도를 비교하는 자기평가 과정으로서 상담자가 진행되는 과정을 지켜보면서 현실적이고 구체적으로 평가하는 것이다. 세 번째 단계는 자기평가의 결과 목표수준에 도달하면 스스로에게 강화를 주는 자기강화 과정이다. 즉, 상담자의 지지와 격려 외에 자신의 행동을 보상이나 벌을 통해 스스로의 힘으로 조절하고 통제하는 자기관리 능력이다: F. H. Kanfer & L. Gaelick, "Self-management methods", in: F. H. Kanfer & A. P. Goldstein (3rd ed.) (Eds.), *Helping people change* (NY: Pergamon Press): 김계현 외, 『학교상담과 생활지도』, 190에서 재인용.

23) E. Thurneysen, *Seelsorge im Vollzug* (Zürich, 1968), 72.

• 제9장 •

여성을 위한 기독교상담

1. 사회문화 속에서의 여성과 남성

역사적, 사회적으로 조건화된 발달을 통해 여성들과 남성들에게는 서로 상이하고 보충적인 행동과 과제가 주어지며, 학문영역에서도 근본적으로 서로 다른 정체성을 지닌 것으로 이해되어 왔다. 그리고 이러한 남성과 여성의 차이가 역할과 일 그리고 기회의 차이를 만드는 출발점이 되어 왔다. 특히 남성성과 여성성이 하나님의 창조질서에 근거한 것이라고 믿는 신학적인 인간론[1)]의 많은 부분도 그러한 관점에서 이해되고 있다. 왜 거의 모든 공동체가 성의 차이를 그렇게 진지하게 받아들이며, 성의 축을 따라 인격을 형성하는가? 왜 여성과 남성은 생애동안 서로 구별되고 심리적으로 차이가 있는가?

생물학적인 차이가 여성과 남성의 서로 다른 행동에 대한 근거를 형성한다면 이러한 서로 다른 행동은 변화될 수 없으며 생물학적인 원인으로 간주해야만 할 것이다. 그러나 지금까지 형성되어 온 여성과 남성의 서로 다른 성 정체감은 생물학적인 차이에 근거하지 않고 오히려 오랫동안 계승되어 온 사회문화적 전통이 성의 특성적인 행동의 불변성을 결정해 왔다. 이러한 전통은 오랜 역사를 거쳐 지금까지 작용하고 있는 남성 중심의 가부장제에서 그 뿌리를 찾을 수 있다. 남성 중심의 가치나 규범, 믿음체계, 생활양식으로 이루어지는 이러한 남성 지배적인 문화는 남성의 우월성과 여성 억압의 형태로 나타난다. 여성은 남성에 대해 예속감과 열등감을 느끼게 되며, 사회관계에서 지배와 피지배의 남녀관계를 형성한다. 남성 지배의 구조는 현대에까지 국가적, 사회문화적, 교육적 그리고 가정적으로 광범위하게 개개인의 삶에 침투하여 여성의 삶을 규제할 뿐만 아니라 여성의 심리를 지배해 왔다.[2)]

권력은 남성에게 속하며 여성은 남성보다 열등하다는 측면을 강조한 성 고정관념[3)]은 독립성과 자긍심으로 표현된 남성 역할이 여성의 것보다 가치 있는 것으로 평가하고 있다. 아동기에 이러한 성 고정관념을 의식하지 못한 채 사회문화가 무의식적으로 제공하는 남성상과 여성상을 여과 없이 받아들이게 되고, 남성다움과 여성다움이라는 사회가 요구하는 각 성의 이상적인 상에 자신을 맞추려고 노력하게 된다. 그러므로 개인의 자기정체감을 형성한다는 것은 성 역할 고정관념에 의해 남성은 남성에게 가치 있는 남성다움이 내재화되고 여성은 상대적으로 남성보다 열등한 여성다움이 내재화된다. 이러한 가부장제 원리의 결과로 여성과 남성이 다른 경험을 하게 되며, 또한 그것은 여성이 내적으로 긴장하게 되는 심리현상으로 나타나게 된다. 특히 가부장제로 나타나는 성 역할 고정관념으로 여성은 늘 참고, 용서하며, 자기의 의견을 내세우기보다는 특히 남성, 즉 권위 있는 사람의 의견을 무조건 따르면서 자기가 없는 세상을 살게 되기도 한다.

이러한 과정에서 여성들은 타인을 지나치게 의식하게 되고 타인의 눈을 통해 자신을 바라보게 된다. 자기 주장을 내세우기보다는 타인의 의사를 따라가며 자신에 의한 삶을 살기보다는 타인에 의한 삶을 살아가게 된다. 이러한 성 역할 고정관념으로 인해 우리 사회에 착한 여성 콤플렉스,[4] 맏딸 콤플렉스, 슈퍼우먼 콤플렉스에 시달리는 여성이 만연해 있다. 또한 여성은 남성보다 감정적이며 지적인 능력에서 열등하다는 근거 없는 논리 때문에 사회에서나 가정에서 자아상실감[5]과 좌절감으로 우울증에 시달리기도 한다. 왜 이러한 현상이 나타나는가? 이러한 성 역할 고정관념으로 인해 인내와 한으로, 예속감과 열등감으로 나타나는 여성의 심리를 어떻게 이해할 것인가? 그러한 여성의 심리를 극복할 수 있는 방법은 없는가? 그러한 여성들을 위한 기독교상담 방법은 없는가? 그리고 기존의 사회화 과정에서 부정적인 시각으로만 무시해 왔던 소중한 여성성을 새롭게 재평가할 수는 없는가? 지금까지 한쪽 성에게만 강조해 온 긍정적인 가치들을 남녀 모두가 함께 발달시킬 수 있는 방법은 없는가?

이러한 물음들에 답하기 위해 이 장에서 무엇보다도 가부장제로 인한 이분법적인 성 역할 고정관념에 의해 형성된 여성심리의 이론적 접근을 시도해 본다. 발달심리학적 관점에서 성 정체감을 여성주의적인 이해에서 고찰하고, 남성의 무의식에 잠재되어 있는 아니마(Anima)와 여성의 무의식에 잠재된 아니무스(Animus)의 이원론적인 양극성 원리를 극복하여 여성에게 잠재된 원초적인 여성성으로서의 아니마를 발견하고 여성의 무의식에 있는 부정적인 아니무스를 긍정적으로 개발하여 새로운 여성성을 정립해 본다. 그리고 여성을 위한 기독교상담의 가능성을 이러한 새로운 여성성의 이해와 함께 '여성 간의 상호 관계성을 통한 상담'—여성에게 내재해 있는 아니마의 활성화—과 '주체적 자기발견을 통한 상담'—긍정적인 아니무스의 활성화—으로 제시한다. 또한 여성을 위한 기독교상담의 가능성을 찾기 위해 새로운 여성성을 정립하고 그러한 여성성을 근거로 이루어진 기독교상담의 두 가지 가능성을 성서에 나타난 두 이야기—룻과 나오미, 하갈—를 통해 찾아본다.

2. 여성심리의 이론적 접근

1) 발달심리학적인 관점에서 성 정체감

프로이트의 오이디푸스 콤플렉스는 보편적인 인간의 기본 갈등일 뿐만 아니라 성의 특성으로 함축되어 있다. 분석심리에 의하면 인생 초기에 나타나는 자기애적인 갈등은 무엇보다도 새로 태어난 아기와 가장 먼저 만나 관계를 맺는 인물인 어머니와의 갈등이며, 4, 5세에 나타나는 오이디푸스 콤플렉스는 이 시기에 어머니와 아기 두 사람만의 관계에 아버지가 등장하여 삼각관계로 나타나는 갈등이다. 이러한 삼각관계는 아이의 성숙과정에 큰 영향을 미치며 문화의 상징구조로 나타난다. 인간의 기본 갈등에 관한 이러한 설명과 함께 세상은 남성적, 여성적 원리로 남성성과 여성성을 구분하여 미리 규정하게 된다.

그러나 여성주의 심리학자들은 정신분석적으로 직접 여성적, 남성적 원리와 연관하여 어머니, 아버지의 정체성을 보편적인 원리 또는 심리적으로 피할 수 없는 것으로 이해하려고 하지 않는다.[6] 오히려 어떻게 그러한 어머니성과 아버지성에 대하여 운명적이고 차별적인 생각을 할 수 있었는지에 물음을 던지며, 그렇게 된 역사적이고 사회문화적인 한계를 밝히려고 노력하고 있다.[7] 사회학자인 초도로(N. Chodorow)는 그녀의 책 『어머니의 유산(*Das Erbe der Muetter*)』에서 인생 초기에는 어머니와 할머니 그리고 고모나 이모 등과 같이 주변 인물이 주로 여성이며 보편적으로 여성들은 어머니가 된다고 생각할 수 있다고 하였다.[8] 이러한 당연하고 문화역사적으로 보편적인 사실은 근본적으로 어머니와 아버지에 대한 여아와 남아의 관계에 영향을 미칠 수 있으며 여아와 남아에게 인생의 초기 과정이 다르게 나타날 수 있는 근본적인 근거가 된다. 이러한 가정은 프로이트 이론

에 근거하는데, 즉 오이디푸스 콤플렉스는 여아와 남아가 같은 방법으로 경험하지 않는다는 것이다.[9]

여아와 남아의 서로 다른 심리적 발달에 대해 여성주의 심리학자들은 서로 다른 성 정체성에 대한 교육이 그 원인이라고 보는데, 그것은 평생 동안 남성과 여성에게 규정해 놓은 결과일 수 있으며, 특별히 여성적, 남성적 경험의 영역을 미리 설정한 것이라는 것이다. 그러므로 여성주의 심리학자들은 심리학을 내면적으로 비판하고 여성과 남성에 대한 여러 사회적 특성을 보충적으로 설명하기 위한 도구로 활용한다. 왜냐하면 그들은 정신분석적인 도움으로 단지 성의 차이에 대한 감정적인 뿌리를 파악하는 것으로 시작하기 때문이다. 그러므로 전통적인 정신분석에서처럼 여성주의 대상관계 이론에서 초기 인생과정이 후기 인생과 성 정체성을 형성하는 데 결정적인 영향을 끼치며, 부모의 인격을 통하여 '성에 대한 사회구조의 근본적인 요소'[10]를 이어받게 된다는 생각이 압도적이다. 따라서 정신분석 이론이 사회학적인 관점에서 설명될지라도 정신분석은 계속해서 분석의 기본 틀이 된다.

여성주의 정신분석학적 관점에서 볼 때 어머니와 아들의 관계는 처음부터 다르게 양육되는 성의 상이성에 의해 특징지어진다. 한쪽 부모인 어머니에 의해 어머니의 성과는 반대로 다루어지는 남아는 어머니와는 반대되는 것을 여성적이 아닌 것으로 경험하게 되며, 이러한 부정적인 상이함을 자신의 근본 체험으로 내면화한다.[11] 오이디푸스 기간이 여아에게 근본적으로 좀 더 길고 중요한 역할을 하는 반면, 남아는 발달 초기 어머니와의 강한 동일화 이후 오이디푸스 갈등의 해결을 통해 어머니와의 갑작스러운 단절 현상을 경험한다. 따라서 여성주의 이론에 의하면 남아는 어머니가 힘이 약하고 부재한 아버지—오이디푸스 드라마에 의하면 남아가 한편으로는 아버지를 미워하면서 다른 한편으로는 우상화하면서 경쟁자로 느낀다—보다 가치가 덜하다고 직관적으로 느낀다는 것이다. 이렇게 어머니와의 분리과정을 겪으면서 남아는 거세로 위협하는 힘 있는 아버지와 동일화하려고 한다. 남아는 자신이 상처 입을 수 있다는 두려움으로 인해 무의식적으로 여성적인 모성성과 구분하여 자기정체성을 찾기 위하여 온갖 노력을 하며 초기 어머니와의 관계를 부인하려고 한다. 아버지는 프로이트가 말한 것처럼 "초기 아동기의 무제한적인 자기애로 우리를 후퇴시키려고 하며",[12] 개별화와 독립성을 방해하는 어머니 앞에서 구원자이며 보호자가 된다. 이렇게 서서히 진행되는 성의 차이에 대한 인식은 다른 성에 대하여 인정하도록 장려하기보다는 오히려 방해한다.[13] 이것은 동시에 남성의 자기우월성을 의미한다.[14]

결론적으로 남성은 여성성을 경험하지 말아야 하는 것이다. 여성성은 남성이 거울에 비친 반대편의 상으로 정의될 수 있으며 한편은 이상적이고 다른 반대편은 평가절하된 하나의 대립적인 면이 될 수 있다. 따라서 여성성이란 어머니로부터 도망가려고 할 때 남아가 싫어하는 모든 부분이다.[15] 올리버(C. Oliver)에 의하면 이러한 상황은 아들은 부재한 아버지의 대리자가 되는 것으로 위협받을 수 있으며 어머니는 아들을 통해 그녀의 결핍을 보상해야 하는 것으로 강화된다.[16] 이러한 방법으로 어머니의 특성인 여성성이 강화된다. 남성적인 부성은 이러한 관점에서 우연히 독립성, 자유, 이성, 성장, 성숙 그리고 무엇보다도 구별과 분리와 같은 문화적 가치로 상징화된 것이 아니다. 남성성에 대한 이러한 가치의 연상은 여성주의 정신분석학적 관점에서 볼 때 성의 정체성과 세계관이 장시간 큰 영향을 미치고 결정짓는 남성의 아동기에 형성된 심리발달에 근거한다.

그렇다면 여성성의 발달은 어떠한가? 여아의 발달에서 어머니-딸 관계는 어머니-아들 관계와 반대로 유사성에 의해 이루어진다. 어머니는 동성의 여아를 자기 자신의 확장으로 경험하며 딸을 자신과 다른 존재나 독립체로 여기지 않는다. 어머니는 딸에 대해 오히려 자신과 하나로서 연속적인 감정을 가질 수 있다.[17] 그러나 어머니는 딸을 강하게 동일시하며 딸은 다시 어머니와 강한 일치감을 경험한다. 어머니와의 강한 동일시는 딸이 자기 자신을 펼쳐 나가는 데 방해가 된다. 딸에게 생긴 특별한 기회는 그녀에게 하나의 문제가 되기도 한다. 즉, 딸은 아들처럼 오이디푸스 관계의 틀을 거부하지 않으며 그것으로 인하여 관계적이고, 적응력이 강하고, 복합적인 자기정체성을 발달시킬 수 있게 된다. 아들은 성장하여 어머니와 분리되지만 딸은 어머니와 단절되지 않으며, 오히려 어머니와 밀접한 관계로 접어 들어가며, 딸의 관계적 세계를 확장시킨다.

그러나 딸은 어머니와 분리되고, 거리를 두며, 충분한 독립성을 갖고, 발달하는 데 어려움을 갖게 된다. 그러므로 밀접한 어머니–딸의 관계는 딸의 자의식을 질식시킬 수 있다. 어머니 스스로 자기애로 상처를 받고 자신의 부족함 때문에 딸에 대해 거짓 동정을 가짐으로써 딸의 불분명한 자의식은 더해진다. 그렇게 되면 딸은 계속적으로 어머니의 요구에 맞추게 되며 감정적으로 어머니 마음대로 움직이게 될 위험이 있다. 부재한 아버지는 이러한 이중적인 구조를 해결하기 위해 정서적으로 충분한 도움을 주지 못한다. 로데 다흐저(Christa Rohde-Dachser)에 의하면 부재한 아버지는 아들과 마찬가지로 딸에게도 이상화되며, 어머니와 아이의 이중적인 초점화는 딸에게서와 마찬가지로 아들에게도 어머니에 대한 죄책감으로 이끈다. 그것은 어머니가 자녀양육의 책임을 떠맡고 아버지는 거기서 벗어나므로 어린아이의 실망과 무기력의 경험이 항상 어머니상과 연결되기 때문이다.[18)]

이와 같이 성 정체성에 대한 발달심리학적인 해석으로부터 중요한 결론을 얻을 수 있는데, 남성성처럼 어머니와 아버지와의 초기 어린 시절 경험에 근거한 여성성이 성인의 삶 속에서도 세상과의 연대감과 관계 지향적으로 나타날 수 있으며 동시에 분리에는 약하다는 것이다. 분리와 개별화는 여성성의 문제영역으로 남아 있으며 그것과 반대로 모성화의 능력과 관계의 집중은 여성에게 이미 일어나고 있는 것이다. 그러나 남성의 정체성은 여성적인 모성성으로부터 이탈하려는 것으로 규정되며 독립과 분리에 대한 욕구로 나타난다. 따라서 남성들은 원초적으로 자신들의 특성을 개별화와 분리로 이해한다. 따라서 초도로는 여성의 원초적인 자기감정은 세상과의 연대성이고 남성의 원초적인 자기감정은 분리라고 설명한다.[19] 그러므로 아동의 초기 경험은 남성성과 여성성을 구분하게 했고, 그것으로부터 성 역할 고정관념이 형성되며, 그 성 역할 고정관념은 관계의 능력과 그 형태에 의해 형성된다는 결론이 나온다.[20]

그러므로 초도로는 처음부터 어린아이가 양쪽 성에 의해 양육된다면 양쪽 부모의 관계 속에서 자기에 대한 개인적인 감정을 발달시킬 수 있다고 강조한다. "이러한 방법으로 남성성은 의존을 거부하고 여성을 비하하는 것으로 연결되지 않게 될 것이고, 여성의 인격은 개별화 문제로 인한 어려움을 겪지 않게 될 것이며, 아이들은 모성성에 대한 전권에 두려움을 갖지 않게 될 것이며, 여성에게 유일한 자신의 과업능력을 기대하지 않아도 될 것이다."[21] 그러나 이미 여성과 남성으로 구별되어 양육된 사람들에게 변화의 가능성이 얼마나 되는지에 관한 문제는 불분명하다. 이미 남성과 여성이라는 성 역할 고정관념으로 양육된 사람들을 변화시킬 수 있는 가능성은 없는가? 그 가능성을 융(C. G. Jung)의 아니마와 아니무스의 원리에서 찾아보기로 한다.

2) 융의 아니마와 아니무스의 이해에서 본 성 정체감

융의 이론은 근본적으로 양극성의 원리와 대립 조정의 원리에 의해 이루어진다. 이것은 의식과 무의식의 양극성, 자아 콤플렉스와 자기, 외부세계인 페르소나(Persona)와 그림자(Schatten) 사이에서 일어나는 대립갈등, 심리학적인 관점에서의 외향성(Extraversion)과 내향성(Intraversion)의 대립, 의식화된 자아와 무의식화된 반대 성에 대한 영적인 부분인 아니마(Anima) 및 아니무스(Animus)의 긴장으로 표현되고 있다. 즉, 외향적으로 남성적인 특성을 가진 사람은 무의식 속에 여성적인 아니마를 가지고 있는 반면에 외형적으로 여성적인 특성을 가진 사람은 무의식 속에 남성적인 아니무스를 갖고 있다는 것이다.[22)]

융에게 있어서 아니마와 아니무스는 여성성과 남성성의 근본적인 원형이며, 여성적 특성을 에로스(eros) 원리로, 남성적 특성을 로고스(logos)의 원리로 설명된다. 원형은 정신분석 심리학의 주요 개념인데, 정신의 선험적인 구조로서 상을 형성하며 융은 이러한 근원적인 상은 집단적이라고 말하고 있다. 즉, 그것은 영적인 경험의 근본적인 형태로서 여러 민족과 시대에 걸쳐 이루어진 공통점이다. 인간의 삶 속에서 항상 다시 형성되고 꿈과 신화와 동화 그리고 이미지로 나타나는 보편적인 전형과의 관계 그리고 경험들이 이러한 원형에 표현된다.

그러므로 아니마와 아니무스라는 원형은 사회적으로 형성된 각 성의 반대 측면이다. 그러나 그것들은 원형적으로 이해되기보다는 오히려 가부장적으로 이해된 전형적인 남성성과 여성성의 의미가 내포되어 있다. 도스트(B. Dorst)는 여성학적인 관점에서 볼 때 융의 이론은 가부장적인 역할의 인습적인 사고로 인한 것이며 아니마와 진정한 여성과 관련하여 여성성을 평가절하하고 미화시키는 데 머물러 있다고 비판한다.[23)]

융은 단지 여성과 남성의 그림자에 집중하여 각각의 '열등성'을 드러내고 있을 뿐이다. 그의 논리에 의하면 남성에게 존재하는 발전되지 못한 불완전한 여성성은 여성에게 뚜렷하게 나타나는 비논리성과 비합리성 그리고 민감성으로서 무절제하고, 지배력이 약하고, 사려가 없고, 감정적이며, 직관적이며, 결국에는 악마와 같을 수 있다는 것이다.[24)] 또 다른 측면으로는 무의식 속에 자리 잡고 있는 여성성의 집단적인 모습이 영혼 인도자와 빛의 천사로서 나타나기도 한다. 여성성으로서 아니마에 대한 설명은 가부장적인 가치관에서 규정한 두려움, 평가절하, 존경 그리고 이상화를 내포하고 있다.[25)]

그와는 반대로 여성에게 있는 무의식의 남성성을 융은 로고스의 원리라고 하였는데, 그것은 아버지로부터 파생된 것이다. 융에 의하면 아니무스는 불완전한 로고스의 원리로서 발전되지 못한 남성성이다. 이는 경직되고, 투쟁적이며, 세계 개혁적인 행동을 하며, 무분별한 주장과 생각을 갖는 것으로 묘사된다. 카스트(V. Kast)는 이러한 융의 아니무스는 아버지 콤플렉스에서 온 것이라고 주장하고 있다.[26] 그러므로 아니무스는 순수한 원형이 아니라 단지 역설적인 방법으로 여성에게 있다고 생각하는 사회적으로 조건화된 남성 콤플렉스라고 할 수 있다.

아니마로 규정된, 즉 여성적으로 보완된 남성의 정체성과 아니무스, 즉 남성적으로 규정된 여성의 무의식적인 면이 불필요하게 경계선을 이루는 융의 이론과 프로이트의 발달심리 측면에서의 여성과 남성 이해는 성 역할 고정관념을 더욱 확고히 할 뿐만 아니라 여성들에게 자신을 표현하지 못하게 하고 무조건적인 인내와 희생을 요구하는 착한 여성 콤플렉스와 자아상실감과 모성의 이중적인 갈등을 심화시킬 뿐이다. 무엇 때문에 각각 무의식적이고 발달되지 않은 심리적인 면을 꼭 다른 성으로 규정해야만 하는가? 여성에게 아니마는 존재하지 않는가? 아니마와 아니무스가 융이 이해한 것처럼 다른 성의 무의식에 존재하고 있는 것이며 한쪽으로 치우친 것이 아닌 원형의 힘으로서 이해된다면 오늘날 남성의 무의식 영역에서가 아니라 여성을 위한 아니마의 의미에 대한 질적인 차원의 물음이 제기된다. 여성을 상징하는 긍정적인 아니마는 무엇인가?

3) 새로운 여성성의 이해: 여성의 원형으로서 아니마와 긍정적인 아니무스의 활성화

남성 중심의 가부장적인 성 역할 고정관념과 이분법적으로 분리된 사고로 이해된 여성성과 남성성을 극복하고, 하나님의 형상대로 지음 받은 여성과 남성으로서의 동등한 위치와 긍정적인 차원의 여성성의 가능성을 융의 아니마와 아니무스에 대한 새로운 이해를 통해 찾아보면 다음과 같다.

첫째, 여성과 남성 모두에게 내재해 있는 아니마와 아니무스를 긍정적이고 창조적인 가능성으로 활성화시키는 것이다. 카스트는 원형으로서 아니마와 아니무스는 남성과 여성으로 구별될 뿐만 아니라 오히려 그것은 남성과 여성의 무의식에서 찾을 수 있다고 강조하며, 모든 인간에게 주어지는 인식을 남성적인 것이라거나 여성적인 것으로 결정하는 것을 금하고 있다.[27] 남성과 여성 모두에게 의식에서처럼 무의식에서도 오히려 아니마와 아니무스가 공존하며 논쟁적으로 서로 온전성의 상징으로 나타나는 경향이 있다. 이러한 서로 간의 관계의 내적인 경험에서 자기인식이 자아와는 반대로 성장한다.

도스트 또한 융의 이론이 남성과 여성의 서로 다른 성의 부분에 대해서 지나치게 대립적으로 강조하는 것을 비판한다. 근본적으로는 서로 연관성을 가지고 있는데, 서로를 제외시키는 이러한 대립적인 사고는 항상 여성성을 차별화하는 경향이 있다는 것이다.[28] 도스트는 융의 여성성에 대한 사고가 순수한 여성의 능력이 아니라 아버지와 남성들의 사고와 논리에 의해 형성된 결과라고 비판한다. 그녀에 의하면 여성적인 영은 그것과는 반대로 "내적인 경험과 여성적인 지혜, 진실한 노력, 새로운 자립적인 사고에 대한 영적인 힘"[29]일 수 있다. 그러나 융에게 있어서 여성성은 그러한 가치로 여겨지지 않고 남성적인 투입으로서 가치를 부여한다. 도스트에 의하면 융의 심리학은 "여성을 내적으로 식민지화하고, 가부장제를 통해 나타나는 삶의 조건들 속에서 여성성이 망가지며, 또한 남성성이 훼손되고 있는 사실을 모르고 있다."[30]는 것이다. 남성성과 여성성의 구별을 지나치게 강조하는 가운데 융은 '느끼는 사고, 사고하는 감정, 사랑 그리고 통일체로서 영과 육'으로 다가갈 수 없는 이것 아니면 저것이라는 가부장적인 사고 틀 속에 머물러 있는 것이다. 그러므로 여성성에 대한 새로운 이해는 여성들이 남성보다 그들의 사고가 자명하지 못하다고 생각하고, 열등하며 감정을 느끼는 것이 여성성의 특성이라는 사실과는 상반되는 것이다.

그러므로 노이만(Erich Neumann)은 여성의 심리를 문화적 관점에서 이해한다. 지금까지 문화가 일방적으로 가부장적인 가치체계를 받아들였으므로 다른 측면에서 다른 종류의 여성적인 심리를 근본적으로 알지 못하는 결과를 낳았다는 것이다. 융이 남성의 무의식에 있는 여성성과 여성의 무의식에 있는 남성성을 수용한 것과 관련하여, 노이만은 여성들의 발달과정이 남성의 발달과정과는 완전히 다르다는 것을 안다면 여성들은 자신들에 대한 완전한 이해를 스스로 하게 된다고 생각한다.[31] 따라서 노이만은 여성성의 현상보다는 포괄적인 문화치료가 필요하다고 강조하고 있다. 여성의 모델을 선입견화된 여성적 존재의 틀에서 벗어나 남성의 세계의 고통과 경험을 통해, 즉 차이의 고통과 경험을 통하여 독자적인 여성성에 도달하게 하는 것이다. 폰 프란츠(von Franz)는 여성을 위한 아니무스가 긍정적인 것이어야 한다고 강조하는데, 그것은 여성에게 기업정신과 용기 그리고 영적인 깊이를 가져올 수 있는 것이다.[32] 따라서 일반적으로 부정적인 이미지—아버지 콤플렉스로 여성의 무의식에 내재해 있는 아니무스의 모습—보다는 여성적인 인식에 신중성과 침착성, 통찰성 그리고 주체성을 가능케 하는 아니무스의 긍정적인 면을 살리는 것이 무엇보다 필요하다. 그것은 무의식에 있는 긍정적이고 창조적인 것을 개발하는 것이다. 따라서 때때로 삶을 방해하는 부모 콤플렉스로부터 분리된 아니마와 아니무스의 기능이 필요하다.

둘째, 여성에게 내재해 있는 여성의 원형으로서 긍정적인 아니마를 발견하는 것이다. 카스트는 그의 저서 *Paare-wie Gotter sich in Menshen spiegeln*(1984)[33]에서 언급했듯이 아니무스와 아니마를 원형으로 정의 내릴 때 각각의 정의는 성을 결정할 수 있을 뿐만 아니라 그 원형들은 집단 무의식의 표현으로서 모든 인간에게 있는 공유재산이다. 여성에게 있는 생명적이고 내적인 충만을 상징하는 원형으로서 아니마는 남성에게 나타나는 것과 다른 것이 아니며, 여성에게 내재해 있는 여성성을 오히려 내적으로 충만케 하는 것이 근본적으로 중요하다는 것이다. 오늘날 여성들은 사회적으로나 가정적으로 남성과 다르지 않게 그러나 융의 시대의 여성들과는 다르게 교육을 받고 있다. 여기서 중요한 것은 여성의 정신에 내재해 있는 무의식적인 여성의 가능성이다. 그것은 일반적으로 환상과 욕망과 연관하여 생각해 온 것으로서, 카스트는 여성성을 그림자의 개념으로 상대방 성의 부정적인 한 부분으로서 생각해 왔던 융의 이론을 거부하고 있다. 왜냐하면 그것은 영혼의 한 부분이지 전체를 의미하는 것이 아니기 때문이다. 카스트는 무의식에 내재해 있는 여성의 가능성을 아니마의 모든 특성으로 이해한다.

빈스웡어(H. Binswanger) 또한 여성들의 무의식에는 남성적인 면보다는 여성성이 더 깊게 숨겨져 있다고 강조했으며 여성에게 원초적으로 남성적인 기질이 있다는 융의 이론에 대하여 처음으로 문제제기를 하였다.[34] 그녀는 남성적이고 여성적인 원리가 서로 연관성을 지니고 있다는 것과 남성적이고 여성적인 것의 상호작용의 중요성을 제시했다. 아니무스에 대한 부정적인 단정을 사회적인 논리의 결과로 이해했다.

조금 더 구체적으로 린다 레온하트(Linda Leonhardt)는 "상처받은 딸과 아버지와의 관계(verwundeten Vater-Tochter-Beziehung)"[35]를 통해 부정적으로 묘사된 아니무스에 대하여 논하였는데, 그 관계는 개인적인 관계뿐만 아니라 선생, 교수, 치료자 그리고 아버지 하나님이 속해 있는 집단적인 영역에서의 아버지 관계를 의미한다. 남성성을 무비판적으로 적용하는 것은 여성에게 자기소외와 자신에게 있는 남성적인 면에 대하여 부정적으로 생각하게 한다. "여성성의 가치를 절하하는 가부장적이고 권위주의적인 태도가 지배하는 곳이면 어디서든 딸들이 자신의 존재로 독창적으로 살아가는 것을 거절하는 집단적인 아버지에 의해 여성들이 억압당하는 것을 볼 수 있다."[36)]

여성의 무의식 세계에 여성성과 남성성이 공존해 있다는 카스트의 이론과 함께 상처 입은 아버지와 딸의 관계를 구출하는 것은 여성 자신에게 내재되어 있는 여성성을 발견하는 것으로 이루어질 수 있다. 그러므로 푸엘라(Puella)와 아니마(Anima)는 여성의 영혼에 있는 여성적인 표상일 수 있는데, 그것은 아버지로부터 벗어날 수 있는 고통에 대한 보호로서 아버지의 태도에 따라 딸에게서 발전될 수 있는 것이다.

그렇다면 여성에게 내재해 있는 여성성의 원형인 아니마는 무엇을 상징하는가? 그것은 생명을 부여하는 관계성이다. 융에게 있어서 아니마는 남성에게 있는 무의식적인 여성성뿐만 아니라 매우 포괄적인 의미를 담고 있다. 그에게 아니마는 의식과 생명체 그리고 다른 사람과의 사랑하는 관계를 일으키는 살아 있는 것의 원형이다. 아니마는 여신, 어머니, 딸의 전형이며, 사랑하는 사람, 자매, 소피아, 동정녀 그리고 나이 든 성숙한 인격의 여인 등이다. 그러므로 "아니마는 관계의 기능을 상징한다."[37)] 여성적인 능력을 잉태하고 생명을 부여하고 삶의 관계를 보호하고 보살피는 것으로 연결시킨다면, 아니마는 넓은 의미의 사랑하는 관계에 대한 에로스적 원리로서 생명과 연관된 모든 힘을 의미한다. 생명은 관계 안에서 가능한 것이다.

비크하우저 외리(S. Birkhauser-Oeri)에 의하면 이러한 관계 형성의 의미로서의 아니마는 여성에게도 의식되지 못하고 있고 체험되지 않는 부분이다. "여성은 오랫동안 자신도 인식하지 못하고 있던 무의식에 깔린 여성 본연의 초인격적인 형태와 접촉하는 것이다. 오랜 역사 속에서 문화적인 발달이 이러한 원리의 관계를 포기하도록 여성들을 억압해 왔다."[38)] 이제는 여성들이 이러한 관계를 다시 받아들이고 스스로 인식해야 할 때가 온 것 같다. 즉, 여성을 위한 여성의 의미를 관계성을 통하여 새롭게 인식해야 한다.

이러한 관계성을 통해 여성을 위한 여성의 의미를 카스트는 어머니와 어머니 원형의 의미 그리고 딸을 위한 긍정적인 어머니 콤플렉스의 의미로 설명한다. 무엇보다도 딸을 위한 긍정적인 어머니 콤플렉스의 의미를 딸들의 청소년기의 발달 속에서 이해했는데, 그의 책 *Vater-Töchter-Mütter-Söhne*[39]에서 딸과 어머니의 관계에 원초적이고 대단한 의미—초도로와 유사한—를 부여하고 있다. 딸에게 있어서 중요한 것은 어머니와 분명히 구분을 짓고, 어머니와는 반대로 자신의 것을 내놓는 것이다. 그러나 그것은 '상징적인 어머니 살인(symbolischen Muttermord)'은 절대 아니며 또한 가부장적인 색채를 띤, 즉 남성적인 로고스의 세상을 창조하는 해방의 행위로 어머니 살인을 표현하는 융의 신화적인 의미도 아니다. 카스트는 무엇보다도 융의 심리학에서 소위 긍정적인 어머니 콤플렉스의 심리학적인 중요성과 영적인 차원을 발견하였는데, 그것은 남성이 경험한 것과 같이 여성들도 경험하는 초기 어머니 관계에서 이루어지는 매우 긍정적인 의미의 '관계'와 '보살핌'[40]의 능력이다.

따라서 아니마와 아니무스를 보편타당한 원형으로 보는 논리로부터 벗어나 근본적으로 반대되는 것들의 원형을 살펴보아야 할 것이다. 그 원형에 대한 문화적인 관습이 콤플렉스 의미에서 지금까지 아니마와 아니무스의 의미를 설명해 왔는데, 이제는 여성에게 있는 남성적인 면의 통합은 여성성과의 관계 속에서만이 가능하다.[41] 즉, 부정적인 아니무스 콤플렉스를 제거하고 여성성의 가치를 새롭게 살리는 것이다. 여기서 '여성성의 가치'란 가부장적인 생각으로부터 해방된 여성의 '모성적인 아니마(matriarchale Anima)'다. 그것은 '모성적인 지혜(matriarchale Weisheit)'와 같은 의미이거나 '여성의 열정적인 특성' 또는 관계능력의 원형으로서의 아니마다. 그리고 가부장적인 형태의 것과는 대조적인 모성적 아니마는 남성과 마찬가지로 여성의 영적인 깊은 시야를 의미한다. 여성성에서 자기를 찾아가는 데 있어서 여성에게 어려운 것은 개인적으로뿐만 아니라 집단적으로 깊이 뿌리박힌 마녀박해시대 이후 여성들의 집단적인 정신적 충격을 나타내 주고 있는 추방에 대한 두려움이다. 이제 여성 스스로 그 추방에 대한 두려움으로부터 벗어날 때가 온 것이다. 그렇다면 여성에게 존재하는 진정한 여성성을 통하여 할 수 있는 여성을 위한 기독교상담의 가능성은 무엇인가?

3. 심리적 양성성을 통한 기독교상담의 가능성

지금까지 여성주의 분석심리학적 관점에서 새로운 여성성을 살펴보았는데, 새로운 여성성이란 여성의 무의식에 내재해 있는 아니무스를 긍정적인 차원으로 활성화시키고 여성에게 내재해 있는 긍정적인 아니마를 적극 개발하는 것이다. 즉, 진취적이고, 능동적이며, 이성적이며, 논리적인 그리고 주체적이고 긍정적인 의미의 아니무스와 생명을 부여하며 보살피는 관계의 능력 그리고 같은 여성으로서 어머니와 딸의 관계성을 활성화시킬 수 있는 모성적 아니마다. 이러한 긍정적인 차원의 양성적인 여성성에 근거하여 여성을 위한 기독교상담의 가능성— '여성 간의 상호 관계성을 통한 상담'과 '주체적 자기발견을 통한 상담'—을 성서에 나타난 두 이야기인 룻과 나오미 이야기, 하갈 이야기에서 찾아보기로 한다.

1) 여성 간의 상호 관계성[42)]을 통한 상담

여성운동의 이론과 실제를 통해 여성들은 다른 성과의 상반성으로부터 그리고 여성 자신의 실제적인 관심보다 남편에게 집중된 관심으로부터 해방되었다. 남성으로부터의 독립은 여성에 대한 다른 이해를 가능케 했다. 여성운동의 가장 중요한 소득은 여성 간의 관계성을 다시 발견하는 것이다. 이것은 여성에게 내재해 있는 가부장적인 사고로부터 해방된 그리고 생명을 부여하는 관계성으로 상징하는 모성적인 아니마다. 이러한 아니마의 특성은 여러 형태로 표현될 수 있는데, 여기서 강조하고 싶은 것은 특히 가부장적이며 권위적인 부정적 아니무스에 의해 상처 입은 아버지-딸의 관계가 아니라 인생의 초기 발달과정에서 경험하는 어머니와 딸의 상호 관계성 속에서의 연대감이다. 그것은 어머니의 삶을 답습하는 것이 아니라 어머니와는 분명히 구분을 짓고 딸이 자신의 삶을 살아가도록 돕는 상호작용이다.

여성의 정체성을 위한 이러한 여성관계의 의미 발견은 세대 간뿐만 아니라 자기세대에서의 여성관계를 포함한다. 이러한 새로운 관계에 대해 이탈리아 여성학자는 '아피다멘또(affidamento)'라고 표현하고 있다.[43] 그 말은 여성 상호 간의 신뢰적인 관계 또는 여성 상호 간의 신뢰라는 의미를 담고 있다. '아피다멘또'는 또한 여성들의 연대적인 정치적 행위를 위한 힘이다.

'아피다멘또'의 내용은 '가치'다. 여성들이 상징적인 차원에서 서로 간의 가치를 인정해 주고 가치를 반영해 주는 것이다. 젊은 여성들은 상징적인 여성의 가치를 자신들에게서 찾기 위한 모델로서 인격적으로 성숙한 나이 든 여성이 필요하다. 모성성의 좋은 관계는 생명을 위한 근본 관계 그리고 여성의 성과 여성이라는 자기긍정의 관계와 연관되어 있다. 가부장적인 삶의 조건 속에서 부정적인 감정과 좌절, 상처 그리고 거절과 미움으로 둘러싸인 어머니와 딸 사이의 망가진 관계는 여성치료에서 중요한 주제가 되고 있다. '아피다멘또' 속에서 여성을 위해 수정된 새로운 경험이 가능하며 상호 간의 사랑스러운 관계의 원리로서 아니마의 원형적인 힘을 펼칠 수 있을 것이다. 특히 구약성서에 나오는 두 여인, 나오미와 룻의 이야기[44]에서 우리는 아피다멘또의 실례를 볼 수 있으며, 아니마의 속성인 깊은 연대성과 상호 관계성을 통해 새로운 삶을 개척하는 여성을 위한 기독교상담의 가능성을 찾아보게 된다. 남편과 두 아들과 함께 모압 땅으로 이주해 간 나오미는 그곳에서 남편과 두 아들의 죽음을 경험한다. 나오미는 그녀의 고향인 베들레헴으로 다시 돌아가려고 결심하면서 과부가 된 모압의 여인인 두 며느리와 함께 떠난다. 그러나 길을 가다가 나오미는 두 며느리에게 친정으로 돌아갈 것을 권유한다.

> "너희는 제각기 친정으로 돌아가거라. 너희가 죽은 너희의 남편들과 나를 한결같이 사랑하여 주었으니, 주께서도 너희에게 그렇게 해 주시기를 빈다. 너희가 각각 새 남편을 만나 행복한 가정을 이루도록 주께서 돌보아 주시기를 바란다." (룻1:8-9)

나오미는 지금까지 남편 없이 살아온 자신의 처지를 생각하면서 같은 길을 걷게 될, 그것도 자신은 자식이라도 있었지만 자식도 없이 과부로 살아가게 될 두 며느리의 상황이 안타까웠을 것이다. 그러나 며느리들은 목놓아 울면서 헤어지지 않겠다고 말한다. 나오미는 외국인 며느리들이 남편의 나라에 가서 겪을 온갖 고난을 예측하고, 동시에 나오미는 자신의 처지로서는 그 당시에 있던 시형제 결혼제도도 불가능하다는 것을 강조하면서 다시 한 번 며느리들에게 돌아갈 것을 강권한다.

> "너희가 그것들이 클 때까지 기다릴 셈이냐? 그때까지 재혼도 하지 않고 홀로들 지내겠다는 말이냐? 아서라, 내 딸들아. 너희들 처지를 생각하니, 내 마음이 너무나 괴롭구나. 주께서 손으로 나를 치신 것이 분명하다." (룻1:13)

울면서 통곡하는 두 며느리, 그 며느리들의 처지를 생각하며 마음 아파하며 두 며느리를 자신과 같은 처지에서 고생시키지 않으려는 시어머니에게서 우리는 젊은 나이에 과부가 된 며느리들이 역시 과부인 그들의 시어머니에게 보여 주는 동병상련과, 낯선 백성으로서 모압 땅에서 힘들게 적응하면서 살아온 자신의 아픔을 똑같이 겪지 않게 하려는 과부 시어머니의 깊은 연대감을 찾을 수 있다.

마침내 한 며느리와는 이별을 했으나 룻은 시어머니 나오미를 떠나 친정으로 돌아가지 않고 시어머니 곁에서 남아서 시어머니의 고향인 낯선 유다 땅으로 함께 갈 것을 고집한다. 룻은 나오미에게 이렇게 말한다.

> "나더러 어머님 곁을 떠나라거나 어머님을 뒤따르지 말고 돌아가라고 강요하지 마십시오. 어머님이 가시는 곳에 나도 가고 어머님이 머무르시는 곳에 나도 머무르겠습니다. 어머님의 겨레가 내 겨레이고 어머님의 하나님이 내 하나님입니다." (룻1:16)

서로 다른 민족이면서 서로 다른 세대 그리고 시어머니와 며느리 관계인 두 여인은 같은 처지의 같은 여성이라는 이유로 서로 의지하며 살아가는 운명공동체를 형성하게 된다. 그러나 시어머니 나오미와 며느리 룻은 같은 운명공동체로 삶을 시작하지만 시어머니는 자신이 살아온 삶과는 다르게 적극적으로 며느리의 새로운 삶을 위해 돕는다. 며느리 룻은 보아스의 밭에서 일한 후에 일일이 시어머니 나오미에게 그곳에서 일어난 일을 이야기하고 나오미는 그런 룻을 시기하거나 야단치기보다는 적극적으로 새로운 삶을 사는 방법을 제시하면서 룻이 자신의 삶을 개척하도록 인도하고 있다(룻3:3-5; 16-18). 그러한 시어머니의 적극적인 도움으로 룻은 보아스와 새로운 삶을 시작하게 되고 다윗의 조상인 엘리멜렉의 가문을 잇게 됨으로써 아들 일곱보다 더 나은 며느리가 된다.

여기서 우리가 주목할 것은 나오미는 자신이 살아온 아픔을 며느리가 똑같은 경험하도록 요구하는 것이 아니라 같은 여성으로서 며느리들이 스스로 자신의 삶을 개척해서 시어머니인 자신과는 다른 삶을 살아가기를 원했다는 것이다. 그러한 사실을 우리는 ① 며느리들이 과부로서 낯선 땅에서 적응하기 위해 힘들게 살기보다는 며느리들의 고향으로 다시 돌아가기를 시어머니가 권유했다는 것과, ② 시어머니를 떠나지 않고 함께 시어머니의 고향 베들레헴까지 함께 동행한 며느리 룻이 보아스와 결혼하여 새로운 삶을 살아가도록 시어머니가 적극적으로 개입한 사실을 통해 분명히 알 수 있다.[45] 같은 여성으로서의 고통을 함께 극복하려는 나오미와 룻의 삶의 의지 그리고 여성과 여성으로서, 세대는 다르지만 비슷한 처지의 동반자로서 상호 관계성과 연대성을 통해 도움을 주는 상담의 틀을 찾아볼 수 있다. 이러한 나오미와 룻의 상호 관계적 연대성을 통한 극복은 여성적 관계의 모델과 여성을 위해 존재하는 동반자로서 여성의 의미가 여성을 위한 기독교상담의 핵심이라는 사실을 더욱 분명하게 한다.

여성은 인격적인 발달과 성숙을 위하여 그리고 삶의 형태와 질을 위하여 여러 형태의 여성관계의 망이 필요하다. 여성들은 직업과 자녀양육 그리고 가족과 가정살림 등 이중 삼중의 역할을 요구받는 가운데 복잡한 삶을 가능케 하는 사회적인 네트워크를 형성한다. 여성친구가 삶의 동반자로서 자주 변하는 남성 동반자와의 관계보다 더 안정되고 신뢰성 있다는 것은 이미 오래전부터 알려진 사실이다. 성서의 나오미와 룻과의 관계에서뿐만 아니라 지금까지 인간의 역사 속에서는 어머니와 딸이 연대성을 가지고 평생동안 친구같이 긍정적인 관계를 형성하는 것을 볼 수 있다.[46] 여성과의 신뢰적인 관계는 초기 아동기와 후기에 관계된 여성, 즉 어머니나 할머니, 자매 또는 여 선생님과의 신뢰의 경험에 근거한다. 이것은 남성이 분리나 독립을 통해 자기정체성을 형성해 가는 반면, 여성은 그 안에 내재해 있는 아니마의 긍정적인 차원인 관계성을 통해 자기정체성을 형성해 가는 좋은 예라고 할 수 있다. 따라서 비슷한 경험을 하게 되는 같은 여성으로서 긍정적인 차원의 아니마인 상호 연대감을 적극적으로 활성화는 것이 여성을 위한 기독교상담의 또 하나의 가능성이 될 수 있다.

2) 주체적 자기발견을 통한 상담: 능동적이고 주체적인 삶을 향하여

사람은 살아가면서 의식적, 무의식적으로 다른 사람과 상호 반응함으로써 상대방에게 자신의 감정을 표출하고 또한 상대방으로부터 감정적인 반응을 느낀다. 이러한 심리적인 연결을 우리는 인간관계라고 한다. 사람은 이러한 관계를 통해 타인이 나에게 보이는 반응과 그들이 보는 나에 대한 인식을 바탕으로 스스로 자기 자신에 대하여 판단하게 된다. 즉, 인간관계를 통해서 자기를 이해하고 자기정체성을 형성한다. 이러한 인간관계는 긍정적인 방향으로 형성될 수도 있고 부정적으로 형성될 수도 있다. 그러나 여성에 대한 부정적인 고정관념은 많은 여성들로 하여금 스스로 자신감을 잃고 소외감을 느끼게 할 수도 있으며, 자아상실감에 빠지고 억울한 감정이 쌓여 정신적, 육체적인 병을 일으킬 수 있는 소위 '한'으로 발전될 수 있다. 이러한 부정적인 자아상이 긍정적으로 변하기 위해서는 여성 내면에 숨겨져 있는 긍정적인 아니무스—진취적이며, 능동적이고, 독립적이며, 주체적인—를 발견하고 개발해야 한다. 이러한 긍정적인 아니무스는 여성으로 하여금 맺혔던 '한'도 풀 수 있는 건강한 자기정체성을 형성시킨다.

한이 맺히게 하는 부정적인 여성에 대한 고정관념—수동적이며, 비논리적이고, 지배력이 약하고, 직관적인 그리고 남성보다 열등한—에서 벗어나 주체적이고 능동적인 여성의 경우 그 속에 내재해 있는 긍정적인 아니무스를 활성화한 여성을 위한 기독교상담의 틀을 어디서 찾을 수 있을까? 그 가능성은 성서에 나타난 하갈의 이야기[47]에서 찾아볼 수 있는데, 하나님은 하갈에게 종으로서의 삶—수동적이며 의존적인 특성을 지닌 여성성—에서 독립되고 주체적인 삶의 길—능동적이고, 주체적이며, 독립적이고, 긍정적인 아니무스의 특성—을 찾도록 도와주신다. 의존적이고 수동적인 삶에서 새롭게 주체적인 삶으로 변화되는 하갈의 모습을 구체적으로 살펴보면 다음과 같다.

첫째, 독립되고 주체적인 삶의 길을 찾기 위해 하나님은 우선 현실적으로 자신이 처해 있는 상황을 정확히 파악하고 이해하도록 했다. 구약성서에 나타난 하갈은 사라의 몸종으로서 사라를 대신해 아이를 낳아 준 이방 여인이었다. 이 여인은 자신이 임신한 사실을 알고 교만해져서 여주인을 업신여기게 된다. 여주인 사라가 질투심에 몸종 하갈을 학대하게 되자, 하갈은 그것을 피해 도망가게 된다. 아마도 이방인으로서, 여성으로서 그리고 종으로서 천하고 힘없던 하갈이 주인의 아이를 갖게 되자, 자신이 종이라는 사실을 망각했는지도 모른다. 그리고 하갈은 주인의 아이를 갖게 됨으로써 자신의 처지가 주인에 의해 바뀔 것이라는 착각에 교만해졌을 것이다.

그러나 주의 천사가 나타나 학대하는 여주인 사라로부터 도망 나온 하갈에게 "어디서 와서 어디로 가는 길이냐?"라고 물으며 그에게 종으로서 여주인에게 복종하면서 살아야 할 상황을 분명히 상기시키고 있다(창16:8-9). 왜 하나님은 처음부터 하갈에게 독립적인 삶을 살도록 인도하지 않고 여주인에게 돌아가 복종하면서 살라고 했을까? 그 여인은 자신의 고통에서 비롯된 아픔을 피하고 싶었을 것이다. 여주인의 학대로 그녀는 자신의 결함과 자신의 상처, 자신이 처한 그 모든 것으로부터 도망가고 싶었는지도 모른다. 진정으로 받아들이기 힘든 자신의 처절한 모습은 도망가려고 해도, 은폐하려고 해도 여전히 자신이 짊어져야 할 무거운 짐으로 남는다. 그러므로 하나님은 하갈의 독립보다는 우선적으로 자신이 처해 있는 상황을 정확히 바라보고 파악하도록 하셨다.

그러나 주의 천사를 통해 하나님은 하갈에게 위로를 잊지 않으시며 약속을 하신다. 그리고 하갈이 자신의 상황—종이라는 사실과 남성에게 의존해야 하는 여성이라는 것 그리고 임신한 몸이라는 현실—을 받아들이고 다시 여주인에게 돌아가도록 인도하신다.

> "내가 너에게 많은 자손을 주겠다. 자손이 셀 수도 없을 만큼 불어나게 하겠다." (창16:10)
>
> "너는 임신한 몸이다. 아들을 낳게 될 터이니, 그의 이름을 이스마엘이라고 하여라. 네가 고통 가운데서 부르짖는 소리를 주께서 들으셨기 때문이다. 너의 아들은 들나귀처럼 될 것이다. 그는 모든 사람과 싸울 것이고, 모든 사람 또한 그와 싸울 것이다. 그는 자기의 모든 친척을 떠나서 살아가게 될 것이다." (창16:11-12)

자기를 안다는 것은 자신이 현재 어디로 가고 있고, 무엇을 하고 있는지 그리고 필요한 것이 무엇인지 자신이 처한 상황을 정확히 보는 것이다. 우리는 정확한 자기이해를 바탕으로 자신에게 잘못된 것이 무엇이고 필요한 것이 무엇인지 알게 되고 긍정적인 자아상을 확립해 갈 수 있다. 그러나 자기 자신을 잘 알지 못하고 있기 때문에 많은 어려움에 처하게 된다. 외적인 자기와 내적인 참된 자기인식이 일치하지 못할 때 불안과 우울 등 부정적인 증세가 나타난다. 자신보다는 오히려 타인과 다른 사물에 대하여 더 많은 관심을 갖고 있음으로 인해 자신이 처한 상황을 바로 보지 못하며, 진정으로 자신이 요구하고 있는 것이 무엇인지 모르는 채 타인의 요구에 맞추어 살려고 애를 쓰는 경우가 많다. 그러다 보니 늘 불안하고, 불만족스럽고, 긴장과 좌절이 계속되는 삶을 살고 있다. 그것은 자기 안에 내재되어 있는 진정한 자기모습을 알지 못하고 있기 때문이다. 그렇기 때문에 자신에게 진정으로 필요한 것이 무엇인지조차 모르고 항상 불만족스러운 삶을 살아간다. 자기 자신에 대한 이해가 부족하게 되면 행동에도 일관성이 없게 되며, 그것은 또한 타인과의 인간관계에도 전혀 도움이 되지 못한다. 자기 병을 알면 치료가 가능한 것처럼 자기가 누구인지 알면 구원이 가능하다.

둘째, 자신의 내부에 잠재되어 있는 긍정적인 아니무스를 발견하고 활성화시켜 책임 있는 주체적인 삶을 살아가도록 하는 것이다. 그것은 있는 그대로의 자신의 모습을 바로 보고 다른 사람의 시선이나 다른 사람에게 의존하는 수동적인 삶에서 벗어나는 것이다. 하갈의 이야기로 다시 돌아가면 여주인 사라와 하갈 사이에서 또다시 일어나는 질투와 시기 그리고 이삭과 이스마엘의 갈등으로 아브라함의 집안은 늘 시끄러웠을 것이다. 아마도 하갈은 여전히 자신의 상황을 파악하지 못했든지, 아니면 다시 잊었는지도 모른다. 그러한 가정의 불화를 하나님은 그대로 보고만 있을 수 없었다. 하갈이 마침내 아들 이스마엘과 아브라함의 집에서 쫓겨나 빈 들에서 물이 없어 아이를 뉘어 놓고 아이가 죽어 가는 꼴을 차마 볼 수가 없다며 소리를 내어 울게 된다. 하갈은 처음 사라의 학대를 피해 도망 나온 이후 다시 한 번 잊어버렸던 자신의 상황을 직시하게 된다. 종으로서 주인의 아이를 낳아 천대받으며 지금까지 살아온 자신의 삶이 억울하기도 했을 것이며, 이제 갈 곳이 없고, 앞으로 살아갈 것이 막막했을 것이다. 그리고 당장 아이가 죽어 가는 것을 보고만 있으려니 마음이 찢어질 듯 아팠을 것이다. 그녀의 울음은 지금까지 자신의 비참하고 한스러웠던 삶에 대한 억눌렸던 감정의 표현이었을 것이다. 어쩌면 하갈은 여주인 사라의 질투를 받으면서 그리고 종이라는 이유로 학대받으면서도 그 고통 속에서도 먹을 것이 있으니 아들과 함께 버티며 살려고 했는지도 모른다.

그러나 하나님은 여주인 사라와 불화를 일으키며 여주인으로부터 학대받고 있는 하갈을 아브라함 집에 그대로 살게 하시지 않으셨다. 아브라함에게 하갈과 이스마엘을 추방하게 함으로써 가정에 불화를 일으키는 하갈로 하여금 모든 안정된 삶으로부터 떠나게 한다. 그리고 피하고 싶고 도망가고 싶었던 자신의 힘없고 천한 종으로서, 여성으로서의 모습을 한탄하며, 이렇게 사막에서 죽어 가야 하는 삶의 두려움 속에서 지금까지 억눌렸던 감정을 폭로한다. 하나님은 이러한 하갈에게 자신의 삶을 스스로 개척하도록 다시 한 번 확신을 주신다.

> "하갈아, 어찌된 일이냐? 무서워하지 말아라. 아이가 저기에 누워서 우는 소리를 하나님이 들으셨다. 아이를 안아 일으키고, 달래어라. 내가 저 아이에게서 큰 민족이 나오게 하겠다." (창21:17-18)

하나님은 종이기 때문에, 여성이기 때문에 자신의 상황을 부정하며 피하려고 했던 하갈 그리고 어쩔 수 없이 억압과 학대 속에서도 아브라함에 의지하여 자신의 삶을 살아가려고 했던 나약한 하갈의 눈을 뜨게 하신다. 마침내 하갈은 누군가의 도움만을 기다리는 수동적인 삶의 자세가 아니라 직접 샘을 발견하여 물을 떠다가 아이에게 먹이는 능동적인 삶의 자세로 바뀌게 된다. 하나님은 남에 의해서 사는 인생이 아니라 전적으로 자신의 삶에 책임을 지고 주체적으로 행동하도록 하갈을 인도하신다.

> "하나님이 하갈의 눈을 밝히시니, 하갈이 샘을 발견하고, 가서 가죽부대에 물을 담아다가 아이에게 먹였다." (창21:19)

하갈은 주인의 아이를 낳았다는 이유로 또다시 종이라는 신분을 잊고 모든 것을 얻은 것처럼 여주인 행세를 하며 거드름을 피웠는지도 모른다. 그러나 하나님은 그러한 하갈에게 자신의 처지를 똑바로 보게 하시고, 주인인 아브라함에 의존하지 않고 오히려 그 집안으로부터 나오게 하여 학대와 질투가 가득한 그리고 종의 신분으로 얽매인 삶으로부터 해방시키신다. 그리고 하갈에게 모든 억압과 학대 속에서 아들을 키우기보다 그곳에서 해방되어 당당하게 자신의 권리를 세워 살아가도록 도우신다.

하갈의 이야기에서 우리는 하나님을 만나고 대화함으로써 비로소 자기가 처해 있는 상황을 보게 되며 마침내 자기를 용납하고 주체적인 새로운 삶을 살아가는 것을 알 수 있다. 이것은 여성을 위한 기독교상담의 방향을 제시해 주고 있다고 볼 수 있는데, 수동적이고 다른 사람에 의한 인생을 살아온 나약한 여성으로부터 해방되어 여성에게 잠재되어 있는 긍정적인 의미의 진취적이고 주체적인 아니무스의 기능을 활성화시키고 변화된 삶을 시도한 것이다. 하갈은 이제 현재에 충실하며 자신의 신념에 따라 자율적인 삶을 살아가는 사람이 된 것이다. 자신의 부족함 때문에 타인의 시선을 지나치게 의식하거나 타율적으로 타인의 말에 따라 움직이지 않는다. 하나님을 만남으로써 자신이 처해 있는 상황을 바로 볼 수 있게 되었으며, 원래의 있는 그대로의 자기를 내놓고, 자신의 아름다운 모습뿐만 아니라 감추고 싶고 수치스러운 것까지도 기꺼이 받아들이며, 그것에 대해 더 이상 부끄러워하거나 연연해하지 않게 된 것이다. 자기를 이해하고 자기를 용납하고 주체적인 삶을 살아갈 때 비로소 타인의 기대와 욕구에 맞추기 위해 가졌던 스트레스와 좌절, 불안, 거리낌은 사라지고 자신 있고 담대하며 주체적인 여성으로 살아가게 되는 것이다.

4. 한국 사회문화에서의 기독교상담의 과제

우리 문화에서 두 가지 성으로 나누는 이분법적인 시각은 인간만을 구분하는 것이 아니다. 언어 또한 성적인 표현으로 사용되며 호칭에서도 나타난다. 광고에서도 남성과 여성의 이상적인 상을 조장하는데, 부드럽고 마른 것은 여성적인 것으로 묘사하고 강함, 성취능력은 남성적인 것으로 연결하여 항상 그것과 상응되는 능력을 자극해 왔다. 또한 두 가지의 성을 자신의 조직을 위해 활용하는 제도적인 조정도 있다. 그러나 문제는 그러한 조정이 단순히 성의 차이를 형성하는 것뿐만 아니라 성의 차별화를 강화하며 대립화 현상을 야기시킨다는 것이다. 이렇게 이분법적으로 조성된 여성다워야 하는 의무감에 여성들은 의식적, 무의식적으로 시달리고 있다.

'여성은 이래야 된다.'라는 고정관념으로 자신의 주장을 펴지 못하고 착한 여성 콤플렉스에 빠져 수동적이고, 침묵하고, 인내하며, 때로는 자아상실감에 괴로워하는 여성들을 위해 할 수 있는 것은 무엇인가? 그것은 무엇보다도 인종차별, 지역차별, 이념차별, 성차별, 계급-직업차별, 나이차별 등 인간이 세운 모든 사회, 정치적 차별을 떨치고 자신 스스로 의식적으로 또는 무의식적으로 쌓아 놓은 고정관념으로부터 자신의 개인적인 벽을 허무는 것이다. 그것은 여성 안에 내재해 있는 여성성을 찾아 개발하는 것이다. 그리고 여성들에게 항상 부족하다고 생각해 왔던 여성의 무의식 세계에 내재해 있는 아니무스를 폭력적이고 독단적이며 권위적인 차원이 아닌 주체적이고 능동적이며 긍정적인 차원으로 활성화시키는 것이다.

무엇보다도 여성주의 심리학적 관점에서 성의 차이는 여성의 정체성에 대한 상이함과 특별한 능력을 다시 발견하고 긍정적으로 가치를 부여하는 것이다. 따라서 기존의 남성 중심 가부장적 고정관념에 의해 형성된 여성과 남성에 대한 이해를 탈피하여 새로운 여성성에 대한 의식화 작업과 여성에게 내재해 있는 긍정적인 아니무스—독립적이고 진취적이며 능동적인—와 긍정적인 아니마—관계적이고 유대적인—의 능력을 강화시키는[48] 작업이 여성을 위한 기독교상담의 가능성이라고 할 수 있다.

기독교상담은 성에 대한 연구의 결과를 통합해야 하며 사회적으로 조건화된 문제를 개별화하거나 인격체로 귀속시키지 말아야 한다. 기독교상담은 행위자와 희생자의 대립, 억압하는 사회와 억압당하는 주체에 대한 양극화를 불러일으키는 성의 대립이 아니라 상대화를 향한다. 그러므로 기독교상담에서 여성과 남성을 분리하거나 내용적으로 미리 규정한 여성적이고 남성적인 정체성에 대하여 말하는 것에 주의해야 한다. 오히려 남성과 여성의 경험세계의 차이를 언급해야 할 것이다. 그러나 이것은 성 정체성에 대한 의무론에 영향을 주며, 사회적, 역사적으로 조건화된 성의 원형을 상대화하며, 남성과 여성을 새로운 존재방법으로 묶어 두지 말 것을 목적으로 해야 한다. 이러한 기독교상담은 신약 전통과의 연관성 속에서 이해할 수 있다. 처음 기독교인들은 예수의 이름으로 세례를 받았는데, 그들은 세례를 받음으로써 새로운 공동체와 새로운 사회구조를 형성하였다. 그 안에서는 더 이상 유대 사람이나 그리스 사람이나, 종이나 자유인이나, 남자나 여자나 차별이 없다. "그것은 여러분이 그리스도 예수 안에서 하나이기 때문이다."(갈3:28)

미 주

1) K. Barth, *Die Lehre von der Schoepfung, Kirchliche Dogmatik* Bd. III/1, 4 (Zürich 1945, 1951); J. Christine Janowski, "Zur paradigmatischen Bedeutung der Geschlechterdifferenz in K. Barths 'Kirchlicher Dogmatik'", in: *MJTh 7*, 13-60. 그러나 여성 신학자들은 오랫동안 신학과 교회에 깊이 뿌리박혀 있고 오늘날 여전히 부분적으로 남아 있는 '본능적'이고 '감정적'으로 이해되고 있는 여성의 정체성에 대한 선입견에 대하여 비판한다.

2) 조혜정, 『한국의 여성과 남성』(문학과 지성사, 1988), 19.

3) 김태련 외, 『여성심리』(이화여자대학교 출판부, 1996), 174-177, 180 이하; 홍순정 외, 『여성심리학』(교육과학사, 1998), 84-87. 가장 두드러진 고정관념 중 하나는 인간을 남성성과 여성성이라는 양극성으로 구분하고 남성성, 아니면 여성성 한쪽만을 두드러지게 취하게 하고 어느 한쪽에 자신을 귀속해 버리게 하는 것이다. 모든 남성은 남성적이고 모든 여성은 여성적이어야 한다는 과장된 신념을 고정화하려고 한다. 개인의 자아정체감 정립은 많은 부분 개인이 속한 사회가 갖고 있는 이러한 성별에 대한 고정관념을 바탕으로 이루어진다. 성에 대한 고정관념은 의식적이기보다는 무의식적으로 사회 문화 전반에 깔려 있다. 따라서 남성은 자신 내부에 있는 여성성을 부인하며 여성 또한 자신의 내부에 자리 잡고 있는 남성성을 인정하려고 하지 않는다. 여러 문화에 걸쳐 나타나는 성역할 고정관념의 내용을 분석하면 여성성은 문화적인 관심, 순응, 타인에 대한 친절, 걱정, 타인의 행동에 대한 관심 등 감정적이고, 자기희생적이고, 남들과의 관계를 중요시하며, 섬세하다는 등의 표현적이고 공동체적 특성으로 나타난다. 남성성은 독립심과 자긍심, 우월감, 야망, 공격성 등 자기주장적이고, 활동적이고, 자기발전을 도모하고, 목적의식이 뚜렷하여 목적을 위해 수단과 방법을 가리지 않는 등 전반적으로 도구적이고 행위 주체적인 특성으로 요약된다.

4) W. Fezler/E. S. Field, 『착한 여자 콤플렉스』, 박상창 옮김 (문학사상사, 1998); 여성을 위한 모임에서는 남성 중심의 가부장 사회에서 여성이 경험하는 심리적 콤플렉스를 착한 여자 콤플렉스 외에 신데렐라 콤플렉스, 성 콤플렉스, 외모 콤플렉스, 지적 콤플렉스, 맏딸 콤플렉스, 슈퍼우먼 콤플렉스로 설명하고 있다. 여성을 위한 모임, 『일곱가지 여성 콤플렉스』(현암사, 1992).

5) 여성이 자아실현을 하지 못하는 데서 오는 좌절감에 대한 실례는 다음을 참조하라: 김영애, "가부

장적인 한국사회에서의 여성경험에 대한 상담심리학적 고찰", 한국여성신학회 편, 『한국여성의 경험』 (대한기독교서회, 1994), 169-210, 178-187; 백은미, "여성주의적 관점에서 본 인격적 성숙과 영적 성숙", 「한국기독교 신학논총」 19집 (대한기독교서회, 2000/11), 305-359, 322.

6) Christa Rohde-Dachser, *Expedition in den dunklen Kontinent. Weiblichkeit im Diskurs der Psychoanalyse* (Berlin/Heidelberg, 1992), 175. 그 밖에 다음과 같은 여성주의 심리학자들이 있다: Jessica Benjamin, *Die Fesseln der Liebe. Psychoanalyse, Feminismus und das Problem der Macht* (Frankfurt a.M, 1990); Nancy Chodorow, *Das Erbe der Mütter. Psychoanalyse und Soziologie der Geschlechter* (München, 2. Aufl. 1986).

7) Jessica Benhanim, *Die Fesseln der Liebe*, 155f.

8) Nancy Chodorow, *Das Erbe der Mütter*, 16.

9) Sigmund Freud, *Über die weibliche Sexualitaet, Gesammelte Werke Bd. 14, Werke aus den Jahren 1925-31* (Frankfurt a. M., 4. Aufl., 1968), 518.

10) N. Chodorow, *Das Erbe der Muetter*, 56.

11) Catherine Keller, *Penelope verläßsst Odysseus. Auf dem Weg zu neuen Selbsterfahrungen* (Gütersloh, 1993), 168.

12) J. Benjamin, *Die Fesseln der Liebe*, 132.

13) 위의 책.

14) C. Keller, *Penelope verläßt Odysseus*, 183.

15) J. Benjamin, *Die Fesseln der Liebe*, 163.

16) Christiane Olivier, *Jokastes Kinder. Die Psyche der Frau im Schatten der Mutter* (München, 1989), 58.

17) N. Chodorow, *Das Erbe der Mütter*, 143.

18) Ch. Rohde-Dachser, *Expeditionen in den dunklen Kontinent*, 259.

19) N. Chodorow, *Das Erbe der Mütter*, 220.

20) 위의 책.

21) N. Chodorow, *Das Erbe der Mütter*, 280.

22) C. G. Jung, *Gesammelte Werke* (Walter, Olten, 1971-1990).

23) B. Dorst, "C. G. Jung und die feministische Kritik" in: *Du, 1995, H. 8*, 74-80.

24) C. G. Jung, *Gesammelte Werke, Bd. 10,* 150.

25) B. Dorst, "C. G. Jung und die feministische Kritik", 178.

26) V. Kast, *Vater-Tötter-Mutter-Söhne. Wege zur eigenen Identitaet aus Vater-und Mutterkomplexen* (Stuttgart, 1994).

27) V. Kast, "Weibliche Werte im Umbruch. Konsequenzen fuer die Partnerschaft", in: *Analystische Psychologie 10* (1979), 133-151.

28) B. Dorst, "C. G. Jung und die feministische Kritik", 75 이하.

29) 위의 책.

30) 위의 책, 76.

31) E. Neumann, *Die grosse Mutter. Eine Phaenomenologie der weiblichen Gestaltungen des Unbewussten* (Olten, 1985 Sonderausgabe).

32) M.-L. von Franz, "Der Individuationsprozess", in: *Der Mensch und seine Symbole* (Olten, 1968), 195.

33) V. Kast, Paare, *Beziehungsphantasien oder wie Goetter sich in Menschen spiegeln, Kreuz* (Stuttgart, 1984).

34) G. Binswanger, *Positive Aspects of the Animus* (Spring, Thalwil, 1963), 82-101.

35) L. S. Leonhardt, *Töchter und Vätter, Kösel* (München, 1985), 31

36) 위의 책.

37) C. G. Jung, *Briefe III (1956-1961)* (Walter, Olten, 1973), 139.

38) S. Birkhäuser-Oere, *Die Mutter im Märchen* (Bonz Waiblingen, 1977), 291-292.

39) V. Kast, *Vater-Töchter-Mutter-Söhne*, 102.

40) 이러한 관점에서 길리간(C. Gilligan)은 각 성의 서로 다른 도덕성에 관한 경험적인 연구에서 그녀가 발견한 성 차이의 인지구조와 각 성의 특별한 사고방법을 발달심리학적인 관점으로 설명하는데, 남성의 도덕성은 초기 아동기의 불평등과 구속의 경험으로 인하여 오히려 정의에 대한 추상적이고 원리적인 가치에 의해 형성되며, 반대로 여성의 도덕성은 오히려 공감과 돌봄의 가치로 이루어진다. Carol Gilligan, *In a different Voice. Psychological Theory and Women's Development* (Cambridge, MA, 1982); C. Gilligan, *Die Kontroverse um eine geschlechtsspzofosche Ethik* (Frankfurt a. M./New York, 1991), 79-100.

41) P. Young-Eisendraht/F. Wiedemann, *Female authority* (Guilford, New York, 1987).

42) 여성 간의 상호 관계적 연대성에 대하여 '자매' 관계 구조로 설명한 다음 논문을 참조하라: 신명숙, "탈가부장적 기독교상담의 상황화", 「신학사상 105」(한국신학연구소, 1999/여름), 210-214. 저자는 탈가부장적 기독교상담의 가능성을 '어머니' 관계 구조로서 모성적 상담과 '자매' 관계 구조로서 동반자적 연대감을 제시하고 있는데, 이 두 구조는 여성의 원형으로서의 긍정적인 아니마를 활성화한 것이다.

43) Librerian della donne di Milano, *Wie weibliche Freiheit entsteht. Eine politische Praxis* (Orlanda, Berlin, 1988).

44) 나오미와 룻에 대한 구약학적 해석은 다음을 참조하라: 민영진, 『이방 여인 룻 이야기』(서울:

한국신학연구소, 2000); 이경숙, 『구약성서의 여성들』 (서울: 대한기독교서회, 1994), 90-103.

45) 이경숙, 『구약성서의 여성들』, 100.

46) 하이트(S. Hite)에 의하면 4,500명의 미국여성을 대상으로 조사한 결과 그중 94%가 최소한 1명의 여성과 친한 관계를 맺고 있으면서 중요한 대상이 되고 있음을 알 수 있다. S. Hite, *Frauen und Liebe, Scherz* (München, 1988).

47) 하갈의 이야기에 관한 구약신학적 해석은 다음을 참조하라: 이경숙, 『구약성서의 여성들』, 9-20.

48) 여성을 위한 기독상담으로서 여성주의 능력강화 모델에 관하여 다음 논문을 참조하라: 정소영, "기독여성 상담과 여성주의적 능력강화(Feminist Empowerment) 모델", 「기독교상담 학회지」 Vol. II (한국 기독교상담심리치료학회, 2001/4), 81-103.

• 제10장 •

병든 자를 위한 기독교상담

–'왜' 고통당해야 하는가–

1. 병든 자를 위한 기독교상담의 필요성

19세기 이후 의학에서는 모든 질병의 원인을 자연과학적인 설명으로 파악할 수 있다고 밝히고 있다. 그러므로 의학에서는 '무엇 때문에'라는 질문으로 질병의 원인을 밝히는 것이 아니라 질병이 '어떻게' 생기게 되며 '어떻게' 치료할 수 있는가? 라는 물음에서 시작한다.[1] 이러한 자연과학적인 견해는 영적인 의미—질병은 하나님으로부터 또는 악마로부터 온다—와 심리적이고 정신적인 의미—질병은 영적인 힘의 무질서와 죄의 결과다—와는 분리된다. 이러한 의미들은 '어떻게'라는 질문보다는 오히려 '무엇 때문에' 질병이 생겼는지에 대한 대답이 될 수 있으며 동시에 질병의 의미 해석을 제시할 수 있다. 질병에 대한 자연과학적인 설명은 이러한 영적, 심리적, 정신적 의미들을 의미 없으며 병든 사람과는 관계가 없는 것으로 여긴다. 그 결과 주체는 계속해서 질병의 관찰에서 제외되며 생물학적으로 잘못된 기능은 한 개인의 정신적이고 영적인 측면과는 관계없이 치료될 수도 있다.

그러나 의학에 의해 지배된 견해는 의의가 제기되어 왔다. 즉, 많은 질병들이 갈등을 극복하지 못하거나 또한 잘못된 삶의 표현으로서 개인의 인생사 영역에서 이해될 수도 있다는 것이다.[2)] 그것은 극복되지 않은 심적이고 영적인 갈등이 다시금 육체적인 증상으로 강하게 나타날 수 있기 때문이다. 그러므로 육체적인 건강 상태는 자연과학적인 인과성의 의미로만 설명될 수 있는 것이 아니라 환자가 살아온 삶과도 연관될 수 있다. 그러나 그것은 질병의 물질적인 원인을 인과적으로 해석하지 말아야 하며 오히려 정신적이고 영적인 '상징'으로서 그리고 인생 전기의 배경에 근거해서 그 의미를 이해해야 한다.

그러므로 질병에 대한 신학적인 관점에서 무엇보다도 중요한 질문은 '왜' 질병이 생겼으며 인간을 위해 '어떠한 의미'가 있는가다. 의학이 질병에 대해 '어떻게' 생기게 되었으며 '어떻게' 치료할 것인가에 대한 육체적인 관점에서 생물학적이며 자연과학적인 질병의 원인과 치료에 관심을 갖고 있다면, 신학적인 관점은 병든 자와의 관계 속에서 '무엇 때문에' 질병을 얻게 되었는지 질병의 원인과 영적인 차원의 치유에 초점을 두고 있다고 할 수 있다.

그러나 이 장은 질병에 대한 신학적인 의미, 즉 질병에 대한 신정론을 논하려는 것은 아니다. 우리는 질병으로 인해 고통받는 사람들로부터 자주 '왜 고통당해야 하는가?'라는 질문을 받는다. 그들은 생물학적이고 자연과학적인 질병의 원인이 아닌 자신과의 관계 속에서 질병의 의미를 찾아보려는 것이다. 이러한 질문은 의사보다는 목회자들에게 던지는 질문이다. 따라서 병든 자들의 그러한 물음에 담긴 심리적인 의미는 무엇이며, 그와 더불어 '왜'라는 질문으로 자신의 질병의 의미를 찾으려는 사람들을 기독교상담자로서 어떻게 대해야 하며, 그들을 육체적, 정신적 그리고 영적으로 도울 수 있는 기독교상담적 접근방법을 모색해 보는 것이 이 장의 목적이다.

이 목적을 이루기 위해 크게 세 부분으로 나누어 연구된다. 첫째, 병든 자들의 질병에 대한 심리적 반응으로서 '질병의 의미에 대한 물음'과 '죄의 대가로서 질병의 의미부여'를 다룬다. 병든 자들이 자신의 질병에 어떤 의미가 있는지 자주 묻는 질문을 통해 그들이 표현하고자 하는 물음의 내적인 의미는 무엇인지 살펴본다. 그리고 '왜 고통당해야 하는가?'라는 물음에 대한 반응으로서 질병이 죄의 대가로 행해지는 하나님의 징벌이라고 판단하는 질병의 의미부여에 대해 심리적 이유를 살피고 그러한 반응의 문제점을 다룬다.

둘째, 질병을 잘못 살아온 과거 삶에 대한 하나님의 벌이라는 '퇴행적 집착'만으로 이해하는 것이 아닌 진정한 구원과 치유가 되도록 도움을 줄 수 있는 미래적 기독교상담의 접근방법을 제시한다. 곧 열린 질문, 대답해야 하는 의무감으로부터의 해방, 고통의 나눔, 신앙적인 지탱과 위로가 그것이다.

셋째, 병든 자를 위한 기독교상담적 접근방법으로서 질병의 의미를 과거 인생사의 결과적인 차원에서 또는 질병의 고통을 신앙적인 검증의 차원에서 판단하는 무모함은 병든 자를 오히려 죄책감과 혼란 속에 빠뜨릴 수 있다. 따라서 이 장은 이러한 경우를 배제하고 병든 자와 함께 고통의 아픔을 함께 나누고, 그들의 감추어진 감정이 충분히 표현되도록 도와주며, 지금까지 살아온 삶을 되돌아 볼 수 있는 창조적 묵상의 시간에 초점을 맞추고자 한다. 그래서 육체적으로 치유될 수 없을지라도 육체적인 고통과 함께 견디어 나갈 수 있는 영적인 차원, 곧 하나님의 차원 속으로 들어가 앞으로 자신의 삶의 이야기를 하나님과 함께 재구성하는 데 도움을 줄 수 있는 기독교상담을 제시하는 데 의의가 있다.

2. 병든 자들의 질병에 대한 심리적 반응

1) '왜' 고통당해야 하는가: 질병의 의미에 대한 물음

> 자신이 환자가 되어 병원에 입원하게 된 의사가 그를 방문한 목사에게 이렇게 말했다. "지금 이것이 나에게 어떤 의미가 있을까요? 일생 동안 저는 열심히 일했고 다른 사람을 도우려고 애를 썼습니다. 그런데 지금 저는 이런 모습으로 있습니다!" 그러고 나서 그는 얼른 말을 돌렸다. "그러나 사람들은 요즘 더 이상 이렇게 질문하지 않지요. 진실이 아니지요! 그것은 중년기에 질문하는 물음에 불과하지요. 이러한 질문은 사실 요즘 시대에 뒤진 말이지요." 이 말에 목사는 대답했다. "그러나 그러한 생각들이 늘 다시 머릿속을 스쳐 지나가게 되죠." 그 말에 의사는 "그렇지요."라고 응하면서 이렇게 말했다. "맞습니다. 그러한 생각들이 단순히 멈추지 않아요."[3)]

병원상담에서 우리는 질병으로 인해 자신의 삶의 의미를 의심하는 사람들과 자주 만나게 된다. 그들은 공통적으로 이렇게 질문한다. '무엇 때문에 내가 이러한 고통을 당해야 합니까?' '왜 나는 이래야 합니까?' '나의 삶에 어떤 의미가 있습니까?' 많은 사람들이 고통에 처하면 이러한 생각을 스스로 억제하거나 그러한 생각을 한 번 표현하고 나서 위에서 언급한 의사처럼 그것을 곧 취소하기를 원한다. 여기에는 긴장 속에서 서로 지울 수 없는 극단적인 두 생각이 존재한다. 이러한 극단적인 두 생각은 강하게 함께 존재한다. 즉, 한편으로는 질병으로 인한 자신의 고통과 다른 사람의 여러 형태의 고통에 대한 무력함과 굴복감을 느끼고, 다른 한편으로는 모든 것에 대하여 초월하거나 저항하는 것이다.

우리는 매일 많은 일들 속에서 고통과 아픔으로 쓰러지는 경험을 하게 된다. 그래서 고통에 처한 어떤 사람은 이렇게 말한다. “나는 내 마음이 왔다 갔다 하는 것을 느낍니다.” 이것은 의심의 감정이면서 한편으로는 갈망이다. 저항하고 싶은 감정이 있지만 다른 한편으로는 고통에도 불구하고 신앙과 신뢰로 버티고 싶어 한다. 때로는 다시 자유 대신 속박과 무력함 그리고 좌절을 경험하기도 한다. 또 다른 상담사례를 소개하면 다음과 같다.

> 4인실 병실에 누워 있는 75세의 여인을 병원상담자가 방문하게 되었다. 그 환자는 말하기를 “많은 사람들이 여기에 누워 있어요. 모든 사람이 이곳에서는 그렇게 혼자이며 오직 자신을 위해서 있지요. 저는 그것을 어떻게 말해야 할지 모르겠어요.” 그리고는 불쑥 이렇게 말했다. “얼마나 많이 여기서 죽는지 아세요? 제가 여기 있는 동안 이미 네 명이 죽었어요. 이 병원에서 얼마나 죽어 가야만 하는지 한번 생각해 보세요!” 잠시 멈추더니 그녀는 다시 말을 이었다. “여기서는 단지 자신을 위해 최소한의 잠을 잘 수 있기를 바랄 뿐이에요.”
>
> 기독교상담자는 그녀가 이야기하고 있는 병원의 상황이 그녀에게 어떻게 보이는지 이해하려고 했다. “당신은 모든 것이 여기서 그렇게 인도된다고 느끼고 있군요.” 그때 그녀로부터 마치 갑작스러운 파도처럼 말이 튀어나왔다. “사람들은 모든 것을 참고 견디어야 해요. 모든 삶이 다 그랬지요. 처음에는 전쟁 그러고 나서 자식들, 집 짓고, 일하고 그리고 지금은 암이에요!” 그녀는 자신의 병의 체류기간을 세면서 의사가 아직 반 년은 남았다고 말했다고 했다. 그리고 그녀는 자신의 분노를 의사에게 그리고 가능한 한 모든 사람들에게 폭발시켰다.
>
> 기독교상담자는 그녀의 생각을 긍정적인 방향으로 이끌려고 애를 썼다. “당신은 정말 많은 어려움을 겪으셨군요. 그것이 사실이에요. 그러나 거기에 전혀 좋았던 날은 없었을까요?” 이러한 말이 그녀를 자극했다. “어떻게요? 스무 살 나이에 전쟁에서 저는 저의 친척을 묻었고 길가 옆에 무덤들을

> 팠습니다. 저는 어머니와 함께 강을 헤엄쳐서 건넜습니다. 그러나 저의 약혼자를 잃었습니다. 그러고 나서 마침내 다른 남자를 만나게 되었죠. 그런데 어떤 여인이 나타나서 자기 남편과 무엇을 하고 있냐는 거예요. 저는 그 남자와 다시 헤어져야만 했지요. 그때 저는 아이가 하나 있었는데, 그 아이는 그러고 나서 19세에 불의의 죽음을 당했어요. 그리고 다시 결혼을 해서 두 아이를 낳아서 힘들게 살아왔는데 … 그리고 지금은…?" 그녀는 계속해서 말했다. "한번 말해 보세요. 제가 무엇을 했다는 것입니까? 무엇 때문에 제가 이런 일을 당해야 합니까? 무엇 때문에 제가 이런 심한 병으로 벌을 받아야 합니까? 답을 알고 계십니까?" 그녀는 힘없이 손으로 이불 위를 내리쳤다.[4]

내가 겪어야 하는 병의 의미는 무엇인가? 수천만 명 중에 왜 하필이면 나일까? 이러한 질문은 종종 하나님과 관련짓게 된다. '어떻게 하나님이 그렇게 놔두실 수 있습니까?' 그래서 마침내 질병의 의미에 대한 의심이 하나님에 대한 의심으로 표현된다. '나는 더 이상 하나님을 믿을 수가 없습니다.' '하나님은 존재하지 않습니다.' '하나님은 어떻게 그렇게 하실 수 있을까요?' 이러한 물음들은 다음과 같은 의미로 전해진다. '그것은 나에게 가치가 없는 거야! 그것은 아무런 의미가 없어! 그것은 부당해! 하나님은 나에게 부당하게 하고 있는 거야!' 이러한 진술에 대하여 종종 아무런 주장도 내세우지 못하게 된다.

'무엇 때문에' 그리고 '왜' 병으로 고통을 당해야 하는가라는 질문을 통해 그들이 말하고자 하는 것은 무엇일까? 우리는 이러한 물음에 숨겨진 의미를 네 가지로 설명할 수 있다. 첫째, 이러한 질문에 대한 특정한 대답, 즉 꼭 어떤 분명한 대답을 해 주기를 기대하는 것은 아니라는 것이다.[5] 그 대답은 오히려 병든 사람이 자신이 살아온 삶을 회고하면서 자신과의 오랜 심적 갈등 후에 비로소 개인적으로 찾아낼 수 있기 때문이다. 그러므로 어느 누구도 그 질문에 꼭 대답해 주어야 할 책임은 없다.

둘째, 때로 그러한 질문은 자신이 아무런 죄가 없는데도 불구하고 부당한 대가를 받고 있다고 생각하면서 하나님의 형상을 묻는 것이다.[6] 질문에 담긴 하나님의 형상은 포악한 폭군으로 비춰지기도 한다. 욥기에 나타난 하나님은 욥이 올바른 데도 불구하고 내리치신 분이며 아무도 거기에 관여할 수 없다. 하나님은 욥을 축복하셨으며 그를 징계하신 분이다(욥10:8). 이 두 가지 사실이 어떻게 서로 연관될 수 있을까? 우선적으로는 아무런 대답을 할 수 없다. 그것은 잘못과 징계와의 관계 속에 있음에 분명하다. 그러나 누구에게 죄가 있는가? 친구들은 욥에게 숨겨진 죄가 있다고 분명하게 말하고 있다. 욥은 그것과는 반대로 다른 의미를 내세우고 있다. 하나님은 난폭하고 부당하다는 것이다. 그렇다면 잘못은 하나님에게 있는가? 그것을 주장한다는 것은 하나님을 대항한 인간의 자만심이라고 친구들은 욥을 꾸짖는다.

> 네 죄가 네 입을 부추겨서 그 혀로 간사한 말만 골라서 하게 한다. 너를 정죄하는 것은 네 입이지, 내가 아니다. 바로 네 입술이 네게 불리하게 증언한다(욥15:5, 6).

그러나 욥 자신에게 잘못을 돌리는 이러한 비난으로 인해 하나님의 형상은 영원히 악한 질책자의 형상으로만 표현된다.

> 나는 평안히 살고 있었는데, 하나님이 나를 으스러뜨리셨다. 내 목덜미를 잡고 내던져서 나를 부스러뜨리셨다. 그가 나를 세우고 과녁으로 삼으시니, 그가 쏜 화살들이 사방에서 나에게 날아든다. 그가 사정없이 내 허리를 뚫으시고 내 내장을 땅에 쏟아 내신다(욥16:12, 13).

하나님의 형상에 대한 욥의 처음 발언[7]과 달리, 여기서는 하나님이 이 시간으로 침입해서 시간의 연속을 파괴하는 난폭하고 포악한 폭군이라는 것이다. 이렇게 역사 속에서 죄 없는 사람에게 닥친 고통의 의미를 찾으려는 시도는 창조와 역사의 진정한 하나님을 볼 수 없게 하며, 오히려 그러한 하나님의 자리에 어마어마한 악마가 대신 들어와 앉아 있는 것으로 끝이 난다.

셋째, 그것은 공개적이든 숨겨져 있든 하나님을 향한 질문이다. 그 질문은 하나님을 향한 도전이며 하나님의 정의에 대한 물음이다. 때때로 그 질문은 공개적으로 드러내 놓고 표현된다. '하나님은 존재하지 않아! 어떻게 하나님은 그 많은 것들, 모든 전쟁들, 이 세상의 굶주림, 고통, 슬픔, 재난 등 그 모든 것을 그대로 내버려둘 수 있단 말인가! 아니다—하나님은 전혀 존재하지 않는다!' 이러한 표현들은 우리가 잘못 생각하고 있는 무신론의 고백과 같은 것은 아니다. 그 표현은 하나님에 대한 필사적인 도전이다. 누군가 '너는 전혀 나를 위해 있지 않아. 너는 전혀 존재하지 않아!' 라고 우리에게 돌을 던진다면 그것은 우리의 존재를 증명하기 위해 다시 한 번 확인하고 싶은 것이다.

넷째, 대부분 이러한 질문은 공격적이며 도전적이다. 공격과 도전은 무엇보다도 기독교상담자에게 향한다. 일반적으로 기독교상담자는 '하나님의 사람'으로서 그들의 역할을 이행해야 한다고 생각하기 때문이다. 그러나 그러한 역할이 오히려 기독교상담자로 하여금 무력감에 빠지게 한다. 기독교상담자는 질문하는 자의 무력감에 참여하는 자가 되어 버리고, 마침내 질병 앞에서의 무력함과 기독교상담자 스스로 아무것도 도와줄 수 없다는 자신의 무력함 앞에서 순간 질문하는 자와 자신을 보호하고 싶어지게 된다.

그러므로 자주 기독교상담자들은 고통받는 사람들의 '왜'라는 질문 속에 담긴 이러한 의미들을 마치 그들이 하나님의 존재에 대하여 이론을 제기하려는 것처럼 여기며, 그들의 신앙에 대하여 의심하면서 마치 무신론자의 발언으로 오해하게 된다. 우리는 누군가 의심하면 그가 믿음을 잃었거나 포기했다고 생각한다. 누군가 자신이 살아온 삶의 이야기와 하나님에 대하여 의심을 표현하면 그에게 무엇이 문제인지 파악하지를 못하며, 물음에 대하여 함께 공감하면서 참고 견디지 못한다. 오히려 우리는 종종 의심을 갖고 질문하는 대화상대자에게 신앙을 다시 일깨워 주려고 한다. 그리고 그럼에도 불구하고 하나님은 존재하며 그들의 신앙을 버리지 말아야 한다는 것을 그들에게 증명해 보이려고 노력한다. 이러한 대화는 성과 없이 진행된다. 우리의 대화상대자는 완고하게 대항하며 대항을 포기하지 않는다. 그러므로 우리는 더 이상 대화를 할 수 없는 상황에 이르게 된다.

2) 죄의 대가로서 질병에 대한 고통의 의미부여

'왜, 내가 이런 질병으로 고통당해야 하는가?'라는 물음에 대한 답변으로서 나타나는 심리적 반응은 최소한 하나님과의 관계성을 유지하기 위해 질병으로 인한 고통에 대한 의미부여다. 이러한 고통에 대한 의미부여 가운데 가장 먼저 나타나는 심리적 반응은 질병을 죄의 대가로서 하나님의 징벌로 이해하려고 한다는 사실이다. 우리는 질병의 원인을 여러 측면에서 해석하고 있다.[8)] 특히 '지금까지 잘못 살아온 죄에 대한 하나님의 징벌이다.'라는 죄와의 관계성 속에서 질병의 원인을 강조하는 경우를 볼 수 있다. 그렇다면 고통의 질병은 정말 하나님의 징벌인가? 왜 그렇게 생각하는 것인가? 그렇게 생각하는 심리적 이유는 무엇인가?

질병과 죄와의 관계성에 대한 물음은 고통의 의미를 묻는 영역에 속한다. 고통 중 가장 견디기 힘든 것은 '고통의 무의미성'이다. 그러므로 우리는 병든 자가 최소한의 하나님과의 관계성을 유지하도록 하기 위하여 기독교상담자가 병든 자에게 고통을 하나님의 징벌로 이해시키거나, 고통당하는 사람이 자신의 고통이 하나님의 징벌이 아니라고 해석하는 것을 거부하는 것을 이해할 수 있다. 질병에 대한 고통의 책임이 병든 자에게 있다는 생각이 오히려 완전히 무의미의 어둠 속에서 더듬는 것보다 나을 때가 있다. 매우 심각한 병을 앓으면서 왜 질병의 고통으로 죽어야만 하는지 고심하고 있는 환자를 만난 기독교상담자는 이렇게 생각할 수 있다. 우리가 죄를 어떤 확실한 것으로 느끼든 그렇지 않든 우리가 이미 해안가를 떠난 지 오래고 아직 새로운 해안가는 보이지 않기 때문에 바닷물에 빠질까 봐 걱정하고 있다면, 아무것도 없는 것보다는 최소한 자신의 질병을 죄의 대가로 확신하는 것이 더 간단하지 않을까? 그리고 징벌이 하나님으로부터 온다면 이것은 하나님과의 만남이 아직 방해받지 않았고 파괴되지 않았다는 것을 의미하지 않을까? 또한 징벌은 역설적으로 아직 하나님이 병든 자에게 관심을 갖고 있다는 것이 아닐까?

어린 시절 부모님에게 맞는 것보다도 더 두려운 것은 부모님이 무시하는 듯 며칠간 침묵하거나 우리와의 마주침을 회피하는 것이다. 그럴 때 우리는 오히려 부모로부터 꾸중이나 벌을 받기를 원한다. 우리가 자신의 병을 하나님의 징벌로 생각하는 병든 자에게 '당신은 당신의 병을 하나님의 벌로 이해하지 마시기 바랍니다!'라고 말하면 그 환자는 그것에 대하여 반항하지는 않으나 오히려 하나님과의 관계유지를 위해, 때로는 하나님으로부터 계속적인 관심을 확인하기 위해 자신의 병을 하나님의 벌로 받아들이기 원한다는 것을 알 수 있다. 그러나 그것으로 그는 결코 혼자서 버티지 못하고 계속해서 질병에 대한 의문을 제기한다. '내가 이러한 고통을 받아야만 하는지 모르겠습니다.' '이것이 무엇에 대한 벌인가에 대한 해답을 내가 나의 과거에서 찾을 수 있다면 나의 상황을 좀 더 잘 견딜 수 있을 겁니다.'

병든 자뿐만 아니라 기독교상담자도 역시 질병이 죄의 대가로서 하나님의 징벌이라는 의미부여를 하나님과의 계속적인 관계성을 유지하기 위한 최소한의 대답으로 여기기도 한다. 심각하게 타격을 받은 욥에게 그의 친구 한 명이 이렇게 말한다. "하나님께 징계를 받는 사람은 그래도 복된 사람이다. 그러니 전능하신 분의 훈계를 거절하지 말아라. 하나님은 찌르기도 하시지만 싸매 주기도 하시며, 상하게도 하시지만 손수 낫게도 해 주신다."(욥5:17-18) 여기서 징계를 받는다는 것의 의미가 신학적으로 설명되고 있으나 그 친구의 논리는 징계를 받는 사람에게 징계에 대한 권한이 있는 것이 아니라 징계를 주는 하나님에게 있다는 것이다. 그러므로 그가 자신의 행동에 대한 타당한 상처를 받는 것이고 징계를 받는 것이다. 그것은 이렇게 설명할 수 있다. 하나님이 벌을 주셨다. 하나님은 벌을 줄 권리가 있고 인간은 항상 그것을 받을 만하다. 그러나 상처를 준 자가 또한 다시 상처를 싸매어 줄 것이며, 때린 자가 또한 다시 치유할 것이다. 그렇기 때문에 결론적으로 인간은 얻어맞은 상태에서 복을 받게 될 것이며, 전능자의 징계를 거부하지 말 것을 경고받게 된다. 상처를 싸매고 치유가 아직 이루어지지 않았더라도 하나님의 징벌은 동시에 그의 관심이라는 것이다.

그렇기 때문에 기독교상담자나 고통받는 사람 모두 최소한의 하나님과의 관계성을 유지하기 위하여 고통을 하나님의 징벌로 이해하고 싶어 한다. 신약성서에는 이러한 의미를 간결하게 요약하면서 구약성서와 공통적인 의미를 갖고 있는 구절이 있는데, 그것은 고통받는 사람에게 자주 인용되고 있다. 즉, "하나님이 사랑하는 자를 하나님은 징계하신다."라는 구절이다. 병든 자와 하나님과의 관계는 특별하다. 그것은 잠언서 3장 11절과 12절에서 인용하고 있는 아버지적인 충고다. "아이들아, 주님의 훈계를 거부하지 말고 그의 책망을 싫어하지 말아라. 주님은 당신이 사랑하시는 사람을 꾸짖으시니, 마치 귀여워하는 아들을 꾸짖는 아버지와 같으시다." "나의 자녀들아, 주의 훈련을 가볍게 여기지 말고, 그에게 꾸지람을 들을 때에 낙심하지 말아라. 주께서는 사랑하시는 사람을 훈련하시고, 자녀로 받아들이시는 자마다 채찍질하신다."(히12:5-6) 이렇게 신약성서에는 구약성서와 같은 의미가 서술되어 있다.

그러나 친구의 충고하는 말이 욥에게 빈번히 방어를 불러일으킨 것처럼 '아버지적인 훈계'에 우리는 거부감을 갖는다. 무엇보다도 부모의 징계로 성장한 경우 더욱 그렇다. 히브리서처럼 우리가 확신하고 싶은 부모의 사랑을 징벌과 관련시키려는 것은 아니다. 히브리서의 말씀은 자신의 병으로 버둥거리는 것을 하나님의 자비로운 사랑으로 일치시키려는 경우에는 전혀 도움이 안 된다. 그러므로 기독교상담자가 병실을 방문하게 되면 환자가 공격적으로 다음과 같은 말을 하는 것을 자주 목격하게 된다. "그래요, 당신은 나에게 또 하나님은 그가 사랑하는 자를 징계하신다는 말을 하시려는 거지요?" "그러나 나는 그렇게 믿고 싶지 않아요!"

우리는 벌을 통해 죄가 없어지고 관계가 분명해지기 때문에 정당한 벌은 필요하다고 생각하며 당연하다고 여겼다. 그러나 자신에게 어떤 잘못이나 죄가 없는데 부당하게 고통받고 있다고 생각하면 우리는 큰 소리 또는 낮은 소리로 대항을 한다. 시편에서 우리는 이러한 대항의 소리를 찾아볼 수 있다. "음식을 먹는 것조차 잊을 정도로 내 마음은 풀처럼 시들어서 말라 버렸습니다…. 나는 재를 밥처럼 먹고 눈물 섞인 물을 마셨습니다. 주께서 저주와 진노로 나를 들어서 던지시니, 내 사는 날이 기울어지는 그림자 같으며, 말라 가는 풀과 같습니다."(시102) 하나님은 고통받는 자를 들어서 땅 위에 던지신다. 이보다 더 가혹한 일은 없을 것이다.

이러한 반항에도 불구하고 '하나님은 그가 사랑하는 자를 징계하신다.'는 말이 여전히 우리 안 어딘가에 머물러 있다. 우리는 그것을 쉽게 떨쳐버릴 수가 없다. 아마도 그것은 어린 시절의 경험과 연관되는 것 같다. 우리는 어렸을 때 부모를 잃을까 봐 두려움을 느낀 적이 있다. 그 두려움은 때로는 우리의 삶을 위협하기도 했다. 조금 더 나이가 들어서는 부모의 사랑을 잃을까 봐 두려워했다. 그것 또한 마찬가지로 힘들었을 것이다. 그러므로 '하나님은 그가 사랑하는 자를 징계하신다.'는 말이 여전히 우리 안 어딘가에 머물러 있는 것은 우리가 부모들로부터 정당하지 않게 취급되었다고 느낄지라도 감히 거역하려고 하지 않는 것과 같다.

3) 질병을 죄의 대가로 이해하는 것의 문제점

지금까지 우리는 병든 사람이 자신의 질병으로 인해 겪는 아픔 때문에 던지는 질문인 '왜, 고통당해야 하는가?'를 통해 말하고자 하는 의미와 그 물음에 대한 반응 중의 하나로서 질병을 지금까지 잘못 살아온 죄의 대가로서 고통의 의미를 부여하게 되는 심리적 이유에 대하여 살펴보았다. 그렇다면 건강은 하나님의 축복이며 질병은 정말 죄의 대가[9]인가? 그렇게 생각하는 것에 문제점은 없는가?

건강과 질병에 대한 기독교적인 관점은 단순히 의학적인 정의로 이해할 수 있는 것이 아니라 인생의 극복에 대한 전인적인 이해가 반영되어야 한다. 즉, 건강하다는 것과 질병에 걸렸다는 것은 개인적인 인생경험과 문화적인 관점에서 이해되어야 한다. 문화적 이해란 구약과 신약에 나타난 질병과 치유에 관한 이야기를 통해서 알 수 있다. 그 당시에는 현대의학이란 존재하지 않았기 때문에 치유란 종교적인 사건이었다. 그러므로 "나는 주, 곧 너희를 치료하는 하나님이다."(출15:26)라는 말은 야훼 하나님만이 가지고 있는 특권으로서의 치유를 의미한다. 그리고 그 당시 나병과 같은 피부병이 걸린 사람은 사회로부터 격리되었으며 불결한 것으로 여겨졌다. 깨끗하고 불결한 것 그리고 그것이 금기인지 아닌지가 중요하기 때문에 진단은 제사장의 몫이었다.

그러나 성서에서 예수의 기적치유는 영적인 질병과 정신적인 질병 그리고 육체적인 질병에 대한 분명한 구별 속에서 이루어진 것은 없다.[10] 즉, 그것은 어느 한쪽만의 치유가 아닌 통합적인 차원의 치유였다. 성서에 나타난 예수의 치료는 병든 자와 의지할 데 없는 사람에 대한 관심과 전인적인 차원의 치료였다. 예수는 병든 자를 회중과 종교 공동체로부터 제외시키지 않았다. 예수의 치료는 전적으로 병든 자를 받아들이는 것이었다. 그러나 그것은 의약이냐 아니면 믿음치유냐 하는 선택사항이 아니다. 오늘날에도 병든 자, 특히 정신이상자를 '특별한' 사람으로 여기고 있으며 암 또는 에이즈 환자들을 종종 피하기도 한다. 이렇게 특별한 질병으로 고통받고 있는 사람들에 대한 차별이 지금까지 살아온 삶과 연관지어 생각하거나 질병을 자신의 잘못 또는 죄로 생각할 경우에 더욱 심각하다.

요한복음 9장에 나타난 예수와 그의 제자들과의 대화에서 우리는 질병과 죄와의 관계성을 찾아볼 수 있다. "예수께서 가시다가, 나면서부터 눈먼 사람을 보셨다. 제자들이 예수께 물었다. '선생님, 이 사람이 눈먼 사람으로 태어난 것이 누구의 죄 때문입니까? 이 사람의 죄입니까? 부모의 죄입니까?' 예수께서 대답하셨다. '이 사람이나 그의 부모가 죄를 지은 것이 아니다. 하나님께서 하시는 일을 그에게서 드러나게 하시려는 것이다.'

언뜻 예수의 대답은 논리적이지 않다. 두 번째 부분은 첫 번째 부분과 맞지 않다. 그는 다른 차원을 이야기하고 있는 것이다. 첫 번째 부분은 제자들의 질문에 대한 반응이었으나 두 번째 부분에서 예수는 그러한 질문을 부인하며 모든 논리를 깨뜨리신다. 그는 바로 계속해서 '내가 그에게 기적을 행할 수 있도록 그는 눈먼 사람으로 태어나야만 했다.'라는 말로 표현하지 않았다. 그러나 그러한 말이 더 논리적이었을 것이다. 대답의 첫 부분은 언어적으로 단절되었으며 두 부분 사이에 방향 전환이 일어나는 중단이 생긴다. 당연히 눈먼 사람이나 그의 부모 또한 어떠한 잘못이 없기 때문에 예수에게는 과거가 중요한 것이 아니다. 만약 그렇다면 그는 죄에 대해서 언급했을 것이다. 오히려 예수는 이 눈먼 사람과 그의 질병을 자신과 관계시켰다. 중요한 것은 '여기서' 그리고 '지금 일어나는 것'과 예수와의 만남의 순간에서 분명해지는 '구원'이다. 태어날 때 눈먼 사람이면서 동시에 지금 바로 보게 된 이 사람은 예수가 "나는 세상의 빛입니다."(요8:12)라고 말했을 때 그것이 무엇을 의미하는지 이해할 수 있다. 왜냐하면 예수를 따르는 사람은 더 이상 어둠 속에 다니지 않고 생명의 빛을 얻기 때문이다.

예수는 질병과 죄와의 논리적인 관계를 깨뜨리신다. 이 순간 죄에 대한 질문은 그에게 관심이 없다. 그에게 중요한 것은 단지 하나님의 구원을 확실히 하는 것이다. 그것은 또 다른 차원의 의미로서 어디로부터 그리고 무엇 때문에 그런지 이유를 찾으며, 마침내 단념으로 끝나 버리는 대답이 아니라 하나님의 계시인 하나님의 구원하시는 힘과 연관시킨다.

질병에 대하여 호네커(M. Honecker)는 다음 세 가지 관점으로 정리하고 있다.[11] 첫째, 현실적으로 볼 때 고통과 질병은 본질적으로 인간의 삶에 속한다. 그러나 육체적, 정신적으로 건강한 것이 구원은 아니다. 그러므로 역전의 논리 속에서 질병을 불행과 죄로 여기지 말아야 한다. 신앙이란 노인과 병든 자가 없는 건강한 세계의 유토피아가 아니다. 신앙은 병든 자를 분리하는 것을 거부한다.

둘째, 질병에 대한 기독교적인 의미는 각 사람이 창조된 것을 인정하는 것이다. 이것은 병든 자와의 교제를 위해 건강한 사람과 병든 사람과의 연대적인 공동체를 요구한다. 의사와 병든 자를 돕는 사람은 고통과 질병에 대항하여 투쟁할 때 '하나님의 동력자'(고전 3:9)다. 이러한 이해의 근원은 인격적으로 다가오는 '하나님의 인간성(Mitmenschlichkeit Gottes)'과 '우리를 위해' 십자가에서 돌아가신 '예수 그리스도의 고통'이며 약한 자를 향한 '예수의 공감'이다.

셋째, 건강과 질병은 지금까지 살아온 인생 전기의 표현이다. 건강이란 인간의 입장에서 삶의 힘, 즉 삶을 긍정하는 힘이다. 자신의 인생을 받아들이려는 사람은 이러한 의미에서 '건강한' 것이다. 의로워짐으로써 하나님에게 인정되었고 받아들여졌다는 것을 깨닫고, 자신의 개인적인 한계를 경험하고 인정하기 때문에 삶에 대한 긍정이 기독교인에게는 가능한 것이다. 그러므로 있는 그대로의 모습으로 자신을 받아들이는 것이 병든 자에게는 무엇보다도 중요하다. 질병을 통해 생명의 한계를 경험할 수 있으므로 질병이 인간에게 고통만 주는 '가치 없는' 것이라고 말할 수 없다. 건강하다는 것은 오히려 신체적으로 인간의 한계 속에서 사는 힘이다. 전인적인 형태의 육과 정신 그리고 영의 일체는 병든 자에 의해 분리할 수 있는 것이 아니라 상호 연관성을 가지고 있다.

그러므로 건강하다는 것은 모든 방해가 존재하지 않는 것이 아니라 그 방해들과 함께 살아가는 힘이다. 신앙은 "약한 데서 오는 힘"(고후12:9)으로 영향력을 행사하기 때문에 그것을 가능케 한다. 무엇보다도 중요한 것은 생물학적인 생명이 아니라 완전한 의미에서 전인적인 인간의 생명이다. 그것은 사회적인 차원, 인간애, 공동체 안에서의 생명을 의미한다. 의학적인 모든 도움을 이러한 포괄적인 차원에서 함께 생각할 수 있는 것이다.

삶을 위한 힘으로서 신앙은 마침내 개인적인 운명을 극복하도록 이끈다. 신앙은 하나님에게 감사하는 마음을 갖게 함으로써 자기 자신을 과대 평가하는 것으로부터 건강한 사람들을 보호할 수 있으며 병든 사람에게는 생에 대한 확신과 삶의 의욕과 의미를 줄 수 있다. 신앙은 소위 질병 속에 숨겨진 깊은 진실을 발견하게 한다.

그러므로 인생을 새롭게 정리할 정도로 질병이 인생에서 중요한 것을 깨닫고 이해하는 데 도움을 주었기 때문에 나중에 질병의 경험이 의미가 있다고 말할 수 있다. 그렇다면 거기에는 '위기의 의미'가 있다. 그러나 앞에서 언급한 죄에 대하여 집착하는 것과 이러한 경험 사이에는 결정적인 차이가 있다. 즉, 전자는 질병을 지금까지의 잘못에 대한 영수증과 같다고 해석하여 '과거를 구속'하는 반면, 후자인 이 경험은 '앞으로 향한다.' 과거에 대한 집착은 체념을 이끌며 환자는 "어떻게 해야만 하는지 압니다."라고 말하면서 대화를 끝내고 싶어 한다.

그러나 환자가 바깥쪽을 향하여 문을 열게 되면 다음과 같이 말하게 된다. "저는 이제 나의 인생이 달라진 것을 봅니다. 사람들은 건강한 것을 당연하게 생각합니다. 그러나 건강은 꼭 그렇지만은 않지요. 저는 좀 더 의식하면서 살기를 원합니다. 저는 삶을 변화시키고 싶습니다." 이러한 사람들은 자신의 질병으로 말미암아 그들의 인생을 다른 빛 안에서 바라보게 된다. 관점이 달라지게 된다. 그리고 그것은 성서적인 의미에서 구원과 치유가 된다.

그렇다면 질병을 잘못 살아온 과거 삶의 집착으로 이해하는 것이 아니라 질병을 통해 진정한 구원과 치유가 될 수 있는 목회상담적인 접근방법은 없는가? '왜' 라는 질문 속에 담긴 이러한 다양한 반응들을 우리는 어떻게 설명할 수 있는가? 그리고 이러한 물음에 기독교상담자로서 어떻게 답하는 것이 그들에게 도움이 될 수 있는가?

3. '왜' 라는 물음에 대한 기독교상담적 접근

1) 대답해야 하는 의무감으로부터 해방

> "한번 말해 보세요. 제가 무엇을 했다는 것입니까? 무엇 때문에 제가 이런 일을 당해야 합니까? 무엇 때문에 제가 벌을 받아야 합니까? 답을 알고 계십니까?"

우리는 이러한 질문에 무슨 말로 응하기를 원하는가? 어떻게 반응하고 있는가? 이러한 질문에 우리가 주로 하는 대답은 다음과 같다.

- 아주머니는 무언가 불평하고 있다고 생각하지 않습니까? 아주머니가 말했듯이 아주머니에게는 두 아이가 있잖아요. 그러니까 그 아이들을 생각해서 힘내세요!
- 한번 솔직해 보세요. 전쟁 때문에 고통당한 자가 아주머니만이 아니라는

것이지요. 한번 저의 어머니에게 물어보세요!

–선생님이 겪은 일들은 정말 좋지 않은 경험이지요. 그러나 저는 선생님의 인생에서 한 번도 좋았던 적이 없다는 것을 이해할 수가 없네요.

–한번 생각해 보세요! 어느 누구도 전혀 죄 없는 사람은 없어요. 혹시 지금까지 살아온 인생에서 어두운 부분만 생각하는 것은 아닌가요?

–모든 고통에는 감추어진 의미가 있지요. 고통을 받아들인다면 그 고통의 의미를 찾아낼 수 있지요.

–하나님은 사랑하는 자를 훈육시키십니다. 이 말은 성서에 쓰여 있습니다.

–그렇게 생각해서는 안 됩니다! 골똘히 생각하는 것은 더 이상 도움이 되지 않아요. 그것은 단지 더 병들게 하지요. 무엇인가 아름답고 긍정적인 것을 생각해 보세요!

이러한 대답들은 일반적으로 더 말이 많고 친절한 방법으로 포장되어 전달된다. 그러나 이러한 포장들을 자세히 살펴보면 틀에 박힌 대답이라는 것을 알게 된다. 이유와 의미에 대한 물음은 실질적이지는 않더라도 모든 사람이 잘 알고 있는 것이다. 열거한 대답들을 한번 우리 자신을 향해 말한다면 매우 두렵고, 거의 이해할 수 없으며, 오히려 거부감을 느끼게 한다는 것을 알 수 있다. 우리가 어떻게 그러한 말을 할 수 있는지 의심이 된다. 우리 스스로도 이러한 말들을 들으려고 하지 않을 것이다.

'왜?'라고 질문하는 의심의 상황에서 고통받는 자가 진정으로 바라고 있는 것은 무엇인가? 그리고 경험해야만 하는 고통의 의미는 무엇인가? 우리 스스로 고통받는 당사자가 된다면 '왜, 무엇 때문에 이러한 일을 당해야 하는가?'라는 질문을 할 때 우리는 자신이 무엇을 원하는지 잘 알고 있다. 그러나 이러한 질문이 우리의 귓속으로 들어올 때 그리고 다른 사람이 그러한 질문을 던질 때 우리는 일반적으로 그러한 질문 자체를 견딜 수 없어 하며 그 질문으로부터 회피하려는 대답으로 반응한다. 그리고 우리는 '왜'라는 물음에 대하여 납득할 수 있는 대답을 하려고 애를 쓴다.[12] 우리는 이러한 질문을 인정하고 받아들이면 모든 가식적인 확신이 땅에 떨어지게 되고, 모든 가면이 찢어지게 되며, 모든 답변이 정체가 드러나는 빈말이 되어버린다고 생각하기 때문에 어떻게 해서라도 환자에게 신앙적인 설명과 함께 질병에 대하여 의미를 부여하려고 한다. 그러나 그렇게 질문하는 사람은 우리에게 어떤 분명한 대답을 원하는 것이 아닐 수 있다.

왜 하필이면 그것이 나에게 일어났을까? 무엇 때문에 내가 그러한 일을 당해야 하는가? 어떻게 하나님은 그렇게 하도록 내버려두셨는가? 라는 세속적이고 불공평하며 무의미하게 들리는 질문들은 마지막 의미영역인 나의 존재가 어디로부터 왔고 어디로 향하는가에 대한 질문을 암시한다. 그러나 그 질문들이 기독교상담자인 우리의 귀에 들어오게 되면 그러한 질문들은 우리 자신을 향한 존재에 대한 물음으로 와 닿는다.

무엇 때문에 우리는 그렇게 기꺼이 대답을 하려고 하는가? 또는 더 잘 표현한다면 왜 질문을 미해결로 내버려두는 것이 그렇게 어려운가? 모두들 말로는 거창하게 대답한다. 그러나 질문에 대한 진정한 대답은 없고 오히려 그럴듯한 대답들이다. 그 대답들은 질문보다 앞서 있으며, 질문들을 방해하며, 질문에 대한 의지를 미연에 방지해 버리며, 질문들을 마치 존재하지 않았던 것처럼 감추어 버리려고 한다. 마치 하나님의 사람들이 이 세상에 내보내지기 위하여 대답들이 잘 포장되어 들어 있는 어떤 상자 위에 앉아 있는 것 같다.[13]

우리는 뜻밖에 하나님의 형상에 대한 내기를 하게 된다. 이러한 하나님은 누구인가? 그러나 고통당하는 사람은 우리가 하나님에 대한 가르침을 제공하는 것을 거부한다. 오히려 아직 질문들을 포기하지 않은 사람들에게 하나님은 숨겨져 있고, 수수께끼 같고, 무서운 하나님으로서 욥에게서 또는 겟세마네와 골고다에서와 같이 성서에서도 찾을 수 있는 불공평한 재판관으로서 경험하고 있는 것을 말하도록 내버려두는 것이 오히려 도움이 된다. 그들은 최소한 옷의 끝자락이라도 붙잡기 위하여 하나님에게 도전하고 반항한다. 따라서 기독교상담자는 고통당하는 사람들이 던지는 물음에 대답해야 한다는 의무감으로부터 벗어나야 한다. 무엇 때문에 내가 이러한 일을 당해야 하는가? 이것이 무슨 의미가 있는가? 하나님이 어디에 계시는가? 등과 같은 질문은 기독교상담자가 대답할 수 있는 문제가 아니라 단지 하나님과의 관계 속에서만 풀 수 있기 때문이다.

2) 열린 물음

열린 물음이란 병든 자들로 하여금 '무엇 때문에' '왜'라는 질문을 억제하지 않고 표현하도록 내버려둔다는 것이다. 질문이 열려 있다는 것이 무엇을 의미하는지 다음 사례를 통해 알아보자. 사례는 아직 목사가 아닌 병원 목회상담 실습생에 의한 것인데, 그 실습생은 한 여성 환자의 '왜'라는 질문에 대하여 어떤 반응을 해야 할지 확신할 수 없었다. 대략 60세의 이 환자에게 실습생은 좋은 인상을 주었으며 어느 날 아침 환자를 방문했을 때 그 환자는 또 한 번 대화를 나누기 위해 다시 찾아와 주기를 요구했다.

> 실습생이 병실에 들어서자 그 환자는 불쑥 말을 시작했다. "의사들은 거짓말을 하고 있어요. 나는 내가 장암이고 그것이 이미 다 퍼져 버렸다는 것을 알아요. 그러나 나는 아직 죽고 싶지 않아요. 그러나 내 인생이 끝이 나고 있다는 것을 알고 있지요. 처음에 나는 이러한 생각들을 하지 않으려고 많이 애를 썼지요. 그래요, 시간이 한정되어 있다는 것을 알게 되면 사람들은 진실 앞에서 영원히 도망칠 수 없지요. 모든 것에서도 마찬가지예요. 그럼에도 불구하고 나는 이러한 일을 이해할 수가 없어요. 왜 내가 그런 건가요? 무엇 때문에 내가 지금 이러한 고통으로 죽어야만 합니까?"
>
> 실습생이 의심으로 가득 찬 이러한 질문 앞에서 한 대답은 이렇다. "아

주머니는 나에게 정말 어려운 질문을 하시는군요. 그 질문은 매우 정당하지만 저는 아주머니에게 아무런 대답을 줄 수 없군요."

잠시 침묵이 흘렀다. 환자는 어떻게 반응했을까? 실습생은 환자에게 대답할 책임이 있기 때문에 그 환자는 화를 냈을까? 환자는 실망하여 관계를 끊고 실습생에게 등을 돌렸을까? 환자는 실습생에게 자신에게 대답을 해줄 수 있는, 예를 들면 목사와 같은 다른 사람을 불러오라고 요구했을까? 실습생은 그 침묵의 순간 확신도 없었고, 자신에게 어떤 책임을 느꼈지만 자신에게 아무런 힘이 없다는 것을 느꼈다고 보고하고 있다.

그러나 놀랍게도 환자는 실망하거나 공격적이지 않았다. 환자는 이렇게 말했다. "저는 죽음에 대해서 큰 두려움이 있어요. 저는 혼자예요. 그러나 지금 나는 나에게 아직 낯선 인생의 마지막 시간에 혼자 있고 싶지가 않아요." 이것은 혼자 있는 것이 두렵다는 것을 이야기하고 있으며 실습생에게 다가오는 시간을 함께 있어 줄 것을 요구한 것이다.[14)]

이러한 대화는 오직 상대방에 대한 신뢰를 토대로 이루어질 수 있는 것이다. 실습생은 그녀에게 제대로 대답을 할 수 없었는데, 어떻게 이러한 신뢰가 가능하게 되었을까? 결정적인 것은 실습생이 병든 사람 자체를 거부하지 않았기 때문이었다. 실습생은 질문하고 있는 병든 자의 존재를 있는 그대로 인정했던 것이다. 만약 실습생이 환자에게 어떠한 형태로든 환자의 질문을 진실로 인정하지 않았더라면, 예를 들면 실습생이 그럴듯한 대답으로 환자를 안정시키려고 했다면 환자는 실습생을 거부했을 것이다. 그러나 실습생은 질문에 대한 환자의 권리를 인정하고 자신 스스로도 대답할 수 없음을 고백함으로써 병든 여인과 실존적으로 같은 처지에 있다는 인상을 준 것이다. 그것을 통해 죽어 가는 사람은 자신의 의문이 크게 잘못된 것은 아니라는 것을 느끼며 실습생에게 계속적인 방문을 요구하는 용기를 갖게 된 것이다.

많은 기독교상담 대화에서 공개적으로 또는 (대부분) 숨겨진 하나님의 정의에 대한 '왜'라는 물음은 교리적인 설명의 차원에 속한 것이 아니다. 그러나 그러한 질문을 한다는 것이 신앙적이지 못하다거나 또는 완고하다는 표시는 아니다. 오히려 질문의 목표는 변화될 수 없으며 다시는 반복이 불가능한 자신의 존재에 대한 비밀이다. 사람이 상처를 받고 위협을 당하면 그러한 질문이 나올 수 있다. 절망적인 심정이 그러한 질문을 유도한다. 그렇기 때문에 종종 더 이상 잃어버릴 것이 없을 때 마침내 큰 소리로 질문을 외치게 된다. 때로는 바로 이러한 이유 때문에 '그래, 다가와야만 하는 모든 것이 온 거야. 그것을 거부하는 것은 의미가 없어.'라고 생각하면서 그 질문은 종종 힘들게 억제되고 침묵하게 만든다.

그러므로 기독교상담자는 환자가 자기 안에 숨겨진 의문을 억제하지 않고 밖으로 표현할 수 있도록 어떠한 것도 질문할 수 있는 자리를 마련하여야 한다. 환자는 자신이 던진 질문이 잘못된 것이 아니며 그러한 질문이 가능하다는 것을 느낄 필요가 있다. 그러나 그 질문에 대한 정해진 대답은 없다. 왜냐하면 단지 미래가 열려 있고 우리와 함께하는 하나님의 길은 아직 끝이 나지 않았다는 것이 확실하기 때문이다. 이러한 질문들을 신학적으로 분류한다면 그것은 '마지막 사건에 대한 가르침', 즉 종말론에 속할 것이다. "그날에는 너희가 내게 아무것도 묻지 않을 것이다."(요16:23)—그날은 '왜'라고 질문을 던졌던 그의 제자들과 함께 예수님이 오시는 날이다. 그러나 그때까지 이러한 질문을 억제하고 싶지 않으며 그럴듯한 말로 만족을 주고 싶지 않다. 우리는 모두 하나님이 우리에게 대답하실 질문들을 가지고 있다. 그러므로 다른 사람들이 우리에게 질문을 하도록 내버려 둘 필요가 있다.

3) 고통의 나눔

'왜', 이것은 하나의 질문이며 그 질문은 대답을 찾고 있으나 정해진 대답은 없다. 고통당하는 사람에게 대답은 존재하지 않는다. 단지 대답 그 이상을 찾고 있다. 그 질문은 우리가 이러한 질문을 견디어 내고 함께 나누는데 준비가 되어 있는지 묻고 있다.

그러한 질문에 대한 대답 대신에 필요한 기독교상담자의 반응은 병든 자와의 고통 나눔이다. 그렇다면 그 고통 나눔을 어떻게 구체화할 것인가?

첫째, 기독교상담자로서 우리는 하나님의 위로를 먼저 받은 자로서 그리고 강한 사람으로서가 아니라 약하지만 하나님의 도움으로 앓고 있는 사람의 고통에 동참하는 자로서 존재한다. 기독교상담자로서 우리 자신에게는 아무런 힘이 없는 그 한가운데서 우리를 통해 그리고 약한 자에게서 힘이 되시는 성령을 통해 생명이 다가온다는 사실을 인식하는 것이다.[15] 이것은 곧 우리 자신은 아무런 힘이 없지만 그의 병을 받아들이는 것이며, 병들어 있는 나의 이웃과 함께 하나님의 강하고 자비로우신 손 안에 보호되고 있다는 것을 아는 것이다. 그래서 고통의 장소는 위로부터 오는 돕는 자와 구원자를 기대하는 장소로 변화되며 이 장소는 병든 자가 자신의 연약함, 무력, 죄를 깨닫는 장소가 된다. 그래서 병을 통해 하나님 앞에서 지나온 삶을 돌아볼 수 있는 명상의 장소가 된다. 명상을 통해 자신의 삶을 다시 재구성하는 것이다.[16]

둘째, 병든 자의 현재 상황에서 출발한다. 예수 자신이 병자들 그리고 삶에서 소외당한 사람들과 자신을 동일시하고 그들의 고통을 더불어 나누신 것처럼(마25:35 이하), 기독교상담자는 선입견 없이 병든 자의 현재 상황에서 그와 만나야 하며 사랑의 열정 외에는 다른 어떠한 것도 필요가 없다.[17] 기독교상담자의 방문은 병든 자의 질문에 답하는 것이 목적이 아니라 병든 자가 기독교상담자의 방문을 통하여 사랑에 가득 찬 하나님과의 만남을 경험하는 것이다. 그러므로 기독교상담자로서 우리는 병든 자의 말을 경청하고, 간단히 산보하거나 지나치게 자신에게 집착해 있는 것을 다른 데로 돌리게 하는 것만으로도 이미 그에게 도움을 주는 것이다. 건강한 사회로부터 소외되었다고 생각하는 병든 자는 잠시나마 기독교상담자를 통하여 다시 관계가 형성되는 것을 경험하며, 그를 위해 염려하는 기독교상담자를 사랑의 증명으로서 받아들이게 된다.

셋째, 병든 자와의 실제적인 만남을 위한 노력이다. 기독교상담자가 병든 자의 주위 세계, 가족관계들, 교육수준, 출생지, 직업, 병 때문에 생긴 모든 고민을 받아들일 때 병든 자와의 실제적인 만남이 이루어진다. 그러므로 병든 자가 자세히 이야기하도록 하지 않고 기독교상담자가 그들의 질문에 응답하기 위하여 먼저 말하기보다는 대화를 통해 그들의 이야기를 들으려는 노력이 필요하다. 그래서 그들의 내면에 숨겨져 있는 모든 감정이 밖으로 표현되어야 한다.[18] 그것은 병든 자의 입에서 나오는 말뿐만 아니라 그의 표정, 몸가짐, 절망, 살려는 욕구를 우리 안에 받아들이는 것이다. 그러므로 내적인 참여의식과 온정과 호의를 가지고 완전히 병든 자의 관심사에 주의를 돌려 귀를 기울여 듣고 받아들여야 한다.[19]

병든 자들은 기독교상담자가 그들과 함께 고통을 나누려는 이러한 반응으로 우리가 그들을 버리지 않고 그들의 아픔을 충분히 이해하고 있으며 그들과 결부되어 있다는 사실을 인식하게 된다. 병으로 인한 그들의 고독을 완전히 없앨 수는 없지만 그들의 고통을 기독교상담자에게 털어놓을 수만 있다면 그들은 완전히 혼자라는 외로움에 대한 생각을 더 이상 하지 않게 될 것이다.[20] '왜'라는 질문에 대하여 어떻게 해서라도 대답하려는 노력보다는 이러한 반응으로 병든 자와 함께 그의 고통을 짊어진다면 그의 고통은 조금은 가벼워질 것이다.

4) 신앙적인 지탱과 위로

기독교상담자는 병든 자가 '왜'라는 질문을 하지 못하고 억제되어 있다는 것을 느끼면 이유에 대한 물음을 인정하거나 그녀를 격려하는 신앙의 용기가 필요하다. 기독교상담자는 질병의 위력 앞에서 무력감과 무의미성을 자주 경험한다. 그러나 우리가 무엇보다도 관심을 가져야 할 것은 질병에 대한 의미를 찾았든지 그렇지 못했든지 상관없이 자신의 병을 극복할 수 있는 사람과 질병으로 인하여 육체적으로나 영적으로 치유되지 않는 회복이 불가능한 사람에게 영혼돌봄의 지탱과 위로가 필요하다는 사실이다.[21] 그러나 신앙적인 지탱과 위로는 육체적인 질병으로 고통받는 사람에게 도덕적인 대화나 종교적인 대화로 고통의 의미를 부여하려는 값싼 도움은 아니다.

그러므로 욥기에서처럼 질병에 대한 의미부여나 신앙적인 설명이 고통받는 자를 위한 기독교상담의 우선적인 과제는 아니다. 그것은 질병에 대하여 독단적인 틀을 가질 수 있는데, 질병의 진정한 존재를 잘못 해석하고 있는 것이다. 그러한 독단적인 틀에 의해 설명된 질병의 위력이 인간으로 하여금 걱정과 무력감 속으로 빠지게 할 수 있다. 그래서 인간은 실망과 의심과 우울증으로부터 벗어나려고 애를 쓴다. 그러나 인간이 힘든 고통으로 영적으로 망가졌다고 해서 하나님이 인간을 거부하는 것은 아니다.

하나님의 정의는 과연 있는가? 하나님은 과연 존재하는가? 라고 의심하면 우리는 일반적으로 신앙이 없다고 단정해 버린다. 그러나 신앙 없이 의심은 없다. 의심은 신앙이 전제된다. 의미에 대하여 의혹을 갖고 질문하는 사람은 의미가 있다는 것을 증명한다. 그렇지 않으면 그는 그렇게 의혹을 갖고 찾지 않을 것이다. 그리고 '하나님은 존재하지 않는다.'라고 외치는 자는 하나님에게 도전하려고 하며 하나님을 부르려고 한다. 그는 종종 마귀의 얼굴을 하고 있는 하나님의 '형상'에 괴로워하기도 하며 때로는 그의 얼굴을 보고 싶어 하기도 한다. '나는 더 이상 하나님을 믿을 수 없다.'라는 말은 하나님의 등에 대고 부르짖는 외침이다. 그 외침은 하나님이 돌아서서 외치는 자를 바라보았으면 하는 간절한 바람이다. 삶의 의미를 질문하고 하나님에게 도전하는 사람은 무의미와 의미에 대한 갈망과 무력함과 숭고함과의 갈등 속에 서 있다. 신앙은 이러한 갈등이 비로소 나타날 수 있는 토양이다. 기독교인의 자유는 의미를 묻고 하나님에게 도전할 수 있는 데 있다. 그것을 할 수 없다면 믿음의 갈등은 허물어지고 결국 냉정한 무관심 속에서 단념만 남아 있을 뿐이다.

그러므로 고통과 죽음이 더 이상 진지하게 받아들여지지 않는 순간 위로는 고통과 죽음의 특성을 빼앗아 버릴 수 있으며 신뢰할 수 없는 감언으로 이끌 수 있다. 우리는 고통과 죽음을 장악하려는 의도로 신앙에 대하여 호소하는 기독교상담을 지양한다. 우리에게 신앙이 있다면 고통과 죽음이 아무런 해가 될 수 없다는 거대한 비약을 권하지 말아야 한다. 또는 신앙이 위에 있다면 고통과 죽음은 침하되어 사라지고, 그 반대로 고통과 죽음이 강하게 나타나면 신앙은 사라지는, 한 번은 이편이 위가 되고 다시 다른 편이 위가 되는 시소와 같은 것은 아니다.

그러므로 질병으로 고통받는 사람이 지금까지 잘못 살아온 대가로서 영수증과도 같은 질병에 대한 의미부여를 포기할 때 신앙은 유지된다. 왜냐하면 질병의 의미가 병든 자와 어떤 관계가 있는가는 예수 그리스도로부터 나오는 구원의 빛 안에서만 밝혀질 수 있기 때문이다.[22] 육체적이고 정신적인 건강은 우리가 지니고 있는 마지막 재산이 아니라 끝에서 두 번째의 재산이다. 그러므로 병든 자에게 있어서 궁극적으로 중요한 것은 그가 다시 육체적으로 건강해지는 것이 아니라 하나님의 손을 붙잡는 것이다.[23]

신앙은 오히려 건강을 신성화하는 것을 막는다. 신앙의 의미는 필히 치료적인 효과를 나타내는 데 있지 않다. 오히려 기독교신앙은 약속한 하나님 나라의 구원과 지금 체험하고 있는 좌절 사이에서 긴장하면서 존재하고 있다(롬8:19 이하). 그러므로 신앙은 문제를 없애거나 건강을 유지시키는 것이 아니다. 타케(H. Tacke)에 의하면 신앙이란 삶을 돕는 것으로서 불안한 사람이 하나님의 신뢰에 의지하기 위해 자기를 버리는 것을 배우는 것이다.[24] 즉, 자신을 포기하고 예수 그리스도를 신뢰하는 것이며 예수 그리스도와의 연합이다. 그것은 우리에게 다가온 질병을 극복할 수 있는 힘이 된다. 신앙을 통해 질병은 하나님 앞에서 자신에 관하여 생각해 볼 수 있는 명상의 장소가 되어 자신의 삶에서 잘못된 길들이 인식되고[25] 그렇게 함으로써 구체적인 죄를 인식하고 참회가 이루어지게 된다.

따라서 기독교상담자는 병든 자와의 대화에서 그의 잘못된 신앙적인 자세를 추궁하거나 억지로 드러내려고 하지 말고 병든 자의 있는 그대로의 모습을 받아들이며 그럼에도 불구하고 하나님이 그와 함께 하신다는 것을 말해야 한다.[26] 육체적이고 영적인 치유는 신앙을 검증하는 것이 아니라 어떻게 인간이 치유될 수 없는 고통과 함께 살아갈 수 있는지 그리고 건강한 사람이 어떻게 치유되지 못한 사람과 살아갈 수 있는지 깨달아야 한다.[27] 우리는 항상 다시 우리가 뛰어넘을 수 없는 긴장을 표현하는 공식으로 인도된다. 그것은 믿음의 비밀이다. 이사야서의 "나는 너를 어느 한 순간도 떠나지 않았다…."[28]라는 말씀은 하나님이 그가 우리를 떠난 그 순간조차도 우리와의 관계를 끊지 않으신다는 것을 암시한다. 그렇지 않다면 그는 우리에게 그러한 순간에도 "나는 너를 떠나지 않았다…."라고 말할 수 없었을 것이다. 우리가 고통 속에 있는 커다란 하나님의 부재의 순간에도 우리와의 관계가 끊어진 것이 아니라 하나님은 우리를 찾고 있으며 우리 곁에서 잠시 참고 견디어 내고 있는 것이다. 왜냐하면 우리가 다시 생각을 가다듬어야 하는 일이 자주 일어나기 때문이다. 그러므로 하나님은 "…그러나 큰 긍휼로 너를 다시 불러들이겠다."라고 우리에게 약속하신다.

4. 병든 자를 위한 기독교상담의 과제

우리는 해결할 수 없는 어떤 위기나 육체적 또는 정신적 고통에 처하면 왜 나는 이래야 하는가? 왜 그렇지 않을 수는 없을까? 라고 물음을 던진다. 그러나 나 자신으로부터는 아무런 대답을 찾을 수 없다. 그리고 그 대답은 나의 환경은 물론 이 세상으로부터도 얻을 수 없다. 그러나 우리는 질병의 위기에 접하면 질병으로 오는 고통의 의미를 찾으려고 애를 쓴다. 지금까지 '잘못' 살아왔고, 잘못 살아온 대가로서 하나님의 징벌이라고 생각할 수도 있고, 이제 우리의 삶에서 무언가 달라져야만 한다고 생각할 수도 있다. 우리는 바쁨 속에서 너무 우리 자신에 대해서 생각하지 않았고, 이웃들에게 관심을 갖지 않았고, 인생의 중요한 물음들을 회피했다는 것을 알게 된다. 우리는 우리 존재의 근본적인 면을 돌보지 않았다는 것을 느끼게 된다. 우리는 근원과 목표가 되는 '궁극적인 관심' 의 다른 쪽 저울 접시를 가벼운 채 놔두고 모든 힘을 '활동' 이라는 저울 접시에 던져 버린 것이다.

우리는 행복과 불행이 평형을 이룬다는 운명의 그림을 다시 받아들인다. 그러나 지금 우리는 이 저울을 우리 자신에게로 옮겨 본다. 이제는 소위 '영적인 평형' 이 문제다. 거기에 방해가 있고 우리가 우리 안에 있는 근본적인 것을 무시한다면 죄책감이 생기게 된다. 우리 자신에게 그리고 '인생' 에 어떤 잘못이 있다는 것이다. 그러므로 그러한 느낌에 주의를 기울이고 우리 안에 평형을 이루지 못하고 있는 것이 질병을 일으킬 수 있다는 알림으로 받아들이는 것이 중요하다. 그러나 하나님이 원하는 생의 한계의 결과로서 삶의 한계와 생에 대한 파괴적인 저주로서 질병을 좀 더 정확하게 구별하는 분명한 신학적인 표준이 없기 때문에 기독교상담에서 고통받는 사람에게서 그 발단을 찾고 그 질병과 고통이 견딜 수 있는 것인지 구별하는 것이 중요하다.

질병을 견딜 수 있는지 없는지는 질병의 심각성에 달려 있는 것이 아니라 심리적인 인격구조와 생활태도 그리고 지금까지 다른 사람을 통해 체험한 질병에 대한 경험과 나눔이 결정적인 역할을 한다. 어떤 경우에든 인격을 혼란시키는 질병은 견디기 힘들다. 삶의 의미와 가치를 일과 향유의 능력과 일치시킬수록 그리고 이러한 능력이 인간에게 질병을 통해 부분적으로나 전체적으로 받아들여질수록 질병이 생기면 누구에게나 깊은 '정체성의 위기'가 따른다. 물론 질병에 대하여 의미를 부여하려는 노력은 불확실한 '자기존중감'을 안정시키는 데 도움을 준다. 그러므로 사람들은 자신의 질병을 자신이 살아온 인생사로부터 이해하려고 하며('왜'의 물음) 새로운 인생방향을 찾으려고 한다('어떤 목적으로'의 물음).

그러나 우리는 과거 집착적인 '왜(warum) 내가 고통을 겪어야 하는가'라는 물음에 답하려고 하기보다는 미래지향적인 '무엇을 위하여(wozu) 내가 고통을 겪어야 하는가'라는 물음에 초점을 맞추어야 한다. 병의 의미를 찾는다는 것은 과거 인생사의 결과적인 차원에서가 아니라 어떤 목적으로의 의미와 함께 새로운 인생방향을 찾는 것이다. 우리는 질책과 불신앙을 추궁하는 의미로서 잘못 살아온 과거에 집착하는 질병의 의미가 아니라 새로운 인생방향으로의 질병의 의미를 찾을수록 힘든 운명을 쉽게 견딜 수 있다.

그러므로 기독교상담의 과제는 질병이 병든 자에게 지금까지 닫혀 있는 진실의 문이 될 수 있다는 것을 깨닫도록 돕는 것이다. 곧 하나님을 다시 찾고 자기가 받은 생명의 궁극적 의미와 목표를 확정하도록 돕는 것이다. 우리의 과제는 육체적인 질병만을 치유하여 건강한 몸이 되는 것에 초점을 두는 것이 아니라 육체적으로 치유될 수 없을지라도 육체적인 고통과 함께 견디어 나갈 수 있는 깊은 영적인 차원, 곧 하나님의 차원 속으로 들어가 그곳에서 기쁨과 평안을 체험하는 데 있다. 그러기 위해서 기독교상담자는 병든 자의 질병의 의미에 대한 물음에 답하려는 의무감이나 질병의 고통을 신앙적인 검증의 차원으로 판단하려는 무모함에서 벗어나야 한다. 고통의 아픔을 함께 나눔으로써 그들에게 감추어진 감정이 충분히 밖으로 표현되도록 하여 지금까지 살아온 삶을 되돌아보고 앞으로 자신의 삶의 이야기를 하나님과 함께 재구성하도록 도와야 한다.

미 주

1) U. Eibach, "Gesundheit und Krankheit. Anthropologische, theologishce und ethische Aspekte", in: Michael Klessmann (Hg.), *Handbuch der Krankenhausseelsorge* (Vandenhoeck & Ruprecht, 1996), 213-224, 215.

2) 위의 책.

3) 전주대학교 선교신학대학원 2001학년도 1학기 병원임상실습 훈련생의 상담사례록 중.

4) Hans-Christoph Piper, *Einlaung zum Gespräch. Themen der Seelsorge* (Vandenhoeck & Ruprecht, 1998), 99 이하.

5) 위의 책, 103.

6) H. Raguse, "Psychoanalytische Erwägungen zum Hiob-Buch", in: *Wege zum Menschen* 53 (Vandenhoeck & Ruprecht, Januar, 2001), 19-35, 24 이하.

7) 욥이 자녀와 재산을 모두 잃었을 때 처음에는 그 모든 어려움을 당하고도 죄를 짓지 않았으며 어리석게 하나님을 원망하지도 않았다(욥1:21).

8) 오성춘, "치유, 회복으로 가는 길", 속: 한국원목협회, 『병상을 두드리는 목회』(두란노, 2002), 53-77: 프랜시스 맥너트의 분류에 근거하여 질병의 원인을 죄에 의한 '영의 질병', 마음의 상처에 의한 '감정의 질병', 정신신체적 원인에 의한 '몸의 질병' '귀신에 의한 질병'으로 나눌 수 있는데, 어느 한 원인에 의해 질병이 생길지라도 병이 몸에 들어오면 인간에게 전인적인 문제를 일으킬 수 있다고 오성춘은 설명하고 있다.

9) 바르트(K. Barth)에 의하면 모든 질병이 무의미한 죽음의 힘을 상징하는 것은 아니다. 그리고 병이 죽음으로 인도할지라도 병 자체가 결코 죄로 이해될 수는 없다. 투르나이젠은 병 자체가 이미 죄인가?에 대하여 분명히 '아니다'라고 밝히고 있으며 어떤 특정한 병을 특정한 죄에 소급시키는 것을 경계해야 한다고 강조하고 있다: E. Thurneysen, *Seelsorge im Vollzug* (EVZ-Verlag Zürich, 1968), 199-203.

10) K. Seybold/U. B. Murller, *Kranken und Heilung* (Stuttgart u.a., 1978); Martin Honecker, *Grundriss der Sozialethik* (Walter de Gruyter, 1995), 86에서 재인용.

11) M. Honecker, *Grundriss der Sozialethik*, 87-88.

12) Romano Guardini, *Die Annahme seiner selbst* (Würzburg, 1960), 15.

13) Wolfgang Hildesheimer, *Tynset* (Frankfurt/M., 1965), 136f: 물론 여기서 말하고 있는 사람들이 단지 '하나님의 사람들'만이 아니다. 의사, 심리학자, 사회학자 그리고 생물학자와 생화학자들 모두는 질병과 고통, 죽음과 사망 그리고 장애와 불행에 대한 원인에 대한 질문에 응답하기 위해 모아 놓은 대답들로 가득한 자신들의 상자 위에 앉아 있다.

14) 전주대학교 선교신학대학원 2001학년도 1학기 병원임상실습 상담대화록 중에서.

15) Ida Piper, "Begleitende Seelsorge-Raum für Gottesbegegnungen", *Berliner Heft fuer evangelische Krankenseelsorge* 57 (Berlin, 1991), 28.

16) E. Thurneysen, 위의 책, 195; 그렇기 때문에 Karle은 목회상담대화의 목표는 자기 자신의 삶의 이야기를 다시 재구성하는 것이라고 말하고 있다. Isolde Karle, *Seelsorge in der Moderne* (Neukirchen-Vluyn, 1996), 109.

17) E, Thurneysen, 위의 책, 197.

18) David Kessler, *Die Rechte des Sterbenden* (Beltz Quadriga Verlag, Weinheim und Berlin, 1997), 39-48.

19) E. Thurneysen, 위의 책, 199.

20) D. Kessler, 위의 책, 229-244.

21) Ulrich Eibach, *Der leidende Mensch vor Gott* (Neukirchen-Vluyn, 1991), 13 이하, 85 이하.

22) E. Thurneysen, 위의 책, 180.

23) E. Thurneysen, 위의 책, 207 이하.

24) Helmut Tacke, *Glaubenshilfe als Lebenshilfe* (Neukirchen-Vluyn, 1993), 222-248; H. Tacke, *Mit den Mueden zur rechten Zeit zu reden* (Neukirchen-Vluyn, 1989), 105-124; 김성환, "죽음, 하나님과 동행", 속: 한국원목협회 편, 『병상을 두드리는 목회』 (두란노, 2002), 81-105, 97. 김성환에 의하면 신앙은 긍정적인 삶의 스타일로서, 부정적인 마음 상태를 긍정적인 삶의 스타일로 바꾸는 작업이 곧 병든 자를 위한 영혼돌봄이다.

25) Manfred Josuttis, *Segenskräfte. Potentiale einer energetischen Seelsorge* (Gütersloh, 2000), 224.

26) I. Karle, 위의 책, 111.

27) Ulrich Eibach, "Gesundheit und Krankheit. Anthropologische, theologische und ethische Aspekte", 속: Michael Klessmann (Hg.), *Handbuch der Krankenhausseelsorge* (Vandenhoeck & Ruprecht, 1996), 213-224, 221; Manfred Josuttis, 위의 책, 221. 요수티스는 병든 자를 죄인으로 취급하려는 목회적 돌봄에 대하여 비판하면서 목회상담에서의 대화는 병든 자가 육체적으로 견딜 수 있고 영적으로 치유될 수 있도록 위로와 안정을 주는 데 그 목적이 있지 죄책감으로 후회를 하게 하거나 마음을 뒤흔들어 놓는 것은 아니라고 강조하고 있다.

28) 이사야 시대에서 이 '순간'은 70년의 세월이다.

• 제11장 •

기독교상담의 실제적 실천

–전인적 영혼돌봄으로서 기독교 사회복지–

1. 전인적 영혼돌봄의 가능성으로서 기독교 사회복지

기독교가 처음 한국에 들어오면서 초기 선교사들의 궁극적인 목적은 한국인들을 구원하는 일이었다. 이러한 궁극적인 목적을 위해 선교사들은 복음 전파와 함께 사회적인 면에 관심을 갖고 활동했다. 하나님 말씀 전파와 함께 이루어졌던 것이 고통받고 있는 자, 억압받는 자, 가난한 자들을 위한 사회선교였다. 이러한 사회선교가 소수이지만 하나의 역사 참여적 형태를 취하면서 민중을 억압하는 독재정권에 저항하는 형태로 발전했으며, 다른 한편에서는 대다수의 교회가 문을 걸어 잠그고 사회와는 멀어진 채 개인의 내적 신앙을 강조하며 교회 자체의 내부 성장만을 지향해 왔다.

이러한 과정 속에서 한국교회는 질적, 양적으로 성장해 왔다. 그러나 개인 영혼구원과 개인 축복에 치우친 성장이 민족과 사회를 위해 얼마만큼의 영향을 끼쳐 왔는지 생각해 보아야 한다. 그리고 예수의 지상에서의 삶을 통해 나타난 인간을 향한 돌봄이 내세의 구원뿐만 아니라 현세의 가난과 억압 속에서 해방을 포함하는 통전적이고 전인적인 영혼돌봄이라면, 과연 지금 한국 기독교가 교회 자체의 성장만이 아닌 이 사회를 위해 무엇을 해야 하는지도 생각해 보아야 한다.

따라서 이 장의 목적은 우리 한국교회에서 '영혼돌봄(Seelsorge)'이 개인 구원과 교회 내적 활동으로만 국한되어 가고 있는 것을 극복하고 전인적 영혼돌봄을 위해 교회공동체가 나아가야 할 방향을 정하는 데 있다. 그렇기 때문에 산업사회로 인한 인간의 고통과 사회의 문제점 그리고 개인 영적 구원에 중심을 두어 왔던 한국교회 현실과 앞으로 '영혼돌봄'에 대한 포괄적인 이해의 필요성을 강조하며, 기독교 사회복지를 인간의 전인적이고 전 사회적인 차원의 영혼돌봄의 가능성 중 하나로 제시한다.[1] 왜냐하면 '영혼돌봄'은 육체적 돌봄과는 분리된 개인의 영적 구원만을 의미하지 않기 때문이다. 전인적 '영혼돌봄'[2]의 한 표현으로서 기독교 사회복지는 영적, 육체적 고통과 배고픔을 채워 주고 해결해 주기 위한 '실제적 행동'이며, 하나님 앞에서 제대로 숨을 쉬고 살아갈 수 있도록 도와주는 총체적인 '삶의 나눔'이다. 그것은 한 생명을 살아 숨쉬게 하는 전인적인 삶의 돌봄이며 하나님을 체험하게 하기 때문이다.

그렇다면 전인적 영혼돌봄으로서 기독교 사회복지가 지향하는 것은 무엇이며 그 신학적 근거는 어디에 둘 것인가? 전인적 영혼돌봄으로서 기독교 사회복지가 이루어지기 위해 우리 교회의 의무는 무엇이며 나아가야 할 방향은 어디인가?

이 장에서는 전인적 영혼돌봄으로서 기독교 사회복지의 신학적 근거를 하나님 나라에 초점을 두고 살펴볼 것이며 우리 교회가 하나님 나라를 이루기 위해 나가야 할 방향으로서 '디아코니적인 교회공동체' 형성을 제시한다. 그것은 동시에 전인적 영혼돌봄으로서 기독교 사회복지가 이루어지기 위해 교회가 해야 할 절대적 의무다.

2. 하나님 나라를 지향하는 기독교 사회복지

왜 기독교 사회복지는 하나님 나라를 지향해야 하는가? 기독교 사회복지는 인간의 고통에 관심을 가질 뿐만 아니라 그것과 더불어 인간의 진정한 미래인 하나님 나라에 관심을 갖는다. 그렇기 때문에 전인적 영혼돌봄으로서 기독교 사회복지가 지향하는 것은 인간의 '복지사회'가 아니라 '하나님 나라(Gottes Reich)'다. 경쟁, 미움, 전쟁을 낳게 하는 기존의 모든 질서들이 무너지고 새로운 질서와 평화를 선취할 때 비로소 하나님 나라가 이 세상에 이루어진다. 전인적 영혼돌봄으로서 기독교 사회복지는 이러한 하나님 나라 건설을 위한 구체적 사회활동이다. 그것은 지금까지 많은 교회가 주로 개인의 영혼구원에만 관심을 가진 것과는 달리 고통에 처한 개개인과 그 이웃의 영혼을 돌아보는 사회적 돌봄이다. 따라서 하나님 나라를 지향하는 기독교 사회복지는 정신적 그리고 육체적 고통을 감소시키고, 상처를 치료하고, 사회적으로 새로운 삶과 새로운 공동체 그리고 자유로운 세상을 선취하는 것이다.

그것은 예수의 삶 속에 구체적으로 나타나고 있다. 그는 울부짖는 자의 눈물을 씻어 주고, 나병환자, 중풍환자, 앉은뱅이, 손 오그라든 사람을 고쳐주고, 굶주린 사람들을 배불리 먹게 하고, 가난한 사람에 대한 축복으로 시작하고 있다. 복음을 전하는 것은 하나님의 통치를 전하는 것으로, 사단에 의해 억압되어 신음하는 자들을 해방시키는 것이다. 예수께서 전한 복음은 가난, 질병, 불의, 고통과 같은 사단의 통치를 종결시키고 도래하는 하나님의 나라, 하나님의 통치에 관한 기쁜 소식이다. 그러므로 하나님의 나라는 병든 자들이 병마에서 치유되는 그곳에, 가난한 자들이 가난에서 해방되는 그곳에, 세상의 지배자인 불의가 없어지고 하나님의 정의가 이루어지는 그곳에 이루어지고 있다.

그러므로 '하나님 나라'라는 희망이 없는 기독교 사회복지는 단지 사회적으로 보상하고 나빠진 것을 다시 좋게 하는 의미 없는 사랑이다. 그리고 기독교 사회복지가 없는 하나님 나라의 희망은 단지 요구만 하고 비판만 하는 사랑 없는 유토피(Utopie)가 되어 버린다.[3] 그러므로 기독교 사회복지를 제대로 실천하려면 사랑이 하나님 나라의 희망과 관계되어 있어야 한다. 왜냐하면 하나님 나라의 희망이 없는 기독교 사회복지는 기독교적 본질을 잃어버리게 되며, 실천과 이론에 있어서 인간이 중심이 되는 일반 사회복지의 한 부분으로 전락해 버리기 때문이다. 그러나 하나님 나라의 희망과 함께 이루어지는 기독교 사회복지는 기독교적이 되며 사회적 보상을 넘어서 새로운 인간 공동체의 실험적인 시도가 된다.

따라서 전인적 영혼돌봄으로서 하나님 나라를 지향하는 기독교 사회복지가 구체적으로 무엇을 의미하는지 성서적 관점에서 그 신학적 근거를 인간의 고통에 관여하는 하나님의 '사회정의', 예수 그리스도의 삶 속에 나타난 사랑의 '섬김', 십자가를 통해 우리에게 보여 주신 예수 그리스도의 '나눔'에서 찾아보기로 한다.

1) 사회정의: 인간의 고통에 관여하는 하나님

약한 자와 가난한 자가 고통으로 인해 울부짖는 소리[4]와 이에 대한 하나님의 반응, 즉 도움의 손길에 대한 이야기가 성경 여러 곳에 나타나고 있다. 하나님은 정의가 이루어지는 그의 나라를 이루기 위해 끊임없이 가난하고 힘 없고 소외된 자에 대한 권리를 찾아 주고 계신다. 그래서 정의는 특히 힘 없는 약한 자와 가난한 자를 사랑하는 하나님의 긍휼과 자비이며 그들에 대한 관심이다.[5] 구약성경을 통해 우리는 그 당시 사회적으로 뚜렷하게 나타나고 있는 인간의 고통에 대하여 율법으로 대응했던 사실을 알 수 있다. 가난한 자와 고통에 처한 자에게 권리를 찾아주는 것, 즉 그들의 삶을 보장하는 것뿐만 아니라 경제와 국가가 그들을 억압하고 착취하는 것을 막는 것이 그 당시 율법의 중요한 부분이었다.

그렇다면 인간의 비탄의 소리는 무엇을 의미하는가? 삶을 방해하는 계속적인 한탄과 원망은 죄책감만 커지게 하며, 그것과 함께 사회적으로 의존하게 만들며, 마침내 가난과 고립에 빠지게 하는 심한 병에 이르게 한다. 그러나 이것은 상호 간의 관심과 수용으로 망가진 관계가 회복되고 위기에 처한 사람의 통합이 가능하게 되는 치유될 수 있는 병이다. 불행의 힘은 신뢰와 희망의 체험과 비교된다. 하나님을 향한 원망과 비탄의 소리는 동시에 하나님에 대한 신뢰의 표현이다. 그것은 가난한 자를 보호하시고(시9:10) 고아를 돌보시는(시10:14) 하나님이시기 때문이다. 따라서 비탄의 외침의 핵심은 청원이다. "이 목숨 구하소서… 살려 주소서."(시6:3-4) 그러나 그 청원은 고통 속에서 부르짖는 외침과 함께 이루어진다. 하나님은 스스로 짐을 지시는 분이다. 그렇기 때문에 비탄의 소리는 하나님이 가난한 자의 외침을 들으시고 불행의 사슬을 끊기 위해 무엇인가를 하신다는 기대와 간청이다.

하나님은 이러한 고통받는 약한 자의 울부짖음을 들으시고 그들을 사회적으로 보호하기 위해 구체적이고도 포괄적으로 어떻게 대응하시고 계신가? 먼저 사회적으로 약한 자와 소외된 자 그리고 학대받고 있는 자들의 권리를 위한 하나님의 보호가 있다. 사회적 불행은 무엇보다도 기반과 토지 그리고 가족이 없거나 또는 위협받거나 파괴된 곳에 닥쳐온다. 특히 자식에 의존해서 살아야 하는 노인들을 위한 보호(출20:12; 출21:15, 17; 신27:16; 레19:3; 레20:9), 권리의무능력이 없어 불이익을 받고 그나마 있는 자신의 권리와 소유마저도 빼앗기는 과부와 고아에 대한 보호를 하나님은 우선적으로 생각하셨다.[6] 과부들과 고아들의 처참한 삶에 대해서는 열왕기상 17장 10절 이하와 열왕기 하 4장 1절 이하에 잘 묘사되어 있다. 하나님은 이러한 과부들과 고아들이 학대받지 말아야 할 것을 강조하셨고, 그렇기 때문에 그들은 하나님의 특별한 보호 아래 있었다(출22:21 이하; 신23:17).

하나님이 보호하시는 대상은 또한 배고픔의 고통과 전쟁에 의해 고향을 떠난 나그네들이다. 나그네에 대한 억압과 그들의 상황을 악용하여 착취하는 것을 금하고 있다(출22:20; 레19:33 이하). 따라서 이웃사랑에 대한 율법은 이러한 모든 규정을 포괄하는 것이며 사회적으로 약한 자를 보호하려는 하나님의 최대한의 관심과 배려다.

약한 자에 대한 하나님의 관심과 배려는 사회세의 규정을 통해 구체적으로 나타나고 있다. 하나님이 처음으로 규정한 사회세가 바로 십일조다(신14:22-29). 해마다 2~3년간 밭에서 거둔 소출의 십일조를 하나님 앞에서 온 가족이 함께 먹으면서 즐기며, 매 3년 끝에 그 해에 소출의 십일조를 다 모아서 성 안에 저장해 놓았다가 유산도 없고 차지할 땅도 없는 레위 사람이나 나그네 그리고 고아와 과부들이 와서 배불리 먹을 수 있게 했던 것이다. 이렇게 십일조는 사회적으로 약한 부류의 사람들을 위해 그들이 생계를 유지할 수 있도록 쓰여졌다.

하나님의 정의는 약자를 위한 보호법과 함께 힘 없고 가난한 자의 계속적인 빈곤화를 막기 위한 경제법에서 더욱 적극적이고 구체화된다. 이러한 경제법은 개인적인 불행을 줄일 뿐만 아니라 사회적인 궁핍의 원인이 되는 뿌리를 없애는 데 그 목적이 있다. 우선적으로 사회적 불행을 야기시키고 부당한 이익을 얻게 하는 이자에 대하여 금하고 있다.

> "너희가 너희 가운데서 가난하게 사는 나의 백성에게 돈을 꾸어 주었으면 너희는 그에게 빚쟁이처럼 재촉해서도 안 되고 이자를 받아서도 안 된다."(출22:25)

저당물의 가치가 빚으로 인해 몇 배로 늘어나서 마침내 사람까지 종으로 전락시키는 높은 이자와 저당의 문제점을 예언자들은 지적한다. 따라서 이자금지는 올바른 경제구조가 이루어지도록 하기 위해 의존과 사회적 고통을 야기시키는 것을 최소화하려고 했던 최초의 그리고 오랫동안 그 영향력을 발휘한 시도다.

또한 하나님은 가난한 자의 계속적인 빈곤화를 막기 위해 이자금지 외에 규칙적인 빚의 탕감이 이루어지도록 법을 제정하신다(신15:1 이하). 매 7년째 해는 쉬는 해로서 저절로 자라서 얻은 밭의 소출은 가난한 사람과 들짐승의 몫으로 정한다(출23:10 이하). 그러나 이것은 경제가 발달하여 돈을 사용하게 되고, 그에 따라 사회적인 빈곤이 새로운 양상으로 바뀌게 되자, 매 7년 끝에 그때까지 가지고 있던 빚을 면제해 주는 방법으로 변한 것이다. 빚의 면제법의 목적은 더 이상 가난한 자가 우리 중에 존재하지 않게 하기 위한 하나님의 의로운 행위다(신15:4).

이렇게 약한 자와 가난한 자의 권리를 지지해 주는 하나님의 사회법과 보호규정은 고통받는 자의 외침에 대한 하나님의 관여이며 그것은 하나님의 자비에 근거한다. 이러한 하나님의 적극적인 관여는 불행의 원인이 개인적인 차원을 넘어선다는 것을 의미한다. 오늘날 잘못된 사회적인 규범들과 발전 때문에 사회적으로 약한 자들이 항상 많은 부분에서 제외되는 것에 대하여 다시 생각해 보아야 한다.

2) 섬김

우리가 기독교 사회복지라고 말할 때 그것은 '섬김(Dienst)'이라는 뜻을 가진 희랍어 '디아코니아(diakonia)'를 의미한다. 희랍어 디아코니아[7)]는 식사상황에서 그 의미가 명백히 나타난다. 즉, 디아코니아의 근본 의미는 식사시중을 뜻한다. 식사시중을 드는 사람은 식탁에 앉아 있는 주인을 시중들면서 음식을 나르고 포도주를 따르는 종이거나 가정살림을 꾸려 가는 가정주부일 수 있다. 그들 이외에 그 일을 하려는 사람은 드물다. 따라서 '섬긴다, 시중든다(Dienen)'는 것은 사회적으로 낮은 위치에 있다는 것을 표현한다. 디아코니아라는 말은 원래 상하의 차이 그리고 자유인과 비자유인, 주인과 종 그리고 남성과 여성이라는 상대적인 존재로 규정짓는 사회에서 사용한 말이다. 그렇기 때문에 그리스 사람은 시중들고 섬기는 것은 자유로운 남성이 하지 않는 하찮은 것으로 여겼으며 상대적으로 '지배(Herrschen)'를 추구하게 되었다. 이렇게 희랍어 '디아코니아'는 '지배'와는 정반대의 의미를 지닌다.[8)] 그것은 좁은 의미로는 '식탁에서의 시중'이지만 '돌보는 의미의 도움(fürsorgende Hilfe)'을 뜻하기도 한다(마25:44; 눅8:3). 즉, '생계 돌봄'이며, 포괄적인 의미의 '봉사'이며, '섬김'이다.[9)]

그렇다면 돌보는 의미의 섬김으로서 디아코니아는 구체적으로 무엇을 의미하는가? 첫째, '낮아짐 속에서의 섬김'이다. 종(Sklave)은 다른 사람과 윗사람의 시중을 드는 것으로 그 임무가 한정되어 있다. 그러나 예수는 제자들에게 위대한 사람이 되기 위해서는 먼저 섬기는 종이 되어야 함을 강조한다. 그것은 그 당시 랍비들이 하나님 앞에서 최고는 율법(Tora) 지식과 율법을 지키는 것에 근거를 두는 것과는 완전히 상반된다.

> "너희 가운데서 누구든지 위대하고자 하는 사람은 너희를 섬기는 사람이 되어야 하고, 너희 가운데서 누구든지 으뜸이 되고자 하는 사람은 모든 사람의 종이 되어야 한다." (막10:43 이하)

주님이신 예수 그리스도는 제자들과 마지막 만찬을 하시기 전 스스로 종의 앞치마를 허리에 두르시고, 제자들의 머리도 아닌 발을 씻기시며, 종들을 식탁에 초대하시어 그들의 시중을 든 분이다(요13:20). 이 사건은 그때까지 생각해 오던 희랍어 디아코니아의 의미를 완전히 바꾸어 놓은 것이다. 즉, 주가 되신 그리스도가 먼저 종이 되셨다는 사실이다. 그리고 제자들에게도 그러한 섬기는 자세를 요구하신다.

"주이며 선생인 내가 너희의 발을 씻어 주었으니, 너희도 서로 남의 발을 씻어 주어야 한다. 내가 너희에게 한 것과 같이 너희도 이렇게 하라고 내가 본을 보여 준 것이다."(요13:14, 15)

따라서 예수 그리스도의 총체적인 보냄의 의미는 바로 '섬김'에 그 결정적인 의미가 담겨 있으며 곧 하나님은 어떤 분인가를 분명히 밝혀 주고 있다.[10] 디아코니아는 하나님 존재의 표현이며 치유하시는 하나님 행위의 특성이다. 그것은 하나님께 상응하는 삶의 특징이며 예수 그리스도의 섬김을 본받아 그의 '보냄(Sendung)'의 의미를 생각하는 사람들의 삶의 기본적 특징이다. 낮아짐 속에서의 섬김은 예수 그리스도의 주변에서 늘 만날 수 있었던 비천하고 낮은 사람, 즉 가난한 사람(눅6:20; 막12:41-44), 굶주린 사람(눅6:21; 막6:32-44), 병든 사람(눅7:22; 막1:40-45), 세리와 죄인(마21:31; 눅7:34)에게 관심을 돌리는 것이다.

둘째, 디아코니아는 '삶을 위한 사랑의 섬김(Liebesdienst zum Leben)'이다. 삶을 위한 사랑의 섬김을 어떻게 현실화시킬 것인가? 무엇보다도 디아코니아는 부자나 권세 있는 자가 행하는 '자선'의 의미와는 다르다. 예수는 누구를 가장 큰 사람으로 칠 것이냐는 물음을 놓고 논쟁하고 있는 제자들에게 분명히 밝히고 있다.

"민족들을 지배하는 왕들은 백성들 위에 군림한다. 그리고 백성들에게 권세를 부리는 자들은 은인으로 행세한다. 그러나 너희는 그래서는 안 된다. 너희 가운데 가장 큰 사람은 가장 어린 사람과 같이 되어야 하고 또 다스리는 사람은 섬기는 사람과 같이 되어야 한다. 주가 더 높으냐? 밥상 앞에 앉은 사람이냐? 시중드는 사람이냐? 밥상 앞에 앉은 사람이 아니냐? 나는 시중드는 사람으로 너희 가운데 와 있다."(눅22:24-27)

타이센(G. Theissen)에 의하면 '자선'의 의미를 가진 희랍어 '유에르게테스'는 디아코니아와는 달리 "지배가 은폐된 도움(Hilfe als kaschierte Herrschaft)"[11]을 뜻한다. 따라서 예수 시대에 일반적으로 이루어지고 있던 도움이나 사회사업은 힘 있는 자가 힘 없는 자에게 주는 은총으로서, 지배와 의존관계가 성립될 수 있는 자선의 의미가 강하다. 그래서 힘 없는 백성들은 그러한 은사를 내리는 지배자를 은인으로 생각하고 계속적인 종속관계에 머물게 된다. 그러나 디아코니아는 이러한 지배의 의미가 담긴 봉사의 형태가 아니다. 그것은 대가를 요구하거나 또는 계속적인 의존과 종속관계를 야기시키는 지배적인 자선이 아닌, 시중드는 사람으로 오신 예수 그리스도의 '섬김'에 근거한다. 그것은 생명을 살리기 위한 '사랑의 섬김'이다. 구체적으로 그것은 보복금지와 원수사랑 계명(눅6:27-29: 눅12:57-59), 심판에 대한 금지와 주는 것에 대한 계명(눅6:37)으로서 예수는 스스로 사랑의 섬김을 실천한 사람이다.

3) 십자가를 통한 나눔: 아픔을 함께 나눔(Mitgefühl)

하나님 나라를 지향하는 기독교 사회복지는 십자가에 달리신 이를 모방하는 것이다. 즉, 예수가 인간을 어떻게 보시고 받아들이셨는가를 통해 기독교 사회복지의 근거를 찾는다. 예수는 우리 인간을 하나님이 사랑하시는 피조물로서, 하나님의 온정을 받을 만한 가치가 있는 존재로 여기신다. 예수는 인간의 부분적 결점으로 인간을 판단하지 않으시고, 영적이고 육적인 그리고 사회적인 전체성으로 인간을 받아들이신다. 그것은 고통 가운데 있는 인간이 인간의 눈으로 보았을 때 결함으로 인해 축소되는 것이 아니라 인간에게 약속된 미래를 보는 것이다.

예수는 자신이 가던 길을 멈추면서까지 고통에 처한 사람을 돌보셨다. 그를 만난 사람의 상황이 불쌍히 여겨질 정도로 예수의 마음속 깊이 다가 왔던 것이다(막6:34). 다른 사람을 있는 그대로 받아들인다는 것은 공감적인 애정에 의한 것이다. 예수는 고통받는 사람들을 가치가 없는 존재로 여기지 않으셨으며 오히려 만남의 주체로 생각했다. 예수의 육체적인 접촉은 구체적이다. 예수는 귀 먹고 말 더듬는 사람에게 손을 얹어 주셨을 뿐만 아니라, 자신의 침을 뱉어서 말 더듬는 사람의 혀에 손을 대셨으며, 눈 먼 사람의 눈을 어루만져 주셨다(막7:31 이하; 8:22 이하). 예수 그리스도에게 나타난 인간을 향한 사랑은 이렇게 함께 공유하고 나누고 관심 갖는 것이었다. 예수는 특정한 집단이 갖고 있는 종교적이고 문화적인 규범과 사고방식을 깨뜨렸으며 인간에게 조건 없는 관여를 위해 분리를 유도하는 사회적 경계선을 극복했다.

그러므로 기독교 사회복지는 자신의 위치를 확고히 하거나 힘이나 권력을 행사하는 그 모든 것을 포기하는 것이다. 예수는 항상 함께 나눔의 길을 택했다. 예수의 섬김은 마침내 그의 생명을 내어 줌으로써 그 정점에 달한다.

> "인자는 섬김을 받으러 온 것이 아니라 섬기러 왔으며 많은 사람을 위하여 자기 목숨을 대속물로 내주러 왔다." (막10:45)

이 말씀에는 이 세상에 예수가 오신 목적이 담겨 있다. 예수의 마지막 만찬에서 죽을 수밖에 없는 그의 길을 밝히고 있다. 예수의 영향력은 이제 끝에 도달한 것이다. 그는 이제 더 이상 감당할 수가 없다. 하나님이 예수에게 요구한 그가 감수할 수 있는 사역은 다한 것이다. 아무 힘없이 조롱당하며 죽는 이와 하나님은 함께하신다. 십자가에서 그 어떤 도움도 받지 못하는 한 사람에게서 하나님은 고통받는 모든 피조물과의 연대감을 나타내신다. 그것은 하나님의 관심의 방법으로서 근본적으로 하나님이 함께하심을 증명한다. 이렇게 예수의 나눔은 고통과 죽을 각오를 요구한다. 그것은 보통사람이 하고 싶지 않은 것을 할 수 있도록 강하게 만드는 하나님과 하나님 나라에 대한 사랑이다. 상처는 상처를 통해 치유된다. 예수는 그의 권력으로 질병, 고통과 죽음을 이긴 것이 아니라 고통과 십자가에서 죽기까지 순종하는 희생을 통해 우리를 도우셨다. 힘과 성공의 신들은 아무것도 도울 수 없다. 근본적으로 단지 고통당하는 하나님만이 도울 수 있다.[12] "그는 실로 우리가 받아야 할 고통을 대신 받고 우리가 겪어야 할 슬픔을 대신 겪었다…. 그가 매를 맞음으로써 우리의 병이 나았다."(이53:4 이하) 이러한 예수의 고통의 역사 속에서 우리는 하나님의 사랑의 정열을 깨닫는다. 그의 고통으로 우리는 생명을 얻으며 그의 죽음으로 우리는 구원을 얻는다. 하나님은 사랑으로 인하여 고통과 죽음을 감당하신다.

그러나 우리는 이와는 반대로 고통의 짐을 다른 사람에게 전가시키는 경우가 대부분이다. 우리의 배고픔을 채우고 다른 사람이 우리의 배고픔을 대신 당하게 한다. 그러나 메시아의 비밀은 다른 사람에게 고통을 전가시키는 것과는 정반대다. 그것은 다른 사람이 살아갈 수 있도록 자진해서 받아들인 고통이며 다른 사람을 위해 대신 짊어진 고통이다. 고통과 거절을 자진해서 받아들이고 다른 사람을 위해 고통을 기꺼이 감수할 때 고통은 변화된다. 그것은 더 이상 파괴하지 않으며 하나되게 한다. 더 이상 소외되지 않으며 연합하게 한다. 우리는 십자가에서의 예수의 고통과 죽음을 신앙 안에서 항상 유일한 구원의 고통으로 생각한다. 하나님 아들의 고통은 화해의 고통이며 그의 죽음은 속죄의 희생이다. 이 세상의 화해를 위해 하나님 혼자서 그 모든 것을 감당하셨다.

그러나 예수를 따르려면 자기를 부인하고 자신의 십자가를 지고 따라올 것을 예수는 강조한다(막8:34 이하). 그렇기 때문에 예수는 하나님 나라의 선물을 현재 상태와 정반대로 묘사하고 있다.[13] 즉, 하나님 나라는 가난한 자의 몫이며, 거기서 지금 굶주리는 자는 배부르게 될 것이며, 지금 슬피 우는 자는 웃게 될 것이라고 예수는 약속한다(마5:6 이하; 눅6:21). 따라서 하나님 나라에 들어가기 위한 부자청년의 질문에 예수는 그에게 가진 것을 다 팔아서 가난한 사람들에게 나누어 주고 예수를 따르라고 말한다(막 10:17-22). 그것은 고통의 연대감이다. 고통을 더 이상 다른 사람에게 미루지 않고 받아들이면서 고통을 감수하고 다른 사람의 고통을 없애 주는 자는 구원을 받으며 평화를 전하는 사람이며, 고통으로 죽을지라도 건강한 사람이다.

따라서 십자가 아래에서의 기독교 사회복지란 고통을 나누고, 고통을 받아들이고, 고통을 떠맡는 것이다.[14] 고통 없이 일한다면 그것은 사회사업에 지나지 않는다. 그러나 십자가 아래에서 기독교 사회복지는 하나의 사업이 아니고 사랑의 활동이다. 그것은 타인의 희생 위에 자신의 행복을 세우는 것이 아니라 남을 위해 자기를 버리고 자신이 죽는 것을 의미한다. 그렇기 때문에 십자가 아래서 기독교 사회복지는 지금 부활한 자의 힘으로 이루어진다. 그 부활의 희망은 자기가 없는 사랑과 자신의 죽음에서만 가능하다.

3. 디아코니적인 교회공동체 형성의 필요성

전인적 영혼돌봄으로서 기독교 사회복지를 통해 하나님 나라를 이루려고 할 때 교회가 가야 할 방향으로서 '디아코니적인 교회공동체'[15]형성이 절대적으로 요구된다. 왜냐하면 전인적 영혼돌봄으로서 하나님 나라를 지향하는 기독교 사회복지는 교회가 이 세상에 존재해야 하는 이유를 제시해 주며 교회의 정체성을 확립하기 때문이다.[16]

그렇다면 디아코니적인 교회공동체의 신학적 근거를 어디에 둘 것인가? 우리는 그것을 디아코니적인 교회공동체의 실천적 모형이 될 수 있는 '주의 만찬'에서 찾아볼 수 있다. 주의 만찬에서 그리스도의 몸을 받는 것이 육체적, 사회적 결합이며 돌봄이라면, 이러한 실천으로서 기독교 사회복지를 통해 이 세상에서 예수의 만찬의 잔치가 계속적으로 이루어지게 하는 것이다.[17] 그것은 가난한 사람과 잃어버린 사람에게로 하나님이 가까이 가시는 것이다. 디아코니적인 교회공동체의 모형인 '주의 만찬'의 의미가 주고 있는 것은 구체적으로 무엇인가?

초기 교회공동체는 두 가지의 성격이 혼합된 식사모임이 있었는데, 성만찬의 빵을 나누는 의식으로 시작해서 공동식사가 이어지며 그다음 잔을 나누는 의식으로 마쳤다. 즉, 일반적 공동식사와 종교적 의식으로서 만찬의 성격을 가졌다고 할 수 있다.[18] 초기 교회공동체는 성찬의 떡을 굶주린 사람과 함께 떼는 것을 당연히 여겼다. 이렇게 초기 교회공동체의 주의 만찬은 항상 일반적인 공동식사였다. 주의 탁자에서 모두 배불리 먹는 것으로써 나눔이 이루어졌다. 초기 교회공동체는 서로 음식을 함께 나누는 공동식사 외에 모든 것을 공동으로 소유하고, 가진 것을 함께 나누는 삶이었다(행2:42 이하).[19] 떡을 함께 나눈 공동체는 서로 함께 존재하며, 한 몸이 되어 가진 공동체와 못 가진 공동체와의 균형 속에서 결속을 유지하며 연대감을 형성한다.[20] 그래서 서로를 위한 책임 속에서 공동체가 유지된다. 이러한 초기 교회공동체의 모형을 우리는 예수에게서 살펴볼 수 있다. 예수는 하나님 그리고 공동체와 적대관계에 있는 세리와 함께 식사를 했다는 이유로 '죄인들의 친구'라고 비난받는다. 그는 부정한 자들과 함께 먹지 않는 유대교의 관습을 깨뜨린 것이다(마11:19). 예수는 죄인의 친구가 됨으로써 버림받은 자와 하나님을 찾는 자들이 하나님과 가까워지게 했으며 조건없는 사랑을 나타내 보이셨다. 예수의 버림받은 자의 수용은 공동식사에서 더욱 확실하게 나타나고 있다. 예수와의 공동식사에서 사회에서 버림받은 자가 받아들여지고, 사회적 계층이 무너지며, 평등한 관계에서의 만남이 이루어지고, 새로운 연대감이 형성되었다.

이러한 메시아적 공동식사는 오천 명을 먹이신 예수의 사건에서도 잘 나타나고 있다(막6:30 이하; 8:1 이하; 요6:1 이하). 예수는 굶주린 자를 연민의 눈으로 바라보셨으며 그들을 초대하셔서 육체적인 배고픔을 채워 주셨다. 그리고 구원의 때에 하나님에 의해 세상의 모든 관계가 뒤바뀐다는 사실을 예수는 밝히고 있다. "너희 지금 굶주리는 사람은 복이 있다. 너희가 배부르게 될 것이다. 지금 슬피 우는 사람은 복이 있다. 너희가 웃게 될 것이다."(눅6:21) 오천 명을 먹이신 사건에서 우리는 다음과 같은 예수의 행동을 살펴볼 수 있다. "예수께서 빵 다섯 개와 … 손에 드시고, 하늘을 우러러 감사기도를 드리신 뒤에, 빵을 떼어서 제자들에게 주시면서…."(막6:41) 이러한 구조를 다시 예수의 마지막 만찬에서 찾을 수 있다(마26:26). 이렇게 예수의 버림받고 굶주린 사람들과의 식사는 그의 최후의 만찬을 넘어서 공동체의 식사로 고조된다. 그 식사에서 배고픔이 채워지며 그것은 예수 실천의 연속으로서 디아코니적인 교회공동체 형성의 근원이다.

그렇다면 주의 만찬의 의미가 담겨 있는 디아코니적인 교회공동체는 어떠한 특성을 갖고 있는가? 첫째, 형제자매 형태의 공동체적 삶이다.[21] 예수는 '죄인들의 친구'이면서 또한 '가난한 자와 병든 자의 친구'였다. 예수처럼 이렇게 '다른 사람을 위한 존재(Für-andere-da-Sein)'는 '다른 사람과 함께하는 삶(das Mit-anderen-Leben)'을 의미한다.[22] 사회에서 멸시받는 자와의 사귐은 이렇게 예수의 삶 전체에 분명하게 나타나고 있다. 약한 사람은 강한 자들의 지지가 필요한 것이 아니라 형제자매와 친구를 원한다. 따라서 기독교 사회복지의 기초는 강한 자와 약한 자와의 공동체 형성이다.[23] 즉, 다른 사람을 향한 권위가 예수의 이름으로 무너지는 그러한 교회공동체의 삶의 형태를 의미하며, 넓은 의미에서 교회공동체의 모든 삶과 모든 영역, 즉 예배의식, 선포, 목회돌봄 그리고 사회적인 도움이 디아코니적이어야 한다는 것이다.

둘째, 디아코니적인 공동체는 각 지체들의 봉사에서 여러 다른 능력으로 서로 영향을 주고받으면서 그리스도의 몸을 만들어 가는 것이다(벧전

4:10). 세상의 권위 형태를 거부한 공동체는 여러 가지 능력과 재능을 소유한 공동체로서 살아간다. 그것은 하나님의 은총으로 각자 자신이 받은 여러 종류의 주어진 능력으로 다른 사람을 섬기는 공동체다. 디아코니적인 교회공동체는 모든 신앙인의 봉사적 행위에 의해서 그리고 그 행위 속에서 살아간다. 이러한 교회공동체의 삶과 행위 속에서 공동체는 하나님의 인간에 대한 다정함을 증거하며 죽음의 냄새가 아닌 생명의 맛을 내는 것이다.

셋째, 디아코니적인 교회공동체는 '연대적인 공동체(Solidargemeinschaft)'다. 교회공동체는 오히려 그들의 서로 다른 특성(Andersartigkeit) 속에서 각자 성공적인 삶을 살아가도록 돕는 여러 사람들의 공동체 모임이다. "유대 사람이나 그리스 사람이나, 종이나 자유인이나, 남자나 여자나, 장애인이나 비장애인이나, 한국인이나 외국인이나 차별이 없습니다. 그것은 여러분이 그리스도 예수 안에서 하나이기 때문입니다."(갈3:28 참조) 서로 다른 사람들이 하나님의 사랑으로 서로 연결되고 서로 인도하는 교회공동체는 분리와 분열로 이루어지는 사회조직과는 반대로 '통합된 교회공동체(Integrierte Gemeinde)'로 나타난다. 통합된 교회공동체는 그리스도가 그들을 있는 그대로 받아들인 것처럼 서로를 받아들이는 공동체 모임이다.

이것은 한편으로는 '돕는 자'가 되고 다른 한편으로는 '도움을 필요로 하는 자'로 존재하면서 항상 '돕는 자' 또는 '도움을 받는 자'로 있는 고정된 역할로부터 벗어나게 한다. 왜냐하면 공동체 안에서 모든 사람은 '주는 자'이면서 동시에 '받는 자'가 되기 때문이다. 모든 사람은, 즉 슬퍼하는 사람, 웃는 사람, 건강한 사람과 마찬가지로 병든 사람도 그리고 강한 사람처럼 약한 사람도 무엇인가를 받을 수 있고 줄 수 있다는 것이다. 그리스도 몸의 지체는 서로 돌보며 함께한다. "한 지체가 고통을 당하면 모든 지체가 같이 고통을 당합니다. 한 지체가 영광을 받으면 모든 지체가 함께 기뻐합니다."(고전 12:26) 교회공동체는 우리가 있는 것 그리고 가지고 있는 것을 서로 나눌 때 비로소 디아코니적인 공동체가 된다.

넷째, 주님의 디아코니적인 보냄에 동참하는 교회공동체는 닫힌 공동체가 아닌 열린 공동체로 존재한다. 열린 공동체는 소외와 경멸 그리고 고립의 사회적 고통을 치유하며 그와 더불어 치유, 즉 육체적 고통을 덜어 주기 위한 전제가 된다.[24] 그 공동체는 이웃의 고통 속에서 하나님의 부르심과 요구를 만나는 그곳에(눅10:25 이하) 그리고 세상의 의인들이 가장 비천한 자와 함께하는 그곳에(마25:31 이하) 불려진다. 자신의 공동체에서 디아코니적인 교회공동체는 그 공동체 밖으로도 관심을 갖게 된다. '안(in sich)'과 '밖(nach außen)'의 디아코니적인 교회공동체의 역할은 갈라디아서 6장 10절에 잘 나타나 있다. "그러므로 기회가 있는 동안에 모든 사람에게 선한 일을 합시다. 특히 믿음의 식구들에게는 더욱 그렇게 합시다." 교회공동체가 갖는 자신의 믿음의 식구들에 대한 특별한 책임으로 인해 디아코니의 범위가 축소되는 것은 아니다. 교회공동체가 자체적으로 디아코니적인 공동체가 될 때 비로소 밖으로 퍼져 나갈 수 있다는 것이다. 그것은 루터의 '충만의 법칙(Überflußregel)'처럼 하나님으로부터 받은 것을 다른 사람에게도 흘려 보내서 보편화되도록 하는 것이다.

4. 기독교 사회복지: 전인적 영혼돌봄으로서 기독교상담의 실제적 실천

위에서 살펴본 대로 사회를 등한시한 개인 영혼구원 또는 말씀 선포 중심의 영혼구원 그리고 이웃과 사회 축복보다는 개인 축복에 제한되어 한쪽에 치우친 영혼돌봄을 해 왔다면, 이제는 하나님 나라를 세상에서 이루기 위해 그리고 파괴된 하나님의 창조질서를 다시 온전하게 하기 위해 개인적으로나 사회적으로도 치유한다. 또한 영적으로나 육체적으로 치유되는 통전적이고 전인적인 영혼돌봄이 절대적으로 필요하며[25] 그 전인적 영혼돌봄의 한 가능성이 곧 기독교 사회복지다.

그러나 기독교 사회복지는 하나님 나라를 지향하여 하나님의 '사회정의'와 예수 그리스도의 '섬김' 그리고 '나눔' 안에서 이루어질 때만이 가치 있는 것이다. 그렇지 않으면 나 자신 또는 교회 자신을 위하거나 자선의 의미가 담긴 단순한 인간적 봉사활동으로 전락할 수 있다. 하나님 나라를 지향하는 기독교 사회복지는 단순히 가진 자가 못 가진 자의 부족함을 채워 주고, 못 가진 자가 가진 자에게 의존하게 하는 지배적인 의미가 담긴 인간적인 자선이 아니다. 그것은 남을 위해 고통을 겪으며 자기를 버리는 사랑에 의한 것이다.[26] 그 사랑이란 십자가에서 우리에게 보여 준 하나님과 예수 그리스도의 사랑이다. 왜냐하면 그것은 인간이 중심이 되는 사회사업이 아니라 하나님이 중심이 되고 세상 안에서 하나님의 의와 그의 나라(Gottes Reich)를 확립해 가는 것이기 때문이다.[27] 하나님 나라 안에서는 인간의 모든 영적, 육체적, 사회적 고통이 사라지고 하나님의 정의가 이루어지기 때문에 파괴된 하나님의 질서를 다시 찾으려는 하나님의 뜻과 기독교 사회복지를 분리해 생각할 수 없으며, 하나님 나라를 지향하지 않는 기독교 사회복지는 존재할 수 없다. 그것은 하나님 나라를 이루기 위해 영적, 정신적, 육체적, 사회적으로 파괴된 인간의 영혼돌봄이기 때문이다. 그 영혼돌봄은 이웃이 헐벗고 그날 먹을 것조차 없는데, 하나님만 잘 믿으면 구원을 얻는다고 말만 하고 몸에 필요한 것을 주지 않는 영적이고 정신적인 차원만의 영혼돌봄이 아니라, 영과 육과 정신의 필요를 채워 주고 사회적인 권리를 다시 찾아 주는 통전적이고 전인적인 영혼돌봄을 의미한다(약1:15-16).

따라서 "굶주린 사람, 외로운 사람, 먹을 것만이 아니라 하나님의 말씀에 굶주린 사람, 목마르고 무지한 사람, 지식, 평화, 진리, 정의, 사랑에 목마른 사람, 헐벗고 사랑받지 못하는 사람, 인간의 존엄성을 박탈당한 사람, 어느 누구도 원하지 않는 사람, 태어나지 않은 아이, 버려진 사람, 인종차별을 당하는 사람, 떠돌아다니는 사람, 집뿐만 아니라 이해해 주고 사랑해 줄 사람이 없는 사람, 병자, 가난하게 죽어 가는 사람, 몸뿐만 아니라 마음과 영혼이 갇힌 사람, 삶의 희망과 신앙을 모두 잃어버린 사람, 하나님을 잃어버린 사람, 성령의 힘 안에서 희망을 갖지 못하는 사람"[28], 이 모든 사람들이 교회공동체가 관심을 가져야 할 대상이다. 왜냐하면 교회는 하나님 나라를 이루기 위해 세상 속에 그리고 세상을 위해 존재해야 하는 세상적 책임[29]이 있기 때문이다. 그 세상에 대한 책임을 완수하기 위해 교회는 하나님 나라를 지향하는 참다운 기독교 사회복지적인 모형을 만들어 가야 한다. 하나님의 정의와 사랑의 섬김 그리고 나눔으로 디아코니적인 교회공동체가 형성될 때 비로소 하나님 나라를 위해 영적으로, 육적으로 또한 개인적으로나 사회적으로 치유되는 통전적이고 전인적 영혼돌봄이 이루어질 것이다.

미주

1) 그리스도교 사회복지(Diakonia)의 총괄적인 범주는 ① 사랑의 선포(proclamation of mercy), ② 이웃, 특히 가장 소외된 사람들에 대한 봉사(service of neighbour, especially the 'least'), ③ 창조세계에 대한 봉사(service of creation), ④ 전인적 인간에 대한 봉사(service of the whole being), ⑤ 전 사회적인 봉사(service of the whole community), ⑥ 예식을 통한 영적인 봉사(liturgical diaconia), ⑦ 하나님 나라에 소망을 갖게 하는 종말론적인 봉사(eschatological diakonia)를 말한다. 이것에 대해서는 John N. Collins, *Diakonia. Re-interpreting the Ancient Sources* (Oxford University Press, 1990), 24 이하 참조.

2) 더 자세한 '영혼돌봄(Seelsorge)'의 총체적이고 전인적인 의미에 대해서는 다음을 참조하라: H. Eberhardt, *Praktische Seel-Sorge-Theologie. Entwurf einer Seelsorge-Lehre im Horizont von Bibel und Erfahrung* (Bielefeld, 1990), 17 이하, 46-52; Chr. Moeller, "Entstehung und Prägung des Begriffs Seelsorge", in: ders. (Hg.), *Geschichte der Seelosrge I* (Göttingen/Zürich, 1994), 11-15; Meong-Sook Shin, *Inkulturelle christliche Seelsorge im koreanischen Kontext* (Münster: LIT, 1997), 16-24.

3) J. Moltmann, *Diakonie im Horizont des Reiches Gottes* (Neukirchen-Vluyn, 1989), 20.

4) F. Crüsemann, "Das Alte Testament als Grundlage der Diakonie", in: G. K. Schäfer/Th.

Strohm (Hg.), *Diakonie-biblische Grundlagen und Orientierungen* (Heidelberg, 1994), 67-93, 72: 인간이 고통에 처하면 처음으로 나타나는 반응이 비탄의 소리다. 그래서 시편 기자는 많은 부분을 할애해서 고통에 대하여 소리치고, 근심과 원통함을 호소하는 인간의 처절함을 묘사해 주고 있다. 인간은 대체로 세 가지 대상을 향하여 비탄한다고 한다. 첫째, 하나님이 비탄의 소리의 대상이 첫 번째이기도 하며 마지막이라는 것이다. "야훼여! 언제까지 나를 잊으시렵니까? 영영 잊으시렵니까?" (시13:2) "나의 하나님, 나의 하나님, 어찌하여 나를 버리십니까? … 온종일 불러 봐도 대답 하나 없으시고, 밤새도록 외쳐도 모르는 체하십니까?" (시22:1-2) 이렇게 인간에게 하나님은 모든 것에 대한 책임을 가진 분으로 존재한다. 모든 것이 하나님에게 달려 있기 때문에 고통과 탄핵도 그에게 해당되는 것이다. 둘째, 고통당하는 자신에 대한 비탄의 소리다. 자신의 불행을 한탄한다(시38:4 이하). 셋째, 다른 사람, 즉 삶을 위협하고 망치게 하는 인간과 힘에 대한 원망이다. 대체로 이러한 적대감은 특히 가족과 친척 그리고 이웃으로부터의 고립에서 시작된다(시69:9 이하; 시88:29). 그래서 자연스럽게 가족과 이웃이 고통당하는 사람의 적이 된다.

5) 김명용, "복음과 사회선교", 속: 유의웅 편저, 『현대교회와 사회봉사』(대한예수교장로회총회출판국, 1995), 33-46, 39; 김명용, 『열린신학 바른 교회론』(장로회신학대학교출판부, 1997), 90-97.

6) I. Weiler, "Zum Schickal der Witwen und Waisen bei den Voelkern der Alten Welt", in: *Saeculum 31* (1980), 157ff.

7) 희랍어 '디아코니아(diakonia)'의 의미에 대한 더 자세한 내용은 다음을 참조하라: John N. Collins, *Diakonia. Re-interpreting the Ancient Sources* (Oxford University Press, 1990), 46-62.

8) Henning Schröer, "Bibelarbeit zum Thema Sendung(Mt 10, 16a)", in: G. Röckle(Hg.), *Diakonische Kirche* (Neukirchen-Vluyn, 1990), 15-22, 17.

9) F. W. Horn, "Diakonische Leitlinien Jesu", in: G. K. Schäfer/Th. Strohm (Hg.), *Diakonie-Biblische Grundlage und Orientierungen.*, a.a.O., 109-126, 123.

10) 인간의 아들로서 '섬김'의 자세로 오신 예수에 대한 더 구체적인 내용에 대하여 다음을 참조하라: John N. Collins, *Diakonia,* 248-252; 김은수/이신형, "기독교 사회복지학 모색을 위한 기초적 작업", 「기독교사상」 1998년 7월호, 152-154. 이 논문에서는 그리스도교 사회복지 신학의 기초적 근거로서 보냄의 관계도식의 구조 속에서 삼위일체를 말하고 있는데, 그것은 곧 그리스도의 성육신, 십자가와 부활 그리고 그리스도의 섬김의 삶이다.

11) G. Theissen, "Die Bibel diakonisch lesen: Die Legitimitaetskrise des Helfens und der barmherzige Samariter", in: G. K. Schaefer/Th. Strohm (Hg), a.a.O., 376-401, 385 이하.

12) J. Moltmann, *Diakonie im Horizont des Reiches Gottes,* 29: 몰트만은 이에 대하여 하나님은 자기존재가 없는 완전한 사랑을 하시기 때문이라고 언급한다.

13) F. W. Horn, "Diakonische Leitlinien Jesu", a.a.O., 125.

14) J. Moltmann, *Diakonie im Horizont des Reiches Gottes,* 30, 32. 그렇기 때문에 몰트만은

그리스도교 사회복지에 관여하려는 사람에게 고통과 매일 죽는(das tägliche Sterben) 삶의 자세가 필요함을 강조한다.

15) J. Moltmann, *Diakonie im Horizont des Reiches Gottes*, 34-38. 몰트만에 의하면 그리스도교 사회복지는 공동체를 통해서, 공동체 안에서 이루어진다. 그리스도교 사회복지가 교회의 부속물에 지나지 않게 하기 위해 몰트만은 클라이너트(U. Kleinert)의 '교회공동체의 그리스도교 사회복지화(Diakonisierung der Gemeinde)' '그리스도교 사회복지의 교회공동체화(Gemeindewerdung der Diakonie)'를 인용하면서 디아코니적인 공동체 형성의 필요성을 강조한다.

16) 그리스도교 사회복지를 하나님 자신의 존재를 확립해 가는 교회의 존재론적 모습으로서 '교회의 본질'(김은수/이신형, a.a.O., 145)로 이해하기도 하며, 교회는 하나님의 나라에 봉사하기 위해 존재하기 때문에 하나님의 나라에 봉사, 즉 그리스도교 사회복지가 곧 '교회의 목적'(김명용, 『열린신학 바른 교회론』 111-116)이라고 언급하기도 한다. 그리스도교 사회복지를 '교회의 본질'로 이해했을 때 그것은 교회의 '정체성'을 나타내 주는 반면, '교회의 목적'이라고 표현했을 때 그것은 교회의 '과제'의 의미가 담겨 있다. 어쨌든 이 둘의 의미는 모두 말씀 선포가 중심인 개인의 영적 돌봄만이 '교회의 본질' 또는 '교회의 목적'이 아닌 육체적 돌봄과 세상의 이웃에게 눈을 돌리는 사회적 돌봄이 함께 이루어지는 통전적이고 전인적인 영혼돌봄으로서 그리스도교 사회복지가 교회 존재 확립을 위해 절대적으로 필요하다는 것이다.

17) 필자와 같이 묄러도 성만찬에서 디아코니적인 교회공동체의 핵심을 찾는다. Christian Moeller, "Diakonische Dimension der Gemeinde im Light von Gottes Dienst im Abendmahl", in: *Pastoraltheologie 79* (Göttingen, 1990), 360-379; Helmut Class, "Diakonie und die Zukunftsgestalt der Kirche", in: *Diakonie(Beiheft3)* (Diakoniewissenscaftliches Institut der Theologischen Fakultät Uni. Heidelberg, 1979/9), 6-17, 12.

18) A. Niebergall, "Art. Agapen", in: *TRE 1*, 748-755, 748; 조기연, "하나의 식탁, 하나의 공동체-초대교회 성만찬에 나타난 공동식사 주제", 「신학사상」 1998 가을, 189-205, 190; 주후 150년 유스틴에 의한 보고에 의하면 다음과 같다: "기도가 끝나면 빵과 포도주와 물을 가지고 와서 지도자가 기도문을 외우고, 감사의 말을 하고, 백성들은 아멘으로 찬동한다. 그러고 나서 분배가 이루어지고, 각자 축성된 몫을 받고, 그 자리에 참석하지 못한 사람은 디아콘에 의해 그의 몫을 전달받는다. 그러나 뜻이 있어서 자신의 몫을 지도자에게 남겨두면 이것은 과부나 고아들, 병자들, 감옥에 갇힌 자들, 교회공동체에 있는 나그네들을 돕는 데 사용하였다."

19) 더 나아가 성찬식이 사회적 차원으로 확장되어야 한다고 강조한 것으로는 다음을 참조하라: Matthias Klinghardt, *Gemeinschaftsmahl und Mahlgemeinschaft. Soziologie und Liturgie früchristlicher Mahlfeiern*(TANZ 13) (Francke: Tübingen/Basel, 1996), 499 이하.

20) 성찬식이 의미하는 교회공동체의 연대성에 대해서는 다음을 참조하라: G. Wingren, "Art. Abendmahl V: Das Abendmahl als Tischgemeinschaft nach ethischen Gesichtspunkten", in: *TRE 1*, 212-229, 216; Franz-Josef Nocke, *Sakramententhelogie. Ein Handbuch, Patmos*

(Düsseldorf, 1997), 171ff.

21) 김명용, 『열린신학 바른 교회론』 107 이하.

22) J. Moltmann, a.a.O., 34.

23) J. Moltmann, a.a.O., 35.

24) J. Moltmann, a.a.O., 38.

25) 기독교 역사적으로 볼 때도 육적인 것을 비하시키고 영적이고 정신적인 것만 강조한 금욕적이고 세상도피적인 그리고 이원론적인 신앙운동이나 신학을 교회는 항상 거부해 왔다: H. G. Beck, Vom *Umgang mit Ketzern. Der Glaube der kleinen Leute und die Macht der Theologie* (München, 1993), 63-69.

26) 그렇기 때문에 자기희생적인 삶을 살아온 마더 테레사(Mother Teresa, 1910-1997)도 고통 없이 일한다면 그것은 사회사업에 지나지 않는다고 강조한다. 신홍범 엮음, 『전기 마더 테레사』 (두레, 1997), 105.

27) 세상 안에서 자신의 의와 나라를 확립해 가는 '하나님의 자기활동' 으로서의 그리스도교 사회복지에 대한 더 자세한 내용은 다음 논문을 참조하라: 김은수/이신형, "기독교 사회복지신학 모색을 위한 기초적 작업", 「기독교사상」 475, 1998년 7월호, 144 이하.

28) 이 말은 마더 테레사가 평생 그리스도를 섬기는 마음으로 봉사해 왔던 가난한 자들에 대한 묘사다. 바로 이러한 가난한 자들이 우리 교회공동체가 만나야 할 대상이다. 여기에 대해서 신홍범 엮음, 『전기 마더 테레사』 81 참조.

29) 하나님의 나라 건설을 위해 교회가 갖는 구체적인 세상적 책임(가난한 이웃에 대한 책임, 정의와 평화의 수립을 위하여 선한 이웃과의 협력과 교회의 정치적 책임과 공동의 선의 창출에 대한 책임)에 대해서는 다음을 참조하라: 김명용, 『열린신학 바른 교회론』, 109-130.

참·고·문·헌

• 제1장 •

김예식(1998). 『생각 바꾸기를 통한 우울증 치료』, 서울: 한국장로교출판사.

신명숙(1999). '현대 독일 목회상담과 한국 목회상담의 전망', 속: 『한국교회와 신학실천』, 서울: 대한기독교서회.

신명숙(1999/여름). '탈가부장적 기독교상담의 상황화: 관계 구조적인 측면에서', 『신학사상』, 서울: 한국신학연구소.

신명숙(2000/12). '삶의 이야기와 성서와의 대화', 『신학사상』, 서울: 한국신학연구소.

장신목회상담학회(엮음)(2003). 『일반상담과 기독교상담』, 서울: 예영커뮤니케이션.

한국기독교상담학회(엮음)(2002/가을). 『목회와 상담』 제3호.

황헌영(2002/10). '전쟁 관련 외상 후 스트레스 장애(PTSD): 대상관계론적 치료적 접근을 통한 목회상담학적 담론', 속: 『한국기독교신학논총』 제26집, 한국기독교학회.

Asmussen, H. (1934). *Die Seelosrge. Ein praktisches Handbuch über Seelsorge und Seelenführung*, München.

Bohren, R. (1979). *Die Pfarrfrau auf der Suche nach Selbstverwirklichung in Pfarramt und Familie*, DtPfarB1 79.

Bonhoeffer, Th. (1986). "Seelsorge in Plotos Apologie. Einer Richtigstellung", in: *PTh* 75.

Clebsch, W. A./Jaekle, Ch. R. (1975). *Pastoral Care in Historical Perspektive*, New York.

Clinebell, H. J. (1990). 『현대목회상담신론』, 박근원 옮김, 서울: 대한예수교장로회

총회출판국.

Eberhardt, H. (1990). *Praktishe Seel-Sorge-Theologie. Entwurf einer Seelsorge-Lehre im Horizont von Bibel und Erfahrung*, Bielefeld.

Gerkin, Charles V. (1984). *The Living Human Document: Re-Visioning Pastoral Counseling In a Hermeneutical Mode*, Neshville.

Girgensohn, H. (1959). Art. "Seelsorge", in: *EKL* III.

Grundmann, W. (1986). "Das Evangelium nach Matthäus", *ThHK*, 6. Aufl., Berlin.

Goppelt, L. (1981). *Theologie des Neuen Testament*, hg. v. Juergen Roloff, Goettingen.

Hauschildt, E. (2000). "Seelsorgelehre", in: *TRE*, Walter de Gruyter, Berlin/New York, 54-74.

Hiltner, S. (1949). *Pastoral Counseling*, New York/Nashville.

Jentsch, W. (1991). 'Proprium, Elemente und Formen der Seelosrge', in: Samuel Pfeifer (Hg.), *Seelsorge und Psychotherapie-Chancen und Grenzen der Integration*, Mörs.

Josuttis, M. (1974). *Prexies des Evangeliums zwischen Politik und Religion*, München.

Karle, I. (1996). *Seelsorge in der Moderne*, Neukirchen-Vluyn.

Knierim, R. (1984). Art. "ht" in: *THAT* I, 4. Aufl., München, 541-549.

Lester, Andrew D. (1995). *Hope in Pastoral Care and Counseling*, Louisville.

Luther, M. (1964). *Die Bibel nach der übersetzung M. Luthers*, Stuttgart.

Luz, U. (1990). "Das Evangelium nach Matthäus", in: *EKK* 1/2, Zürich/Braunschweig/Neukirchen-Vluyn.

Moeller, Chr. (Hg.) (1994). *Geschichte der Seelsorge*, Göttingen/Zürich.

Mueller, W. (1993). *Begegnung, die vom Herzen kommt. Die vergessenen Barmherzigket in der Seelsorge und Therapie*, Mainz.

Patton, J. (1993). *Pastoral Care in Context: An Introduction to Pastoral Care*, Louisville.

Philipp, W. (1959). Art. 'Seele', in: *EKL* III, 895-901.

Piper, Hans-C. (1998). *Einladung zum Gespräch*, Vandenhoeck & Ruprecht.

Riess, R. (Hg.) (1974). *Perspektiven der Pastoralpsychologie*, Göttingen.

Schargenberg, J. (1972). *Seelsorge als Gespräch. Zur Theorie und Praxis der seelsorgerlichen Gesprächsführung*, Goettingen.

Schlink, E. (1983). *Oekumenische Dogmatik. Grundzuege*, Göttingen.

Schmidt, W. H. (1986). Art. 'Anthropologie 1. At.liche Anthropologie', in: *EKL* I, 156-158.

Seitz, M. (1979). "überlegungen zu einer biblischen Theologie der Seelsorge", in: der., *Praxis des Glaubens. Gottesdienst, Seelsorge und Spiritualität*, Göttingen, 84-96.

Sons, R. (1995). *Seelsorge zwischen Bibel und Psychotherapie*, Stuttgart.

Stollberg. D. (1969). *Therapeutische Seelsorge, Die amerik. Seelsorgebewegung*, München.

Stollberg, D. (1978). *Wahrnehmen und Annehmen. Seelsorge in Theorie und Praxis*, Gütersloh.

Stollberg, D. (1970). *Seelsorge praktisch*, Göttingen.

Tacke, H. (^{3}1993). *Glaubenshilfe als Lebenshilfe. Problem und Chancen heutiger Seeosorge*, Neukirchen-Vluyn.

Tacke, H. (1989). *Mit den Müden zur rechten Zeit zu reden. Beiträge zu einer bibelorientierten Seelsorge*, Neukirchen-Vluyn.

Thurneysen, E. (1988). *Die Lehre von der Seelsorge*, 6. Aufl, Zürich.

Thurneysen, E. (1936). *Der Mensch von heute und die Kirche*, Berlin.

Uhsadel, W. (1966). *Evangelische Seelsorge*, Heidelberg.

Wolf, H. W. (1984). *Anthropologie des Alten Testaments*, München.

Westermann, C. (1976). Art. "näfäsche Seele", in: *THAT* II, 71-95.

Wimberly, Edward P. (1997). *Recalling Our Own Stories: Spiritual Renewal for Religious Caregivers*, San Francisco.

Winkler, K. (2000). *Seelsorge*, Berlin/New York: de Gruyter.

• 제2장 •

신명숙 역(2000). "Seelsorge I", in: *TRE*, Bd. 32, Walter de Gruyter.

Baumgarten, Siegm. Jac. (1749). *Theologische Bedencken.* Vierte Sammlung, 2. Aufl., Halle.

Benoit, J-D. (1960). "Seelsorge und Theologie in der Institutio", in: J. Moltmann (Hg.), *Calvin-Studien*, Neukirchen-Vluyn.

Bonhoeffer, T. (1985). *Ursprung und Wesen der christlichen Seelsorge*, München.

Bucer, M. (1964). *Deutsche Schriften.* Bd. 7, hg. v. R. Stupperich/W. Neuser, Gütersloh.

Ebeling, G. (1997). *Luthers Seelsorge. Theologie in der Vielfalt der Lebenssituation an seinen Briefen dargestellt*, Tübingen.

Eckart, M. (1956). *Predigten und Schriften*, Ausgewählt und eingeleitet v. F. Heer, Frankfurt a.M/Hamburg.

Francke, A. H. (1969). *Werke in Auswahl*, hg. v. E. Peschke, Berlin.

Greschat, M. (1997). *Christentumsgeschichte II. Von der Reformationszeit bis zur Gegenwart. Grundkurs Theologie* Bd. 8, Stuttgart/Berlin/Köln.

Hamel, A. (1934). *Der junge Luther und Augustin*, Gütersloh.

Hauck, A. (1958). *Kirchengeschichte Deutschlands.* Bd. 1, Berlin.

Hoch, L. C. (1979). *Seelsorge und Gemeinschaft. Das menschliche Bedürfnis nach Gemeinschaft in der deutschen protestantischen Seelsorgeliteratur von Friedrich Niebergall bis zur Gegenwart*, Diss. (masch.), Marburg.

Kantzenbach, F. W. (1984). *Programme der Theologie. Denker, Schulen, Wirkungen-Von Schleiermacher bis Moltmann*, 3 Aufl., Gütersloh.

Kempen, T. (1959). *Die vier Bücher der Nachfolge Christi*, übers. v. P. Mons, Regensburg.

Köstlin, H. A. (^{2}1907). *Lehre von der Seelsorge nach evangelischen Grundsätzen*, Berlin.

Klemens, von Alexandrien (1983). *Welcher Reiche wird gerettet werden?*,

SKV 1, München.

Kreft, R. (1963). "Praktische Seelsorge in Martin Luthers Briefen", in: *Berliner Hefte für evangelische Krankenhausseelsorge*, Nr. 49, Berlin.

Luther, M. (1941). "Vierzehn Tröstungen für Mühselige und Beladene (tesseradecas consolatoria pro laborantibus et oneratis)" Überst. und eingeleit. v. Bischof D. Heckel, in: *Schriften der Luther-Agricola-Gesellschaft in Finnland*, Nr. 3, Helsinki.

Möller, C. (Hg.) (1994, 1995, 1996). *Geschichte der Seelsorge* Bd. 1, 2, 3, Vandenhoeck & Ruprecht.

Nembach, U. (1972). "Seelsorge nach Karl Immanuel Nitsch", *ThZ* (28).

Niebergall, F. (1919). *Praktische Theologie. Lehre von der kirchlichen Gemeindeerziehung auf religionswissenschaftlicher Grundlage.* Zweiter Bd., Tübingen.

Nitzsch, C. I. (^{2}1957). *Praktische Theologie. Dritter Band. Erste Abtheilung: Die eigenthümliche Seelenpflege des evangelischen Hirtenamtes mit Rücksicht auf die innere Mission*, Bonn.

Rössler, D. (1986). *Grundriß der praktischen Theologie*, Berlin/New York.

Schleiermacher, F. D. E. (1850). *Die praktische Theologie nache Grundsätzen der evangelischen Kirche*, hg. v. J. Ferichs, Berlin.

Schleiermacher, F. D. E. (1969). *Kurz Darstellung des theologischen Studiums zum Beruf einleitender Vorlesung*, hg. v. l. H. Scholz, Darmstadt.

Schütz, W. (1977). *Seelsorge, Ein Grundriß*, Gütersloh.

Schwarz, R. (1968). *Vorgeschichte der reformatorischen Bußtheologie*, Berlin.

Seeberg, R. (1908). *Lehrbuch der Dogmengeschichte.* Bd. 1, Leipzig.

Spener, P. J. (1979). *Schriften.* Bd. I. Eingeleitet v. E. Beyreuter/D. Blaufuß, Hildesheim/New York.

Stenger, H. M. (1995). *Für eine Kirche, die sich sehen lassen kann*, Insbruck/Wien.

Stephan, H. (Hg.) (1908). *Studien zur Geschichte des neueren Protestantimus*, Gießen.

Strecker, G. (1989). *Die Johannesbriefe, KEK XIV*, Göttingen.

Uhsadel, W. (1961). *Evangelische Beichte in Vergangenheit und Gegenwart*, Gütersloh.

Winkler, K. (1984). *Zumutung im Konflicktfall. Luther als Seelsorger in heutiger Sicht*, Hannover.

Winkler, K. (1992). *Werden wie ein Kinder? Christliche Glaube und Regression*, Mainz.

Winkler, K. (2007). 『목회상담-영혼돌봄』, 신명숙 옮김, 서울: 학지사.

Zwingli, H. (1962). *Auswahl seiner Schriften*, hg. v. E. Künzli, Zürich/Stuttgart.

• 제3장 •

신명숙(1997). "서평 H. Tacke, Glaubenshilfe als Lebenshilfe", in: 『신학연구/38』, 오산: 한신대학교 신학부, 581-588.

Asmussen, H. (1937). *Die Seelsorge. Ein Praktisches Handbuch über Seelsorge und Seelenführung*, München.

Burgsmueller, A./Weth, R. (Hg.)(1983). *Die Barmer Theologische Erklärung. Einfuehrung und Dokumentation*, Neukirchen-Vluyn.

Clinebell, H. J. (1990). 『현대목회상담신론』, 박근원 옮김, 서울: 대한예수교장로회 총회출판국.

Faber, H./Schoot, E.v.d. (1968). *Praktikum des seelsorgerlichen Gesprächs*, Göttingen.

Mehlhausen, J. "Nationalsozialismus und Kirchen", in: *TRE 24*, 43-78,

Moeller, C. (1988). "Wie geht es in der Seelsorge weiter?", in: Theologische Literaturzeitung, Berlin: Evangelische Verlagsanstalt.

Moeller, C. (Hg.) (Bd.1, 1994; Bd.2, 1995; Bd.3, 1996). *Geschichte der Seelsorge in Einzelportraets*, Göttingen/Zürich.

Nembach, U. (1988). "Theologische Seelsorge", in: *DtPfrBl* 88.

Oden, T. C. (1981). "Freiheit und Lernen", in: Becher, W. (Hg.), *Wagnis der Freiheit, Ein Internationaler Kongress für Seelsorge und Beratung,*

Göttingen, 49-64.

Oden, T. C. (1984). *Care of Souls in the Classic Tradition*, Philadelphia.

Piper, H. -C. (1986). *Wir muessen Kommunikation neu lernen. Die Kirche im Wandel-am Beispiel der Seelsorge, LM 25.*

Piper, H. -C. (1972). "Theologische Perspektiven und Erfahrungen im Clinical Pastoral Training", in: *Wege Zum Menschen 24*, Göttingen.

Riess, R. (1973). *Seelsorge-Orientierung, Analysen und Alternativen*, Göttingen.

Schargenberg, J. (1972). *Seelsorge als Gespräch. Zur Theorie und Praxis der seelsorgerlichen Gesprächsfürung*, Göttingen.

Stollberg, D. (1970). *Therapeutische Seelsorge. Die amerikanische Seelsorgebewegung. Darstellung und Kritik. Mit einer Dokumentation*, 2 Aufl., München.

Stollberg, D. (1978). *Wahrnehmen und Annehmen*, Gütersloch.

Tacke, H. (1975). *Glaubenshilfe als Lebenshilfe. Probleme und Chancen heutiger Seelsorge*, Neukirchen-Vluyn.

Tacke, H. (1989). *Mit den Müden zur rechten Zeit zu reden. Beiträge zu einer bibelorientierten Seelsorge*, Neukirchen-Vluyn.

Thurneysen, E. (1946). *Die Lehre von der Seelsorge*, Zürich.

Thurneysen, E. (1949). "Psychologie und Seelsorge", in: *Unterwegs 3*, 267-276.

Thurneysen, E. (1950). "Seelsorge und Psychotherapie", in: *Theologische Existenz heute, NF 25*, 1-24.

Wulf, H. (1970). *Wege zur Seelsorge*, Neukirchen-Vluyn.

Zur Situation der Pastoralpsychologie in der BRD. Eine Stellungnahme der DGfP (1978), Tübingen.

• 제4장 •

권수영 외(2007). 『기독교상담 입문』, 서울: 도서출판 기독교상담.

권수영(2007). 『기독[목회]상담 어떻게 다른가요. 심리학과 신학의 만남』, 서울: 학지사.

신명숙(1999). "현대 독일 기독교상담과 한국 기독교상담의 전망", 박근원 교수 정년

퇴임기념문집 편집위원회, 『한국교회와 신학실천』, 서울: 대한기독교서회.

신명숙(2000/겨울) "삶의 이야기와 성서와의 대화", 『신학사상』, 서울: 한국신학연구소.

Clinebell, H. J. (1990). 『현대목회상담신론』, 박근원 옮김, 서울: 대한예수교장로회 총회출판국.

Grözinger, A. (1986). "Seelsorge als Rekonstruktion von Lebensgeschichte", in: *Wege zum Menschen* 38.

Henke, Th. (1994). *Seelsorge und Lebenswelt*, Würzburg.

Hiltner, S. (1968). 『목회신학원론』, 민경배 옮김, 서울: 대한기독교서회.

Hiltner, S. (1976). 『목회 카운슬링』, 마경일 옮김, 서울: 대한기독교서회.

Möller, Ch. (Hg.) (1996). *Geschichte der Seelsorge 3*, Göttingen.

Nicol, M. (1990). *Gespräch als Seelsorge. Theologische Fragmente zu einer Kultur des Gesprächs*, Göttingen.

Oden, Th. (1966). *Kerygma and Counseling*, Harper and Row (1967). *Contemporary Theology and Psychotherapy*, The Westminster Press.

Rogers, C. R. (1961). *On Becoming a Person*, Boston.

Scharfenberg, J. (1991). *Seelsorge als Gespräch. Zur Theorie und Praxis der seelsorgerlichen Gesprächsführung*, 5. Aufl. Göttingen.

Scharfenberg, J. (1985). *Einführung in die Pastoralpsychologie*, Göttingen, 73-82, 94.

Sons, R. (1995). Seelsorge zwischen Bibel und Psychotherapie Stuttgart.

Stollberg, D. (1969). *Therapeutische Seelsorge*, München.

Tacke, H. (1975). *Glaubenshilfe als Lebenshilfe. Probleme und Chancen heutiger Seelsorge*, Neukirchen-Vluyn.

Tacke, H. (1989). *Mit den Müden zur rechten Zeit zu reden. Beiträge zu einer bibelorientierten Seelsorge*, Neukirchener-Vluyn.

Thilo, H. J. (1971). *Beratende Seelsorge*, Göttingen.

Thurneysen, E. (1968). *Seelsorge im Vollzug*, Zürich.

Thurneysen, E. (1946). *Die Lehre von der Seelsorge*, Zürich.

Winkler, K. (2000). *Seelsorge*, Berlin/New York.

Wise, C. (1984). 『목회학개론: 패스토랄 캐어의 의미』, 이기춘 옮김, 서울: 대한기독교서회.

• 제5장 •

김예식(1998). 『생각 바꾸기를 통한 우울증 치료』, 서울: 한국장로교출판사.

신명숙(1999). “현대 독일 목회상담과 한국 목회상담의 전망”, 『한국교회와 신학실천』, 서울: 대한기독교서회.

신명숙(1999/여름). “탈가부장적 목회상담의 상황화: 관계 구조적인 측면에서”, 『신학사상』, 서울: 한국신학연구소.

신명숙(2000/12). “삶의 이야기와 성서와의 대화”, 『신학사상』, 서울: 한국신학연구소.

장신기독교상담학회(엮음)(2003). 『일반상담과 목회상담』, 서울: 예영커뮤니케이션.

한국기독교상담학회(엮음)(2002/가을). 『목회와 상담』 제3호.

황헌영(2002/10). “전쟁 관련 외상 후 스트레스 장애(PTSD): 대상관계론적 치료적 접근을 통한 목회 상담학적 담론”, 『한국기독교신학논총』 제26집.

Asmussen, H. (1934). *Die Seelosrge. Ein praktisches Handbuch über Seelsorge und Seelenfuehrung*, München.

Bohren, R. (1979). *Die Pfarrfrau auf der Suche nach Selbstverwirklichung in Pfarramt und Familie, DtPfar* B1.

Bonhoeffer, Th.(1986). “Seelsorge in Plotos Apologie. Einer Richtigstellung”, in: *PTh* 75, 285 이하.

Clebsch, W. A./Jaekle, Ch. R. (1975). *Pastoral Care in Historical Perspektive*, New York.

Clinebell, H. J. (1990). 『현대목회상담신론』, 박근원 옮김, 서울: 대한예수교장로회 총회출판국.

Eberhardt, H. (1990). *Praktishe Seel-Sorge-Theologie. Entwurf einer Seelsorge-Lehre im Horizont von Bibel und Erfahrung*, Bielefeld.

Gerkin, Charles V. (1984). *The Living Human Document: Re-Visioning Pastoral Counseling In a Hermeneutical Mode*, Neshville.

Girgensohn, H. (1959). Art. "Seelsorge", in: *EKL III*, 901-914.

Grundmann, W. (1986). "Das Evangelium nach Matthäus". *ThHK*, 6. Aufl., Berlin.

Goppelt, L. (1981). *Theologie des Neuen Testament*, hg. v. Juergen Roloff, Göttingen.

Hauschildt, E. (2000). "Seelsorgelehre", in: *TRE*, Walter de Gruyter, Berlin/New York, 54-74.

Hiltner, S. (1949). *Pastoral Counseling*, New York/Nashville.

Jentsch, W. (1991). "Proprium, Elemente und Formen der Seelosrge", in: Samuel Pfeifer (Hg.). *Seelsorge und Psychotherapie-Chancen und Grenzen der Integration*, Mörs.

Josuttis, M. (1974). *Praxies des Evangeliums zwischen Politik und Religion*, München.

Karle, I. (1996). *Seelsorge in der Moderne*, Neukirchen-Vluyn.

Knierim, R. (1984). Art. "ht" in: *THAT* I, 4. Aufl., München, 541-549.

Lester, A. D. (1995). *Hope in Pastoral Care and Counseling*, Louisville.

Luther, M. (1964). *Die Bibel nach der übersetzung M.* Luthers, Stuttgart.

Luz, U. (1990). "Das Evangelium nach Matthäus". in: *EKK* 1/2, Zürich/Braunschweig/Neukirchen-Vluyn.

Moeller, Chr. (Hg.) (1994). *Geschichte der Seelsorge*, Göttingen/Zürich.

Müller, W.(1993). *Begegnung, die vom Herzen kommt. Die vergessenen Barmherzigket in der Seelsorge und Therapie*, Mainz.

Patton, J. (1993). *Pastoral Care in Context: An Introduction to Pastoral Care*, Louisville.

Philipp, W. (1959). Art. "Seele", in: *EKL* III, 895-901.

Piper, Hans-C. (1998). *Einladung zum Gespräch*, Vandenhoeck & Ruprecht.

Riess, R. (Hg.) (1974). *Perspektiven der Pastoralpsychologie*, Göttingen.

Schargenberg, J. (1972). *Seelsorge als Gespräch. Zur Theorie und Praxis der seelsorgerlichen Gespraechsfuehrung*, Göttingen.

Schlink, E. (1983). *Ökumenische Dogmatik. Grundüege*, Göttingen.

Schmidt, W. H. (1986). Art. "Anthropologie 1. At. liche Anthropologie", in: *EKL* I, 156-158.

Seitz, M. (1979). "Überlegungen zu einer biblischen Theologie der Seelsorge", in: ders., *Praxis des Glaubens. Gottesdienst, Seelsorge und Spiritualität*, Göttingen, 84-96.

Sons, R. (1995). *Seelsorge zwischen Bibel und Psychotherapie*, Stuttgart.

Stollberg. D. (1969). *Therapeutische Seelsorge, Die amerik. Seelsorgebewegung*, München.

Stollberg, D. (1970). *Seelsorge praktisch*, Göttingen.

Stollberg, D. (1978). *Wahrnehmen und Annehmen. Seelsorge in Theorie und Praxis*, Gütersloh.

Tacke, H. (1989). *Mit den Mueden zur rechten Zeit zu reden. Beiträge zu einer bibelorientierten Seelsorge*, Neukirchen-Vluyn.

Tacke, H. (^{3}1993). *Glaubenshilfe als Lebenshilfe. Problem und Chancen heutiger Seeosorge*, Neukirchen-Vluyn.

Thurneysen, E. (1936). *Der Mensch von heute und die Kirche*, Berlin.

Thurneysen, E. (1988). *Die Lehre von der Seelsorge*, 6 Aufl, Zürich.

Uhsadel, W. (1966). *Evangelische Seelsorge*, Heidelberg.

Wolf, H. W. (1984). *Anthropologie des Alten Testaments*, München.

Westermann, C. (1976). Art. "näfäsche Seele", in: *THAT* II, 71-95.

Wimberly, Edward P. (1997). *Recalling Our Own Stories: Spiritual Renewal for Religious Caregivers*, San Francisco.

Winkler, K. (2000). *Seelsorge*, Berlin/New York: de Gruyter.

• 제6장 •

Bohren, R. (1982). *Prophetie und Seelsorge. Eduard Thurneysen.* Neukirchen-Vluyn.

Dahm, K. W. (1971). *Beruf: Pfarrer. Empirische Aspekte.* München.

Engemann, W. (2000). "Zum Problem der Maschinierung der Kommunikation. Herausforderungen für den Erwerb und die Pflege von Religiosität in der

Gegenwart," *WzM 52*, 141-155,

Hiltner, S. (1977). *Tiefendimensionen der Theologie*. Göttingen.

Jossuttis, M. ([4]1988). *Praxis des Evangeliums zwischen Politik und Religion, Grundprobleme der praktischen Theologie*. München.

Karle, I. (1996). *Seelsorge in der Postmoderne. Eine Kritik der psychoanalytisch orientierten Seelsorgelehre. Mit einem Geleitwort von Joachim Scharfenberg*. Neukirchen-Vluyn.

Kiesow, E. R. (1978). "Das Proprium der Seelsorge," ThLZ 103, 241-250.

Läpple, V. (1979). "Das Methodenproblem in der evangelischen Seelsorge," J. Scharfenberg (Hg.), *Freiheit und Methode, Wege christlicher Einzelseelsorge*. Göttingen.

Nicol, M. (1990). *Gespräch als Seelsorge. Theologische Fragmente zu einer Kultur des Gesprächs*. Göttingen.

Pfäfflin, U. (1992). *Frau und Mann. Ein symbolischer Vergleich anthropologischer Konzepte in Seelsorge und Beratung*. Gütersloh.

Raguse, H. (1999). "Grenzübertritte zwischen Seelsorge und Psychoanalyse," WzM 51.

Reimer, H. D. (1987). *Wenn der Geist in der Kirche wirken will, Ein Vierteljahrhundert charismatische Bewegung*. Stuttgart.

Riess, R. (1973). *Seelsorge-Orientierung, Analysen und Alternativen*. Göttingen.

Rössler, D. (1973). "Rekonstruktion des Menschen. Ziele und Aufgaben der Seelsorge in der Gegenwart," *WzM* 25 181ff.

Rogers, Carl R. (1972). *Die nicht-direktive Beratung*. München.

Schall, T. U. (1993). "Seelsorge/Pastoralpsychologie," Siegfried Dunde (Hg.), *Wörterbuch der Religionspsychologie*. Gütersloh.

Scharfenberg, J. ([5]1972). *Seelsorge als Gespräch. Zur Theorie und Praxis der seelsorgerlichen Gesprächsführung*. Göttingen.

Scharfenberg, J. (1976). "Kommunikation in der Kirche als symbolische Interaktion," Werner Becher (Hg.), *Seelsorgeausbildung. Theorien, Methoden, Modelle*. Göttingen.

Schmidt-Rost, R. (1988). *Seelsorge zwischen Amt und Beruf, Studien zur Entwicklung einer modernen evangelischen Seelsorgelehre seit dem 19. Jahrhundert*. Göttingen: Vandenhoeck & Ruprecht.

Sons, R. (1995). *Seelsorge zwischen Bibel und Psychotherapie. Die Entwicklung der evangelischen Seelsorge in der Gegenwart*. Stuttgart.

Stollberg, D. (1972). *Mein Auftrag-deine Freiheit. Thesen zur Seelsorge*. München.

Stollberg, D. (^{3}1972). *Therapeutische Seelsorge, Die amerikanische Seelsorgebewegung, Darstellung und Kritik. Mit einer Dokumentation*. München.

Stollberg, D. (1974). "Seelsorge und Psychotherapie. Kirchliche Seelsorge als Kommunikationsmodus," R. Riess (Hg.), *Perspektiven der Pastoralpsychologie*. Göttingen.

Stollberg, D. (1990). *Wahrnehmen und Annehmen. Seelsorge in Theorie und Praxis*. Gütersloh.

Stollberg, D. (1995). "Seelsorge," *EKL*. 173-188.

Tacke, H. (1989). *Mit den Müden zur rechten Zeit zu reden*. Neukirchen-Vluyn.

Tacke, H. (1993). *Glaubenshilfe als Lebenshilfe. Probleme und Chancen heutiger Seelsorge*. Neukirchen-Vluyn.

Thurneysen, E. (^{7}1994). *Die Lehre von der Seelsorge*. München.

Thurneysen, E. (1968). *Seelsorge im Vollzug*. Zürich.

Uhsadel, W. (1966). *Evangelische Seelsorge*. Heidelberg.

Uhsadel, W. (1959). "Wo steht die evangelische Seelsorge heute?," *WzM* 11. 1-9.

Winkler, K. (2000). *Seelsorge*. Berlin/New York.

• 제7장 •

신명숙(1999/여름). '탈가부장적 목회상담의 상황화', 속: 『신학사상』, 서울: 한국신학연구소.

정석환(1998). '이야기 심리학과 목회상담', 속: 『신학사상』, 서울: 연세대학교 신과 대학 한국기독교문화연구소.

Asmussen, H. (1934). *Die Seelosrge. Ein praktisches Handbuch ueber Seelsorge und Seelenfuehrung*, München.

Burbach, Ch./Hieber, A./Schweingel, U. (1998). "Evaluation personzentrierter Weiterbildung in seelsorgerlicher Beratung", in: *Wege zum Menschen 50*, Göttingen.

Gerkin, Charles V. (1998). 『살아있는 인간문서』, 안석모 옮김, 서울: 한국심리치료연구소.

Grözinger, A. (1986). "Seelsorge als Rekonstrukton von Lebensgeschichte", in: *Wege zum Menschen 38*, Göttingen.

Isolde, K. (1996). *Seelsorge in der Moderne. Eine Kritik der Psychoananlytisch orientierten Seelsogelehre*, Neukirch-Vluyn.

Josuttis, M. (1996). *Die Einfuehrung in das Leben. Pastoraltheologie zwischen Phänomenologie und Spritualität*, Gütersloh.

Michel, O. (1966). *Der Brief an die Hebräer*, Göttingen.

Miskotte, K. H. (1976). *Biblisches ABC*, Neukirchen-Vluyn.

Patton, J. (1983). *Pastoral counseling: A Ministry of the church*, Nashville: Abingdon Press.

Piper, H.-Ch. (1998). *Einladung zum Gespräch. Themen der Seelsorge*, Göttingen.

Rössler, D. (1986). *Grundriß der Praktischen Theologie*, Berlin/New York.

Scharfenberg, J. (1990). *Einführung in die Pastoralpsychologie*, Göttingen.

Scharfenberg, J. (1972). *Seelsorge als Gespräch. Zur Theorie und Praxis der seelsorgerlichen Gesprächsführung*, Göttingen.

Stollberg, D. (1972). *Therapeutische Seelsorge. Die amerikanische Seelsorgebewegung. Darstellung und Kritik. Mit einer Dokumentation*, München.

Tacke, H. (1979). *Glaubenshilfe als Lebenshilfe, Probleme und Chancen heutiger Seelsorge*, Neukirchen-Vluyn.

Tacke, H. (1989). *Mit den Müden zur rechten Zeit zu reden. Beiträge zu einer bibelorientierten Seelsorge*, Neukirchener.

Thilo, H.-J. (Mai/Juni 2000). "Rechtfertigung und analytische Psychotherapie", in: *Wege zum Menschen 52*, Göttingen.

Thurneysen, E. (1946). *Die Lehre von der Seelsorge*, Zürich.

Wolff, H. W. (1980). *Wie eine Fackel. Predigten aus drei Jahrzenten*, Neukirchen-Vluyn.

• 제8장 •

김계현 외(2000). 『학교상담과 생활지도』, 서울: 학지사.

김광수 외(2003). 『대학생과 리더십』, 서울: 학지사.

김재은(1974). 『한국 가족의 심리』, 서울: 이화여자대학교 출판부.

이관직(1999). 『목회상담학자가 본 성경인물과 심리분석』, 서울: 한국목회상담연구소.

이현청(1999). 『한국의 대학생』, 서울: 원미사.

조한혜정 외(2002). 『왜 지금, 청소년? 하자센터가 만들어지기까지』, 서울: 또 하나의 문화.

최윤미 외(1999). 『현대 청년심리학』, 서울: 학문사.

허혜경, 김혜수(2002). 『청년발달심리학』, 서울: 학지사.

Clinebell, H. J. (1999). 『현대목회상담신론』, 박근원 옮김, 서울: 대한예수교장로회 총회출판국.

Gerkin, C. (1999). 『목회적 돌봄의 개론』, 유영권 옮김, 서울: 은성.

Karle, I. (1996). *Seelsorge in der Moderne*, Neukirchen-Vluyn.

Roessler, D. ([2]1994). *Grundriß der Praktischen Theologie*. Berlin/New York.

Sharfenberg, J. (1985). *Einfürung in die Pastoralpsychologie*, Göttingen.

Thurneysen, E. (1968). *Seelsorge im Vollzug*, Zürich.

Winkler, K. (2000). *Seelsorge*, Walter de Gruyter.

• 제9장 •

김영애(1994). "가부장적인 한국사회에서의 여성경험에 대한 상담심리학적 고찰",

『한국여성의 경험』, 한국여성신학회 편, 서울: 대한기독교서회.

김태련 외(1996). 『여성심리』, 서울: 이화여자대학교 출판부.

민영진(2000). 『이방여인 룻 이야기』, 서울: 한국신학연구소.

백은미(2000/11). "여성주의적 관점에서 본 인격적 성숙과 영적 성숙", 한국기독교학회, 『한국기독교 신학논총』 19집, 서울: 대한기독교서회.

신명숙(1999/여름). "탈가부장적 기독교상담의 상황화", 『신학사상』 105.

여성을 위한 모임(1992). 『일곱 가지 여성 콤플렉스』, 서울: 현암사.

이경숙(1994). 『구약성서의 여성들』, 서울: 대한기독교서회.

정소영(2001/4). "기독여성 상담과 여성주의적 능력강화(Feminist Empowerment) 모델", 『기독교 상담학회지』, 한국기독교상담심리치료학회.

조혜정(1988). 『한국의 여성과 남성』, 서울: 문학과 지성사.

Barth, K. (1945/1951). *Die Lehre von der Schöpfung, Kirchliche Dogmatik Bd. III/1, 4*, Zürich.

Benjamin, J. (1990). *Die Fesseln der Liebe. Psychoanalyse, Feminismus und das Problem der Macht*, Frankfurt a.M.

Birkhaeuser-Oere, S. (1977). *Die Mutter im Märchen*, Bonz/Waiblingen.

Chodorow, N. (1986). *Das Erbe der Mütter. Psychoanalyse und Soziologie der Geschlechter*, München, 2. Aufl.

Dorst, B. (1995). "C. G. Jung und die feministische Kritik", in: *Du*.

Fezler, W/Field, Eleanor S. (1998). 『착한 여자 콤플렉스』, 박상창 옮김, 서울: 문학사상사.

Von Franz, M. -L. (1968). "Der Individuationsprozess", in: *Der Mensch und seine Symbole*, Olten.

Freud, S. (1968). *über die weibliche Sexualität, Gesammelte Werke Bd. 14, Werk aus den Jahren 1925-31,* Frankfurt a.M.

Gilligan, C. (1982). *In a different Voice. Psychological Theory and Women's Development*, Cambridge, MA.

Gilligan, C. (1991). *Die Kontroverse um eine geschlechtsspzofosche Ethik*, Frankfurt a.M./New York.

Horney, K. (1982). 『여성 심리학』, 이근후 외 옮김, 서울: 이화여자대학교 출판부.

Jung, C. G. (1971-1990). *Gesammelte Werke*, Walter/Olten.

Jung, C. G. (1973). *Briefe* III(1956-1961), Walter/Olten.

Kast, V. (1979). "Weibliche Werte im Umbruch. Konsequenzen für die Partnerschaft", in: *Analystische Psychologie* 10.

Kast, V. (1984). *Paare. Beziehungsphantasien oder wie Götter sich in Menschen spiegeln*, Kreuz: Stuttgart.

Kast, V. (1994). *Vater-Tötter-Mutter-Söhne, Wege zur eigenen Identität aus Vater-und Mutterkomplexen*, Kreuz: Stuttgart.

Keller, C. (1993). *Penelope verläßt Odysseus. Auf dem Weg zu neuen Selbsterfahrungen*, Gütersloh.

Leonhardt, L. S. (1985). *Töchter und Vätter*, Kösel/München.

Neumann, E. (1985). *Die grosse Mutter. Eine Phänomenologie der weiblichen Gestaltungen des Unbewußten*, Loten (Sonderausgabe).

Olivier, Ch. (1989). *Jokastes Kinder, Die Psyche der Frau im Schatten der Mutter*, München.

Rohde-Dachser, C. (1992). *Expedition in den dunklen Kontinent, Weiblichkeit im Diskurs der Psychoanalyse*, Berlin/Heidelberg.

Wiedemann, F./Yong-Eisendraht, P. (1987). *Female authority*, Guilford/New York.

Liberian della donne di Milano (1988). *Wie weibliche Freiheit entsteht. Eine politische Praxis*, Orlanda/Berlin.

• 제10장 •

한국원목협회(2002). 『병상을 두드리는 목회』, 서울: 두란노.

Eibach, U. (1991). *Der leidende Mensch vor Gott*, Neukirchen-Vluyn.

Eibach, U. (1996). "Gesundheit und Krankheit. Anthropologische, theologische und ethische Aspekte", in: Michael Klessmann (Hg.), *Handbuch der Krankenhausseelsorge*, Vandenhoeck & Ruprecht.

Guardini, R. ([2]1960). *Die Annahme seiner selbst*, Würzburg.

Hildesheimer, W. (1965). *Tynset*, Frankfurt a. M.

Honecker, M. (1995). *Grundriß der Sozialethik*, Walter de Gruyter.

Josuttis, M. (2000). *Segenskräfte. Potentiale einer energetischen Seelsroge*, Gütersloh.

Kessler, D. (1997). *Die Rechte des Sterbenden*, Weinheim und Berlin.

Karl, I. (1996). *Seelsorge in der Moderne*, Neukirchen-Vluyn.

Piper, I. (1991). *Begleitende Seelsorge-Raum fuer Gottesbegegnungen, Berliner Heft fuer evangelische Krankenseelsorge* 57, Berlin.

Raguse, H. (2001). "Psychoanalytische Erwägungen zum Hiob-Buch", in: *Wege zum Menschen* 53, Vandenhoeck & Ruprecht.

Seybold, K./Mürller, U. B. (1978). *Kranken und Heilung*, Stuttgart u.a.

Tacke, H. (1989). *Mit den Mueden zur rechten Zeit zu reden*, Neukirchen-Vluyn.

Tacke, H. (1993). *Glaubenshilfe als Lebenshilfe*, Neukirchen-Vluyn.

Thurneysen, E. (1968). *Seelsorge im Vollzug*, Zürich.

• 제11장 •

김명용(1995). "복음과 사회선교", 유의웅 편저, 『현대교회와 사회봉사』, 서울: 대한예수교장로회총회출판국.

김명용(1997). 『열린신학 바른 교회론』, 서울: 장로회신학대학교출판부.

김은수/이신형(1998/7). "기독교 사회복지신학 모색을 위한 기초적 작업", 『기독교사상』, 대한기독교서회.

신홍범 엮음(1997). 『전기 마더 테레사』, 서울: 두레.

조기연(1998/가을). "하나의 식탁, 하나의 공동체−초대교회 성만찬에 나타난 공동식사 주제−", 『신학사상』, 한국신학연구소.

Beck, H. G. (1993). *Vom Umgang mit Ketzern. Der Glaube der kleinen Leute und die Macht der Theologie*, München.

Class, H. (1979/9). "Diakonie und die Zukunftsgestalt der Kirche", in:

Diakonie (Beiheft3), Diakoniewissenscaftliches Institut der Theologischen Fakultät Uni. Heidelberg.

Collins, John N. (1990). *Diakonia. Re-interpreting the Ancient Sources*, Oxford University Press.

Cruesemann, F. (1994). "Das Alte Testament als Grundlage der Diakonie", in: G. K. Schäfer/Th. Strohm (Hg.), *Diakonie-biblische Grundlagen und Orientierungen*, Heidelberg.

Eberhardt, H. (1990). *Praktische Seel-Sorge-Theologie. Entwurf einer Seelsorge-Lehre im Horizont von Bibel und Erfahrung*, Bielefeld.

Horn, F. W. (1994). "Diakonische Leitlinien Jesu", in: G. K. Schaefer/Th. Strohm (Hg.), *Diakonie-Biblische Grundlage und Orientierungen*, Heidelberg.

Klinghardt, M. (1996). *Gemeinschaftsmahl und Mahlgemeinschaft. Soziologie und Liturgie früchristlicher Mahlfeiern* (TANZ 13), Francke/Tübingen/Basel.

Moeller, Ch. (1990). "Diakonische Dimension der Gemeinde im Light von Gottes Dienst im Abendmahl", in: *Pastoraltheologie* 79, Göttingen.

Moeller, Ch. (1994). "Entstehung und Prägung des Begriffs Seelsorge", in: ders. (Hg.), *Geschichte der Seelosrge I*, Göttingen/Zürich.

Moltmann, J. (1989). *Diakonie im Horizont des Reiches Gottes*, Neukirchen-Vluyn.

Niebergall, A. (1976). "Art. Agapen", in: *TRE* 1, 748-755.

Nocke, Franz-J. (1997). *Sakramententhelogie. Ein Handbuch, Patmos*, Düsseldorf.

Schroeer, H. (1990). "Bibelarbeit zum Thema Sendung (Mt 10,16a)", in: G. Roeckle (Hg.), *Diakonische Kirche*, Neukirchen-Vluyn.

Shin, M. -S. (1997). *Inkulturelle christliche Seelsorge im koreanischen Kontext*, Münster: LIT.

Theissen, G. (1994). "Die Bibel diakonisch lesen: Die Legitimitaetskrise des Helfens und der barmherzige Samariter", in: G. K. Schäfer/Th. Strohm (Hg), *Diakonie-Biblische Grundlage und Orientierungen*, Heidelberg.

Weiler, I. (1980). "Zum Schickal der Witwen und Waisen bei den Völkern der Alten Welt", in: *Säculum* 31.

Wingren, G. (1976). "Art. Abendmahl V: Das Abendmahl als Tischgemeinschaft nach ethischen Gesichtspunkten", in: *TRE* 1, 212-229.

찾·아·보·기

✳ 인명

✳ 내용

저자 소개

신명숙

한신대학교 신학과(학사)

연세대학교 연합신학대학원(석사)

독일 뮌스터(Münster) 대학교(Dr. Theol.)

현 전주대학교 교회실용교육학과 교수

〈저서 및 역서〉

Inkulturelle christliche Seelsorge im koreanischen Kontext (Münster: Lit, 1997)

대학생과 리더십(공저, 학지사, 2003)

목회상담(역, 학지사, 2007)

크리스천 카운슬링(공역, 두란노, 2008)

목회상담 이론 입문(공저, 학지사, 2009)

기독교상담

2010년 5월 17일 1판 1쇄 인쇄

2010년 5월 24일 1판 1쇄 발행

지은이 • 신명숙

펴낸이 • 김진환

펴낸곳 • (주) 학지사

121-837 서울시 마포구 서교동 352-29 마인드월드빌딩 5층

대표전화 • 02-330-5114 팩스 • 02-324-2345

등록번호 • 제313-2006-000265호

홈페이지 • http://www.hakjisa.co.kr

커뮤니티 • http://cafe.naver.com/hakjisa

ISBN 978-89-6330-392-5 93180

정가 18,000원